Wien Athen



# Dimitris Koufontinas

# Geboren am 17. November

Eine Geschichte der griechischen Stadtguerilla

bahoe books

politics

Dimitris Koufontinas
Geboren am 17. November –
Eine Geschichte der griechischen Stadtguerilla.

Titel der Originalausgabe:
Γεννήθηκα 17 Νοέμβρη
Erschienen 2014 bei Livanis Athen.

Aus dem Griechischen
von Fee Meyer.

Coverillustration: Paul Busk.

ISBN 978-3-903022-89-8

3. Auflage

bahoe books | Wien 2023

INHALT

Grußworte — 5

1 Der Zufall — 6
2 Die Geburt — 9
3 Politische Pubertät — 17
4 Von der Massenbewegung zur Vielfalt — 30
5 Die ersten Schritte in die Illegalität — 38
6 Der Dünger der Illegalität — 43
7 Der erste Tote — 51
8 Das Ende der Metapolitefsi und der ersten Phase des bewaffneten Kampfes — 58
9 Aufrüstung. Unsere Initiative — 67
10 Partisanenwurzeln — 76
11 Die Anfänge des 17N — 90
12 Die Einheit. Kouponia — 102
13 Von der vielfältigen zu einer bewaffneten Bewegung — 116
14 Einheitlichkeit durch Beschneidung — 127
15 Der Beginn der Aktionen 1983–1992 — 134
16 In das Land der Illegalität — 148
17 Die schnelle Aktionsserie — 152
18 Ein Wechsel in der politischen Landschaft — 177
19 Eine notwendige Bilanz — 219
20 Die Flamme erhalten — 225
21 Die Lakaien des Protektorats — 245
22 Das Ende einer Guerillaepoche — 248
23 Die Wunde — 253
24 Wölfe und Hunde Seite an Seite — 258
25 Die Entscheidung. Das Ende meines bewaffneten Weges — 265
26 Epilog und Prolog zugleich— 269

Schlusswort vor Gericht — 275
Nachwort zur deutschsprachigen Ausgabe — 283
Chronologie der Aktionen des 17N — 285
Glossar — 289

Der Umschlag der Originalausgabe spiegelt die Dimitris Koufontinas wichtige Bezugnahme auf die griechische Partisanenbewegung.

## Grußworte

Dimitris, Genosse,

sie konnten Deine Gedanken nicht bändigen, Deine Überzeugungen nicht brechen und Dich nicht daran hindern, Deine Kraft weiterzugeben. Die revolutionäre Botschaft, auch die dieses Buches, entflieht der Zelle und erreicht die Ohren all jener, die hören wollen. Das ist die Niederlage der Folterer, mein Bruder. Sie werden mit uns nicht fertig!

Gegen Entfremdung und Hegemonie erobern die Sklaven und Sklavinnen ihr Bewusstsein zurück und der Moment, in dem sie die Herrscher der Welt von neuem überraschen werden, ist nicht weit. Die Haare werden wieder im Wind wehen und wir werden die Straßen und Plätze erneut besetzen. Dann wird es nur noch ein Schritt sein, bis das bewaffnete organisierte Volk seine Macht zurückerlangt, revoltiert und zur sozialen Revolution schreitet. Sie werden die Arbeiterinnen und Arbeiter nicht besiegen können, mein Bruder!

Von der anderen Seite des Ozeans, aber aus derselben Klasse, schicke ich Dir meinen brüderlichen Gruß im Namen der Tupamaros, die weiter ohne Reue für die Revolution und den Sozialismus kämpfen.

Jorge Zabalza*
Montevideo im Jänner 2014

* Die mit einem Sternchen versehenen Namen und Begriffe werden im Glossar ausgewiesen.

## Kapitel 1
## Der Zufall

Sechs Schritte. Dann drei. Noch einmal sechs. Ich zählte die Schritte. Ging langsam, ohne Eile. Langsam ging auch die Aktion in Piräus voran. Wir hatten zwei kleine Bomben. Der Anschlag sollte zwei Konzerne der unnachgiebigsten Reeder treffen. Symbolisch. Aus Solidarität mit den streikenden Hafenarbeitern.

Zunächst hatten wir an einen großen Anschlag gedacht: Mächtige Bomben, die ihre Zentralen treffen sollten. Wir hatten sie viele Nächte lang immer zu der Zeit beobachtet, zu der die Aktion laufen sollte. Letztlich hatten wir diesen Plan verworfen, weil Unbeteiligte hätten verletzt werden können.

Ich ging langsam, Savvas war hinter mir. Wir bewegten uns im Rhythmus des städtischen Verkehrs. Wir kannten Piräus gut, die Innenstadt und die Viertel der einfachen Leute. Die breiten Straßen, die sich zwischen den hohen Gebäuden hindurch schlängelten, die Gassen zwischen den niedrigen Häusern der Arbeiter.

Wir kannten die Geschichte der Stadt, ihre vergangenen Kämpfe, ihre heutigen Menschen. Wir spürten ihren Charakter, die Farbe, den Geruch, der sich so sehr von dem Athens unterschied. Seit Jahren hatten wir hier zwei Häuser.

An diesem Samstagabend, dem 29. Juni 2002, waren wir von dem Haus in Pagrati im Süden Athens aus aufgebrochen. Das Taxi hatten wir auf halber Strecke gewechselt. Ich beobachtete den Aktionsort – alles war ruhig, so, wie wir es kannten. An einer bereits ausgewählten Stelle machten wir die beiden Zünder der ersten Bombe scharf. Doppelter Stromkreis, zwei Uhren – zur Sicherheit. Ich beobachtete die Umgebung und erriet Savvas' ruhige Bewegungen, ohne sie zu sehen.

Wir starteten. Ich ging vor. Sich wiederholende Bewegungen nach Plan, wie immer in den letzten Jahren. Veteranen – jedoch immer mit der Beklemmung des Anfängers.

In solchen Stunden darf man nur an den laufenden Anschlag denken. Aber ein Teil meines Gehirns beschäftigte sich schon mit der nächsten geplanten Aktion, bei der es um die griechische Schifffahrtsbehörde gehen sollte, die leichtfertig Zertifikate für marode Schiffe ausstellte. Über Jahre hinweg war ich nach Schiffsunglücken immer wieder auf ihre Spuren gestoßen. Ich verjagte diese Gedanken aus meinem Gehirn und konzentrierte mich. Ich beobachtete die Umgebung, drehte meinen Kopf nur ganz wenig. Bewegungen ohne Hast, die mit der Zeit automatisch, natürlich geworden waren. Wenige Passanten, ein paar Autos. Meine Schritte waren mit den Ampelschaltungen synchronisiert. Jahre zuvor hatten alte Genossen mich deswegen auf den Arm genommen: «Ampelspezialist» hatten sie mich genannt.

Wir kamen näher. Die Ampel schaltete für die Autos auf Grün. Ich lenkte meinen Blick in Richtung Savvas. Nach all den Jahren brauchten wir die speziellen

Handzeichen der Organisation nicht mehr. Der Eine verstand die Bewegungen und die Gedanken des Anderen.

Er bog ab in den Weg zwischen den Büschen. Sechs meiner Schritte, bis er sie durchquert hatte. Drei Schritte, bis er die blaue Tasche abstellte. Nochmals sechs, bis er zurückging und auf den Gehsteig zurückkam – genau dann, wenn die Ampel für die Fußgänger grün würde.

Zwei Stunden zuvor, als ich mit einem Honda Starlet zum Haus der Organisation in Pagrati fuhr, hatte ich erneut gedacht, dass mir dieser Anschlag nicht gefiel. Er musste mit Zeitzündern durchgeführt werden, die anders waren als die für die Organisation typischen. Ohne diese großen chinesischen Wecker, die die Sicherheit des Altbekannten vermittelten. Ich ging ins Haus, in das geschlossene Hinterzimmer. Das Fenster zum Hof war von innen mit dicken Metallplatten verriegelt, die Glasscheibe gestrichen. Der Heizkörper war von den Rohrleitungen getrennt worden. Die Zimmertür wurde mit einer versteckten Konstruktion von einem anderen Zimmer aus geöffnet. Dort stand der moderne Computer, auf dessen zwei Festplatten Informationen lagen, die zu sammeln und zu bearbeiten Tausende Stunden gekostet hatte.

Dezember 2013, heute. Ich habe diese Bilder wieder und wieder Revue passieren lassen. Und doch wird der Stift schwer in dieser unterirdischen Zelle. Ich stehe auf dem weißen Plastikstuhl, mache das Fenster hoch oben auf. Die kalte Luft reinigt das Gehirn. Der Wärter geht über den Gang, schaut kurz durch die Essensklappe. Vor ein paar Tagen habe ich durchs Gitter für einen kurzen Moment Savvas auf der Krankenstation gesehen. Körperlich gebrochen, aber wie immer optimistisch grinsend.

An jenem Tag in Pagrati hatten wir alles gemeinsam kontrolliert. Die Zünder, das Dynamit, das Kontrolllämpchen, die Waffen.

Pech. Er hatte zuerst aus diesen deutschen Plastikuhren die Zeitzünder montiert. Jetzt verpackte er das Dynamit. Verdammte Allergie! Ich reagierte auf den Staub des Dynamits, verließ das Zimmer, fiel auf das Feldbett. Der Puls schlug mir bis zum Hals, der Magen verkrampfte sich, die Nerven lagen blank. Schon bei der ersten Dynamitkiste, die wir auf der Insel Euböa gestohlen hatten, hatte ich ein Gefühl, als ob meine Kräfte mich verließen. Mit der Zeit sollte diese Allergie stärker werden.

«Alles fertig. Lass uns gehen. Ist bei dir alles okay?» Ich verließ das Haus als erster. Die Straße hieß uns zur letzten gemeinsamen Fahrt willkommen.

Das letzte Mal sah ich ihn körperlich unversehrt, als er in die Büsche abbog, in dieser Nacht, in Piräus. Savvas letzte sichere Schritte. Wir konnten uns in diesem Moment nicht vorstellen, dass eine ganze Epoche zu Ende ging, dass wir uns dem Ende Schritt für Schritt näherten, dass es ein Ende geben würde.

Sechs meiner Schritte. Ein Krankenwagen drehte ein kurzes Stück entfernt auf dem Promenadenplatz um. Er stoppte. Von dort, wo er hielt, konnte er uns nicht sehen. Noch drei Schritte. Gegenüber, auf der anderen Straßenseite, warteten ein paar Passanten auf Grün. Sie konnten uns nicht sehen…

Noch einmal sechs. Nun müsste er herauskommen. Nichts. Die Füße wurden schwer, das Herz presste sich zusammen. Ich ging weiter, immer langsamer, als könnte ich so die Zeit verlangsamen, den Lauf des Schicksals aufhalten.

Die Explosion war klein, gedämpft. Ein kurzer Lichtblitz, eine Wolke aus Qualm und Staub stieg in die Luft.

Viele, viele Jahre, immer, wenn wir eine Bombe scharf machten, stellten wir uns einen Knall, einen Blitz, eine Druckwelle einer vorzeitigen Explosion vor, die uns treffen würde. Dieses Risiko hatten wir in Kauf genommen, aber versucht zu minimieren. Wir hatten damit gerechnet, wir hätten uns nicht beklagt. «Lass die Explosion wenigstens stark sein», hatte Savvas immer gelacht.

Nun hatte ihn eine Explosion auf das Straßenpflaster geworfen. Das Gesicht war übersäht mit roten und schwarzen Verbrennungen, die Haare blutgetränkt, sein Hemd in Luft aufgelöst, verschwunden. Die ganze Haut war rot, aber blutete nicht, er hatte keine sichtbare Wunde. Nur an der Hand waren keine Finger mehr zu sehen.

Er hatte eine kleine Tasche über der Schulter gehabt, auch sie war bis auf den Trageriemen verschwunden. Mit einer sinnlosen Bewegung entfernte ich ihn sanft – er soll ihn nicht einengen, habe ich gedacht.

«Kannst du laufen?» rief ich.

«Geh du! Du musst abhauen.»

Selbst jetzt, so nah dem uns ständig begleitenden Tod, dachte er nur an seinen Genossen. Er wollte, dass ich ging, dass ich nicht bei ihm blieb.

Ich schaute mich um. Qualm, Staub, abgebrochene Zweige, abgefallene Blätter. Ich suchte die Waffen, die Handgranaten, die kleine Tasche. Nichts. Später sollte die Polizei sie unter den Bürocontainern und in den Zweigen der Bäume finden.

Ich wandte mich wieder dem verletzten Genossen zu. Nahm ihn in den Arm. Das Blut tränkte meine Kleidung. «Wie geht es dir? Kannst du laufen?» Noch einmal die leise Stimme, die ruhigen, manchmal gebrochenen Worte, die mich drängten: «Geh. Geh, geh…»

Ich lief schnell zum Krankenwagen. «Dort in den Büschen liegt ein Verletzter, beeilt euch.» Der Fahrer murmelte gelangweilt irgendetwas, dass sie auf etwas warten würden oder so. «Schnell, helft ihm.» Ich sprach ganz ruhig, aber meine Hand umfasste in der Jackentasche fest den .45-er Colt.

Langsam setzten sie sich in Bewegung. Ich wartete, bis sie Savvas erreichten. Weit entfernt hörte ich die ersten Polizeisirenen. Ich verschwand in der Dunkelheit der Promenade. Auch über die Stadtguerilla der Nachkriegszeit brach langsam die Dunkelheit herein…

# Kapitel 2
# Die Geburt

Ich wurde am 17. November 1973 geboren. Im Alter von 15 Jahren kam ich politisch auf die Welt: im Feuer des Polytechnikums*, in diesen drei endlosen Tagen und Nächten. Diese revolutionäre Flamme brannte sich in meine Seele ein. Sie prägte auf ewig das 15-jährige Kind, ein politisches Embryo im Schoß des Volkes, das begann sich im Kampf zu befreien.

Erstaunt, mit weit geöffneten Augen und Poren der Seele empfing ich die große Explosion. Der unterirdische glühende Strom, der durch die Geschichte dieses Ortes fließt, hatte im November 1973 einen Riss bekommen und drang wie eine heilende Explosion an die erstarrte soziale Oberfläche. Bebende Schwingungen erfüllten die gestern noch schweigenden und gleichgültigen Passanten und verwandelten sie. Sie durchdrangen auch mich, weckten ein wer-weiß-wie eingekapseltes Gedächtnis und brachten einen neuen politischen Menschen in die Welt; koordinierten und vereinten verstreute Stücke und Schmerzen uralter Erinnerungen. Frühe Erlebnisse von Ungerechtigkeit, dumpfe Erinnerungen an Unterdrückung, ungeklärte Gewalten jeglicher Autorität, alles bekam jetzt einen Namen. Alte Erzählungen meines Großvaters, Andeutungen der Eltern, das Schweigen der Lehrer, einzelne Sätze auf der Straße, alles wurde nun entschlüsselt, rückte ins Licht, bekam einen Sinn.

Das neugeborene Kind machte seine ersten, immer tiefer werdenden Atemzüge in der neuen Welt. Der heiße revolutionäre Wind drang in die neuen Lungen und wurde zu ersten, ungeschickten Lauten, die sich mit dem Schrei der bebenden Massen vereinigten. Schreie gegen die Herrschenden: «Nieder mit der Diktatur!», «Raus mit den Amerikanern!» Schreie, die ein würdiges Leben verlangten: «Brot, Bildung, Freiheit!», «Das Volk für die Revolution». Schreie mit dem uralten Wunsch «Alle Macht dem Volk!»

Heute, am 17. November 2013, an dem ich erfüllt von der Erinnerung des Novembers dieses Manuskript zur zweiten Überarbeitung in die Hände nehme, reflektiere ich meine ganze politische Laufbahn. Ich bin nun ein politischer Mensch von 40 Jahren, biologisch bin ich 55, seit bald 12 Jahren in der unterirdischen Zelle. Ich denke an jenes politisch neugeborene Kind, das von dem «ersten Wissen» des revolutionären Kollektivs geprägt wurde. Heute erkenne ich, dass damals mein ganzer Lebensweg vorgezeichnet wurde, dass mein ganzes Leben aufgrund dieser ersten Erfahrung so verlief, meine ganze Suche der Wiederbelebung dieser revolutionären Sinnstiftung galt.

Es ist jener Geist des Novembers, der mich tränkte. Der Geist der vergangenen November und derer, die kommen mögen.

Wie soll man es all denen beschreiben, die diese kollektive Begeisterung, diese Flammen in den Augen, die brennenden Seelen, die aufs Blut geballten erhobenen Fäuste nicht miterlebt haben? Den beispiellosen, belebenden Atem der Freiheit, die unvorstellbare Größe der Gefühle, die Explosion unfassbarer Freude, die Begeisterung dieses unendlichen Volksfestes der Erlösung?

Es war ein gigantischer Moment, ein Moment, in dem sich die Menschen als Menschen fühlten, die ihr Schicksal selbst gestalten könnten. Es war unser Moment in dem uralten Kampf, den Generation um Generation kämpft, bis auf der Erde wieder freie und stolze Menschen wandeln. Damals sah ich, eher noch fühlte ich, wie in dem Volkslied «Der Große Tanz» diese «vierzig Drehungen im Tanz… das Fest war groß und der Ort zu klein.» Die Anziehungskraft der Volksmacht war unwiderstehlich und ich dachte: Macht auch für mich ein wenig Platz, damit ich das letzte Tuch ergreifen kann, mittanzen und die Schritte finden kann…

Sicher, meine ersten politischen Schritte waren unsicher und ungeschickt. Ich erlebte das plötzliche Licht, die Hoffnung, die ein strahlendes Fenster zur Zukunft öffnete. Ich erlebte auch den blindwütigen Hass, den Zorn, die Lust, sich an denen zu rächen, die den Traum in Blut ertränkten.

Langsam betrat ich den unbekannten revolutionären Ort, an dem man alles im Superlativ finden kann: Liebe wie Hass, Hoffnung wie Verzweiflung, Selbstlosigkeit wie Verrat. Das große Abenteuer des Menschen und der Kampf gegen die Unmenschlichkeit der Mächtigen dieser Erde.

Das Betreten dieses Ortes war anfangs ein Gefühl. Die analysierenden Gedanken kamen später. Ich versuchte zu verstehen, was meine neugeborenen politischen Augen sahen. Die Welt um mich herum, die zum Höchsten und Niedrigsten zugleich fähig ist. Die Gesellschaft, die in leuchtende Höhen steigen kann, um kurz darauf wieder so machtlos, so ignorant, so resigniert nieder zu sinken. Ich suchte die Tiefe jenseits der sozialen Oberfläche, wollte tiefer graben, unter die gesellschaftliche Haut, bis zu den Wurzeln, den Quellen, aus denen die aufständische Lava fließt.

Die Suche führte mich auf die Wege der Geschichte. Beginnend in der großen Stadt, deren Veränderung ich nicht akzeptieren konnte: Jener Gegensatz zwischen dem November, wo selbst die Wände bebten, und der «Sicherheit und Ordnung», die nun herrschte, als hätte der große Aufstand nie stattgefunden.

Ich lebte damals erst seit einem Jahr in ihren Eingeweiden aus Beton, ein Jahr entfernt von meinem ruhigen Dorf mit dem offenen Horizont, der das Herz leichter stimmt. Noch wurde mir schwindlig von der Stadt, eine Übelkeit, die immer wieder kam, durch ihre Lautstärke, den Verkehr, die undurchdringliche Luftverschmutzung. Und nun durch ihre Unterwerfung, ihre Angst.

Ich suchte nach der Geschichte ihrer Kämpfe. Fragte wann immer möglich, sammelte Bruchstücke aus Halbsätzen, Erzählungen, alten Büchern. Danach versuchte ich alles mit ihrem jetzigen Zustand zu verbinden. Damals wohnten wir in Exarchia, in einem Keller in der Arianitou-Straße. Zum ersten Mal hörte ich schwer über die Lippen kommendes aus vor Angst halb geschlossen Mündern, sah Augen, die sich ruhelos umschauten: «Selbst die Mauern haben Ohren…». Leicht waren die Guten zu erkennen: EAM*, ELAS*, EPON*, OPLA*, sie passten gut in die Erzählungen meines Großvaters. Und zum Klopfen des Herzens. Ich hörte vom Schlechten: Den Xites*, Tagmatasfalites*, Briten, Deutschen, Maschinengewehrfeuer vom Lykabettus-Hügel auf die Athener Arbeitervierteln Exarchia und Gyzi, Kämpfe auf dem Ymittos-Berg und im Vorort Kaisariani.

An den Nachmittagen lief ich nach der Schule oft mit Schwung die Stufen zum Lykabettus hinauf und betrachtete die riesige Betonfläche, bis die letzten Sonnenstrahlen im Westen verschwunden waren. In meinem Kopf kratzte ich an der Betonhaut der Stadt, suchte alte Zeichen, die Wunden der Geschichte auf ihrem Körper. Von dort aus hatte man mit Maschinengewehren auf die Häuser in Gyzi geschossen, auf die andere Seite der Alexandras-Straße. An manchen Tagen ging ich auf der anderen Seite des Hügels hinunter, Richtung Kaisariani, Pagrati, Virona, und ertastete die Einschusslöcher an den Flüchtlingshäusern, an den alten Wänden, die noch übrig waren aus der Zeit, in der Menschen gekämpft hatten, um die Stadt menschengerecht zu machen – gerecht und um in ihr freie Kinder großzuziehen.

Von diesem Zeitpunkt an suchte ich auf meinem ganzen politischen Weg wie ein Amateurarchäologe wieder und wieder die Geographie des Widerstands. Ich suchte historische Orte und Zeichen, Meilensteine der Kämpfe. Ihre Straßen, ihre Wege, ihre Stationen. So lernte ich die Stadt und ihre Menschen anders kennen. Den Ort, an dem ich mich später bewegen würde, sowohl als Teil der Massenkämpfe, wie auch als Mitglied der Stadtguerilla. Politisch war ich noch auf Kindesbeinen, ich brauchte Unterstützung bei meinen ersten Schritten.

Als politisches Baby hatte ich die Schlaflieder meiner Großmutter gehört, die Volkslieder und Märchen voller Kraft und Poesie, die Weisheit der Jahrhunderte. Hinzu kamen die Erzählungen meines Großvaters: die altgriechische Mythologie, die Tragik ihrer Gestalten von Prometheus bis Antigone, die Odyssee, die Ilias, die Heldentaten des Theseus, die Expedition der Argonauten. Die Schlachten von Marathon, von Salamis… Ich erfuhr von der Geschichte meiner Familie: der Vater bei ELAS, später auf Makroniso*, der kommunistische Onkel in den Syrmata*.

Mit mütterlicher Autorität wurde mir ein vages, aber beruhigendes Bild der Partisanen eingeflößt. Ich kann mich an ihre Erzählungen von den Bergen erinnern, zu denen sie wie kleine Adler aufstiegen, um Brot zu bringen und wie sie zur Belohnung Widerstandslieder der Partisanen zu hören verlangten. Oder später, als diese nachts in die Dörfer herabstiegen, um Sicherheit, Gerechtigkeit und Hoffnung zu bringen.

Sie haben die Prinzipien und Werte des Volkes an mich vererbt. Den Hass auf Ungerechtigkeit und Ausbeutung. Die Solidarität mit Menschen, die Hilfe für Verfolgte. Die Geradlinigkeit und Direktheit der Sprache. Den Sinn für Ehre und Verantwortung. Die Verteidigung dessen, an das man glaubt. Das Konspirative, das Verstecken vor den Machthabern.

Doch fühlte ich auch die Bitterkeit der Niederlage, die Angst vor den Gendarmen. Aber mir wurden die Grundlagen gegeben, diese Angst zu überwinden, sie mit neuer Hoffnung hinter mir zu lassen.

Der November 1973 gab dieser Hoffnung einen Namen und allmählich lernte ich ihn zu buchstabieren. Ein wesentliches Alphabet war die Gesamtausgabe von Dionisios Solomos*, ein kleines Buch aus dem berühmten Kiosk an der Ecke Akadimias- und Trikoupi-Straße in Exarchia, in dem ich mein ganzes Taschengeld für Bücher ausgab. Ich fand in Solomos' lyrischem Werk den ewigen Rebellen. Künstlerisch anrührend öffnete es neue Orte für Gefühle – ich sah mich im Einklang mit dem Rhythmus und der Kraft der Wörter und Bilder.

Als die Erinnerung an den November noch frisch war, so frisch wie der Geruch von Rauch und Tränengas, spürte ich Parallelen zwischen seinem großen Werk *Freie Belagerte*, dem Polytechnikum und dem Städtchen Mesolongi. Es war der immer gleiche kleine Ort, der «gegen die großen Mächte kämpft». In meinen Augen gab es «keinen Platz, dessen Ruhm größer war, als dieser kleine Ort».

Dieses Werk war für mich eine Einführung in das dialektische Denken. Es brachte mir auch den großen Gedanken von der ethischen Freiheit des kämpfenden Menschen nahe. Solomos war der erste Lehrer auf meinem langen Weg. Noch heute nehme ich dieses Buch immer wieder in die Hand und komme immer klarer zu denselben Gedanken. Das ganze Werk handelt vom Kampf der Widersprüche und dem Aufeinanderprallen von Werten, wie schon sein Titel: «Belagert und doch frei»! Leben und Tod. Liebe und Aufopferung. «Der Eros dreht sich im Tanz mit dem blonden April…» Die Schönheit und die Freude an der Natur, die Lebenslust auf ihrem Höhepunkt und zugleich wird von den Kämpfern der heiligen Stadt Mesolongi verlangt, dass sie den großen, ewigen Kampf der Menschen kämpfen bei ihrem Versuch, den ottomanischen Belagerungsring um die Stadt zu durchbrechen: «Dort mit den Brüdern, hier mit dem Tod.»

Der kämpfende Mensch, der für den weltweiten Traum von Befreiung und für die menschliche Existenz seine physischen Grenzen überschreitet. Der Tod für das Leben. Aus Liebe zum Leben, zur Liebe und zur Freiheit opfert er seine persönliche Freiheit, bis hin zum größten Opfer, dem eigenen Leben. Ich dachte immer an Dionisios Solomos. Bei jedem Tod eines Partisanen für das Leben. Hier und Überall. In den Athener Stadtteilen Dafni, Rentis, Gyzi. In weit entfernten Dschungeln, Bergen, Städten. Nah oder fern, es ist das Gleiche. Der gleiche Ort, die Freiheit. Der gleiche Preis für die, die den riesigen Schritt in diesen uralten, tragischen Gegensatz wagen.

Mich erschütterte die Realität dieses tragischen Gegensatzes: die Geschichte und die Tragödie des Menschen so fest umarmt. Geschichte und Tragödie sind eins, seit der erste Mensch auf Erden ging und bis das Zeitalter der Menschen gekommen sein wird. «Die Welt ist so schön bei allem Graus und wäre noch schöner, wenn es keine Schwächlinge und Feiglinge auf ihr gäbe», werde ich

Jahre später bei meiner weiteren Lehrerin Rosa Luxemburg lesen. Das ist der Weg des Menschen.

Nun sah ich die Tragik der Antigone und des Prometheus in den Erzählungen des Großvaters mit anderen Augen. Oder die Gestalt der Kleftis* in dem Volkslied der Großmutter mit dem tragischen Dilemma: Kämpfer oder Hausherr?

Wieder und wieder kehrte ich zurück zum November, dem Erlebnis der politischen Geburt. Das Polytechnikum, das kleine Mesolongi – weitere Akte eines Schauspiels, in dem der Ruf nach Freiheit den Schrecken und die Furcht vor der Diktatur und die tief eingebrannte Angst vor der Polizei überwand.

Weiter las ich Solomos. Weiter las ich alle Bücher, die ich in die Finger bekam: Gedichte, Belletristik, ich entdeckte Nikos Kazantzakis und weinte bei Menelaos Lundemis' Buch *Ein Kind zählt die Sterne*. Dazu kamen Geschichte, Ökonomie, Soziologie, Psychoanalyse, alles. Die Epen des Homer, die klassischen Tragödien, die Volkslieder, vor allem die von N. G. Politis gesammelten der Kleftis. Die Gestalt des Partisanen löste sich aus dem Nebel der ersten Erzählungen der Mutter, wurde historisch konkreter, bekam immer mehr Substanz.

Später entdeckte ich die Gesetze, die die Geschichte bewegen. Je mehr ich las, desto klarer wurden die Ursachen von Ungerechtigkeit und Entfremdung. Der emanzipatorische Traum bekam einen Namen, das Reich der Freiheit nahm Formen an. Ich erkannte das historische Drama Griechenlands und die Quelle all des Schlechten, das es erlitt.

Mit diesen neuen Erkenntnissen sah ich mir wieder und wieder den revolutionären Aspekt des Novembers an. Ich suchte seine geschichtliche Substanz als heutige Form des alten revolutionären Flusses. Danach betrachtete ich ihn als Ereignis: die Dynamik, die speziellen Merkmale, die sozialen und politischen Kräfte, die entfesselt wurden, die Art des Ausbruchs, die Möglichkeiten, die sich dadurch ergaben, die Grenzen, an die er stieß und seine Rolle für das spätere Geschehen. Ich analysierte dieses Ereignis und seine Lehren, um die daraus resultierenden Konsequenzen zu ziehen.

Im November 1975 nahm ich an einer Konferenz in der Zentrale der PASOK* teil. Zum Jahrestag des Polytechnikums wurde unter anderem die Veröffentlichung einer studentischen Broschüre beschlossen. Ich sollte einen Artikel schreiben. Man wollte den Blick eines Schülers auf den November – ich aber schrieb als ein Schüler des Novembers.

Es sollte ein emotionaler, heroischer Artikel werden, ich schrieb ihn während dreier schlafloser Nächte im Einklang mit meinen wenigen Erfahrungen und nach fieberhaften Nachforschungen und Diskussionen mit Menschen, die die drei Tage des Feuers von 1973 in und um das Polytechnikum erlebt hatten. Menschen, die an den Arbeiterversammlungen, den Demonstrationen, den Krawallen, der Attacke auf das Ministerium für öffentliche Ordnung und den Mobilisierungen in mehreren Stadtteilen teilgenommen hatten. Zum Schluss übergab ich den Herausgebern der Broschüre einen drei Seiten langen Text, in dem ich mich auf drei Punkte konzentrierte. Grundsätzlich würde ich diesen Text noch heute unterschreiben:

*Erstens.* Der November war ein Volksaufstand mit den Merkmalen einer Revolution. Er war gleichzeitig friedlich und gewaltsam. Ich nannte Beispiele: Krawalle mit der Polizei, aber auch friedliche Versammlungen, manchmal sogar mit kirchlichen Auferstehungskerzen in den Händen.

*Zweitens.* Der November war bis zum Ende spontan und unorganisiert. Es gab von keinem Organ der Bewegung eine Koordination oder Direktive. Er erwischte mit seiner Dynamik alle politischen Kräfte unvorbereitet und überrannte sie. Auch hierfür nannte ich Beispiele: In den Straßen um das Polytechnikum gab es an manchen Stellen hohe Barrikaden und an anderen gar keine, ausgerechnet dort, von wo die Panzer kamen. In verschiedenen Athener Stadtteilen hatten sich Menschen versammelt, ohne zu wissen, was zu tun war, ohne jegliche Koordination. Der Piratensender im Polytechnikum riss viele mit, aber er führte niemanden an.

*Drittens.* Wenn es eine glaubwürdige politische Macht gegeben hätte, die den Aufstand koordiniert und politisch geführt hätte, so meine Folgerung, wäre das Ergebnis ein anderes gewesen. Ich schrieb über den Gesichtsausdruck der Soldaten, als ich am Samstag vom Polytechnikum zurückkehrte. Verloren, traurig. Sie gehörten zu uns, sagte ich. Sie würden an der Seite ihrer Geschwister stehen, falls sich der Aufstand ausbreiten würde.

Ich wartete gespannt, aber vergebens auf die Publikation. Als ich fragte, warum mein Artikel nicht veröffentlicht worden war, hörte ich nur Ausreden: «Das Manuskript ging verloren» oder «der Artikel wurde in einen anderen Bericht eingebaut». Tatsächlich fanden sich nun ein paar sehr emotionale heroische Ausdrücke im Schwerpunktartikel der Broschüre. Es gab keinen Meinungsaustausch über die Thesen des Textes, kein Gespräch über die revolutionären Aspekte und Chancen des Novembers. Schon damals begann man das Polytechnikum zu mythologisieren: Unter pompösen, heroischen Lobhudeleien und Kränzen wurde der revolutionäre Kontext des Novembers beerdigt.

Nach dieser Zensur 1975 kapierte ich allmählich, dass mein Horizont sich von dem der linken Führung unterschied. Wer weiß, vielleicht sahen manche, trotz ihrer fetzigen Reden und großmäuligen Andeutungen im Stil von «sie werden uns nicht mehr unvorbereitet erwischen» an ihrem Horizont schon die teuren Anzüge und Dienstwagen eines Ministers. Vielleicht träumten sie in ihren ärmlichen Zweizimmerwohnungen der proletarischen Viertel Ilisia und Ippokratous schon von dem unglaublichen Reichtum, den sie sich später aneignen sollten. Ihre Zeit im Kampf benutzten sie, um glänzende Lebensläufe auszuschmücken… Ich hatte andere Träume. Ich wollte ein Kind des Novembers bleiben und alles in meiner Macht Stehende tun, um diese lebensspendende revolutionäre Flamme erneut auflodern zu lassen. Ja – und heute, in der unterirdischen Feuchtigkeit des Novembers 2013, versuche ich beim Schreiben die Schreie der Wärter und die schrille Stimme des Gefängnislautsprechers aus der Zelle herauszuhalten, und sage, dass mein ganzer Weg, alle Lebens- und Kampfentscheidungen die Folgen jenes Novembers waren. Ich konnte es damals noch nicht verstehen, aber seither reifte alles langsam heran.

Heute kann ich es verstehen. Jener impulsive Ausbruch, das massenhafte und unvorhersehbare Eindringen des Volkes in den Vordergrund der Geschichte trug alle Merkmale einer Revolte. Vielfältig, mehrdimensional mit allen Formen des Kampfes, friedlichen und militanten, gewaltsam und gewaltfrei. Von friedlichen Versammlungen bis zur Belagerung von Polizeistationen. Von Demonstrationen und Zusammenkünften über Angriffe kleiner militanter Gruppen, bis hin zu dem Angriff der Massen auf das Ministerium für Innere Sicherheit, bei dem es dutzende Tote und Verletzte gab – getroffen von Kugeln staatlicher Sicherheitskräfte und paramilitärischer Gruppen, bei denen schon damals Nikos Michaloliakos* auftrat.

Das Volk besiegte damals seine lähmende Furcht, die Starre der Resignation, es wehrte sich und kämpfte. So, wie es das konnte. Wie es das bis dahin wusste. Wie es das durch das Feuer des Kampfes entdeckte. Gehwege wurden aufgerissen, Barrikaden errichtet, Feuer entzündet. Alles Verwendbare wurde zur Waffe für die Verteidigung oder den Angriff. Es gab keinen Rückzug, weder vor den Schlagstöcken und dem Tränengas noch vor den Kugeln. Es war ein authentischer revolutionärer Ausbruch, der sich zur Revolution hätte entwickeln können. Jedoch, die Führung der Parteilinken war nicht vor Ort. Die Dynamik der Aufständischen, dieser uneingeladenen Eindringlinge, überforderte, verwirrte und erschreckte sie. Die Fakten rüttelten an ihrer Orthodoxie. Nur ihre einfachen Mitglieder waren neben ihren Brüdern und Schwestern vor Ort und suchten gemeinsam an der Basis nach Formen der Selbstorganisation und der koordinierten Aktionen. Allerdings wurde auch die revolutionäre Linke überrascht. Sie hatte sich auf strategische Parolen konzentriert, ohne einen taktischen Plan für direkte Aktionen zu haben, die zur Entwicklung gepasst hätten. Auch ihre Führung wurde von der Dynamik der Fakten ebenso wie von ihrer Basis überrannt. So zum Beispiel bei den Arbeiterversammlungen, bei der einfache Parteimitglieder den Puls der Volksbewegung spürten und bewiesen, dass Volkshelden im Feuer revolutionärer Praxis geboren werden.

Die Zensur meines Textes im November 1975 ließ mich grübeln. Mit meinen 17 Jahren sah ich, wie das gesamte Spektrum der Linken den aufständischen Charakter des Novembers schmälern wollte, wie es sich weigerte, die Ursachen des November zu analysieren, und wie es die militante Substanz des Novembers verdeckte, indem es nur die friedlichen Seiten in den Vordergrund schob. Der Grund dafür war, dass sich die Linke nicht wohlfühlte mit den revolutionären Inhalten des Novembers. Sie wollte einen impulsiven Aufstand zum

Elend einer gewöhnlichen Opposition degradieren. Sie wollte die Dimension des Angriffs ungeschehen machen, indem sie sich auf eine emotionale Opferrolle konzentrierte. Mir wurde immer klarer, wie konservativ sie war. Es war sichtbar, dass die revolutionären Fakten komplett außerhalb ihrer politischen Denkweise lagen.

Ich überlegte weiter: So wie nun ein lebendiger, impulsiver, revolutionärer Akt, ein wesentlicher Moment in der Geschichte des Kampfes, unter Trauerkränzen begraben wurde, so und nicht anders war man schon immer mit solch großen Momenten umgegangen.

Schon in der Schule hatten mich die Lehrer geärgert, die insbesondere bei ihren pompösen Nationalfeiertagsreden die glänzenden Vorfahren in unerreichbare Höhen priesen. Sie machten aus ihnen Götter oder Übermenschen mit einzigartigen Eigenschaften. Für mich waren es Menschen voller Tapferkeit und Ängste, mit psychischen Stärken und Schwächen. Ich fragte mich, wie man sie von ihren Sockeln heben und im Hier und Jetzt ihr tatsächlich wunderbares Erbe erleben könne?

Nun sah ich, wie unsere Rhetoriker der offiziellen Linken ähnlich wie die alten Lehrer handelten. Sie hoben unsere Helden und Märtyrer auf Sockel, machten aus kämpfenden Menschen eine Art Übermenschen. Sie machten sie zu harmlosen Ikonen. Sie machten aus den Häretikern ihrer Zeit zukünftige orthodoxe Dogmatiker. Sie schliffen die revolutionären Spitzen ab, wogegen sich schon Lenin mit seinem profunden Wissen der bolschewistischen Geschichte gewehrt hatte. Die Linke beschränkte sich auf die Anbetung von Ikonen, ohne deren lebendigen Sinn zu teilen und ohne zu versuchen, ihr revolutionäres Erbe in der Gegenwart zu leben.

Nach einigem Nachdenken kam ich zu dem logischen Schluss, dass, wenn man einen wesentlichen Moment des sozialen Kampfes nicht erkennen will und nicht analysiert oder darüber redet, wie man sich besser organisieren kann, dann sucht man ganz einfach nicht nach dem sozialen Umsturz. Wenn man die Revolution nicht vorbereitet und nicht organisiert, dann will man sie nicht wirklich.

Es war eine furchtbare Schlussfolgerung. Ihre Konsequenzen konnte ich kaum begreifen und annehmen. Zu stark noch war ich im Griff der Heiligenkränze und des Ruhms der Kämpfer, der revolutionären Geschichte der Linken, ihrer bahnbrechenden Reden und unserer historischen Symbole. Aber anstatt uns neue Flügel zu geben wurde diese ganze historische Last zu einer untragbaren Bürde, die sich in einen langsamen, unflexiblen und letztlich konservativen Parteimechanismus verwandelte.

Anfänglich noch unbewusst begann damals meine eigene Neuausrichtung und ab da hatte der Prozess meiner ideologischen und politischen Autonomie unaufhaltsam begonnen.

# Kapitel 3
# Politische Pubertät

Was mich fesselte und völlig aufsog, war der unmittelbare dynamische soziale Konflikt, der sich seit der Metapolitefsi* im Juli 1974 vor meinen Augen entwickelte. An ihm nahm ich mit ganzem Herzen teil.

Wie war diese wachsende Bewegung in jenen ersten Jahren nach der Diktatur? Es war eine einzigartige Zeit für alle, die sie erlebten. Voller Hoffnung und Erwartungen, alles war möglich, als die Revolution hinter der nächsten Straßenbiegung zu lächeln schien. Ein immer stärkerer Ausbruch der Jugendbewegung, die alles anzweifelte und sich immer mehr radikalisierte. Massenhafte Arbeiter- und Volkskämpfe, die die Grenzen der parteimäßigen Linken überschritten. Täglich gab es in einer brodelnden Bewegung Demonstrationen, Streiks, Krawalle, Besetzungen. Massenhaft, dynamisch und vielgestaltig öffneten sie ein Fenster zu revolutionären Ahnungen und Hoffnungen.

Das war die Metapolitefsi. Der kurze griechische Frühling. Diese drei, vier dichten Jahre der radikalen selbstbestimmten Bewegung sind für mich die Periode der Metapolitefsi – bevor sich das System stabilisierte, ehe sich der Reformismus etablierte und die Stärke der Bewegung abnahm. Ehe sich die Logik der Delegierung und der Bevormundung wieder verbreitete und die Hegemonie über die Interessen des Volkes zu den politischen und gewerkschaftlichen Führungen wanderte, die den aufgewühlten Fluss des Klassenkampfes in das ruhige Gewässer der parlamentarischen «Demokratie» führten.

Eine Epoche, die im Juli 1974 mit dem Abzug der Panzer der Diktatur in Griechenland und dem Aufzug der türkischen Panzer im Zypernkonflikt* begann. Das Volk von Zypern zahlte einen hohen Preis dafür, dass die Demokratie wieder nach Griechenland kam. Die griechische Militärjunta machte ihren Abgang, wie es von den Mächtigen – den USA, England und den führenden Klassen in Griechenland und Zypern – gewollt worden war.

Der Schatten der zypriotischen Tragödie konnte die Explosion der unterdrückten sozialen Massen nicht überdecken; es war ein Fest bis dahin unbekannter Freude, ein unglaubliches Gefühl von Freiheit. Von Anfang an waren auf den zentralen Straßen Menschenmassen, die immer dichter zu werden schienen. Das Volk heizte sich auf, das allgegenwärtige Raunen wurde zu koordinierten Rufen, Schreien. Die Hände wurden zu Fäusten geballt, die Schritte passten sich den Gefühlen einer mitreißenden Demonstration an. Der Fluss des Volkes strömte über die Ufer der großen Straßen, erreichte und überschwemmte Plätze, trennte sich in kleine Gruppen voller entflammter Diskussionen. Schon die Erwartung der kleinsten Bewegung war ein Grund, sich erneut zu treffen, die Temperatur wieder hochschießen zu lassen, erneut auf die Straßen zu strömen. Die Rufe der Straße, die Hoffnungen und Träume nährten.

Es war auch ein Fest des gedruckten Wortes. Woher kamen auf einmal all diese bedruckten Papiere? Zeitungen und alle möglichen Broschüren und Erklärungen. Woher kamen auf einmal all diese politischen Gruppen und Organisationen? Dutzende. Ich zählte sie, zeichnete sie auf, lernte sie auseinander zu halten anhand ihrer Art zu sprechen, anhand ihrer Begriffe, und sah, wie sich ihr organisationsinternes Leben in ähnlichen Verhaltensmustern spiegelte, bis hin zur Kleidung ihrer Mitglieder.

Dieses Verhalten weckte bei mir erste Zweifel. Ich sah, wie aus einer einheitlichen Bewegung des Volkes mir nahestehende politische Gruppen isolierte Inseln bilden wollten. Jede Gruppe schien zwanghaft ihre eigene Ausdrucksweise zu suchen, um sich von den anderen abzugrenzen. In unverständlicher Sprache voller Fremdwörter und Terminologien betonten sie ihre Unterschiede und beharrten in unendlichen Auseinandersetzungen darauf. Sie verpulverten in diesen leidenschaftlichen Diskussionen die ganze Energie, die nach meinem Gefühl besser in Richtung der Massen um uns herum hätte geleitet werden sollen.

Zunächst instinktiv und später aus politischer Überzeugung störte mich diese bewusst gewollte Zerstückelung. Im Inneren der mobilisierten Menschenmassen und den breiten Demonstrationen, die ihre Stimmen und ihre Praxis vereinten, betrachtete ich voller Trauer die homerischen Streits kleiner Gruppierungen um ein Wort, einen Begriff oder eine Phrase, die einer unserer Theoretiker von sich gegeben hatte.

Trotzdem war die geschwisterliche Gemeinschaft des Kampfes mein natürlicher Platz – und die Streitereien unter Geschwistern waren für mich die schlimmsten.

Mit einem Klassenkameraden ging ich zu einem Treffen seiner Gruppe, einer trotzkistischen Organisation, vielleicht die damals größte. Ich hatte gerade *Mein Leben* von Trotzki gelesen und erwartete etwas im Geiste des Verfassers zu finden. Ich rechnete mit einer fruchtbaren Abspaltung – tatsächlich bekam ich eine Erklärung der Orthodoxie. Das ganze Gespräch drehte sich um die Unterschiede zu anderen trotzkistischen Gruppierungen und darum, dass man selbst fehlerlos sei. Dennoch warf ich gerne mein Taschengeld auf das Tablett, das am Ende herumgereicht wurde.

Damals las ich die marxistischen Klassiker. Ich kämpfte mit den Schwierigkeiten, die ihre Texte hatten, mit den Verweisen auf historische Perioden und Fakten, die ich mir erarbeiten musste. Die Welt, die sich mir eröffnete, faszinierte mich, mir wurden die Gesetze klar, die die Geschichte in Bewegung brachten.

Besonders fasziniert war ich von Mao, seine Art zu schreiben und seine Gedankengänge imponierten mir, am meisten seine Kulturrevolution, die Revolution in der Revolution. «Zerschlagt das Alte, bombardiert die Hauptquartiere», «der Baum wünscht Ruhe, aber der Wind hört nicht auf»... Seine Bücher *Über die Praxis* und *Über den Widerspruch,* über die Einheit, die im Kampf der Gegensätze entsteht, leiteten meine Gedanken.

Logischerweise versuchte ich mich der Bildungsgewerkschaft OLME zu nähern. Ihre Ernsthaftigkeit und Konsequenz zogen mich an. Ich las in ihrer Zeitung über ihre Marxismus-Seminare und war begeistert. Am Eingang wurde ich von einer streng schauenden Security aufgehalten: nur für Mitglieder. Noch eine orthodoxe Gruppe? Noch eine Kirche nur für die eigenen Gläubigen? Trotzdem blieb sie für mich der verwandteste politische Ort.

Aber ich blieb auch auf Distanz zu den Organisationen der radikalen Linken. Der Klassenkampf innerhalb dieser Szene führte zu Anflügen von Dogmatismus, zu Hegemoniebestrebungen und Sektenbildungen, als sei jemand alleiniger Besitzer der revolutionären Wahrheit. Ich spürte auch und sah es später bewusster, dass sie agierten, als wollten sie im Rahmen der bürgerlichen Gesetze verharren, als würde es ihnen reichen, sich am Rande des offiziellen Systems zu bewegen, an den Ausläufern seiner Institutionen. Dennoch gab es an diesem politischen Ort glänzende Beispiele direkter Aktion und Solidarität mit autonomen Organisationsformen der Bewegung. Selbst wenn oft versucht wurde, die Bewegung in einer speziellen Logik zu steuern. Diese politische Szene war federführend bei der Solidarität mit den Kämpfen der politischen Gefangenen.

Mit der offiziellen Linken hatte ich früh meine Rechnungen gemacht. In den ersten Tagen der Metapolitefsi hatte ich die Symbole der Partei gesucht, die ich für revolutionär hielt. Die rote Fahne mit Hammer und Sichel, mit Marx und Lenin, mit den Symbolen, die ich von meinem Großvater kannte und denen ich vertraute. So sehr, dass ich während der Militärjunta oft berührt war, wenn ich im Hafen von Piräus ein sowjetisches Schiff mit Hammer und Sichel am Schornstein sah. Doch diese Symbole standen nicht im Einklang mit der gemäßigten und ängstlichen Haltung der Parteiführung nach 1974.

Anfangs war mein Bruch mit der Partei ein emotionaler. Ich konnte nicht akzeptieren, dass sie auf die Entscheidung von Premierminister Konstantinos Karamanlis eingingen, die Parlamentswahlen am 17. November 1974 abzuhalten, und damit all das trafen, was der 17. November symbolisierte, und die Gedenkfeiern um eine Woche verschoben. Noch mehr erzürnte mich der Beschluss der Partei, Bauarbeiter gegen die Kämpfer zu mobilisieren, die das Polytechnikum besetzt hatten. Ihre Lüge: das seien Provokateure. Später erfuhr ich, dass manch ein Bauarbeiter der Partei den Rücken gekehrt hat, weil er im Polytechnikum anstatt Geheimpolizisten der Militärjunta alte Kampfgenossen entdeckt hatte.

Je mehr Tage verstrichen – in denen man wirklich so viel erfuhr wie normalerweise in Monaten –, desto sicherer war ich mir, dass ich nicht in den Rahmen der offiziellen Linken passte. Es wurde mir immer deutlicher, dass diese die politische Geburt einer neuen Welt, die Dynamik des Volkes und den unglaublichen Enthusiasmus der Leute bremsen wollte. Sie erwies sich als konservativ. Die Wucht des Volkes überrumpelte sie. Sie beharrte auf allgemeinen und ungefährlichen Parolen und weigerte sich die dynamischen sozialen Kämpfe, die die soziale Unabhängigkeit zum Ziel hatten, zu organisieren. Ich hingegen wünschte mir eine Linke, die eine führende Kraft im Kampf und für den Umsturz wäre. Ich wollte eine revolutionäre und keine ängstliche und konservative Linke.

Die Anfang September 1974 gegründete PASOK machte keinen ängstlichen Eindruck. Sie forderte Selbstorganisation, benutzte eine radikale Sprache, forderte den Ausstieg aus der NATO, die Schließung der Militärbasen der USA und Englands, und wollte sich dem Monopol des Nationalen Tabakamts EOK* verweigern. Sie redeten offen über den Sozialismus und ließen durchblicken, dass es eine parallele Untergrundorganisation gebe, da «uns die Bourgeoise die Macht nicht friedlich übergeben werde». Sie verwiesen auch auf einen alten Text von Andreas Papandreou vom November 1973, in dem geschrieben stand, dass «in der Praxis das bewaffnete Volk die einzige dauerhafte Garantie für den Bestand seiner Herrschaft» sei.

Tatsächlich wurde diese legendäre «heimliche» Parallelorganisation nur als Parteipolizei gegen diejenigen eingesetzt, die anderer Meinung waren.

Zur PASOK tendierten viele radikale Jugendliche und respektierte antidiktatorische Kämpfer, alte Partisanen des ELAS und der Demokratischen Armee Griechenlands DSE*. Weit entfernt von einer etablierten politischen Partei war PASOK seinerzeit ein politischer Ort, an dem alle Strömungen der Linken vertreten waren. Die örtlichen Parteibüros wurden mit Bildern von Marx oder Aris Velouchiotis*, dem militärischen Leiter der ELAS, geschmückt.

Wenig später öffneten die zentralen PASOK-Büros. Ich war jeden Tag dort. Damals konnte man dort angesehene Menschen finden, Kämpfer mit einer jahrzehntelangen Geschichte, bescheidene Menschen mit konkreten Gedanken, Menschen, die das Glück dieses Volkes tatsächlich interessierte. Die Gespräche mit ihnen waren für mich wie eine große Schule. Ich studierte die kollektive Erinnerung, lernte die reale Geschichte, die lebendige, mündliche, die sich mit den Angaben in den Schulbüchern biss. Man konnte auch die Menschen des Parteiapparats erkennen: engstirnig, protokolltreu, mit all diesen bürokratischen Eigenschaften, und zögerlich hinsichtlich aller Veränderungen. Schon damals träumten sie von genau dem, zu dem sie später geworden sind: Mitglieder der Staatsmaschinerie, Bankenchefs und Geschäftsführer, Ministerialsekretäre, Abgeordnete, Minister, Reiche. Schon damals haftete ihnen der Gestank der Korruption und zukünftiger Skandale an.

Instinktiv war ich gegen sie. Von Anfang an war meine Wahrnehmung eine radikal andere als ihre. Das Gleiche galt auch für die offiziellen politischen und gewerkschaftlichen Führungen. Ich redete und kämpfte mit meiner ganzen Kraft dafür, dass die Entwicklung der Bewegung im Einklang mit der Dynamik an den Schulen, den Universitäten, den Arbeitsstätten und auf dem Lande absolute Priorität haben müsse.

Ich war überzeugt, man müsse eine Einheit der Teilbewegungen anstreben – im Kontext einer geplanten Entwicklung einer breiten Arbeiter- und Volksbewegung.

Ich war uneinig mit den Parteimitgliedern, die die Bewegung nur durch das Prisma der Parteiinteressen betrachteten. Sie interessierte nur die Ausdehnung des Parteieinflusses. Das führte zu innerparteilichen Auseinandersetzungen und spaltete die für kollektive Aktionen erforderliche Einheit.

Schematisch gesagt: Partei oder Bewegung. Ich bestand darauf, dass beide sich nicht widersprechen müssten, dass durch die dynamische Entwicklung der Bewegung auch die Partei durch neue Mitglieder und Mitstreiter wachsen würde. Außerdem verweigerte ich mich gewissen Formen der politischen und gewerkschaftlichen Intervention, die einen an sozialen Orten unverständlichen politischen Jargon benutzen. Mich langweilten sehr bald die ewigen Streitereien wegen einzelner Worte und die unendlichen Theoriediskussionen.

Diese Meinungen vertrat ich seit dem Beginn meines politischen Weges, ich verteidigte sie seit meinen ersten Artikeln in der Schülerzeitung der PAMK*, dem Schülerkampf.

Ich weiß noch, dass der Refrain meiner Artikel immer der war, dass der Kampf für die von uns erträumte Bildung unbedingt mit dem Kampf für eine sozialistische Gesellschaft verbunden sein müsse.

Der Schülerkampf schrieb als erste Zeitung im vereinfachenden griechischen Ein-Akzent-System*. Allmählich übernahm ich auch seine technische Herstellung in einer Druckerei in der Millerou-Straße. Die Atmosphäre verzauberte mich – all die Kästen mit Metallteilen, das beruhigende Rattern der Linotype-Setzmaschine, der Geruch von geschmolzenem Blei und Antimon, der süßliche Geruch der Farbe und des frischbedruckten Papiers. Es war sehr bewegend, den ersten Andruck einer Zeitung in den Händen zu halten, die man selbst umgebrochen, korrigiert und letztlich geschrieben hatte. Tatsächlich verfasste ich die letzten Ausgaben beinahe allein in fieberhaftem Rhythmus, um die Fristen einzuhalten, meist während des Unterrichtes, mit Mitschülern, die mich deckten. Natürlich nur an den Tagen, an denen ich überhaupt noch zur Schule ging…

1975 war ein ereignisreiches Jahr, die Zeit war wie verdichtet, Ereignisse folgten rasch aufeinander und ich beeilte mich, überall dabei zu sein: Mobilisierungen, Versammlungen, Demonstrationen, Streiks, Besetzungen, Krawalle mit der Polizei. Ich rannte überall hin, wollte Teil davon sein. In der Schule konnte ich nur mithalten durch die erlernten Grundlagen der vergangenen Jahre, zu den Nachhilfestunden am Nachmittag ging ich nicht mehr. Die Nachmittage und die Abende hatten einen anderen Sinn bekommen. Ich hörte auf, Englisch und Gitarre zu lernen, und verließ das Lauftraining. Und doch war die Zeit immer zu knapp, sie reichte nie.

Ich tanzte im Rhythmus der Ereignisse. 1975 nahm die Radikalität zu, militante Formen des sozialen Kampfes entflammten. Neue Selbstorganisationsarten tauchten auf: autonome Kämpfe mit flachen Hierarchien und auf Konfrontationskurs. Solidarität erblühte weit über den engen lokalen Rahmen und die Sache der Arbeiter hinaus. Immer häufiger gab es massenhafte Konfrontationen mit der Polizei und den Arbeitgebern. Immer öfter gab es Konfrontationen mit dem Reformismus, den Partei- und Gewerkschaftsführern, die den Kampf bremsten.

Lange bevor ich den Reformismus in den Papieren, den Büchern und den Broschüren der Radikalen fand, bin ich ihm in der Praxis, auf der Straße begegnet. Es fing an mit den ersten Festnahmen wegen illegalen Plakatierens, während die Mitglieder der offiziellen Parteien eine Erlaubnis hatten. Sie spielten auf dem Feld der Legalität, zur Freude der Geheimpolizei, die sich so auf bekanntem Terrain bewegte. Wir hingegen beharrten darauf, dass das einzige Recht das Recht der Arbeiterklasse sei.

Der reformistischen Repression begegnete ich schon bei Mobilisierungen, noch ehe die staatliche einsetzte: Sein ständiges Bremsen der autonomen dynamischen Kämpfe, sein andauerndes «Lasst euch nicht provozieren», sein elendes Agents-Provocateur-Gerede und seine Verleumdung der entschlossensten Kämpfer. Doch der logisch richtige Zweifel am Reformismus stolperte noch über die Gefühle. Mit den Mitgliedern der Parteilinken teilten wir die gleiche Herkunft aus dem Volk, wir hatten die gleichen Wünsche und Träume. Immer war die Linke für mich ein Zuhause. Voller Schmerzen sah ich meine Freunde in den Demo-Ketten, die sich gegen uns wendeten, uns den Weg abschnitten, unsere Plakate zerrissen. Voller Schmerzen erlebte ich diese reformistische Repression.

Die staatliche Repression war mir bereits gut bekannt. Seit dem politischen Geburtsakt des Novembers 1973, dem Geruch von Tränengas, dem Knallen der Gewehre und dem Knattern der Maschinenpistolen. Und noch viel früher die Angst vor dem Gendarmen, seit ich mich erinnern kann, schon als politisch noch Ungeborener. Nun fand ich die Repression permanent direkt vor meinen Füßen, bei jeder Aktion, jeder Demonstration, jedem kämpferischen Streik.

Ich erlebte den ersten staatlichen Versuch, die Massen zu terrorisieren, bei der riesigen Demonstration am 21. April 1975, als Kämpfer aus dem Volk bereit waren, die amerikanische Botschaft zu stürmen. Ein wahrer Regen aus Tränengas prasselte auf die Demonstration der Hunderttausenden nieder, auf alte Menschen und Kinder, ohne Ausnahme, bestialisch.

Ende 1975 verbrachte ich die erste Nacht in den Zellen der Staatspolizei in der Messogeion-Straße. Eine eiskalte Zelle, hier kapierte ich den Spruch «die Kälte dringt bis auf die Knochen». Sie gaben mir keine Decke, als Strafe für die Partisanenlieder und weil ich mich weigerte, auch nur meinen Namen zu nennen.

Es ging um die Teilnahme an einer «illegalen Versammlung» auf dem Omonoia-Platz aus Solidarität mit den Obdachlosen von Perama an der Küste im Westen von Athen, denen man ihre armseligen Hütten mitsamt den Träumen der Mittellosen niederriss. Die Regierung wollte ihren Hügel an die internationalen Ölkonzerne abgeben, damit dort Tanker anlegen könnten. Verhandlung, Berufung seitens des Staatsanwaltes, noch eine Verhandlung. Zwei

Verhandlungen, die zur Verbreitung der Ungerechtigkeit beitrugen, schnitten der Regierung die Luft ab. Die Obdachlosen von Perama gewannen ihren Kampf mit Hilfe der Solidarität der Linksradikalen.

Meine Mutter weinte, ihr Kind lief Gefahr, das Schuljahr wiederholen zu müssen. Sie sah eine Wiederholung aller familiären Verfolgungen kommen – ich erinnerte sie an die Prinzipien der Solidarität, die sie mir eingetrichtert hatte. Für mich war die Solidarität mit jenen, die entschlossen für ihre Menschenwürde kämpften, eines der wichtigsten Merkmale eines sozialen Kämpfers. Wenn man für eine menschliche und solidarische Gesellschaft kämpft, ist es undenkbar, nicht schon in der Gegenwart die Charakteristika der erträumten Gesellschaft zu fördern. Die Solidarität, das Gefühl der Gemeinschaft und der Abhängigkeit, Hand in Hand mit dem Respekt vor unterschiedlichen Ansichten, ist oder sollte im Zentrum der Aktion der politischen Menschen oder Gruppen stehen.

Von Anfang an verfolgte ich den Weg der Solidarität in den Kämpfen. Auf diesen Wegen treffe ich mich auch jetzt, in den Jahren der Gefangenschaft, mit den Menschen, die die Bedeutung dieser Worte mit Würde tragen.

Die unkontrollierte und massenhafte Repression durch die Polizei des «Führers der Nation», Konstantinos Karamanlis, der sie am 21. April 1975 gegen die Demonstrationen zuschlagen ließ, um die gewaltsame Kontinuität des Staates zu zeigen, war ein Einschnitt für mich. Ein Anstoß zum Nachdenken. Wie kann man effektiv der Gewalt der Mächtigen kontern?

Ein weiterer Einschnitt kam einige Tage später, am 1. Mai 1975. Mit ihm kamen die ersten schlechten Nachrichten. Ich war erschüttert von der Explosion in der Schwarzpulverfabrik PYRKAL, die Athanasiadis Mpodosakis gehörte. Vier tote Arbeiter, kann sich noch jemand an ihre Namen erinnern? Dutzende verletzte und verstümmelte Arbeiter. Die tödliche Gewalt des Kapitals, das sich von Arbeiterblut ernährt. Eine Explosion, die vermeidbar gewesen wäre, wenn man die Mindestsicherheitsmaßnahmen befolgt hätte. Doch die kosten etwas, während Arbeiterblut billig ist. Die Gewalt der Justiz folgte der ökonomischen Gewalt auf dem Fuße: Die Arbeiter seien selber schuld gewesen. Mpodosakis musste nicht einen Anwohner entschädigen, obwohl deren Häuser durch die Explosion beschädigt worden waren. Die Fabrikleitung wurde freigesprochen.

Dieser 1. Mai brachte aber auch eine grandiose Nachricht: Die Partisanen Vietnams eroberten Saigon, die Amerikaner flohen in Panik, ihre lokalen Mitarbeiter hingen sich an die US-Hubschrauber, traten einander, um das Land zu verlassen. Von klein auf hatte ich gelernt, den Vietcong zu unterstützen, schon als im Radio der Militärjunta oder in der Zeitung *Makedonia,* die ich für meinen Opa am Kiosk kaufte, immer die gleiche stereotype Nachricht kam: Kämpfe in Vietnam, so und so viele tote Vietcong. Ich bewunderte dieses kämpferische Volk, von dem so viele getötet wurden, doch immer schienen neue Kämpfer aufzutauchen.

Nun erfuhr ich, dass sie die stärkste Kriegsmaschinerie besiegt hatten, sie hatten die USA zum Gespött der Welt gemacht. Ich, der ich psychisch von der Niederlage einer Linken, die sich selbst aufgegeben hatte, geprägt war, lernte nun mit unvorstellbarem Enthusiasmus, dass wir gegen sie gewinnen konnten, dass die Idee der Gegengewalt aus dem Volk und sogar die Idee der Revolution immer noch aktuell waren.

Ich studierte die vietnamesische Revolution, die Worte von Ho Chi Minh und General Giap sowie die Schlacht von Dien Bien Phu*. Ich fand heraus, dass nicht nur eine Partisanenarmee gegen die allmächtigen Amerikaner gewonnen hatte, sondern ein ganzes revoltierendes Volk, das über ein weitgestrecktes organisatorisches Netzwerk in jedem Ort, in jedem Dorf und auf jedem Feld verfügte. Dieses Netzwerk half, versorgte, informierte, lies die Feldhacke für das Gewehr liegen, griff danach wieder zur Hacke, um zu säen und das Partisanenvolk zu ernähren. Die USA waren mit einem ganzen Volk konfrontiert. Das war für mich die erste Einführung in den Sinn des bewaffneten, organisierten Volkes, das unbesiegbar wird. Es war der erste Denkanstoß für die Idee von der Entstehung eines bewaffneten Volkes.

Ich fing an, über den Partisanenkrieg zu lesen. Das erste Buch, das mir in die Finger kam, war *Krieg der Flöhe* von Robert Taber, danach Carlos Marighellas *Minihandbuch des Stadtguerilleros*. Ich sah eine besondere Nähe zu den lateinamerikanischen Guerillas im Cono Sur, speziell zu den Tupamaros. Über allem leuchtete das Beispiel Che Guevaras mit seinen klassischen Büchern *Bolivianisches Tagebuch* und *Der Partisanenkrieg*. Es war die Zeit der Guerilla. ETA, IRA, die Stadtguerilla in Italien, Deutschland, Frankreich, Belgien. Der heldenhafte Kampf des palästinensischen Volkes. Zum Greifen nah war noch der Kampf gegen den Kolonialismus in der sogenannten Dritten Welt, und noch näher war die Nelkenrevolution in Portugal – ich sah ihren großen Sprecher, Otelo Saraiva de Carvalho*.

Ein wahrer revolutionärer Strom schien den Planeten zu durchfließen, die Trompeten der Revolution wurden geblasen und die Möglichkeit eines großen Umsturzes war am Horizont sichtbar.

Aber obwohl ich die bewaffneten Kämpfe genau beobachtete und emotional mit ihnen übereinstimmte sowie bei jeder Gelegenheit die Parole «IRA – MIR – Fedayin – Tupamaros – Vietcong» unterstützte, blieb ich dem klassischen Standpunkt der III. Internationale verbunden. Für mich war der Schwerpunkt die Entwicklung einer militanten Massenbewegung. Auf die damals aktuelle Frage «Partei oder bewaffnete Gruppe» antwortete ich eindeutig: «Partei». Eine Partei, die sich durch die Entwicklung der Massenkämpfe in Richtung Bruch bewegen würde. Natürlich würde diese Partei über illegale Strukturen und einen bewaffneten Arm verfügen, doch diese verstand ich als defensive Notwendigkeit: Selbstverteidigung, Sammeln von Informationen und Aktionen gegen Putschversuche. Die Diktatur war noch nicht lange her und der Putschversuch im

Februar 1975 von Generälen, die Dimitrios Ioannidis* nahestanden, erst recht nicht. Es war auch nicht viel Zeit vergangen seit dem Putsch in Chile am 11. September 1973 gegen den Sozialisten Salvador Allende. 1974 und 1975 waren mir die Aktionen der bewaffneten Organisationen in Griechenland willkommen, schienen mir sogar notwendig, doch persönlich konnte ich mich in ihnen nicht wiederfinden.

Was ich sah, und was mich voll und ganz in Anspruch nahm, war der stürmische Aufstieg der Arbeiter- und Volksbewegung, die sich weiter radikalisierte. Die Streiks waren selbstorganisiert, unabhängig von Parteien und offiziellen Gewerkschaften. Sie wurden von eigenen Organen wie den Streikkomitees koordiniert. Sie dauerten an, erfreuten sich großer Solidarität und waren erfolgreich. Im April 1975 musste Mpodosakis dem Ansturm der Bergarbeiter weichen. Drei Monate lang weigerten sich die Arbeiter in die Stollen des Todes der Madem Lakko-Mine* hinabzusteigen.

Ich beobachtete und erfasste die Geographie der Kämpfe, rote Widerstandsmale dehnten sich immer mehr aus und bedeckten bald die ganze Landkarte. Später lernte ich diese alten Erz- und Bergbaudörfer nördlich von Thessaloniki kennen, mitsamt ihrer Leiden und Kämpfe, mit Friedhöfen voller armseliger Kreuze. Gering waren die Lebensjahre auf ihnen. Die Arbeiter waren an Tuberkulose oder dem Kalkstaub, der die Lungen verbrennt, gestorben. Ein Ort der Leiden und der Würde des kämpfenden Menschen.

Ich fand mich selbst in diesen Kämpfen wieder. Die Solidarität war für mich die höchste Pflicht, ich freute mich über die Gegengewalt der Arbeiter gegen die Arbeitgeber, die Streikbrecher, die Polizei. Sie mussten zumindest einen winzigen Teil der Gewalt, die sie seit Jahren erduldeten, zurückschleudern.

Persönlich hielt ich mich jedoch zurück, was die «offensive» Gegengewalt der bewaffneten Gruppen betraf. Von meinem Wesen her hasste ich jegliche Gewalt. Ich war noch im Stadium der politischen Pubertät, ich reifte heran und befasste mich mit dem Problem der Mittel, die wir benutzen mussten, um an unser Ziel zu kommen. Wenn unser Ziel eine Gesellschaft ist, in der niemand über das Leben eines Anderen bestimmen kann, wie konnten wir in der Gegenwart Angriffe auf unsere Feinde wagen, selbst wenn es sich um die schlimmsten handelte? Ist das kein Widerspruch in sich? Wenn ich heute aus dem Gefängnis heraus mit damaligen Genossen spreche, erinnern sie mich daran, wie ich dem simplen Machiavellismus der Parteien widersprochen habe, weil das Mittel das Ziel sei, und nicht «das Ziel die Mittel heilige».

Doch wenn ich diesen Gedanken eines «friedlichen» politischen Agierens logisch zu Ende dachte, musste ich eingestehen, dass ich so die Idee der Revolution verneinte. Ich lehnte dieselben Bewegungen ab, die ich bewunderte, beziehungsweise Che, Fidel, Mao und Lenin. Ich widersprach Marx und Engels. Selbst hier, in Griechenland, verneinte ich die Revolution von 1821*, den Widerstand des ELAS und des DSE, meinen Großvater und meinen Vater.

Ich widersprach auch dem Ereignis meiner politischen Geburt, dem November 1973, dem kämpferischen Widerstand gegen die Militärjunta. So sah ich mich mit einem tragischen Widerspruch konfrontiert. Die Linke ist prinzipiell gegen Gewalt. Trotzdem ist sie gezwungen, Gewalt anzuwenden, damit es eines Tages eine gewaltfreie Gesellschaft geben kann. Ich vernahm die Worte des großen Lehrers, Karl Marx, wonach «die Gewalt der Geburtshelfer jeder alten Gesellschaft» sei, «die mit einer neuen schwanger» gehe.

Das erste Mal dachte ich voller Zorn an «offensive» Gegengewalt nach den Krawallen des 23. Juli 1975. Ein Streik der Bauarbeiter, eine gewöhnliche Kundgebung, und dann brach die Hölle los. Noch bevor ich bei der Kundgebung ankam, traf ich auf Wasserwerfer. Ihre Reifen quietschten, mit seinem trockenen Knall flog Tränengas in die Menge. Dazwischen ein härteres Knallen. Gewehrschüsse. Die Augen, die Nase, der Hals brannten. Dann provisorische Barrikaden, Feuer. Menschen, die aus ihren Läden kamen. Ein bisschen Wasser, ein bisschen Zitronensaft. Sie halfen, riefen, andere schrien. Schreie und Parolen gegen die «Junta von Karamanlis».

Ja, eine Junta. Mir kamen reflexartig die Bilder des November 1973 hoch. In der spontanen Reaktion der einfachen Leute fand ich den Geist des Novembers wieder. Ohne, dass es mich überraschte, entdeckte ich in mir die Wut auf jene, die unkontrolliert und ohne Ausnahme mit roher Gewalt auf beliebige Leute eindroschen und natürlich auf uns, die wir die Polizei als die Bestien der Folterer sahen. Genauso wütend war ich, als ich später hörte, wie die offiziellen Parteien die minimale Gegengewalt gegen die staatliche Gewalt mit Begriffen wie «Provokateure», «verdächtig» oder «Mitläufer der Junta» denunzierten.

Ich hatte diese staatliche Gewalt schon einmal erlebt, am 21. April 1975. Ich hatte die brutale Repression gegen Kundgebungen und Streiks schon kennengelernt. Was ich sagen will, ist, dass solche Momente und diese Gewalt, Antworten säen. Sie bringen einen zum Nachdenken und Weiterdenken, man kommt zu neuen Schlussfolgerungen.

Ende 1975, am 23. Dezember erleuchtete ein Meteorit den politischen Himmel Griechenlands: Der CIA-Repräsentant in Griechenland wurde im Athener Reichenviertel Psychiko erschossen. Die Zeitungen und die Radiosender waren ein einziges misstönendes Orchester der Desinformation. Alle offiziellen Strukturen verurteilten die Aktion. Doch ich und alle, mit denen ich sprach, freuten sich. Der Chef der verhassten verbrecherischen Geheimdienstdependance war tot. «Keine Trauer um einen Völkermörder», skandierten wir auf den Demonstrationen. Doch es fiel mir schwer zu glauben, dass eine griechische Organisation diesen legendären unbesiegbaren Geheimdienst getroffen haben sollte, denn weltweit war noch nie ein Repräsentant der CIA liquidiert worden!

Während meiner politischen Entwicklung bewegte ich mich im Rhythmus der großen radikalen Bewegung der Nachbarschaftskämpfe und der Fabrikkämpfe. Überall, wo unabhängige Aktionen pulsierten und soziale Konflikte ausgetragen wurden, ging ich den Weg der Solidarität. Doch nach der Festnahme wegen der Solidaritätsaktion mit den Hüttenbewohnern von Perama hatte ich gelernt, vorsichtig zu sein. Ich beobachtete, wie sich die Einsatzpolizei und die Geheimpolizisten bewegten, wenn sie auf Festnahmen aus waren, und entging ihnen dadurch.

Beinahe hätte ich die Schule geschmissen und ich blieb fast sitzen wegen häufigen Fehlens, aber eine fortschrittliche Lehrerin löschte ein paar Fehlstunden. In meiner Familie war ich das schwarze Schaf. Da packte mich der Trotz und ich beschloss, allen zu beweisen, dass man gleichzeitig kämpfen und lernen könne. Den ganzen Sommer über lernte ich und konnte am Ende mit guten Noten einen Studienplatz an der Fakultät für Rechts-, Wirtschafts- und Politikwissenschaften an der Universität Athen bekommen.

1976 erlebten die radikalen und kämpferischen Streiks einen Höhepunkt. Sie waren unabhängig von allen Regierungs- oder Parteigewerkschaften, sie erzeugten eine große Solidaritätsbewegung, und sie koordinierten sich miteinander. Ihre Forderungen gingen weit über rein finanzielle hinaus, es ging unter anderem um qualitative Verbesserungen der Arbeitsbedingungen und kürzere Arbeitszeiten.

Die Elektrizitätsbranche war bei diesen Kämpfen entscheidend, besonders in den Fabriken von PITSOS, IZOLA, ESKIMO, AEG und PHILIPS machten die Arbeiter mobil. Zuerst Gespräche, dann Versammlung, Arbeitsniederlegungen, Warnstreiks. Am Ende standen unbefristete Streiks. Sehr viele Arbeiter beteiligten sich an den Vollversammlungen, sie wählten autonome Gewerkschaftsorgane, Betriebskomitees, die sich zu überregionalen Fabrikkomitees vernetzten.

Sie gewannen. Große und kleine Siege. Zuerst besiegten sie sich selbst, ihre Trägheit und Passivität. Durch den Kampf bekamen sie ein politisches und soziales Bewusstsein, sie erarbeiteten sich Kollektivität, Solidarität, und Einheit im Kampf an allen Orten.

Ich versuchte, so gut es ging, an der mächtigen Bewegung der Fabrikverbände teilzunehmen. Ich war vor den Fabriken und in den kleinen Büros im Zentrum Athens, in denen sich die Mitglieder der Streikkomitees und der Fabrikverbände trafen. Ich nahm stapelweise Kouponia, diese kleinen Zettel, mit denen wir zweckgebundene Spenden quittierten. Wir trafen uns mit Arbeitern und ich begegnete solidarischen Leuten. Ernsthafte Menschen stachen aus der Menge heraus, auch sie nahmen sich Scheine ohne viel Gerede. Oft trafen wir uns später irgendwo wieder beim Verkauf der Scheine. Ein verstohlenes Lächeln, wir zeigten uns unauffällig unsere Stapel oder flüsterten uns zu: «lass es sein, hier habe ich es schon versucht». Wir verteilten Flugblätter, plakatierten, unterstützten Solidaritätsaufrufe für die streikenden Arbeiter an unseren Hochschulen. Wir gingen zu Demos, Veranstaltungen und Kundgebungen, um die Arbeiter zu unterstützen, versammelten uns vorm Gericht, protestierten lauthals gegen die ungerechten Verurteilungen und trafen uns später zu spontanen politischen

Solidaritätsversammlungen. Manchmal ging ein illegales Flugblatt von Hand zu Hand, dann wieder ein Heft der *Antipliroforisi* (Gegen-Information), jener schlecht gedruckten Zeitschrift mit dem roten Umschlag und dem flammenden Inhalt, niemand stellte dumme Fragen. Ich wusste es damals nicht, aber Mitglieder des illegalen ELA* beteiligten sich wie andere Kämpfer der radikalen Linken aktiv an der Bewegung der Fabrikkomitees. Oft spielten sie eine entscheidende Rolle.

Für mich war das wie eine Schöpfungsgeschichte. Eine mir bisher unbekannte Bewegung entwickelte sich vor meinen Augen und bald entstand in einer jungen Arbeiterklasse ohne familiäre Arbeitertraditionen Klassenbewusstsein. Ich bemerkte, dass das politische und soziale Bewusstsein überall dort zunahm, wo es Menschen gab, die Konfrontationen eingingen und militant kämpften. Es war eine Epoche großer Erwartungen voller aufblühenden Hoffnungen. Ein sozialer Umsturz schien greifbar nah und die Revolution an der nächsten Straßenecke und in allen möglichen Winkeln der Welt zu lächeln. Überall gab es umstürzlerische Ereignisse, deutlich vernehmbar war der laute Ruf: Wir können es schaffen! Es war die großartige Einladung zu einer möglichen neuen Welt.

Der Mai 1976 war der Höhepunkt des juristischen Angriffs der Regierung auf die Volks- und Arbeiterbewegung. Das Gesetz 330 wurde verabschiedet und der Arbeitsminister gab bekannt, dass der Klassenkampf abgeschafft werde. Dieses Gesetz eliminierte de facto das Streikrecht der Arbeiter und richtete sich speziell gegen die autonomen Streikkomitees und die Arbeitervereinigungen in den Fabriken. Es gab den Arbeitgebern die gewünschte rechtliche Waffe um den Klassenkampf abzuschaffen – genauer gesagt ging es darum, die bewusstesten und kämpferischsten Arbeiter auszuschalten und die Arbeiterbewegung in die Schranken der erträglichen «verantwortlichen» Gewerkschaftspraxis der etablierten Parteien zu weisen.

Für mich war die Parole «Das Recht des Arbeiters ist das einzige Gesetz» absolut richtig. Deswegen beobachtete ich die Bewegung gegen das arbeiterfeindliche Gesetz 330 genau. Sehr viele beteiligten sich an dem 48-stündigen Streik am 24. und 25. Mai und sehr viele kamen zu der Kundgebung am Morgen des 25. Mai, zu der das Koordinationskomitee der Bauarbeiter aufgerufen hatte. Als Parolen für eine Demonstration laut wurden, bildete die ESAK* Ketten, um einen Marsch zu verhindern. Dennoch schlossen sich viele von ihnen dem dann doch beginnenden Marsch an.

In der Stadiou-Straße hatte die Anti-Riot-Einheit MAT* ihren ersten öffentlichen Auftritt und ihre Repressionspremiere. Sie blockierten die Demonstration auf Höhe des Klathmonos-Platzes. Allmählich löste sich die Menschenmenge auf, kleine Gruppen bildeten sich auf dem Propylaia-Platz und manche hatten schon den Omonoia-Platz erreicht oder waren bereits beim Polytechnikum.

Ohne Grund griff die Polizei plötzlich an. Eine brutale Attacke der MAT mit allen mobilen Einsatzmitteln einer Repressionsarmee. Wasserwerfer, Wannen und Polizeiwagen rasten mit heulenden Sirenen und quietschenden Reifen durch Tränengaswolken in die Menge. Sie fuhren sogar auf den Gehsteig und schlugen und verletzten wahllos Leute. Der Wasserwerfer mit der Nummer AP 1208 fuhr auf dem Gehsteig, verwundete alle, die in seine Bahn gerieten und tötete eine 67-jährige Straßenverkäuferin. Ihr Name war Anastasia Tsivika. Überall Tränengas, Schüsse und wahllose Schläge. Ein Schüler zeigte mir seinen Rücken, den Gummiknüppel gekennzeichnet hatten.

Doch die Reaktion der Menge ließ nicht lange auf sich warten. Ein paar der eben noch Gejagten machten Halt, kehrten um, und griffen nach allem, was sie finden konnten, für den Bau provisorischer Barrikaden. Sie entzündeten Feuer, um sich vor dem Tränengas zu schützen. Schnell wurden es immer mehr Widerstandsherde. Die Gejagten gingen zum Angriff über, mit Steinen oder Stangen, sie warfen, was ihnen in die Finger kam. Der Angriff der Prätorianerhorden wurde von spontan gebauten Schranken aufgehalten. Die Nachbarn eilten zu Hilfe, brachten Zeitungen, um die Feuer neu zu entfachen, und Zitronen und Salbe für die Augen.

Dieser Angriff der staatlichen Repression und der Widerstand des Volkes waren einer dieser Momente, die einem binnen weniger Stunden sehr viel beibringen. Sobald das Getümmel vorbei ist und Rauch und Tränengas eine körperliche Erinnerung sind, verdichten sich solche Momente zu Denkanstößen.

Der 25. Mai 1976 war für mich ein Wendepunkt. Aus den Erlebnissen der vergangenen Jahre wurden Ideen, die allmählich Gestalt annahmen. Der politische Jugendliche war reifer geworden und wuchs weiter. Ich sah, wie skrupellos die Gewalt der Herrschenden war, wie sie alle Tricks und jedes Repressionsmittel nutzten, um die Interessen der Mächtigen zu schützen. In Gedanken war ich nahe dran, gewisse Grenzen zu überschreiten und diese Idee zu akzeptieren: «Warum zögern wir noch, für die Interessen der Armen alle Mittel einzusetzen?» Die Idee von einer gerechten Gegengewalt des Volkes gegen die ungerechte Gewalt des Staates bahnte sich ihren Weg. Es waren wenig komplexe Gedankengänge, sie waren sozusagen das «Ei des Kolumbus» eines 18-jährigen.

Ich dachte darüber nach, was ich bei den Zusammenstößen am 23. Juli 1975 und am 25. Mai 1976 gesehen hatte: Verängstigte Demonstranten, die im Knüppelhagel und Tränengas auseinandergerannt waren wie «aufgescheuchte Hühner», die aber stehenblieben und sich sammelten, sobald sie kleine Widerstandsherde – Zellen der direkten Aktion – fanden. Und diese Widerstandsherde hatten sich hoffnungsvoll vermehrt.

Hier, im Feuer der direkten Aktion, wurde das Bewusstsein geboren, dass wir gegen sie gewinnen können. Im Fluss der Ereignisse jener Zeit entstand der Gedanke, dass die Aktion Bewusstsein schafft – ein Gedanke, der später bei bewaffneten Aktionen meine Leitlinie war.

## Kapitel 4
## Von der Massenbewegung zur Vielfalt

Zur selben Zeit brach ich völlig mit den offiziellen linken Parteien und deren Reformismus. Für sie wurden die Geschehnisse von Provokateuren verursacht – von unbekannten dunklen Mächten, Elementen der Junta und anderen suspekten Personen. Ihre Zeitungen publizierten Fotos von Demonstranten, die Steine und Balken warfen, und beschrieben sie als Provokateure im Dienst. Ein Freund von mir musste in sein Dorf zurückkehren, nachdem er auf den Titelseiten verleumdet und denunziert worden war.

Warum sahen sie «ein paar Dutzend Provokateure», obwohl in Wirklichkeit ein paar tausend Menschen von elf Uhr am Morgen bis spät in die Nacht Widerstand leisteten? Warum haben sie die Wahrheit verfälscht und die Tatsachen verdreht? Mir drängte sich der Gedanke auf, dass sie so gegen jede Volksbewegung, die die ständig enger werdenden gesetzlichen Grenzen übertrat, vorgingen und sich immer den Spielregeln der Regierung unterwarfen. Am Ende meiner Gedanken stand: Wenn sie sich weigern, die bürgerliche Legalität wegen kleiner Sachen zu überschreiten, wie würden sie dann bei den richtig großen handeln – bei der Revolution selbst?

Diese Gedanken schmerzten, ich erlebte sie körperlich, mit einer Leere im Magen und einem Schwindel im Kopf: Die Entwöhnung von der offiziellen Linken, der endgültige Bruch mit ihrer Unterwürfigkeit gegenüber der staatlichen Legalität, koste es, was es wolle. Die Schlussfolgerungen daraus führten in die illegale politische Praxis, einfach waren sie nicht.

Wenn der 17. November für mich die politische Geburt war, so markierte der 25. Mai 1976 meine politische Volljährigkeit. Ich trennte mich vom Klassenkompromiss, der reformistischen Verbesserung des Systems und der Verleugnung unseres revolutionären Erbes. Ich hatte noch einen langen Weg vor mir, doch von weitem winkte schon die Gestalt des Partisanen von der Hochebene. Ich wurde politisch erwachsen. Ich verließ mein Zuhause.

Die Linke war immer mein Zuhause gewesen. Unsere Burg. Dort, wohin man zurückkehrt, um sich auszuruhen, Kraft zu schöpfen. Von dort aus würden wir gegen die Gegenmächte, die den Weg in die Zukunft versperrten, losstürmen. Nun, im neuen Licht der Erfahrung, mit dem neuen Blick auf die Theorie, mit der neuen Sicht auf die Geschichte, war mir klar, dass die Burgen auch von innen gestürzt werden müssen. Gegen jene, die die Burgen als Selbstzweck empfanden, die ein «Häuschen bauen» und dann sagen «gut ist es hier». Gegen jene, die dem Feind gegenüber nachgiebig sind, und hart gegen die, die den Faden des Widerstandes wieder aufgreifen wollen.

Der 25. Mai erwies sich im Verlauf des Jahres 1976 und Anfang 1977 als ein Wendepunkt für die ganze nach der Diktatur entstandene kämpferische, unabhängige Klassenbewegung, die sich an der Basis organisierte, Hürden und Führungen überwand, und im Einklang mit den Interessen des Volkes ihre Aktionen selbst definierte.

Gegen diese Bewegung richtete sich 1976 das Gesetz 330 als Höhepunkt einer ganzen Serie von Gesetzen, die den Klassenkampf eliminieren sollte. Es richtete sich gegen Mobilisierungen, Solidaritätsveranstaltungen und das Verteilen von Flugblättern. Wie früher das Idionimon* sollte es die Büttel der Herrschenden schützen und jeden Aktivismus kriminalisierten.

Es war der große Angriff auf die Metapolitefsi und die radikale unabhängige Bewegung. Innerhalb eines Jahres nach Verabschiedung des Gesetzes 330 wurden bis Mitte 1977 über 10.000 fortschrittliche Arbeiter entlassen – alle, die bei den autonomen Arbeiterbewegungen eine führende Rolle gespielt hatten, alle, die Streikkomitees und Arbeitervereinigungen organisiert hatten. Ich kann mich an eine junge Arbeiterin erinnern, die zu uns nach Hause kam. Sie kam aus einer rechten Familie, sie selbst wählte Karamanlis*. Doch während des Streiks war sie voller Freude in den ersten Reihen – ohne die Selbstschutzmechanismen der alten Linken zu kennen. Sie wurde als Erste gefeuert. Sie weinte.

Immer weiter folgte ich dem Pfad der Solidarität mit den unabhängigen Kämpfen. Zugleich suchte ich nach jeder Bewegung und jeder Initiative, die unabhängig und kämpferisch sprach und sich Wege durch das unwegsame und unentdeckte Gelände jenseits der offiziellen Straßen der gebändigten politischen Aktion bahnte. Mit Interesse schaute ich auf die militanten Aktionen, jedoch sah ich mich selbst nicht in dieser Perspektive. Ich hörte, wo sich «Gewalt anwendende» Kämpfer bewegten, ärgerte mich über die, die so etwas ausplauderten, aber suchte selbst nicht nach solchen Kontakten. In dieser Zeit fand ich, dass jede Aktionsform brauchbar war, aber selbst beharrte ich auf der Militanz der Massen.

Weiter wandelte ich auf den Pfaden der Geschichte und unterhielt mich immer öfter mit alten Partisanen und ihren Anführern, den «Kapetanen», oder Mitgliedern der Kommunistischen Partei. Ich las alles, was zur Geschichte der Partisanen veröffentlicht worden war: persönliche Erzählungen, Ansichten, wie jeder einzelne den Widerstand, den Bürgerkrieg, das Gefängnis, das Exil erlebt hatte. Das Gelesene, aber hauptsächlich das Erzählte offenbarte eine absolut andere Realität als die der offiziellen Partei-Geschichtsschreibung. Bescheidene Menschen, gefolterte, die ihr ganzes Leben für die Sache der sozialen Gerechtigkeit geopfert hatten. Sie hatten das Recht, dass ihre Stimmen gehört und ihre Geschichten gegen die Verdrehungen der Parteimühle bekannt würden.

Wie dem auch sei, sie hatten sowieso ihre eigenen «Maßstäbe». Als ich einem alten Kapetan eine Bekanntmachung aus der KKE*-Parteizeitung *Rizospastis* zeigte, die viele Widerstandskämpfer unterschrieben hatten, meinte er nur: «Da ist niemand dabei, der einen höheren Rang als den eines Hauptmanns hatte.» (Er sprach von der DSE, der Volksarmee Griechenlands.) Ich hörte von einem alten Partisan, der etliche Jahre lang Archivmaterial einer DSE-Division versteckte und auf die Rückkehr seines Kommandeurs aus dem politischen Exil wartete, um ihm das Material persönlich zu übergeben. Er weigerte sich, es der Partei auszuhändigen.

Es war, als würde die stärkste Welle des großen Stroms des Widerstandes an der heutigen kommunistischen Partei vorbeifließen. Ich lauschte ihren Erzählungen über Kämpfe, Hinterhalte und Gebirgsmärsche. Alte Augen begannen zu glänzen und zu funkeln, gebeugte Körper standen auf einmal aufrecht, als würden sie wachsen. Die alte Flamme, die sie damals ergriffen hatte, loderte auf, während sie erzählten.

Ich erfuhr auch, dass im Feuer des Kampfes einfache Menschen spezielle Fähigkeiten entwickelten, nach vorne drängten und zu Anführern des Volkes wurden, zu Kapetanen. Einfache Lehrer, Hirten. Viele Jahre später folgte ich mit Aggeliki und Ektoras, der damals noch ein Baby war, in Euritanien den Spuren Aris Velouxiotis'. Wir hatten unter dem über 2.000 Meter hohen Kaliakouda ein Zelt aufgebaut – direkt unter der Tanne, wo Kapetan Papoua den Partisanen den Eid abgenommen hatte. Nebenan, im Stall des Hirten Nikos, tranken wir gerade Tsipouro*, als ein weiterer Hirte angerannt kam: «Ein Wolf ist gesichtet worden!» Nikos veränderte sich augenblicklich. Mit einem einzigartigen Gespür für die uns umgebenden bewaldeten Berge gab er seinen «Einsatzkräften» Befehle und entwarf eine Strategie, wie man den Wolf in die Enge treiben könne, um ihn in einem Hinterhalt zu erschießen. Vor meinen Augen verwandelte er sich in einen General, einen Anführer – in anderen Zeiten wäre aus ihm vielleicht ein Partisanenkapetan geworden. Natürlich tat mir der Wolf leid…

Ich fand auch heraus, dass Partisanen und Kapetane des ELAS oft Differenzen mit den «Politischen» hatten, weil die durch die Parteidisziplin oft zu Kadern wurden, die keine Rücksicht auf das Wissen, die Erfahrung, die Initiativen und den Erfindungsreichtum des Volkes nahmen. Ich vernahm die Worte, die Aris zu Tasos Lefterias* gesagt hatte, dass nämlich er zuerst lernen müsse zuzuhören, wenn er wolle, dass die Partisanen auf ihn hören, und er unbedingt versuchen solle, von der Erfahrung und der Weisheit des Volks zu lernen.

Dieser Widerspruch war für mich der gleiche, den ich zwischen den «Bewegungsleuten» und den «Parteileuten» erlebte – den einen ging es in erster Linie um das Wohl der Bewegung, den anderen sollte die Bewegung dem Wohl der Partei dienen. Diesen Gegensatz wandte ich jetzt auch auf die unterschiedlichen Auffassungen von Volkskämpfen an. Letztlich ging es bei diesen Widersprüchen darum, wie die jeweilige Seite den Revolutionsprozess verstand.

Die offizielle Linke vertrat eine entschuldigend-defensive Ansicht unserer Geschichte, sie betonte die Notwendigkeit von Frieden und Verständigung, sie platzierte sich selbst in einer Opferposition. Ich hingegen suchte das revolutionäre Wesen der Linken, wollte unsere revolutionäre Tradition weiterentwickeln, ich sah unsere Praxis als Gegenangriff, als wirksame Initiative für den Bruch mit dem System, ich sah die Toten unseres Kampfes als Wegweiser für einen radikalen strukturellen sozialen Umbruch.

Das Ende dieses ereignisreichen Jahres 1976, in dem ich nach so vielem gesucht hatte, verbrachte ich in meinem Geburtsort. Ich wollte den Faden der Erzählungen meines Großvaters aufnehmen und sie mir im Licht der neuen Erfahrungen und Fragen ansehen.

Ich saß neben ihm auf dem Holzboden beim Zusammenbinden der getrockneten Tabakblätter zu kleinen Päckchen, die im Dialekt der Gegend «Pastaliasma» genannt wurden. Vorher hatten sie zum Weichwerden im Keller gelegen, der direkt unter uns in die Erde gegraben worden war. Er war einer der ersten Tabakproduzenten und die Händler hatten ihn gedrängt, er solle als Kommissionär für sie arbeiten. «Ich kann meine Landsleute nicht anlügen», entgegnete er und jemand anders übernahm diese Funktion. Seine Erzählungen begannen mit dem Griechisch-Türkischen Krieg* und seiner Beinverletzung – die Kugel steckte noch drin, «fühl mal, hier…» – der Heimkehr und dem Verteilen von Flugblättern im Krankenhaus («Krieg ihrem Krieg»). Er entkam knapp dem Militärgericht. «Dann würde es uns jetzt nicht geben», antwortete ich und wir lachten. Noch oft steckte er in den Klauen des Todes, er entkam immer wieder: Während der Besatzung als Gefangener in Pavlos Melas*, wo nach jedem Partisanenanschlag zehn Gefangene für jeden Deutschen erschossen wurden. Wie überlebte er dort mit der Sorge, jeden Tag sterben zu können? Und später, als er sich in einem ausgetrockneten einsturzgefährdeten Brunnen versteckte, damit ihn die Kollaborateure der Deutschen nicht fanden?

In den Bergen um Nigrita in der Nähe unseres Dorfes hatte es die ersten Partisanengruppen in Griechenland gegeben.

Er war in den Bergen beim Holzfällen, als sie in der Früh zu ihm kamen. Ein gut gekleideter Herr in der Stille des Waldes, sein Anzug sollte den Polizisten Respekt einflößen. Er hatte die typische Art der Parteimitglieder jemanden anzusprechen: Erst eine Analyse der internationalen Gegebenheiten und danach die Frage: «Was meinst du dazu, Landsmann?». Mein Großvater bekam Kontakt zu einem Mann in Nigrita, als Parole diente die Frage nach einer Pistole. Er bekam die Pistole, ein Funkgerät und die Ausbildung der EtA*, die «Eigenschaften des Partisanen». Sein Haus wurde zum Waffendepot, Illegale kamen vorbei, Partisanen. Zu Beginn der Besatzung mögen seine Kinder unter der Hungersnot gelitten haben, aber für die Illegalen gab es immer etwas zu essen.

Vor mir entfaltete sich der ganze Schmerz, der ganze Kampf, die ganze Unsicherheit dieses Ortes, das Aufgehen seiner besten Blüten, der sich erheben wollte, um freie Luft zu atmen. Die Menschen von dort, die sich sofort meldeten, als sie den Ruf der Zeit vernahmen.

Diese Zeit wurde im Halbdunkel der Kammer lebendig. Die Stimme des Großvaters füllte sie mit roten Träumen, mit bescheidenen Kämpfern, die diese Träume erwecken wollten. Wirkliche Menschen mit der ganzen Größe ihrer

Euphorie, aber auch mit der alten Schwere der Partei, die die Himmelsstürmer zurückhielt. Die Kraft der Volksseele für den großen Flug und die Bitterkeit des Gegengewichts.

Das Gefühl von Geschichte. Ich konnte das Gespür des Volkes für die Geschichte nachempfinden, wie es aus Wissen und instinktiv entstand, dieses volkshistorische Fühlen, das ich in der erdrückenden Parteiatmosphäre nicht finden konnte. In dieser kleinen vom süßsauren Geruch der eingeweichten und getrockneten Tabakblätter erfüllten Kammer, in dieser Volksuniversität, studierte ich die kollektiven Erinnerungen.

Die Kämpfer, die durch die Erzählungen meines Großvaters lebendig wurden, waren wirkliche Menschen, die ihren Platz in der Zeit und an dem Ort eingenommen hatten. Sie kämpften, hungerten und litten Schmerzen. Sie litten, aber sie zahlten es auch menschenmöglich heim. Der junge Partisan, der auf dem Marktplatz von Nigrita einen den Deutschen unterstehenden Bürgermeister erstochen hatte und danach mit dem Messer in der Faust unbeweglich stehengeblieben war, als hätte er Wurzeln geschlagen. «Er ist vom Blut erfasst worden», sagte mein Großvater einfach. Viele Leute mussten den Jungen schützen und fortzerren und ihm den Weg in die Berge zeigen.

Wirklichkeit war auch der Vater auf Makroniso und der Onkel in den Syrmata, wie ein Tier in einem Käfig. Und die Kinder und Frauen in dem Städtchen Dimitritsi, die die Partisanen umarmten, und die wirklich landesverräterischen Hyänen, die das Lied des Volkes bald in eine Wehklage verwandeln sollten. Und die abgeschlagenen Köpfe, die auf dem Dorfplatz aufgespießt wurden, als würden sie noch aufschauen, als wären sie noch am Leben.

Als das große alte Röhrenradio sein Musikgemurmel unterbrach, schaute ich meinen Großvater an. Ich fragte ihn stumm mit den Augen nach der mit der Intensität und Förmlichkeit von Sondermeldungen verkündeten «Ermordung des pensionierten Polizisten Evangelos Mallios»*.

«Das waren unsere Leute. Gefolterte Kinder.» Seine Augen leuchteten. Doch die Stimme im Radio fuhr fort. Wie ein Messerhieb kam die Stellungnahme der Kommunistischen Partei. Er war verbittert. Sein Gesicht verdunkelte sich. Jedoch nahm er seine Worte nicht zurück. Ich kann mich nicht daran erinnern, dass er sich jemals gegen die Parteilinie gestellt hätte. Doch das Gefühl für die Geschichte, der unfehlbare Volksinstinkt, erhielt die revolutionäre Kontinuität und die revolutionäre Tradition der Volkserhebung, es erkannte die revolutionäre Aktion. Der ewige Widerspruch zwischen der «Basis» und der kompromisslerischen «Führung».

Ich habe meinen Großvater nie wiedergesehen. Die Jahre bis zu seinem Tode waren für mich voller Ereignisse. Der Wirbel der Aktion, der einem nie Zeit lässt, sich ein wenig zurückzuziehen, sich auszuruhen und die geruhsamen Stunden zu finden, die lange Gespräche brauchen. Ich kann mich an die Tiefe seines Augenausdruckes an jenem Abend erinnern. Und seinen stillen Widerspruch zur Partei. Später sollte ich herausfinden, dass er einen Weg gefunden hatte, das scheinbar Unvereinbare zu vereinen: Als 1978 der Christdemokrat Aldo Moro in Italien entführt wurde, hatte er gesagt: «Was soll die Partei denn tun, sie kann sich doch nicht offen zu solchen Taten bekennen, dadurch würde sie doch bloßgestellt werden.»

Im Frühling 1977 veröffentlichte die Tageszeitung *Eleftherotypia* in mehreren Teilen einen Text der Revolutionären Organisation 17. November mit dem Titel «Eine Antwort an die Parteien und die Organisationen». Ich erinnere mich, dass ich auf jede neue Zeitungsausgabe wartete, die Artikel ausschnitt und in ein Heft klebte. Ich las sie wieder und wieder und war mit allem einverstanden. Schon beim Namen angefangen: Er könnte für eine revolutionäre Organisation nicht passender sein. Er stand für Kontinuität, er würdigte den Aufstand und zeigte den revolutionären Horizont, den großen Umsturz. Der Text des 17N traf sich mit meinen Fragen, gab Antworten. Er passte zu meinen Gedanken, knüpfte an sie an, führte sie fort. Ich traf, so kann ich sagen, mein Schicksal. Der 17. November 1973 markierte sozusagen die Geburt und die Organisation, die diesen Namen gewählt hatte, den Ausgangspunkt für den riesigen Sprung zur Guerilla.

Er begann mit der Liquidierung von Mallios. Während der ganzen Metapolitefsi und bei allen großen Demonstrationen waren «Gebt dem Volk die Junta» und «Tod den Folterern» immer wiederkehrende Parolen. Der Staat akzeptierte jedoch den Dienst der Folterer für das Regime und sprach sie in den folgenden Gerichtsparodien eigentlich frei. Viele hatten von einer kommenden Selbstjustiz gesprochen, unter ihnen auch der unvergessliche Kämpfer Alekos Panagoulis*. Die Erschießung von Mallios war für mich die Antwort der Volksjustiz. Doch sie bedeutete weit mehr: Sie war unsere Antwort auf die Gewalt und Demütigungen, die wir seitens der Mächtigen seit Jahren erlitten. Sie war auch eine Antwort auf die defensive Politik der kompromisslerischen Linken.

Mit dem Tod von Mallios wurde ein seit einem Jahr verschwiegenes großes Geheimnis gelüftet: Die Erschießung des CIA-Agenten Richard Welch im Dezember 1975 war von der gleichen Organisation, dem 17N, durchgeführt worden. Es gab also in Griechenland eine Guerillaorganisation, es handelte sich nicht um Gelegenheitsaktionen irgendeiner Gruppe von Kämpfern. Eine Organisation, die es geschafft hatte, den Residenten des allmächtigen Geheimdienstes der USA zu treffen!

Krönender Abschluss der Aktion war der erwähnte Text der Organisation im Frühling 1977. Dieser Text machte klar, dass der 17N den revolutionären sozialen Umsturz als langjährigen Prozess des «vielseitigen Wachsens des Volkskampfes in Verbindung mit bewaffneten Strukturen» plante. Also eine Organisation, die der klassischen Linie der III. Internationalen folgte, wonach bewaffnete Strukturen und militanter Massenkampf die Einheit der revolutionären Kräfte und den Aufbau der Partei fördern und nicht etwa schwächen würden.

Trotz meines bis dahin kurzen politischen Werdegangs und obwohl ich nur ein vages Gefühl für die Geschichte und wenig Wissen über die weltweiten revolutionären Erfahrungen hatte, akzeptierte ich diesen strategischen Plan. Selbst konnte ich mich noch nicht im 17N sehen, aber ich dachte bereits daran, an politischen Projekten, die Massenaktionen mit illegalen Aktionen kombinierten, teilzunehmen.

Meine damalige Problemlage war nicht neu und keine Ausnahme. Im Gegenteil, während der Metapolitefsi waren Diskussionen über den bewaffneten Kampf ganz üblich. Der große Sieg des vietnamesischen Volkes, die Zeit der Junta, die chilenische Tragödie, wo der Militärputsch Pinochets den friedlichen Weg zum Sozialismus der Volksfront Allendes stürzte, und die Erfahrungen der (Stadt)-Guerillas in Lateinamerika und Europa waren noch aktuell.

Gespräche über Gegengewalt wurden entweder defensiv geführt, im Sinne von Selbstschutz und Unterstützung einer fortschrittlichen Partei, oder offensiv, im Sinne von Gegenangriff in der Überzeugung, dass der bewaffnete Kampf eine verlässliche Strategie für den Sozialismus sei, ein Werkzeug für die Volksmacht.

Die Stadtguerilla-Perspektive zu wählen lag unter anderem an der verbreiteten radikalen Stimmung der Metapolitefsi. Ein radikaler Umbruch des sozialen Regimes, der herkömmlichen Kampfformen und unserer selbst schien eine unauflösbare Einheit zu sein.

Jedoch sollte meine persönliche Entscheidung für den bewaffneten Kampf, dieser gigantische Sprung vom Möglichen ins Wirkliche, noch Zeit brauchen.

Bewaffneter Kampf ist eine persönlich schwierige, aber politisch tiefgehende Praxis. Er wirft das ganze politische und persönliche Leben, die ganze Daseinsweise um. Es bedeutet, dass man in eine andere Welt mit streng einzuhaltenden Regeln voller politischer und persönlicher Disziplin übersiedeln muss. Voller Risiken. Gefängnis oder gar Tod sind offensichtlich möglich. Dazu ein ständiger Druck, den man nicht einmal mit dem engsten Umfeld teilen kann. Und, natürlich, eine Überwindung von manchen Aspekten des eigenen Charakters, ohne ihn als solchen insgesamt aufzugeben.

Das Jahr 1977 schritt voran und die Radikalisierung der Metapolitefsi-Epoche erschöpfte sich. Hinzu kam die Beschränkung der legalen Aktionsmöglichkeiten, die von der offiziellen Linken und einem großen Teil der außerparlamentarischen Linken hingenommen wurde. Sie passten sich trotz ihrer revolutionären Sprache den jeweiligen legalen Grenzen an.

Der Versuch der Fabrikvereinigungen, den unabhängigen Basissyndikalismus zu koordinieren und Klassensolidarität zu fördern, kam nicht voran. Der gewerkschaftliche Reformismus hatte an Boden gewonnen und sabotierte diesen Versuch effektiv.

Die Kombination aus nachlassender Dynamik der Bewegung und einer zunehmend einheitlichen Linie der Arbeitgeber und ihren gesetzlichen Waffen bis hin zur spaltenden Wirkung des Reformismus führte zu einem spürbaren Rückgang der autonomen Streiks. Es hielten sich nur die Arbeiterkämpfe, die mit der Solidarität derer, die sich verpflichtet sahen, an der Seite der Arbeiter zu bleiben, jahrelang kämpften – und sogar gewannen. Unter diesen großartigen Kämpfen sind die siegreichen Streiks der Bergarbeiter in den Todesstollen von Mpodosakis, in Neo Kokkino in der Region Thiva und dem Mantem Lakko hervorzuheben. Streiks, die drei bis vier Monate dauerten, bis sie zumindest elementare Sicherheitsmaßnahmen für jene erreichten, die «unter der Erde leben und sterben», wie sie selbst schrieben. Die Begegnung mit diesen Streiks hat mich tief gekennzeichnet. Jahre später haben die Anwälte der Familie Mpodosakis im Prozesssaal versucht, die Geschichte umzuschreiben und zu verdrehen. Aufgewühlt, voller Erinnerungen an diese Jahre, die den ganzen Abend und die Nacht hindurch in meine Zelle strömten, brachte ich «unsere Zeugen» in den Verhandlungssaal. Jene, die zu Krüppeln wurden, die getötet wurden. Die mit den Staublungen, mit den verbrannten Lungen, die unzähligen armen Friedhofskreuze mit den jungen Altersangaben. Ich redete über die Stollen mit 60 Grad Hitze, von der tropfenden heißen Schwefelsäure, die das Eisen durchlöcherte, von den dünnen Böden, die durch die Explosionen einstürzen. Und von der einfachen Streikforderung, dass Mpodosakis einen Krankenwagen hinstellen sollte, damit Verletzte nicht beim Warten langsam sterben mussten.

Der Mai 1977 war hart und brachte viele Grübeleien mit sich. Bei der offiziellen 1. Mai-Feier waren nur wenige Leute auf der Straße. Die Arbeiter fehlten. Es gab noch eine andere Versammlung abseits der Büros der offiziellen Gewerkschaften. Sie wurde verboten und von der MAT angegriffen. Wieder dieselben Geheimagenten-Sprüche: «Suspekte Personen», «Provokateure», «Vermummte mit Schlagstöcken». Bei den Schlagstöcken handelte es sich um Fahnenstangen, die zum Selbstschutz gegen die MAT benutzt wurden. Dasselbe galt für die Vermummung – viele Demonstranten wurden wegen Staatspolizei- und Zeitungsfotos verurteilt. Auch ich gehörte zu den «Suspekten», wie so viele andere «Feinde» der offiziellen Gewerkschaften.

An einem Nachmittag im Mai lief ich bergauf in Richtung Gyzi, auf der Suche nach einer Freundin, die im Haus der Geliebten anrufen würde, denn männliche Stimmen durften sich dort nicht melden – die erste Liebe war eine geheime Liebe. Als ich mich nach Westen wandte, sah ich zwischen den Hochhäusern eine purpurrote Sonne am Himmel. Erschüttert fiel mir auf, dass ich, seit ich 1972 nach Athen gekommen war, immer im Sonnenuntergang von der Kellerwohnung in der Arianitou-Straße zum Lykabetous-Hügel zum Luftschnappen gegangen war, weil mich der Beton sonst erdrückte. Doch ab 1974 waren alle Nachmittage während der Metapolitefsi bis 1977 voller Versammlungen, Besprechungen und Sitzungen bis spät in die Nacht gewesen. Nun waren sie seltener. Ja, die Bewegung wurde schwächer.

Ich war damals selbst bei einer Versammlung, die zum zweiten oder dritten Mal hintereinander verschoben wurde, da immer weniger Leute kamen. Obwohl wir am nächsten Tag noch weniger waren, fing ich an zu sprechen, als seien alle da. Ich schlug direkte Aktionen vor. Ich bemerkte, dass die Idee verbindend wirkte, sie stoppte das ewige defätistische Auseinanderfallen, sie erzeugte den Optimismus der Aktion. Die Praxis mobilisiert und eint, die Theorie trennt – ich hatte eine Anwendung für den bekannten Spruch der Tupamaros gefunden.

Später übertrug ich diesen Grundsatz von der mobilisierenden Kraft der direkten Aktion von der Ebene der Massenorganisation auf die Ebene des massenhaften politischen Projektes und die ganze gesellschaftliche Ebene. Anfänglich nur unbewusst hatte diese Idee in mir «gearbeitet».

## Kapitel 5
## Die ersten Schritte in die Illegalität

Wenig später, am 24. Mai 1977, fand im Stadion des Stadtteils Egaleo eine Veranstaltung statt, die der politische Schwanengesang auf die unabhängige Klassengewerkschaftsbewegung werden sollte. Es war bereits ein Jahr her, seit das Gesetz 330 eingeführt worden war, um den «maßlosen» Syndikalismus in den Fabriken niederzuschlagen.

Vor der Veranstaltung bemerkte ich eine Gruppe neben den Tribünen, die intensiv und ernst miteinander sprach. Manche kannte ich und ich ging hin, um mich in die Diskussion einzumischen. Jemand drehte sich um und sagte zu mir: «Nein, das ist eine geschlossene Diskussion.» Der neben ihm stand und den ich gut aus der Bewegung kannte, nickte, «lass ihn», und ich kam in den Kreis. Sie diskutierten, wie die Veranstaltung organisiert worden war, übten Kritik an manchen Linksradikalen, die sie kontrollieren wollten, vor allem, wie manche Themen vorstrukturiert worden seien, die sich eigentlich während der Veranstaltung ergeben könnten. Ich sah eine große Ernsthaftigkeit in ihren Gesichtern. Es waren unterschiedlich alte Personen mit unterschiedlichen Jobs – einer war Arbeiter, ein anderer Student, noch ein anderer Intellektueller.

Danach lud mich mein Bekannter zu einem Studententreffen zwei, drei Tage später im Gebäude der juristischen Universität ein. Ihn kannte ich schon länger und ganz gut. Ich war erst 19 Jahre alt, aber ich war politisch reif genug – im heißen Klima der Radikalität der Metapolitefsi ging das schnell. Ich hatte schon eine gewisse Laufbahn «im Licht» der offenen massiven Bewegung und auch auf den «dunklen» Erfahrungsebenen abseits der Boulevards der bürgerlichen Gesetze.

Auf den Pfaden der Solidarität habe ich bemerkenswerte, wenig gesprächige, ernste Menschen getroffen und es entstanden Vertrauens- und Kampfbeziehungen. Wir kannten uns und respektierten uns als Mitreisende desselben Kampfes. Wir trafen uns bei denselben Veranstaltungen, denselben Mobilisierungen, denselben Demonstrationen. Gemeinsam «schluckten» wir Tränengas, warfen Steine, durchbrachen Polizeiketten, bauten Barrikaden, entzündeten Feuer. Wir trafen uns in denselben Initiativen, sprachen über illegale Broschüren und auch über legale Zeitschriften und Zeitungen.

Nun diskutierten wir mit ein paar Studenten und Schülern in einem Klassenraum der juristischen Fakultät über die Publikation einer «fast illegalen» autonomen Broschüre. Nach der Diskussion ging ich mit meinem Mitstreiter nach draußen und wir setzten uns auf eine Bank vor der Nomiki-Universität.

Wir freuten uns noch über das gemeinsame Treffen und ich sah schon die Druckmaschine anlaufen, spürte aber, dass wir noch nicht fertig waren. Er hatte noch etwas auf dem Herzen. Als er tief einatmete, hielt ich meinen Atem an: «Schau mal», sagte er zu mir, «du siehst ja, wie die lokale und die internationale Situation aussieht…»

Ich konnte mir nur schwer ein Grinsen verkneifen. Was geschah? Machte das Leben einen Kreis? Hat sich so der Großvater gefühlt, als sie ihn in den Bergen ansprachen? Ich heiße Dimitris, wie der Opa, und gehe in die Tiefe, in den Untergrund. Ich brauche einen Namen für diese neue Welt. Ich denke nicht lange darüber nach: Antonis, der aus der Mauthausen-Trilogie des Dichters Iakovos Kambanellis*. In den Jahren im Untergrund nahm ich viele Namen an und viele wurden mir gegeben. Wenn ich jedoch mit meinem illegalen Selbst spreche, nenne ich es immer Antonis.

Antonis hörte seinem Genossen gut zu. Morgen würde er ihm den *Lipasmata*-Text* geben, die Broschüre mit dem Tarnumschlag, den zentralen Text mit den ELA-Thesen. Er würde ihm Kontakt zu der Organisation verschaffen. Antonis schwieg. Jetzt war die Zeit des Zuhörens und des Nachdenkens. Er würde den Weg in den Untergrund nehmen, den viele Kämpfer vor ihm genommen haben. Er weiß, er hat gelesen, gefragt, gelernt… Von dieser Bank vor der Nomiki aus sah er die Zukunft, er sah auch seine. Auf diesem Weg werden manche fallen oder ins Gefängnis kommen – selbst wer sich unserer Geschichte nur oberflächlich bewusst ist, wusste das. Jetzt schwieg auch der Genosse. Sie schauten schweigend auf den Verkehr, hörten den Klang der Stadt. Sie verabredeten sich für das nächste Mal. Die Bank sollte der «Sicherheitstermin» sein, falls sie sich verpassten, jeden Dienstag, gleiche Zeit, gleicher Ort.

Antonis hat die Verabredung mit der Kontaktperson der Organisation ausgemacht. Er hat selbst die Uhrzeit, den Tag und den Treffpunkt bestimmt. Auf einem Platz, an dem er unbekannt war, an der Grenze zwischen Tag und Nacht, kurz bevor die Straßenbeleuchtung angeht. Den Platz kannte er nicht weiter, er erinnerte sich an ihn nur bei Tag, voller Menschen. Nun, wo alle Geschäfte geschlossen waren, war er leer und total einsam. Er stand am Rand unter den Bäumen, wartete bis er ihn sah, um weiter zu gehen und sich mit ihm zu treffen. Ein paar Minuten noch. Fünf, sechs Minuten hatte sich der Genosse verspätet. Dann dachte er, dass der Andere vielleicht dasselbe unter den Bäumen auf der gegenüberliegenden Seite tat und ging über den Platz. Da erschien er. Die Zeichen waren unnötig. Arrianos war so, wie er ihn erwartet hat, wie er sich einen Partisanen, einen Kommunisten, vorstellte. Er lachte über das ganze Gesicht, mit seinem ganzen Körper, ein warmer und menschlicher Blick, er merkte gleich, dass er einen feinen Humor hatte.

Ich mietete das erste illegale Haus. In einer Nebenstraße der Patision-Straße. Ich hatte einen Ausweis aus dem Fundbüro einer Hochschule ein wenig «korrigiert». Ich hatte ein Muttermal an der Stirn hinzugefügt, weil auch bei mir so eins zu sehen war – «dein drittes Auge» wurde ich immer gehänselt. Dieses Muttermal quälte mich, ich hielt es für ein Merkmal, das mich verraten würde. Schließlich ließ ich es von einem Hautarzt weglasern.

Das Haus war kein Treffpunkt, es diente dem «Mechanismus», der Infrastruktur der Gruppe. Später sollten wir woanders für Treffen und Aktionsplanungen noch eines mieten.

Wir kauften eine Schreibmaschine. Wir suchten eine Druckmaschine. Arrianos sagte, er bringe eine. Sie war riesig, elektrisch und kaum zu schleppen. Genossen würden sie bis zu einem Punkt bringen und von da sollten wir sie übernehmen. Wir liehen uns ein uraltes Auto mit einem großen Kofferraum. Sein Fahrer hatte es nahe vom Übergabeort geparkt und ging. Nur mit Mühe luden wir das Paket mit der schweren Maschine ein – wir sollten aber so tun, als sei es leicht… Wir waren zu dritt oder zu viert. Am Steuer saß der älteste Genosse. Das alte und schwere Auto keuchte, «hoppelte» und starb ab. Nach ein paar erfolglosen Startversuchen hatte der Wagen den Verkehr blockiert, die Passanten schauten schon neugierig zu uns herüber. Ich hatte großen Respekt vor dem Genossen, aber ich nahm ihm das Lenkrad aus den Händen. Ich konnte den Motor hören, er «sagte», wie viel Gas und Kupplung er brauchte. Es war der erste Wagen, den ich auf den illegalen Straßen gefahren habe. Ich sollte in den nächsten Jahren noch viele fahren, unter allen möglichen Umständen, sogar bei Aktionen oder Verfolgungen. Oft musste ich in kürzester Zeit herausfinden, wie das neue Auto funktionierte, der Rückwärtsgang, das Licht… Wie aber bei diesem ersten Mal wollte ich zuerst seinen Motor hören. Jeder hatte seine eigene Stimme…

Die ersten Schritte im Untergrund waren ungewöhnlich schwer. Auf allen Ebenen gab es viele Grenzüberschreitungen. Sie schienen leicht, waren jedoch schwer in die Tat umzusetzen. Mit Selbstverständlichkeit zu lügen – wenn man nicht daran gewöhnt ist – musste Antonis lernen. Und sich daran erinnern, wo und wem er jede Lüge aufgetischt hatte. Überzeugende «Identitäten» mussten fabriziert werden. Irgendwo war er Student, in einem anderen illegalen Haus kleinbürgerlicher Beamter, noch wo anders ein aufstrebender Yuppie. Am allerschlimmsten war es jedoch, seine wirkliche politische Identität verbergen zu müssen, vor allem gegenüber den Geliebten, auch im politischen Rahmen, bei der Arbeit oder geselligen Treffen. Ich erinnerte mich an den alten Spruch der Illegalen: «Auf dein Recht kannst du erst pochen, wenn du scheiterst», wenn du nämlich festgenommen wirst. Ich wollte da nicht so schnell drauf pochen.

Es gab natürlich noch andere Grenzüberschreitungen, zum Beispiel die Enteignung der für den illegalen Kampf erforderlichen Dinge. Antonis scheute die Lügen, die gefälschten Identitäten und den Betrug fürs unbemerkte Durchkommen. Besonders störte es ihn, wenn sie einem Arbeiter oder einem kleinen Selbstständigen das Auto stahlen. Aber die Erfordernisse des Kampfes und die Besonderheiten der illegalen Praxis sind unerbittlich und diktierten solche Entscheidungen.

Manchmal enteigneten wir Autos von Menschen auf unserer Klassenseite und zitierten bei solchen Anlässen Aris etwas frei: «Wir geben unser Leben, soll er ruhig ein Auto geben.» Es blieb aber ein moralisches Problem und wir versuchten, den Schaden zu minimieren und die Menschen möglichst wenig zu belasten.

Die meisten, denen wir das Auto klauten, verstanden es. Ich erinnere mich an eine junge Frau aus dem Athener Viertel Goudi, die einen Lieferwagen, den sie für ihren Job brauchte, nach einer Aktion zurückbekommen hat. Sie hat damals den Zeitungen erzählt, sie hätte gebetet, dass es der «17. November» geklaut hätte, weil sie sich sicher war, dass sie es dann unbeschädigt zurückbekäme. «Sie haben nichts angefasst, sie haben nicht mal die Musikkassetten weggenommen.» Sie hörte gute Musik …

Auch in dem seltenen Fall, dass ein Auto kaputtging, wurde der 17N anders bewertet. Der Besitzer eines roten Toyota, der bei dem Anschlag auf das US-Militär im Athener Vorort Kavouri zu totalem Schrott geworden war, hat es mit Humor genommen. Er meinte, dass er sein Wohnzimmer mit einem Überbleibsel der Explosion schmücken würde. Er hatte einen historischen Nachnamen: Belogiannis*.

Die ersten Aktionen wirkten trotz aller Begeisterung wie ein Berg, es gab unzählige Schwierigkeiten und deren Überwindung hin zur illegalen Praxis war sehr schwer.

Schon bevor ich mich illegal organisierte, hatte ich meine Feuertaufe bekommen. Eine buchstäbliche Feuertaufe. Damals war das Abfackeln von Autos des US-Militärs an der Tagesordnung. Überall, in Athen, auf Kreta, in den großen Städten wurden Autos von US-Amerikanern angesteckt.

Ich wusste nicht, wie das geht, hatte aber in meiner Nachbarschaft ein provozierendes riesiges Ami-Auto lokalisiert. Eines Nachts habe ich eine Flasche Alkohol und eine Plastiktasche mit Benzin genommen. Der Alkohol brannte mit hellblauer Flamme, brachte aber die Plastiktasche nicht zum Schmelzen. Dann zerriss ich das Plastik. Später sollte ich im Café nebenan die Beschreibung eines

Nachbarn hören – Er hieß Nero, wie der römische Kaiser und Brandstifter... Er habe eine riesige Flamme gesehen, aus der heraus ein Junge gekommen sei: «Er kam aus dem Feuer», sagte er, «aber er brannte nicht.»

Ich zog daraus drei wichtige Schlussfolgerungen: Erstens: Mit Feuer spielt man nicht. Zweitens: Man wirft immer einen Blick in Richtung Balkone. Drittens: Nichts geht alleine, auch für die einfachsten Sachen braucht es eine Gruppe.

Die ersten Aktionen der Gruppe, Brand- und Bombenanschläge, erforderten viele Lernprozesse. Halbheiten und Hast sollten wir vermeiden, wir sollten nie glauben, dass alles klappen würde, sondern immer die schlechteste Variante berücksichtigen. Die Planung begann mit guter Ortskenntnis und der Auswahl guter Fluchtwege nach der Aktion.

Die größte Überwindung war aber die der Angst. Ich hatte immer Angst vor denen, die keine Angst hatten (oder behaupteten, sie hätten keine). Der bewaffnete Kämpfer hat viel zu verlieren: das Leben, die Freiheit, die Sicherheit seiner ihm nahestehenden Menschen. Vor allem die Kontinuität des Kampfes. Die Angst begleitet ihn immer und ist der beste Verbündete, durch den er Fehler vermeidet. Er überwindet sie durch die Logik der Praxis: Da die Aktionen gemacht werden sollen, muss sie jemand durchführen. Ein Kämpfer nimmt diese Dinge persönlich und sieht sie als Teil des Lebens selbst. Sobald er die Waffe in die Hand nimmt, weiß er, dass er selbst irgendwann der Waffengewalt ausgesetzt sein könnte. Dieser irgendwann mögliche Moment liegt noch in der Zukunft. Aber seitdem er sich dessen bewusst ist, wiegt jeder aktuelle Moment, jedes Atmen, jede Farbe, jedes Lied, jeder Kuss und später jedes Stimmchen seines Kindes anders.

Als sie sich bereits einige Zeit kannten, sagte Arrianos zu Antonis, dass er ihn in ein illegales Haus bringen würde, damit er «eine große Gestalt des bewaffneten Kampfes» treffe. Ich erinnere mich genau, wo wir standen, als er mir das gesagt hat und wie ernst seine Augen wurden. Ich kannte schon die Klangfarben seiner Stimme, aber nun war sie unzugänglich, offiziell, parteimäßig. Würde er mich dorthin bringen? Nein, Damianos. Damianos, der Schweigsame.

Mit 19 Jahren würde ich eine Führungsgestalt der ELA treffen. Kosmas, wie Arrianos sagte. Ich hatte früher nach ihm gefragt. «Ja, er ist eine große Gestalt der Bewegung», sagte er wieder. Ich schätzte Arrianos, und wenn er ihn respektierte, bedeutete mir das sehr viel. Kosmas vertrat tatsächlich die Organisation.

Ich lief durchs Zentrum zu meiner Verabredung mit Damianos und dachte, dass eine neue Phase meines Lebens anfing. Dieses Treffen beschilderte eine neue Richtung, eine radikale Veränderung. Ich ging auf einer der Strecken, die ich gefunden hatte, damit ich «die Schlangen regele» und sicher sein konnte, dass mir niemand unerwünscht folgte, und dachte weiter nach. Über meine Strecke, über die Pläne, die ich als kleiner Bub hatte. Oma wollte mich als Professor sehen, die Eltern als Arzt, der Opa schwieg. Ich wollte Lehrer werden. Später würde der Traum in einer antiautoritären Schule Gestalt annehmen. Ich las über ähnliche Experimente, ich suchte nach *Summerhill* von A. S. Neill*. Schon als Schüler am Gymnasium hatte ich unterrichtet, auch in der PAMK in Gysi und als Student… Und immer mit der Überzeugung, «dass Wissen keine Ware ist».

Jetzt würde der Lehrer zu Antonis werden. Ich presste meine Fäuste zusammen. Es musste jetzt so sein, es musste hier so sein, antiautoritäre Ausbildung konnte nicht in einer autoritären Gesellschaft stattfinden.

Also machte ich mich auf den Weg, der Lehrer in Partisanen verwandelt.

## Kapitel 6
## Der Dünger der Illegalität

Die ganze vergangene Nacht hatte ich die *Lipasmata* gelesen, den Gründungstext von ELA mit dem Tarnumschlag. Die Sprache der Gründer der Organisation, das revolutionäre Programm, das Ziel – Volksmacht und Sozialismus – unterschieden sich im Grunde nicht von den Positionen der radikalen Linken – aber auch nicht von den Positionen der Mehrheit der offiziellen Linken.

Selbst die wesentliche Grundannahme des *Lipasmata*-Textes, dass die griechische Bourgeoisie keinen «nationalen Charakter» bekommen könne, war nichts Neues. Diese Diskussion gab es in diesem Land seit Beginn der Arbeiterbewegung, sie hatte sich in der Zwischenkriegszeit hinsichtlich des bürgerlich-demokratischen oder sozialistischen Charakters der Revolution zugespitzt und war während der Metapolitefsi weitergeführt worden.

Für mich damals wichtig und einige Gedanken klärend, waren die entscheidenden Implikationen dieser These: Wenn die griechische Bourgeoisie keinen «nationalen Charakter» annehmen, also die Produktivkräfte des Landes nicht autonom entwickeln konnte, dann konnte sie auch keine fortschrittliche Rolle bei der sozialen Entwicklung des Landes einnehmen. Das machte jede Zusammenarbeit mit der bürgerlichen Klasse zwecks fortschrittlicher Veränderungen – also den Kern reformistischer Politik – unmöglich.

In dem Text fand ich eine theoretisch fundierte Ablehnung der reformistischen Politik, welche die «nationale Einheit» mit den «fortschrittlichen» Teilen der nationalen Bourgeoisie suchte und das «friedliche Nebeneinander» und die Zusammenarbeit unterschiedlicher Klassen propagierte.

Ich fand auch eine Analyse des Reformismus als historisches Phänomen, als historisch geformte soziale Realität, als Ausdruck der ideologischen Hegemonie der bürgerlichen Klasse über die Volksbewegung. Die Geschichte wurde dadurch ganz anders interpretiert, sie wurde nicht mehr durch «Fehler» und «Verrat» früherer Führungen wie auch der aktuellen offiziellen Linken erklärt.

Das betraf natürlich auch das Ziel einer friedlichen parlamentarischen Entwicklung, einer schrittweisen fortschrittlichen Reform des Systems, die in Wirklichkeit auf die Negation eines revolutionären Umsturzes der griechischen Gesellschaft hinauslief.

Ich las den historischen Rückblick im Text und machte mir Gedanken über die halbvollendete Revolution von 1821 und all die Kämpfe bis zur großen «siegreichen Revolution, die verlorenging», nach einem Buch von Thanasis Chatzis über die Zeit von 1941 bis 1945, das ich gerade gelesen hatte.

Ich reflektierte auch die Erfahrungen der realen Volksmacht – Selbstverwaltung, Selbstjustiz – die in den befreiten Gebieten des «griechischen Sozialismus» mit der griechischen bewaffneten Volksmacht gemacht worden waren. Ich machte mir zudem Gedanken über die Wege der Menschen, ihre Radikalisierung, ihr Auftauchen in revolutionären Organisationen, wie es nur im Kontext des sozialen, ökonomischen, politischen, kulturellen – sogar geographischen – Umfelds, in dem sie geboren wurden, sich entwickelten, bewegten und agierten, verstanden werden kann. Die Geschichte der Personen und Organisationen hat tiefe Wurzeln, die weit in die Vergangenheit zurückreichen. Man kann nichts davon ohne seinen historischen Hintergrund, ohne die Volkserinnerungen und ohne die revolutionäre Tradition dieses Landes interpretieren.

Die Geschichte dieses Landes ist die Geschichte seiner Abhängigkeit von fremden Mächten, die Geschichte der Ausbeutung durch sie und auch der lokalen Kompradoren und Verbindungsmänner. So wie es auch in den *Lipasmata* stand: «Die politischen Entwicklungen in unserem Land werden immer von Entscheidungszentren, die sich außerhalb von Griechenland befinden und wirken, bestimmt.» Als Anfang August 2011 der damalige stellvertretende Justizminister in meine unterirdische Zelle kam, um nachzuschauen, ob sich meine Überzeugungen aufgeweicht hätten, so wie Tabakblätter in der unterirdischen Nässe weicher werden, sagte ich ihm: «Ihr habt aus unserem Land ein Protektorat, eine Kolonie gemacht.» Er unterbrach mich: «War es nicht schon immer so?» Im Endeffekt hatte er Recht. Georgios Papandreou* hatte es in den 1960er Jahren klar gesagt: «Griechenland atmet mit zwei Lungen, einer englischen und einer amerikanischen.» Und früher, als die räuberischen englischen Darlehen das Land, das im Blut seiner Kinder unter dem türkischen Joch hervorgekrochen war, festgenagelt hatten, waren beide Lungen englisch. 1840 sagte der vormalige Admiral der britischen Marine, Baron Edmund Lyons, mit der typischen Eigenschaft eines Botschafters: «Griechenland kann niemals wirklich unabhängig sein, das ist absurd. Es wird russisch oder englisch sein, und da es nicht russisch sein soll, so wird es auf alle Fälle englisch sein.» Jahre später, 1912, hat es der britische Premierminister Lloyd George so zusammengefasst: «Die Zukunft von Griechenland wird in London bestimmt, nicht in Athen.»

Die Geschichte dieses Landes ist jedoch zugleich die Geschichte seiner Volkskämpfe für die Unabhängigkeit, um seine Ausbeutung durch die fremden und lokalen Mächtigen zu beenden und damit das Volk zum Herrn im eigenen Haus zu machen. Die Geschichte dieser Kämpfe ist antiimperialistisch und antikapitalistisch. Sie wurde besonders seit Mitte der 1950er Jahre von «der politischen Führung festgenagelt und sabotiert», stand im Text der ELA-Gründer – sabotiert von einer politischen Führung, die die Kooperation mit der «nationalen» Bourgeoisie suchte und den Zweck der Volkskämpfe auf die «Demokratisierung» des politischen Lebens begrenzte.

Durch den Text sah ich die Gedanken der Gründer dieser revolutionären Organisation. Wir lasen die Geschichte auf die gleiche Art. Wir erlebten die sozialen Kämpfe und die Volkskämpfe auf die gleiche Weise. Und uns wurde durch den Kampf gleichermaßen klar, was die tatsächlichen Bedürfnisse und Probleme waren, die wir bewältigen und lösen mussten, damit die soziale Revolution in unserem Land stattfinden kann.

Anscheinend entstand dieses politische Bewusstsein ursprünglich während der fortschrittlichen Klassenkämpfe in den Jahren 1963–1965, die gewaltig an den Grenzen der reformistischen «Demokratisierung» und der «Friedensbereitschaft» rüttelten. Damals, als die sozialen Forderungen zunahmen und intensiver wurden und bis zum Kern der Abhängigkeit des Landes von den «großen Mächten» Großbritannien, USA, Frankreich, Deutschland und der griechischen Bourgeoisie vorstießen.

Mein Bewusstsein entstand durch die permanente Auseinandersetzung mit meiner politischen Geburt, dem rettenden Aufstand des Novembers und dessen gewaltsamer Niederschlagung und bildete sich weiter während der ungezügelten Klassenkämpfe der Metapolitefsi. Die Inhalte der sozialen Forderungen wuchsen und vertieften sich und der Kern der bürgerlichen Klassenhegemonie wurde durch qualitative fortschrittliche Forderungen in Frage gestellt. Diese Klassenkämpfe stießen gewaltsam an die Grenzen friedlicher Demokratisierung und reformistischer Manipulation.

Der *Lipasmata*-Text war ein Meilenstein der revolutionären Bewegung, schon wegen seiner Form: Die getarnte Ausgabe stellte direkt die Frage der illegalen Aktion. Außerdem kam er von mehreren militanten bewaffneten Organisationen, die aus dem Volk kamen und dem Staat ein Stück von der Gewalt, die er gegen das Volk ausübte, heimzahlten: von der ersten – offiziellen – Bekennung für die Zerstörung von acht US-amerikanischen Fahrzeugen am 29. April 1975 im Hafen von Elefsina bei Athen, bis zu den Bombenanschlägen auf den griechischen Unternehmerverband SEV*, auf die Siemens-Tochter PITSOS, die Firmenzentralen von Mpodosakis und des Bergbaukonzerns Skalistiris…

ELA setzte das Wesentliche einer revolutionären Bewegung, die eindeutig auf den Sturz des Systems und die soziale Revolution zielt, in die Tat um: Die illegale Organisation und die Legitimierung der Volksgegengewalt.

Des Weiteren fragte der Gründungstext von ELA nach der Notwendigkeit revolutionärer Kontinuität – unterstützt durch konsequente Taten und Worte.

Die Einheit von Strategie und Taktik musste gewährleistet sein, die Einheit von strategischen Zielen (Volksmacht – Sozialismus) und der Taktik des alltäglichen Kampfes. Mit zwei Dingen musste Schluss sein: mit der Ablehnung von Illegalität als politischer Aktionsform zur Unterstützung der Volksbewegung und mit der Ablehnung von Organisierung zur Ausübung der Volksgegengewalt.

Ich war im absoluten Einklang mit diesen Thesen. Und in diesem Einklang ging ich zum Treffen mit Damianos. Irgendwo im Zentrum. Im absoluten Zentrum von Athen. Ich hatte eher damit gerechnet, dass es irgendwo fernab vom Zentrum oder wenigstens etwas weiter weg sein würde. Der Genosse sprach nicht viel. Nur das absolut Notwendige. Ich sollte mich nicht umschauen, damit ich das Haus nicht lokalisieren könnte. Wir liefen also auf labyrinthischen Wegen, meine Augen immerzu auf meine Fußspitzen gerichtet. Ich hielt mich streng an diese Regel, was mich einmal einen Zusammenstoß mit einem vorwitzigen Balkon kosten sollte, der sich sehr weit nach unten gebeugt hatte... Ich nahm an, dass uns eine Person oder gleich mehrere auf unserem Weg kontrollierten. Das erschien mir logisch, ich hätte dasselbe getan und machte es in den nächsten Jahren genauso, wenn wir einen Genossen zu einem der Häuser der Organisation führten.

Ein kleiner Vorraum, rechts ein Korridor, geradeaus ein Zimmer. Die Fensterscheiben waren aus Sicherheitsgründen mit dickem blauem Papier abgeklebt, so dass der Raum nur durch eine gelbliche Glühbirne an der Decke beleuchtet wurde. Eine beeindruckende Stimmung. Die Einrichtung bestand aus einem Feldbett mit einer Schaumgummimatratze, einem Klapptisch und zwei faltbaren Regiestühlen. Diese typische provisorische Einrichtung illegaler Häuser war das Ambiente Dutzender weiterer, die ich später betreten oder einrichten sollte. Irgendwann lernten wir diese Art der Möblierung zu vermeiden und gestalteten manche Häuser so, als wären sie von Familien bewohnt und nicht nur Studentenbuden oder «Liebesnester».

Die führende Person der Organisation wartete auf einem Feldbett sitzend. Seine Hände lagen auf dem Tisch, vor ihm stand eine Konditoreischachtel mit Tortenstücken! «Nimm!», war sein erstes Wort. «Ich esse solche Süßigkeiten nicht», antwortete ich. Er begann mich zu ärgern – Damianos nahm auch keins. Es kostete Zeit, mich an seinen Humor zu gewöhnen. Seine müden Augen blitzten plötzlich schlau, spielerische Flämmchen, manchmal auch ironisch, sein derber Humor war richtig erschütternd. Er wäre erledigt, sagte er, gerade hätte er eine sehr lange Reise hinter sich gebracht. Er nannte die Stundenzahl, ich errechnete, dass er im Ausland gewesen sein musste. «Ich kann jetzt nicht richtig funktionieren, du kannst alles, was du willst, durchboxen», sagte er zu Damianos. Dem war aber nicht so! Er funktionierte hervorragend. Immer aufmerksam, er übersah nichts, erfasste jedes Wort, suchte, was «dahintersteckte». Seine Methode? «Die Gegensätze zuspitzen.»

Kosmas. Er unterbrach kurz, um sich noch ein Tortenstück zu nehmen. Ich sah mich um, um mich zu sammeln, da ich so vielen angestauten Herausforderungen ausgesetzt war. Ich setzte mein «Staubmaß» ein. Das war mein persönlicher Maßstab, der mittels Dicke der Staubschicht auf dem Boden die politische Gesundheit der Einwohner maß. Minimaler Staub: hohe Moral bei perfektem politischem Bewusstsein.

Ich saß neben Kosmas, Damianos stand uns gegenüber, an die Wand gelehnt. Plötzlich bewegte er sich, wechselte von einem Bein auf das andere, als hätte er etwas Interessantes gefunden. Kosmas erhob sich halb und drehte mir seinen Rücken zu. Ein großer Schock in diesem völlig ruhigen Moment. An seiner Hüfte hing eine riesige Pistole. Sie war schussbereit. Ich hatte noch nie eine Waffe aus der Nähe gesehen, und plötzlich war sie da, in dieser beeindruckenden Atmosphäre, mit all den Emotionen, die Führungsperson einer bewaffneten Bewegung kennenzulernen.

Fragen überfluteten mein Gehirn. In einem illegalen Haus erwartet man Waffen. Doch gleich eine .45er, die plötzlich an einem Gürtel auftaucht, und dazu noch schussbereit mit gespanntem Hahn? Was ging hier vor? Erwarteten wir einen Angriff? Würde es einen Kampf geben? Ich überlegte schnell. Und dann war es, als würde ich mich selbst aus weiter Entfernung beobachten, ich fühlte mich absolut ruhig, als hätte irgendein Mechanismus alle Emotionen, die vorhin so durcheinander waren, eingesammelt, so wie man die hängende Wäsche, die im Winde weht, einsammelt, sie zusammenlegt und an ihren Platz räumt. Mein Gehirn arbeitete rapide, alle Daten wurden mit Gelassenheit und Ruhe schnell verarbeitet. So würde es von nun an sein, in sonderbaren Momenten, im Augenblick der Aktion, wenn etwas Unvorhergesehenes auftauchen würde. Die Emotionen, die Anspannung, der Stress, selbst die Angst würden erst danach hochkommen. Ein großer Filter würde die Stimme sicher machen und die Füße würden ruhig gehen, obwohl das Gehirn wie wahnsinnig arbeiten würde.

Kosmas setzte sich wieder und zog mit einer langsamen, ausladenden Bewegung die Pistole heraus und legte sie auf den Tisch, direkt vor sich. «Kann ich sie nehmen?» «Ja, nur zu, sie ist nicht geladen.» Nochmals neue Gedanken: Eine Pistole, gespannt und… nicht geladen? In dem Moment, in dem ich die Hand ausstreckte, um sie zu ergreifen, und bevor ich meine Augen dem lächelnden Gesicht zuwandte, kapierte ich es: Es war ein Ritual. Sie erklärten es mir direkt anschließend. Alle Neuen würden damit konfrontiert, um ihre Reaktion zu testen. Manche waren verängstigt, andere schoben die Waffe mit spitzen Fingern zur Seite, als wäre sie etwas Ekelhaftes. Mir schien, ich hatte die Prüfung mit einer guten Note bestanden.

Ich hatte sie bestanden, doch machte ich mir nun noch mehr Gedanken. Selbst heute kann ich mich an diese aufgeladenen Augenblicke gut erinnern. Ich erinnere mich an alles, jede Bewegung, jede Geste, jedes merkliche Nicken. Jede Nuance in der Stimme, jede Emotion. Doch erlebte ich es kontrovers: Auf der einen Seite eine unendliche Bewunderung, ich war in einem illegalen Haus der ELA, mit einer der Führungspersonen, die anscheinend gerade aus dem Ausland von einem Treffen mit einer ausländischen revolutionären Organisation zurückgekommen war. Er sprach mit mir über Waffen, die er «Kracher» nannte, darüber, dass ich mich mit ihnen vertraut machen und ab und zu «bewaffnet einen Spaziergang unternehmen» solle. Zum ersten Mal hielt ich eine schwere .45er in der Hand, «glatt ein Kilo». Damianos nahm sie auseinander und ich baute sie wieder zusammen. Neues Lob: «In einem Rutsch beim ersten Mal und kein Teil über – normalerweise bleibt eins übrig.» Ich war stolz auf alles, auf das Vertrauen und die Ehre, der bewaffneten Bewegung nahe zu kommen.

Andererseits kroch aus der Tiefe ein Problem, ein Zweifel hoch. Noch war er nicht stark, doch er trübte meine Freude. Ich hatte das Gefühl, dass eine Waffe ein Werkzeug des Kampfes war. Ein Werkzeug, das ich kennen und gut studieren musste, um es sparsam und vernünftig einzusetzen. Und auch effizient. Für den sozialen Kampf: «Im Krieg der Geknechteten gegen ihre Unterdrücker, dem einzig rechtmäßigen Krieg in der Geschichte», wie Marx in *Der Bürgerkrieg in Frankreich* über die Pariser Commune geschrieben hatte.

Ich musste den Umgang mit Waffen erlernen, schließlich hatte Lenin 1920 in *Der ‹linke Radikalismus›, eine Kinderkrankheit des Kommunismus* geschrieben: «Beherrschen wir nicht alle Kampfmittel, so können wir eine schwere – manchmal sogar eine entscheidende – Niederlage erleiden.» 1916, im Militärprogramm der proletarischen Revolution, formulierte er es so: «Eine unterdrückte Klasse, die nicht danach strebt, Waffenkenntnis zu gewinnen, in Waffen geübt zu werden, Waffen zu besitzen, eine solche unterdrückte Klasse ist nur wert, unterdrückt, misshandelt und als Sklave behandelt zu werden.»

Für mich war eine Waffe nicht mehr als ein notwendiges Werkzeug. Sie war kein «Spielzeug» und ich sah keinen Grund sie spazieren zu tragen, um mich an sie zu «gewöhnen». Die Waffe brachte Verantwortung mit sich, eine große Verantwortung. Wenn du sie trägst, musst du sie benutzen, was die Konfrontation auf eine höhere Ebene hebt, und alle Konsequenzen dieser Eskalation einkalkulieren. Bei einem späteren Treffen zweier Genossen – keiner war illegal oder kam gerade von einer Aktion zurück – in einem benachbarten Kafeneion kamen plötzlich vier Geheimpolizisten herein. «Schau nicht so nervös.» «Lass mich nervös sein, Hauptsache, meine Waffe ist nicht zu sehen.» Eine Zufallskontrolle konnte in einem überflüssigen und schmerzlichen Desaster enden.

Außerdem war jeder Einsatz einer Waffe grundlegend politisch, das Ergebnis einer persönlich oft schmerzlichen Entwicklung, da man moralische Grenzen übertreten musste. Und das lässt sich nie mit einer «Gewöhnung» an oder gar «Liebe» zu Waffen vereinbaren.

Auf meinem Weg habe ich Menschen getroffen, die Waffen liebten und bei Schießübungen das Talent eines Cowboys zeigten, die aber bei bewaffneten Aktionen oder Konfrontationen mit den Repressionsorganen nicht eingriffen.

Oder die bei der ersten Ohrfeige – wenn es überhaupt eine gab – vor den Untersuchungsrichtern alles verrieten.

Die Liebe zur Waffe ist nur die Sorge, die ein Arbeiter oder Handwerker um sein Arbeitswerkzeug hat. Und die Waffe als offensives politisches Mittel oder letztes defensives Mittel zu sehen hat nur den Sinn, dass der Kämpfer oder die Organisation weiter existieren können.

Die Liebe zu den Waffen. Die Gewöhnung an sie. Ich erinnere mich an einen jungen Genossen, er bat mich eindringlich darum, die Waffen zu sehen, sie zu putzen, sich um sie zu kümmern. Ich dachte da noch in der «Logik von Kosmas», und versuchte herauszufinden «was sich dahinter verbarg». Es war nichts verborgen. Es war die Sorge eines jungen Kämpfers, die Waffen immer zum Kampf bereit zu haben. Ich ließ ihn stundenlang in dem illegalen Haus. Er nahm die Pistolen auseinander, machte sie sauber und polierte sie mit unserem Nähmaschinenöl. Er brachte sie in Ordnung. «Nun sind sie bereit», lächelte er.

Waffenliebhabern gegenüber war ich immer misstrauisch, besonders, wenn sie sich zu sehr an sie gewöhnt hatten. Einmal probierten wir einen patentierten Schalldämpfer aus. Ein wissenschaftliches Patent, es basierte auf mehreren Gummischeiben auf einer Sprungfeder in einem selbstgebastelten Rohr. Wir hatten den Revolver auf einem «Gestell» befestigt, um seine Stabilität und die Schalldämpfung zu testen. Unser Techniker drückte von Zeit zu Zeit auf den Abzug der leeren Waffe. Ich schimpfte mit ihm. Ich erinnerte ihn daran, dass «ungeladene Waffen» tödlich seien. Dass auf Cuba mehr Menschen von «ungeladenen» Waffen getötet worden waren, als bei den Kämpfen mit Batistas Truppen. Nichts zu machen. Er «kannte sich mit Waffen aus». Irgendwann lud er die Waffe. Und gleich darauf zog er in Gewohnheit der letzten Stunden wieder mechanisch den Abzug. Die Kugel traf die Kiste mit den illegalen Sachen. Ein paar Sekunden zuvor bin ich noch genau dort gesessen. Zum Glück funktionierte der Schalldämpfer wenigstens.

Nachdem Kosmas zur Entspannung ein paar Schritte im Zimmer auf und ab gegangen war – «du bist ja auch nicht mehr der Jüngste», sagte ich höflich – «Du Balg», gab er liebenswürdig zurück –, setzte er sich wieder auf das Feldbett. Damianos war mit der Konditoreischachtel beschäftigt und verfolgte ziemlich unbeteiligt die nun folgende Diskussion. Wir begannen über die *Lipasmata*-Broschüre zu sprechen, theoretische und politische Themen folgten. Es war merkwürdig, obwohl er den Text unterstützte und oft ganze Passagen wie im Original zitierte, hatte ich das Gefühl, dass ich dem Geist des Gründungstextes näher war. Ein Gefühl, dass sich in unserer letzten Unterhaltung, nach anderthalb Jahren, noch verstärkt hat. Als hätte sich die Organisation bereits dem Geist der – vor allem italienischen – Autonomia zugewandt. Er war ein mitreißender Gesprächspartner. Die paar Mal, die wir uns in dem Haus zum Diskutieren trafen, waren eine Herausforderung für Geist und Ausdauer. Feurig, beharrlich, überschwänglich, erfahren in intensiven und stürmischen Diskussionen, mit einem entwaffnenden Humor an der Grenze zur Ironie, mit ständigen überraschenden «kleinen Provokationen», um andere in ein Fettnäpfchen treten zu lassen. Sein Motto war immer «die Gegensätze zuspitzen». Ich kann mich erinnern, wie ich einmal, am Tag nach einem Treffen mit Kosmas, bei irgendwelchen familiären Auseinandersetzungen die Methode meines «Lehrers» übernahm und einen unglücklichen Ingenieur mit seinen eigenen Widersprüchen in die Enge trieb. Aber dieser Stil passte nicht zu mir und ich gab ihn bald auf.

Zeitgleich ging die technische Ausbildung weiter. Eine Kommilitonin überließ mir ihr Zimmer für «einen guten Zweck». Es war tatsächlich ein guter Zweck. Stundenlang wurde mir gezeigt, wie ein Schloss geknackt werden kann. Wir begannen mit alten Schlössern und folgten der Entwicklung der Schlosserkunst bis zu den neuesten. Wir benutzten konische Feilen, Bohrer, speziell gebogene Schraubenzieher. In den folgenden Jahren brauchten wir diese Kenntnisse sehr selten. Einmal irgendwo in den westlichen Vororten der Stadt bei einer Wäscherei, um Polizeiuniformen zu besorgen, es hat nicht funktioniert. Wir ließen eine Metalltür mit Löchern rund um das Schloss zurück. Ein anderes Mal in Thessaloniki bei einer Druckerei, um ein Laminiergerät für die Herstellung von Personalausweisen zu stehlen. Am Ende, als das Bohren nichts gebracht hatte, haben wir die ganze Tür aus den Angeln gehoben und standen da nun mit ihr in den Händen – zur Überraschung eines jungen Mädchens, das ein paar mysteriöse Typen um die Ecke huschen sah, die ihre Aufmerksamkeit von dem mit einer riesigen Glastür beladenen Genossen ablenken wollten. Der Genosse versuchte, Mitternacht war längst vorbei, ganz unauffällig zu sein. Es war nicht mein Schicksal, eine Einbrecherkarriere zu verfolgen. Und Polizeiuniformen waren viel einfacher vom Theater zu bekommen, in speziellen Geschäften zu besorgen oder direkt aus der Polizeiwache in Vyronas – immer als 17N – zu entwenden.

Sie zeigten mir auch, wie man Autos aufbrach, wie die Türen aufgingen. Mit langen Schraubenziehern in verschiedenen Größen, die wie ein «Ypsilon» aufgespalten und unten gebogen waren, sodass der Türknopf gefasst und angehoben werden konnte. Beim Zündschloss mussten wir nach alten Modellen suchen, die noch kein Lenkradschloss hatten. In einer Nacht öffneten ein Genosse und ich acht oder neun Autos, meist Fiat 124. Doch hakte das Lenkrad bei allen ein, sobald wir ein bisschen dran drehten. Später sollten wir andere Methoden herausfinden, besonders als 17N.

Damals wurden mir noch komplizierte Herstellungsverfahren für Brand- oder Sprengsätze beigebracht. Bei einem ging es darum, Schwefelsäure mit einer Mischung aus Kaliumperchlorat und Puderzucker zusammenzubringen. Ein Reagenzgläschen sollte die Bestandteile trennen und zerbrechen, sobald der Molotowcocktail zerschellte und so die Flammen entfachen.

Eines Tages zog ich mich gut an, setze die Miene eines seriösen Chemiestudenten auf, und fragte in der Bakakos-Apotheke am Omonoia-Platz nach Kaliumperchlorat. Der Blick des Angestellten sagte mir, dass diese Einkaufsmethode viel zu verbreitet war. Als 17N benutzen wir lieber industrielle Sicherheitssprengstoffe. Eines Tages zeigte mir Kosmas fertige Zeitzünder mit einer Armbanduhr, so wie sie sie benutzten. Sie wirkten kompliziert, zart und gefährlich. Ich bevorzugte große Wecker und später sollten wir als 17N ganz Griechenland durchstreifen, um diese zuverlässigen riesigen chinesischen Wecker mit den Metallzeigern zu kaufen. Wir kauften Dutzende, um einen Vorrat zu haben, bevor sie ihren Import verbieten würden. Trotzdem erwies sich unser Vorrat als zu klein, da wir bei jedem Zünder sicherheitshalber zwei oder vier Wecker benutzten.

Irgendwann schlug Kosmas mir vor ins Ausland zu gehen, um mich weiterzubilden. Anfangs fand ich die Idee sehr verlockend, da die Revolutionsromantik ein sehr verführerisches Bild malte: Ich, trainiert von erfahrenen fremden Genossen, zusammen mit Revolutionären aus allen Ecken der Welt. Internationalismus in Aktion. Doch bald verwarf ich dieses Vorhaben. Was könnte ich im Ausland besser lernen? Ich konnte bereits sehen, dass ich alles Brauchbare in der Universitätsbibliothek und in griechischen oder ausländischen Fachzeitschriften finden konnte. Und was das Schießen anging, gab es in unserem Land so viele dichte Wälder und so viele im Winter verlassene Strände. Später, als 17N, übten wir in der Jagdsaison zwei Schritte von Athen entfernt. Die kleinen Waffen probierten wir während der Ostertage innerhalb der Stadt aus, die Bazookas an den Stränden zwischen Sesi und Vravrona, nicht weit von Athen.

Außerdem war ich schon damals davon überzeugt, dass es nicht unbedingt um schnelles oder zielsicheres Schießen ging. Für mich war militante Praxis vor allem politisch und erst an zweiter Stelle etwas Technisches. Wir waren nicht in einer Stadtguerillaphase täglicher Kämpfe, um den Gegner zu schwächen, noch mussten wir befreite Gebiete absichern, wofür wir viel Erfahrung mit Waffen benötigt hätten. In der Phase der bewaffneten Propaganda ist die beste Kampfmethode, dem Kampf zu entkommen und die eigenen Kräfte zu erhalten, da Verluste von strategischer Wichtigkeit waren. Zu guter Letzt entzückte mich der Gedanke nicht, dass mein Foto in einem gefälschten Pass durch verschiedene Länder reisen und von verschiedensten Leuten gesehen werden würde.

## Kapitel 7
## Der erste Tote

Der Herbst 1977 brachte sehr schlechte Nachrichten mit sich. Im Morgengrauen des 20. Oktober 1977 wurde der Guerillero Christos Kassimis* getötet. Bei einer bewaffneten Konfrontation mit der Polizei im Athener Vorort Rentis, vor den Gebäuden der deutschen Firma AEG, beim Versuch, dort einen Sprengsatz zu deponieren.

Es war eine internationalistische Solidaritätsaktion nach dem Tod der Revolutionäre Andreas Baader, Gudrun Ensslin und Jan Carl Raspe am 18. Oktober im Stammheimer Hochsicherheitstrakt. Christos Kassimis war einer jener, die in dieser Nacht nicht schlafen konnten. Als revolutionärem Internationalisten schmerzte ihn jeder Schlag gegen Revolutionäre, wo auch immer auf der Welt. Er versuchte es dem neonazistischen deutschen Staat heimzuzahlen und den deutschen Genossen eine Solidaritätsbotschaft zu senden. Er fiel im Kampf, ermordet von den Kugeln der Polizei. Es war der erste bewaffnete Guerillakämpfer, der seit dem Bürgerkrieg im Kampf getötet wurde. Seine Mörder, die Polizisten Plessas und Stergiou, wurden befördert und ausgezeichnet. Wie im Bürgerkrieg…

Für uns, die revolutionäre Bewegung in Griechenland, war es ein großer Verlust. Ein Verlust von strategischer Bedeutung, da er eine der wichtigen Persönlichkeiten für die bewaffnete Bewegung war – er war einer der Gründer von ELA – als auch für die Massenbewegung: Er spielte eine bedeutende Rolle bei den fortschrittlichsten politisch-organisatorischen Formen der Arbeiter- und Volksbewegung.

Sein Leben war das Leben eines progressiven jungen Mannes, der ein Revolutionär wurde. Seine Geschichte ist die Geschichte der griechischen revolutionären Bewegung. Er wurde 1943 auf der Insel Chios geboren, sein Vater war dort Gymnasiallehrer. Er wuchs in Piräus auf, studierte an der Finanzabteilung der juristischen Universität, und kam schon jung in die fortschrittliche Bewegung. 1966 ging er nach Paris, um sein Finanzstudium an der Sorbonne fortzusetzen. Die Diktatur von 1967 radikalisierte ihn, er koordinierte den Versand von Materialien an Gruppen, die militant gegen die Junta vorgehen wollten. Doch war er keiner, dem diese Rolle gereicht hätte. 1971 kam er nach Griechenland, um die Gruppe 20. Oktober* zu verstärken und zu organisieren. Deren erste militante Aktion war eine Bombe im Zentrum von Athen, in Dexameni, am 20. Oktober 1969.

Nach dem Volksaufstand vom November 1973 und der Schwäche, die die revolutionären Organisationen zeigten, verfolgte er entschieden den Weg zur Vereinheitlichung der militanten Bewegung. Drei Organisationen – die Gruppe 20. Oktober, die Gruppe Aris von Rigas Feraios* und LEA* – veröffentlichten eine Erklärung dazu. Doch gab es keine gemeinsame Aktion bis zur Metapolitefsi im Jahre 1974.

Seit Juli 1974 versuchte er eine bewaffnete Organisation zu gründen. Er war überzeugt, dass der Kampf nun nicht mehr antidiktatorisch, sondern antikapitalistisch sein musste. Die Widerstandsorganisationen gegen die Junta, die nach deren Ende die Waffen niederlegten, gingen darauf nicht ein, weshalb er sich an Gruppen wandte, die entweder noch gar keine bewaffnete Praxis hatten, beziehungsweise während der Junta keine gehabt hatten.

Da er überzeugt war, dass Bewusstsein und Organisation durch die Aktion entstehen, plante er gleichzeitig mit zwei weiteren Genossen direkte bewaffnete

Aktionen. Diese drei würden später den Gründungskreis von ELA bilden, diese drei würden den Gründungstext verfassen, der später unter *Lipasmata* publiziert wurde.

Seine Grundannahme war die Einheit aller Kampfformen. Mit der für ihn typischen Konsequenz von Denken und Handeln setzte er seine Worte um: «Je länger wir unorganisiert und träge bleiben, je länger wir auf andere warten, um unsere Probleme zu lösen, desto länger werden sie uns ausnützen und unser Blut aussaugen.» Er beteiligte sich immer in der ersten Reihe an autonomen Gruppen und Initiativen, trieb die militanten Massenaktionen voran. Am 17. Februar 1975 hatte er einen Prozess wegen Flugblättern, in denen es hieß: «Zypern wurde schon längst verkauft, der Verrat, den die Junta begann, geht weiter. Die Völker, die besetzt werden, beschweren sich nicht, sie machen keine Anzeigen. Sie kämpfen. Sie bilden Guerillas, die die Angst der Besatzungsmächte sind.»

Er arbeitete als Arbeiter oder Angestellter. Überall half er autonome Kampfgruppen und Fabrikarbeitervereine zu organisieren. Er widmete seine ganze Kraft und seine ganze Zeit der Klassensolidarität mit allen, die kämpften. Er drängte auf militante Kampfformen bei den Mobilisierungen und auf konfrontative Demonstrationen. Bis buchstäblich wenige Stunden vor seinem Tod war er einer der Hauptprotagonisten beim Versuch, einen Fabrikverein zu gründen – bis er zur Guerillaaktion seiner Organisation ELA aufbrach. Ihm kam nie der Gedanke, die Regel «Schutz für die Führung» zu befolgen, immer platzierte er sich selbst in den ersten Reihen – bei jedem Kampf. Ein bescheidener Kämpfer, offen für unterschiedliche Ansichten, eine Orientierung für die Genossen, die ihn kannten, ob bewaffnet oder aus der Massenbewegung.

Seine Genossin Alexandra nahm von ihm Abschied mit den Worten: «Er ist bei einer sehr weit fortgeschrittenen Kampfform gefallen, ohne aber andere wichtige Kampfformen vernachlässigt zu haben. Er ist nicht umsonst gestorben. Er hat den Kampf zu seinem alltäglichen Leben gemacht und wusste, was ihn erwartete. Nun gibt es ihn nicht mehr. Und die Trauer seines Verlustes ist unendlich für die Bewegung. Er hat in jedem Moment seines Lebens den Kampf geführt, einfach, aber kämpferisch entschlossen, er hat all seine Kraft gegeben, selbst sein Leben.»

In der Nacht, als er starb war, ich mit einer Gruppe von Genossen auf der Straße, wir sprühten Parolen an die Wände, aus Solidarität mit den deutschen Revolutionären, aber auch mit den palästinensischen Guerilleros, die mit dem stillen Einverständnis aller europäischen Regierungen, den USA, der Türkei und Israel vom deutschen Staat ermordet worden waren. Und die griechische Regierung hatte den Militärflughafen von Kreta für den deutschen Angriff auf Mogadischu zur Verfügung gestellt.

Später, als bereits der Morgen graute, überlegten wir, was wir machen könnten, welche deutsche Firma, welche deutschen Symbole wir angreifen könnten.

Dann schlug der Blitz ein: Ein Guerillero ist gefallen! Sie haben Christos Kassimis ermordet. Der stille Zorn. Die Tränen. Wir wussten, dass man um einen gefallenen Revolutionär nicht trauern sollte, dass es die beste Rache ist, seine Waffe zu nehmen und den weiten Weg fortzusetzen. Doch bleibt die Traurigkeit tief in einem und kommt mit einem Seufzer hoch, wenn man an die lange Reihe der Genossen denkt, die man nicht kennen lernte oder nie wiedersehen würde, an Genossen, die noch so viel hätten geben können, die die Welt und den Kampf schöner machten…

Die Regierung von Karamanlis hatte schon vor Kassimis' Tod repressive Schläge ausgeteilt. Schon bei den ersten Demonstrationen, nachdem der Tod in Stammheim bekannt wurde. Gegen die ersten Gruppen, die Parolen sprühten, plakatierten, Texte verteilten. Doch nach dieser Nacht der bewaffneten Auseinandersetzung vor AEG mobilisierte sie alle ihre Waffen: Razzien, Hausdurchsuchungen, Zwangsvorführungen, Blockaden, Festnahmen und Inhaftierungen. Selbst Abschiebungen von Kämpfern wie Susanne Bausinger*, die während der Junta der Gruppe 20. Oktober half. Observationen und Festnahmen mitten auf der Straße. Verhaftungen von Genossen, die zu den kämpferischen Erinnerungsveranstaltungen für den toten Guerillero einluden, Schläge und Folter, sogar Schläge auf die Fußsohlen eines 16-jährigen Jungen.

Bei der Beerdigung am 23. Oktober im Athener Vorort Chalandri umkreisten alle möglichen Polizisten und Geheimagenten die Hunderten Kämpfer, die mit gehobener Faust Parolen riefen und unseren Toten mit einem «Episate Thimata»* verabschiedeten. Fotografen der Staatspolizei mit starken Teleobjektiven lichteten jedes Gesicht ab und observierten aufdringlich, um uns einzuschüchtern.

Einige Tage später, am 31. Oktober 1977, wurde der Arbeiter Giannis Serifis verhaftet. Zehn Tage lang hatten Polizei und andere Sicherheitsbehörden die Genossen von Christos Kassimis nicht zu fassen bekommen oder seine Organisation ELA zerschlagen können. Deshalb griffen sie auf frühere Zeiten zurück: Giannis Serifis war bereits während der Junta gesucht worden.

Er war Mitglied der Gruppe 20. Oktober gewesen, wie Christos Kassimis. Und er war ein aktives Mitglied der autonomen Arbeiterbewegung in den Fabrikvereinen, wie es Christos Kassimis gewesen war. Er war das perfekte Ziel. Sie könnten ihn festnehmen, er würde keine Unterstützung finden, da er keiner Partei oder Organisation angehörte und später würden sie belastende Indizien fabrizieren. Der einzige gegen ihn vorgelegene Beweis war ein kleines Schmuckmesser aus Ioannina. Die Zeitungen zeigten am nächsten Morgen eine «künstlerische» Fotografie von Serifis, die ihn wild, böse, teuflisch darstellte. Und daneben noch ein Foto des Messers, so vergrößert, als sei es eine Sichel, eine Mordwaffe. Die Schlagzeilen waren mehr oder weniger die gleichen: «Festnahme des Mörders.» Eine Sternstunde der journalistischen Berufsethik…

Sie beschuldigten den Kämpfer Giannis Serifis, auf seinen Genossen «aus unmittelbarer Nähe geschossen zu haben, um ihn zum Schweigen zu bringen».

Der Polizeichef Karathanasis, ein skrupelloser und roher Verfolger jeder autonomen Betätigung, ein Verfolger von Serifis seit 1971, während der Junta, legte sich ins Zeug. Es war an der Zeit alte Rechnungen zu begleichen. Gegen Serifis lag nichts vor, keine Spur von einer Teilnahme an der Schießerei. Im Gegenteil, die Polizei ließ alle wichtigen Beweise verschwinden: Die Waffen der Geheimpolizisten, die Kleidung, die sie getragen hatten. Der wichtigste Augenzeuge wurde versteckt. Es war ganz klar, dass eine Intrige inszeniert wurde, eine grobe Intrige: Giannis Serifis war unschuldig.

Unglücklicherweise wurde sie auch vom größten Teil der Bewegung so behandelt. Es handelte sich zwar tatsächlich um eine Intrige, doch es stand viel mehr auf dem Spiel. Für das System war es nur zweitrangig, ob Serifis schuldig war oder nicht. Sie wollten an ihm ein Exempel statuieren gegen den militanten Widerstand gegen die Junta. Sie wollten gegen die autonome Klassenbewegung, die kämpferische Arbeiterbewegung vorgehen, sie verleumden und zerstören. Kurz gesagt, sie wollten gegen die militante Bewegung vorgehen, ob nun massenorientiert oder bewaffnet.

Wir, die wir als Bewegung die offensichtliche Intrige aufdecken wollten, bewegten uns vor allem innerhalb der Grenzen des Systems. Die Mobilisierung für den «Fall Serifis» war der Rahmen, in dem die «Legalisierung» der radikalen Linken stattfand, die politische Verlagerung eines Teils der radikalen Linken hin zu den Spielregeln der Institutionen und zum «politischen Realismus». Unsere Argumente – logische, juristische, politische – zerfetzten die Anklage und deckten die Intrige auf. Durch eine nie zuvor gesehene Solidaritätsbewegung, in der selbst demokratische politische Persönlichkeiten der damaligen Opposition ihren Platz fanden, gelang es Ende 1978 letztlich, Giannis Serifis aus ihren Händen zu befreien – nachdem er 15 Monate Haft hinter sich hatte.

Doch die Kampagne hinterließ eine große offene Wunde in der Bewegung. Selbst ein Teil der Bewaffneten war zunächst der Ansicht, dass eine breite Mobilisierung gegen die staatliche Intrige positiv für die Freilassung Giannis Serifis' sein könnte. Als Serifis vor Gericht Recht bekam, war das eine Rechtfertigung für alle, die im Gegensatz zu den meisten Mitgliedern und Organisationen der bewaffneten Szene diese Position unterstützt hatten. Bei seinem Freispruch spielten natürlich auch die Besonderheiten des Falles eine Rolle, wie seine langjährigen gewerkschaftlichen militanten Kämpfe bei AEG und anderen autonomen Initiativen. Hinzu kamen spezielle politische Umstände, etwa wie die Notwendigkeit des sozialen Friedens angesichts der hoch gegriffenen Pläne des Systems in die Europäische Wirtschaftsgemeinschaft einzutreten, aber auch der offensichtliche Rückenwind für die PASOK. Sogar solche Details wie die Zusammensetzung des Gerichts und die Mobilisierung vieler «Persönlichkeiten» waren wichtig. Und natürlich die systemimmanente Verortung des Falles, um der «Gerechtigkeit Geltung zu verschaffen» und eine grobe Intrige aufzudecken.

Abgesehen von der Genugtuung Einzelner, die den Freispruch als persönliche und politische Bestätigung für alle sahen, die in der bewaffneten Szene von Anfang an diese Linie unterstützt hatten, bewegte sich von nun an die ganze progressive Bewegung im Sternenbild «Intrige».

Oft sollten seitdem festgenommene Kämpfer ihre revolutionäre Identität verleugnen und sich eher auf juristischer Ebene bewegen, demokratische oder progressive Persönlichkeiten mobilisieren – selbst wenn das einen Ausverkauf ihrer Prinzipien beinhaltete. Sie führten seither keine politischen «Prozesse, die einen Bruch bewirken sollen», sondern «einvernehmliche Prozesse». Und ihnen würde Recht widerfahren...

Auf diese Weise wurden aber die kämpferische Erinnerung und die revolutionäre Tradition tief verletzt. Sie sollten glauben machen, dass ein ganzes System «hinters Licht geführt werden» und ein Kämpfer «davonkommen kann». Doch wer tatsächlich hinters Licht geführt wurde, war nicht das System, denn mit seinem echten Klasseninstinkt weiß es genau, dass die revolutionäre Bewegung damit moralisch verächtlich gemacht und ideologisch entwaffnet wird. Die fortschrittliche Bewegung selbst erledigte das durch dieses gesellschaftliche Rollback. Vor allem traf sie junge Kämpfer, wenn die Bewegung die militanten Bezugspunkte entfernte. Nicht zuletzt war es eine Geschichtsvernichtung der Bewegung, denn in den tatsächlich schwierigen Jahren war eine politische Gerichtsverhandlung ein großes Ereignis und ein Widerstandsakt ersten Ranges. Damals, als die Kommunisten unter riesigen persönlichen Kosten ihre politische Verantwortung übernahmen und dadurch Vertrauen im Volk fanden und den Grundstock des Einflusses der Linken aufbauten. Ein Kapital, das so unrühmlich in Deals mit dem Gericht verschwendet wurde.

Der Höhepunkt waren die Prozesse gegen den 17N, als auf dramatische Weise genau diese moralischen und politischen Verbindungen der Gesellschaft zur kollektiven Erinnerung und der Verhaltenskodex des Volkes während der Kämpfe auf die Probe gestellt wurden.

Die Übernahme der politischen Verantwortung ist ein Grundprinzip für Kämpfer und revolutionäre Bewegungen. Sicherlich dürfen Prinzipien nicht verabsolutiert werden, es muss immer abgewogen werden, was schlecht für die Bewegung sein könnte und was man ohne politische Selbstverleugnung tun kann.

Zu jenem Grundprinzip wurden schon viele Fragen gestellt: Gilt es als Axiom für jeden Kämpfer, der festgenommen wird? Kann es in besonderen Fällen Ausnahmen geben, wenn man sich das «Gewicht», das jeder in einer Organisation hat oder die Umstände seiner Festnahme ansieht?

Es gibt zum Beispiel die Ansicht, dass jemand, der wegen einer «geringen» Beteiligung an der illegalen Bewegung festgenommen wird, den Gegner hinters Licht führen und seine Mitgliedschaft verheimlichen kann, um den Kampf weiterzuführen.

Ich bin nicht entschieden gegen eine solche Ansicht. Ich denke zum Beispiel an Kämpfer während der Diktatur, die man nur aus irgendwelchen Gründen festgenommen hatte, die aber ihre Mitgliedschaft in ihren jeweiligen Organisationen angaben, und der Geheimpolizei dadurch Informationen preisgaben. Da gibt es die Führungskräfte der revolutionären Organisationen, etwa das bekannte Beispiel von Aris Velouxiotis, der eine Distanzierungserklärung* unterschrieb, um frei gelassen zu werden und den Kampf weiterführen zu können. Trotzdem war diese Erklärung für den Kapetan der ELAS eine immerwährende Wunde.

Christos Kassimis' Tod im Kampf war ein Schnitt- und Wendepunkt der bewaffneten Bewegung, auch wenn das nicht gleich erkennbar war. Im Gegenteil, anfangs brachte die Vereinigung der Gruppen einen neuen Strom von Menschen, Material und Informationen für ELA. Solche Momente sind unauslöschliche Erinnerungen, ich kann mich an Einzelheiten, Gesichtsausdrücke, Gesten, Gefühle erinnern, daran, wo ich war, als ich zum Beispiel den Bericht über die Schießerei hörte, die letzten Momente, wie er fiel…

Wir erlebten, dass Menschen, die außer Gefecht gesetzt worden waren oder sich zurückgezogen hatten, wieder auftauchten. Sie erklärten sich einsatzfähig, brachten Informationen über Waffen, Sprengstoff, Geld.

Nach und nach erfuhren wir Jüngeren von der großen Persönlichkeit dieses Menschen, von seiner vielfältigen wertvollen Tätigkeit, der Schlüsselrolle, die er bei wichtigen Masseninitiativen, bei der Gründung von ELA und der Gestaltung ihrer Politik eingenommen hatte. Uns wurde das ganze Ausmaß des Verlustes bewusst, und wir konnten nur ahnen, wie sein Tod die Weiterentwicklung der bewaffneten und revolutionären Bewegung in Griechenland beeinflussen würde.

Dieser Verlust führte zu anderen Perspektiven. Nun war der Tod im Kampf, die Verhaftung, das Gefängnis spürbare Realität und eine sichtbare Möglichkeit. Wir sahen mit anderen Augen auf unsere Genossen und uns selbst. «Morgen könnten sie uns töten.» Jetzt wussten wir es deutlicher und wir fühlten es.

Es gab zweierlei Folgen: Manche wurden noch vorsichtiger, noch organisierter, um noch effektiver kämpfen zu können. Andere wurden vorsichtiger, sofern sie persönlich betroffen waren, also um sich zu schützen oder gar zurückzuziehen.

Zu jener Zeit wurden Alltäglichkeiten strenger geregelt. Pünktlichkeit bei Treffen wurde unantastbar, Sicherheitstreffen wurden vereinbart, «Lauftreffen» oder «Sehtreffen» – nur um zu sehen, ob es dem anderen gut ging. Und dann gab die Organisation noch eine strenge Order aus: Jeder Genosse, egal ob Mitglied der Organisation oder einer kooperierenden Gruppe oder Einzelperson, musste sich zu zwei Aspekten äußern: Zur Bereitschaft zur Selbstverteidigung und zur Bereitschaft in die Illegalität abzutauchen.

Diese Fragen wurden alternativlos gestellt: Eine negative Antwort veränderte die Beziehung zur Organisation. Es war klar, die Sache wurde ernst. Besser gesagt: So wurde sie auf eine richtige Basis gestellt.

Für mich war das selbstverständlich. Eine bewaffnete Organisation ist eine Organisation, die Waffen hat, um ihre Kontinuität zu sichern, Aktionen ihrer Mitglieder bewaffnet zu schützen, und um sich selbst zu schützen. Die Illegalität, also das Untertauchen von Mitgliedern, die «verbrannt» waren, weil sie ihre legale Tarnung verloren hatten und bei der Polizei bekannt waren, hatte den gleichen Sinn: die Kontinuität der Organisation, ihre Fortführung. Das musste einem Mitglied einer bewaffneten Organisation mit illegaler Praxis klar sein. Doch, dem war nicht so…

Wegen der Schießerei in Rentis, bei der Christos Kassimis gefallen war, kamen verschiedene Argumentationen auf. Jeder, wirklich jeder Revolutionär und alle revolutionären Strukturen oder Gruppen prüften erneut – schriftlich oder nicht – die persönliche Einstellung und den Willen auf dem revolutionären Weg weiterzugehen. Jetzt im konkreten Wissen um die spürbaren schmerzlichen Kosten: Tod im Kampf, Verletzungen, Verlust der persönlichen Freiheit.

Aber so einfach war es nicht, weil die damals gestellten Fragen – «Machen wir weiter?» und «Wenn ja, wie machen wir weiter, was müssen wir ändern?» – in einem Umfeld gestellt wurden, das sich politisch, sozial und die Bewegung betreffend veränderte.

## Kapitel 8
## Das Ende der Metapolitefsi und der ersten Phase des bewaffneten Kampfes

Ende 1978, Anfang 1979 war mir klar, dass die bereits erwähnte autonome, radikale Arbeiter- und Volksbewegung schwächer wurde. Meiner Meinung nach lässt sich das Ende der Metapolitefsi als Erschöpfung der vorherigen Radikalisierung definieren und in diese Zeit fällt auch das Ende jener ersten Phase des bewaffneten Kampfes.

Mit dem Niedergang der radikalen Bewegung wuchs die Enttäuschung der Radikalen und es verstärkten sich Skeptizismus und Rückzug. Der Reformismus nahm immer weiter zu, auch die Ansicht, dass man «keine Wellen schlagen» solle, sowie der Pazifismus und der absolute Respekt vor den Grenzen der bürgerlichen Gesetze. Am Horizont erschien die aufgehende grüne sozialdemokratische Sonne – das Symbol der PASOK.

Jetzt zeigten sich auch die Grenzen der radikalen Linken: ihren unbestreitbaren Beitrag zur Radikalisierung in der Zeit der Metapolitefsi einerseits und ihre unbestreitbare Beteiligung an ihrem Niedergang durch all ihren Dogmatismus, ihre Fraktionierungen und Machtbestrebungen andererseits. Die Linke mit ihrem «reinen Sozialismus» war nicht fähig, den wirklichen Sozialismus zu erkennen, der in den spontanen Keimen der Selbstorganisation, der Selbstbestimmung, der Selbstverwaltung erblühte. Durch ihre Einmischung sollte sie nicht wachsen, die Linke konnte sie nicht verstehen, verbreiten, vorantreiben.

Es war auch die Abenddämmerung der bewaffneten Bewegung in Griechenland. Die Dämmerung ihrer anfänglichen Form, die Dämmerung ihrer neuen Phase. Nach und nach machten erfahrene aber auch jüngere Kämpfer immer weniger, sie wurden passiv und gingen fort. Je mehr das Jahrzehnt der 1970er sich dem Ende zuneigte, desto mehr die Metapolitefsi der großen Erwartungen und großen Hoffnungen unterging, je mehr die Erwartung des nächsten Tages, der auf uns an der Ecke der Straße wartete, schwand, desto schwächer wurde die Strömung jener Kämpfer, die in dieser Zeit dazu kamen und sie aktiv mitgestalteten.

Gleichzeitig trat jedoch eine andere Strömung auf: Junge Kämpfer mit Erfahrungen in der Autonomie-Bewegung, die sich seit 1977 in Südeuropa und besonders in Italien sehr verbreitet hatte. Junge Kämpfer, proletarisiert, arbeitslos, marginalisiert, oft Gesetzesbrecher. Jugendliche, die aus der griechischen Provinz stammten, mit einem ursprünglichen Revolutionsgefühl, mit einer Lebendigkeit, einer Tatkraft und direktem Kontakt zur uralten Aufstandsströmung, die im Bäuerlichen stärker nachhallte. Sie war Lebensspender und Lieferant von Guerillakämpfern seit der Zeit, wo die Kleftis in den Bergen kämpften, bis zur ELAS und insbesondere Dimokratikos Stratos Elledas DSE*. Sie wurden die Hefe in der neuen Phase der griechischen Guerilla. Zusammen mit den Älteren, die immer wussten, dass die Revolution ein langer und schwieriger Prozess ist, dass die Straßen und die Wege der Geschichte weder breit noch gerade sind, sondern über Berggipfel gehen, unwegsam und oft steil. Schmerzhaft steil.

Für mich schloss sich ein Kreis. Persönlich. Die erste Liebe zog nach Thessaloniki, sie wurde an der dortigen Aristoteles-Universität angenommen. Die Entfernung und die unterschiedlichen menschlichen Wege haben uns voneinander getrennt – besonders die politische Aktivität, die für mich in Athen stattfand. Es ist wahr, dass es in den Tiefen meines Gehirns, als ich einen Kontakt zu einer revolutionären Gruppe in der Stadt meiner Liebe versuchte, den Gedanken an einen Umzug gab. Es wurde nichts draus. Nicht nur, weil der Weg meiner Gefühle schon eine Einbahnstraße war, sondern weil ich während der langen Diskussion, die ich mit den Genossen aus Thessaloniki hatte, bei jenem Treffen mit Vermummung und langem Fußmarsch, damit ich den Weg nicht wiederfinden konnte, herausgefunden hatte, dass auch bei denen der Kahlschlag schnell voranging. Vor allem aber, weil ich meinte, dass der bewaffnete Kampf hauptsächlich in Athen entwickelt werden sollte.

Aber auch der revolutionäre Romantizismus hatte seinen Anteil. Die Guerillas in Lateinamerika glänzten rot in den Bergen und Städten der Heimat von Che, Camillo Torres, Raul Sendic, Mario Roberto Santucho*, José Martí und José Carlos Mariátegui... Ich fing an Spanisch zu lernen – also «castellano», so wurde ich nachdrücklich in Katalonien korrigiert. Zunächst kaufte ich mir die spanische Ausgabe von *Hundert Jahre Einsamkeit* von Gabriel García Márquez und dazu die griechische Übersetzung. Ich habe ein etwas eigentümliches Spanisch gelernt, das vielleicht keine alltäglichen Vokabeln enthielt, in dem aber wunderschöne Phrasen von Márquez umherflogen, die meine lateinamerikanischen Gesprächspartner überraschten.

In dieser spezifischen Situation hat die Diskussion über Selbstverteidigung und Illegalität angefangen und von ihr wurden alle Tendenzen angesprochen, die es in der bewaffneten Bewegung gab. Erstens die zentrifugale, denn angesichts der Möglichkeit, eine Waffe zu tragen und sie einzusetzen, um sich zu verteidigen, und der möglichen Illegalität, haben sich manche Mitglieder militanter Organisationen eher distanziert. Entschieden wurde dann nach langen und manchmal auch verlegenen Diskussionen, dass nur bei den «wichtigsten» Aktionen Waffen getragen werden sollten, und nur Schlüsselpersonen der Gruppen oder Zellen in den Untergrund gehen würden.

Andere allerdings, die meinten, dass die bewaffnete Praxis – möglicherweise noch stärker – weitergeführt werden sollte, stellten andere Überlegungen an. Die Diskussionen über Selbstverteidigung und Illegalität sowohl im allgemeinen sozialen und politischen Rahmen als auch spezieller hinsichtlich der bewaffneten Organisationen, die ich schon kurz skizziert habe, waren extrem wichtig für ELA.

Vor allem die Frage der Illegalität in ihrer ganzen Dimension. Diese Frage implizierte den Aufbau der notwendigen Infrastruktur für das Abtauchen von Organisationsmitgliedern, also ein Netzwerk illegaler Wohnungen, Verkehrsmittel, Papiere usw. Das wiederum erforderte zwingend Geldbeschaffungsaktionen. Manche Genossen stellten also die Frage der Aufrüstung der Organisation auf materieller und technischer Ebene. Es waren genau die, die fast alle Aktivitäten des ELA trugen.

Gesehen wurde auch, dass die Illegalität von Genossen eine Organisation mit zwei unterschiedlichen Geschwindigkeiten schaffen würde, schon durch das Problem der Finanzierung der Illegalen. Eine einheitliche Aktionsplanung der gesamten Organisation würde dadurch erschwert werden. Da ELA keine wirkliche Möglichkeit der Illegalität darstellte, «sollte man sich ruhig individuell etwas suchen, wohin man im Notfall fliehen könnte», meinten führende Mitglieder der Organisation, wie mir Kosmas erzählte.

Dieses Problem war das Wesentlichste für die Weiterentwicklung der Organisation in dieser neuen Phase und kein rein technisches Thema. Die Diskussion lief das ganze Jahr 1978 über und fand ihren Höhepunkt 1979, als sie zur Spaltung des ELA führte. Ich habe alle diese Konfrontationen von Anfang an erlebt, seit Anfang 1978, auch wenn ich damals wegen der konspirativen Abläufe nicht alle Details kannte.

Mir war klar, dass der Niedergang der Bewegung aus der Zeit der Metapolitefsi neue Umstände schuf, eine neue soziale, politische und ideologische

Umgebung, in der die bewaffneten Organisationen sich anders bewegen müssten. Sie müssten ihre Praxis überprüfen und ihre Organisationsstruktur neu planen: In Richtung eines langfristigen Kampfes, in dem die Guerilla-Organisationen politische Ereignisse schaffen, Politik produzieren, Bewusstsein hervorrufen und zu einer revolutionären Bewegung beitragen – und als ein untrennbarer Teil, als ein «Element» dieser Bewegung agieren müssten. Ihre Perspektive war Volksherrschaft und soziale Emanzipation.

Ich ging zu den Treffen mit Kosmas und den sporadischen Treffen von 1978 und 1979 in das Haus im Stadtzentrum und einmal zu einem anderen Haus am Stadtrand. Immer geleitet vom wortkargen Damianos, immer mit dem Blick auf die Schuhspitzen. Jahre später, während der Vorbereitung einer Aktion des 17. November, «checkte» ich diese Gegend ganz zufällig ab, und als ich mir an den Stufen eines Mehrfamilienhauses meinen Schuh zuschnürte, habe ich eine Stelle auf einer Treppenstufe wiedererkannt. Wie hatte ich es nur geschafft, mir dieses Haus trotz all seiner charakteristischen Kennzeichen nicht zu merken?

Ich brachte meine aktivistische Praxis, aber wenig illegale Erfahrungen mit zu den Treffen. Mein Gepäck war voll mit griechischem Widerstand, lateinamerikanischen Guerillas und europäischen illegalen Aktivitäten. Und natürlich war der Geist des *Lipasmata*-Papiers dabei. Es passte, es verströmte lateinamerikanisches Parfüm, klang nach dem Widerhall der kubanischen Revolution, dem ideologischen Ausgangpunkt jener Guerilla. Geerdet wurde das Papier von der griechischen Realität und der griechischen Geschichte des Kampfes. Es «sprach griechisch», es analysierte die griechische Gesellschaft, es schlug einen griechischen Weg vor und basierte auf der griechischen Erfahrung.

Ich teilte aufgrund meiner bisherigen Erfahrungen absolut den Standpunkt, dass das politische Subjekt sich nur in den Kämpfen entwickeln könne. Der Maoist in mir akzeptierte den permanenten Charakter des revolutionären Prozesses und die Verbindung der Kämpfe gegen die materielle Basis und den ideologischen Überbau, die auch im Sozialismus fortgesetzt werden müssten.

Vor allem aber stimmte der politische Antonis von Herzen mit dem Standpunkt überein, dass der revolutionäre Volkskampf nicht nur aus gewaltsamen Aktionen bestünde. Im Gegenteil, er ist das Zusammenspiel aller Kampfformen: «Vom massivsten Kampf bis zu genau definierten Aktionen der bewaffneten Propaganda»… Diese zentrale Position durchzieht das ganze *Lipasmata*-Papier, sie ist ihr Wesen. Mit seinem revolutionären Romantizismus und seinem intensiven Gedenken an den gefallenen Guerillakämpfer stellte sich Antonis vor, wie Christos Kassimis das Papier im Licht einer Kerze schrieb. Die Geschichte steht neben ihm, mit einer Hand auf seiner Schulter, und beugt sich lesend vor wie auf dem Bild von Eugène Delacroix.

Eine Kombination und Zusammensetzung verschiedener Kampfformen, von den eher «offenen» und «legalen» bis zu den völlig «illegalen». Von der einfachen friedlichen Aktion bis zu den kompliziertesten kämpferischen Aktionen.

Die offene und legale Arbeit ist nicht weniger wert als die illegale und die illegale stützt die legale Arbeit. Beide sind kein Gegensatz, sie ergänzen und vollenden einander vielmehr.

Aus dieser Auffassung ergibt sich die Aussage des *Lipasmata*-Papiers, dass «die Volksherrschaft von der organisierten und bewaffneten Volksbewegung in die Hände genommen wird.» Ich dachte damals, und noch mehr denke ich es heute, dass diese Idee die grundlegende ist, die in unserer Theorie als das «bewaffnete Volk» beschrieben wird. Für mich war dieser Satz ungemein wichtig. Obwohl er nicht so weit ausgeführt wurde, wie ich es gern gehabt hätte und obwohl in anderen Passagen des Papiers die bewaffnete Organisation «Avantgarde» genannt wird.

Jedoch wird explizit erwähnt, dass die «organisierten avantgardistischen Kräfte» die Volksherrschaft nicht als Vermittler ausüben, dass sie ein «Teil» der bewaffneten und organisierten Bewegung darstellen, ein «Element» der Bewegung unter anderen, und dass die gemeinsame revolutionäre Praxis mit den anderen «Elementen» verbunden wird. Dass also kein politisches «Element» der Ansicht sein soll, das Zentrum der Bewegung und der Revolution zu sein, das anwachsen und als Inhaber der historischen Wahrheit alle anderen Kräfte assimilieren wird.

Ein einheitlicher revolutionärer Akteur ist notwendig, da ohne eine politisch-militärische Leitung des Kampfes die Revolution nicht verwirklicht werden kann. Doch wird dieser Akteur als Ergebnis des Kampfes der Volksbewegung und der revolutionären Kräfte im revolutionären Kampf entstehen.

Diese Wörter klangen so laut in den politischen Ohren Antonis', sie passten so sehr zu seiner kleinen illegalen aber auch aktiven Laufbahn. Er stimmte der Ablehnung der «Vormundschaft» von Organisationen gegenüber der Volksbewegung völlig zu. Antonis respektierte voll und ganz die Autonomie der Kämpfe und ihrer Akteure, die Notwendigkeit ihrer Selbstorganisation und ihren Beitrag zur Schaffung der materiellen Voraussetzungen für ihre Unabhängigkeit, und er lehnte es völlig ab, diese Kräfte nur als Beiwerk einer «korrekten politischen Linie» zu sehen. Das ganze Papier sprach die revolutionäre Seele von Antonis an, er verstand, dass es aus der Feder von Revolutionären kam, die alles selbst erlebt und tief daran geglaubt hatten. Er glaubte, er höre die Worte der besten Geister der letzten Jahre.

Erfüllt vom revolutionären Geist des *Lipasmata*-Papiers entwickelte ich unter Kosmas Trommelfeuer von Fragen meine Ansicht über die revolutionäre Organisation: eine breite illegale Organisation, eine breite revolutionäre Bewegung. Bestehend aus zwei Teilen, einem «geschlossenen» illegalen für die militärische Aktion, und einem «offenen» für die Massen-Aktion, mit legalen, aber auch halb-legalen Strukturen samt einer kombinierten Entwicklung der beiden Kampfformen. Der «legale» Teil sollte Beziehungen zu der klassischen Volksbewegung erhalten und entwickeln, genau wie es das *Lipasmata*-Papier vorgab.

Der «geschlossene» Teil sollte aufgerüstet werden, sowohl für bewaffnete, häufigere und «schwierigere» Aktionen auf unterschiedlichen Aktionsebenen, wie auch durch illegale Strukturen, die so eine Praxis effektiv ermöglichen könnten.

Ich konnte die Aggressivität, die häufigen Unterbrechungen und die ständige Anzweiflung all dessen, was ich sagte, weder verstehen noch interpretieren. Nur einmal unterbrach Kosmas mich nicht, nämlich als ich auf die Geschichte des ELA, ihren Aktionen und die Vertrauensbeziehungen zu den kämpferischen Teilen der Gesellschaft zu sprechen kam, und insbesondere als ich erwähnte, dass die Art des Todes von Christos Kassimis und sein Leben, wie es dann bekannt wurde, diese Beziehungen weiter verstärkt hätten. Ich spürte aber, und später wurde es mir voll bewusst, dass ich mich wohl in einer anderen Phase als Kosmas befand. Zwei Phasen, deren Ursachen später klarer und erklärbar wurden. Damals spürte und skizzierte ich sie nur.

Ich war bei diesen Treffen erfüllt vom Geist des *Lipasmata*-Textes und beeinflusst vom *Manifest 77* des 17N. Ich war erfüllt vom Geist der unabhängigen Kämpfe aus der Zeit der Metapolitefsi und der Lehre meiner Lehrer, die Entwicklung der Volksbewegung für das Wichtigste zu halten, und die «Interessen» der geschlossenen Organisation beiseite zu legen. Ich war erzogen worden im Geist der griechischen revolutionären Tradition. Daher sah ich ELA als einen Nachfolger von ELAS und EAM, als eine politisch-militärische Organisation, die den aktuellen Umständen entsprechend, den revolutionären Prozess vorantreibt, der zum bewaffneten Volk und einem unbürokratischen Sozialismus führen sollte. Eine aktuelle politisch-militärische Organisation, die den Fokus Che Guevaras auf Griechenland übertragen würde, wie es Raul Sendic und die Tupamaros in Uruguay getan hatten.

Für mich war Kosmas das, was er repräsentierte: ELA und ein Lehrer der Illegalität. Ich respektierte ihn wegen dem, was er war, für seine Kämpfe, und dass er bei allem, woran er glaubte, konsequent war. Doch stehen «Bilderanbetung» und «Bildersturm» im revolutionären Raum dialektisch nebeneinander. Genauso Kritik und Selbstkritik, wenn wir nicht lobhudeln, sondern zur Kritik unserer Geschichte beitragen wollen.

Im Verlauf der Diskussionen spürte ich unsere unterschiedlichen Phasen immer mehr und in Wirklichkeit spiegelten sie den Unterschied zwischen des ehemaligen und des aktuellen ELA, einer Organisation im Übergang, einer sich weiterentwickelnden Organisation, in der bereits verschiedene Tendenzen an deren kommender Gestalt arbeiteten. In der Geschichte der revolutionären Bewegungen und Organisationen in Griechenland und auch anderswo ist so ein Verlauf häufig erkennbar: Im Anfangsstadium tritt eine bewaffnete Organisation in einer Periode der intensiven Entwicklung der Massenbewegung auf. In der Organisation sind Kämpfer, die aktiv an den militanten Massenkämpfen beteiligt waren. Danach, wenn die ursprüngliche Massenbewegung abflaut, tritt die Organisation in eine andere Phase ein, und unter den neuen Bewegungsbedingungen überprüft sie ihre Taktik. Latent vorhandene Tendenzen äußern sich, manche Mitglieder, deren Enthusiasmus nur aus der Begeisterung der Bewegung gespeist worden war, oder andere, die sich vom Niedergang der Bewegung hatten anstecken lassen, treten aus. Neue Mitglieder kommen hinzu, die von der Praxis der bewaffneten Organisation selbst angezogen werden, ohne dass sie Erfahrungen mit dem Aufbruch der Massenbewegung gemacht hätten bzw. nur ihren Niedergang erlebt haben. In Griechenland lässt sich dieses Anfangsstadium der bewaffneten Organisationen in den drei, vier Jahren der Metapolitefsi verorten. Mit dem Niedergang der Bewegung schrumpften die zahlreichen «gelegenheitsmilitanten» Gruppen und die meisten ihrer Mitglieder hörten auf, manche kehrten zu Massenorganisationen zurück. Die wenigsten gingen zu den paar politisch-militärischen Organisationen, die noch aktiv waren.

In diesen Organisationen wurden Fragen nach der nächsten Phase laut. In ELA entstanden im Wesentlichen drei Tendenzen: Die erste war für die Fortsetzung der Praxis auf der gleichen Ebene wie zuvor. Die zweite wollte Infrastruktur und Praxis der Organisation schlagkräftiger ausbauen. Die dritte Tendenz – vielleicht die Mehrheit der Mitglieder – hatte bereits den Rückzug angetreten. Als die internen Widersprüche der Organisation zur Spaltung führten, fühlten sie sich von ihrer «Verpflichtung» entbunden und verließen die aktive Praxis.

Schematisch könnte ich die erste Tendenz, in der Kosmas die führende Persönlichkeit war, als die «politische» bezeichnen, während die zweite mit den kämpferischsten und aktionsorientierten Mitgliedern eher die «militärische» genannt werden könnte. Doch diese beiden Tendenzen und die ganze Organisation hatte sich schon zuvor in Richtung «militärisch» verschoben, sie hatte – nach dem Tod von Kassimis – viel weniger Massenaktivitäten vorzuzeigen. Kosmas sprach nicht von der «Massenausrichtung», die in meinen Augen den ELA charakterisiert hatte, also der Beitrag des ursprünglichen ELA zur Entwicklung und Organisation der nicht-avantgardistischen antagonistischen Bewegung. Dieser Beitrag, der so wichtig – und manchmal auch entscheidend – gewesen war bei autonomen Initiativen und Bewegungen, bei kämpferischen Kampagnen und Streiks, bei neuen und hoffnungsvollen Organisationsformen in Fabriken und an anderen Arbeitsplätzen, in den Schulen und Nachbarschaften… Selbst ein paar wichtige Konfrontationen mit der Repression und Streikbrechern entwickelten sich durch die katalysierende Praxis des ELA und anderer bewaffneter Organisationen qualitativ anders. Nicht selten erkannten wir uns bei Konfrontationen auf der Straße wieder und konspirativ witzelten wir: «Sieh an, wenn sich die bewaffneten Gruppen und Organisationen versammeln, haben wir doch bereits eine Massenbewegung!»

Am Horizont von Kosmas fehlte die «Massenplanung». Wenn ich mit ihm über einen «offenen» Teil der Organisation sprach, so äußerte er sich nicht negativ, er fragte mich auch nach meinen Erfahrungen in der Massenbewegung, aber im Vergleich zu anderen Sachen nur beiläufig. Und wenn ich versuchte, darauf zurückzukommen, antwortete er halb im Ernst und halb im Spaß: «Wir sind Terroristen!»

Ich erkannte bei Kosmas und mir doppelt unterschiedliche Phasen: Einerseits lag ich eine Phase zurück, da ich dem Massengeist des *Lipasmata*-Papiers näherstand. Andererseits war ich eine Phase weiter, weil ich an die «militärische» Linie glaubte, dass also ein Fokus eine Rolle als revolutionärer Brennpunkt spielen könnte und die Organisation neben der Kombination legaler und illegaler Praxis auch eine besser ausgebaute Infrastruktur bräuchte, die mehr und wichtigere Aktionen tragen könnte – sowohl bewaffnete als auch massenhafte.

Die Frage der Illegalität war die klärende bei den Diskussionen über die Aufrüstung der Organisation. Genauer gesagt, die Frage der Finanzierung einer Infrastruktur, die sogar einen massiven Übergang in die Illegalität aushalten würde. Kosmas begann von einer «Einübung der Illegalität» in vielen Zellen der Organisation zu reden, die, wie er lächelnd meinte, «gut gelaufen» sei, aber als ich nach der Finanzierung einer Infrastruktur für die Illegalität fragte, sprang er genervt auf und schrie: «Hast du den Mut, eine Bank zu überfallen? Ich habe ihn nicht!» Es war wieder einmal erkennbar, dass er damit nicht nur mir antwortete.

Knapp zwei Jahre später sprach ich mit Anestis darüber. Es lief gerade dieser Versuch der Vereinigung in Kouponia, von dem ich noch berichten werde, und Anestis erklärte mir, dass die Diskussionen über den Ausbau von Infrastruktur und Praxis des ELA hauptsächlich an der Frage der Selbstfinanzierung gescheitert seien. Er war sehr wütend und sprach von einem persönlichen Reinfall, als er trotz kaputtmachender Arbeitsrhythmen monatelang Pläne zur Selbstfinanzierung der Organisation erarbeitet hätte. Es ging um die Observierung von Geldtransporten usw. Als er einen entsprechenden Aktionsplan vorgelegt hätte, sei der wie alle seine Vorschläge für Geldbeschaffungsmaßnahmen einfach abgelehnt worden...

Mit Kosmas redete ich viel über die autonome Bewegung und ihre Entwicklung an den Universitäten und Berufsschulen. Die Bewegung der Autonomia, die vor allem im europäischen Süden erblühte und 1977 ihren Höhepunkt in Italien erreichte, beeinflusste die griechische Bewegung mit etwas Verspätung. Es war eine hoffnungsvolle Bewegung. Die politische Szene der Autonomia entstand angesichts der neuen ökonomischen und sozialen Gegebenheiten in den modernen kapitalistischen Ländern, angesichts der veränderten Zusammensetzung und Funktion der modernen Arbeiterklasse und angesichts der Veränderung der Rolle der Frauen, aber auch angesichts wachsender Isolation und der Marginalisierung.

Politisch verweigerte sich diese Szene der kompromisslerischen Taktik der kommunistischen Parteien oder der «Sozialpartnerschaft» und akzeptierte die Hierarchie an den Arbeits- und Studienplätzen nicht. Organisatorisch war sie sehr flexibel, aber sie lehnte hierarchische und pyramidenförmige Modelle ab.

Sie war gegen jede Stellvertreterpolitik und kritisierte eingefrorene und ideologisch starre Organisationen, die mit ihren fertigen Antworten und ihrer Leitung wie Parteien funktionierten.

Diese Bewegung der Autonomia war ein Vorschlag zur direkten Aktion, zur Konfrontation auf allen Ebenen, zur Nutzung von Gegengewalt und Illegalität in allen ihren Schattierungen. Es war die Zeit des Partiellen, der themenspezifischen Aktion, der «Teilbereiche», die von den klassischen Organisationen als Nebenwidersprüche abgetan wurden: Frauen, Subproletariat, Gefangene, Ökologie … Der Vorschlag der europäischen – und vor allem italienischen – Autonomia für den sozialen Umsturz war eine sozialrevolutionäre Guerilla. Damit einher ging die Vergötterung der spontanen, antiinstitutionellen direkten Aktion, des sozialen Aufstands auf der Straße und spontanen Teilrebellionen ohne jede politische Vermittlung. Im Kern taucht eine neue Art von Kämpfen auf, die sich sehr von denjenigen der historischen Linken unterschieden: Der Kommunismus soll jetzt beginnen, die Lebensumstände und die sozialen Beziehungen sollen sich schon heute verändern.

Der Einfluss dieser Bewegung auf Griechenland war minimal. Das lag an den Gegebenheiten des expandierenden modernen griechischen Kapitalismus und an der spezifischen Zusammensetzung und dem Bewusstsein der griechischen Arbeiterklasse einerseits, und daran, dass sich die Bewegung im freien Fall befand. Beeinflusst wurden letztlich nur die studentische Szene und Teile der marginalisierten und arbeitslosen Jugend der Arbeiterviertel; zur Gesellschaft hin öffnete oder äußerte sich nichts. Die Praxis der europäischen Autonomia mit massenhaften selbstverbilligten politischen Supermarkteinkäufen und öffentlichen Essen oder die Selbstorganisation an Arbeitsplätzen und in Stadtvierteln blieb auf einen sehr engen Kreis von Leuten beschränkt.

In Griechenland verschwand die Autonomia viel schneller als im Rest von Europa. Ihr Denken in Teilbewegungen führte zu einer immer kleiner werdenden Anzahl von sozialen Subjekten, bis hin zur Grenze des Freundeskreises und des Individuums. Das Persönliche wurde zur Priorität. Die Kritik an der verknöcherten herrschenden Linken wurde zur Kritik an allen kämpferischen Traditionen. Die Ablehnung hierarchischer Organisationsformen torpedierte jede Organisierung und jegliche kämpferische Verpflichtung. Die Ablehnung aller Ikonen riss schließlich sogar die Symbole des antifaschistischen Widerstandes mit sich – während der Universitätsbesetzungen 1979 hörte ich, wie man sich über die Partisanenlieder lustig machte.

Die Zeit der Universitätsbesetzungen war der Höhepunkt und Schwanengesang der Autonomie. Ihre Grenzen wurden sichtbar, als sie es nicht schaffte, aus den Hörsälen zu kommen und die Bühne der Straße zu bespielen, den Ort, wo sich die Geschichte und das soziale Drama wirklich abspielen. Die Bewegung der Autonomia versuchte sich nicht mit den Klassen- und Volkskämpfen zu verbinden. Sie hat nicht einmal versucht soziale Fragen aufzuwerfen.

Doch aus unserer Sicht auf die Dinge war die Bewegung der Autonomia wichtig, denn nach ihrem kurzen Sommer und ihrem längeren Herbst in Griechenland kamen signifikant viele neue Mitglieder zum ELA. ELA traf auf neue Mitglieder, die das Denken, die Sichtweise und Moral der Autonomia mitbrachten. Lehrlinge, Studenten, Arbeitslose, Marginalisierte und oft gesetzesbrecherische Jugendliche, deren Erfahrungen, Herkunft und Referenzpunkte ganz andere waren als die der Mitglieder des ELA und anderer bewaffneter Gruppen und Organisationen aus der ersten Periode der Metapolitefsi.

Rebellierende umstürzlerische Jugendliche, die über die Zerstörung der gegebenen sozialen Struktur sprachen, denen die Ziele der Volksmacht und der sozialen Befreiung aber eher unklar waren. Sie wollten einen «internen» Krieg mit der Repression, sie zielten auf Staatsanwälte, Richter, Polizei und Wächter und auch Psychiater, Gynäkologen oder Konsumtempel, also Kaufhäuser und Supermärkte.

## Kapitel 9
## Aufrüstung. Unsere Initiative

In dieser Phase beschleunigten sich die Prozesse in der bewaffneten Szene. Gruppen fielen auseinander, andere bildeten sich, manche strukturierten sich um. Am Ende dieses Jahrzehntes des Feuers, der 1970er Jahre, wurden die Stimmen für eine «Aufrüstung» lauter. Es war die Antwort auf die Frage: «Wie machen wir nun in einem veränderten Umfeld weiter, wie kommen wir voran?» In einem Fall hatten stürmische Diskussionen im Untergeschoss in Patisia die Aufmerksamkeit der Nachbarn geweckt. Es war das erste Haus, das wir schnell verlassen mussten. Nachdem wir die wenigen Sachen dort weggeräumt hatten, blieb ich die ganze Nacht, um eventuelle Fingerabdrücke zu entfernen. Im Morgengrauen sammelte ich in zwei Müllsäcken nutzloses Papier, wartete auf das Geräusch der Müllabfuhr und verabschiedete mich dann von meinem ersten illegalen Haus.

In der militanten Szene gab es mehr oder weniger drei Tendenzen. Die erste wollte einen größeren oder vollständigen Schwenk in Richtung Politik. Bei der zweiten lag der Schwerpunkt auf dem Militanten. Die dritte schlug eine aufgerüstete politisch-militante Organisation vor, die aus zwei Teilen bestehen sollte – einem «offenen» und einem «geschlossenen» im Geist der *Lipasmata*-Thesen des ELA und dem *Manifest 77* des 17N. Ich gehörte zur dritten Tendenz, die sehr auf «Einheit» bestand. Einheit von so viel wie möglichen revolutionären Kräften und Einheit von Taktik und Strategie, Einheit hinsichtlich der Ziele und des Inhalts mit anderen Kampfformen.

Diese Tendenz nahm unter dem Druck der Ereignisse und der Entwicklungen in manchen Organisationen – vor allem in ELA – langsam Formen an. Sie begann als Initiative für die aufgerüstete und einheitliche politisch-militante Organisation, von der wir träumten. Sie würde auch militante Aktionen machen, aber zusätzlich würde sie eine aktualisierte Infrastruktur aufbauen.

Wir arbeiteten daran bei vereinzelten Treffen bereits mit einander bekannten Genossen, oder Genossen, die sich erst kennenlernen mussten, und es gab Kontakte zu anderen Kräften. Wir hatten uns in Arbeitsgruppen – Zellen – aufgeteilt. Jede Zelle hatte einen Koordinator, zusätzlich gab es einen Generalkoordinator.

Ich sollte mir ein Aktionsfeld aussuchen, entweder die Verbindung der Gruppe mit der Massenarbeit organisieren oder ihre Sicherheitsmaßnahmen bzw. ihre Sicherheitsregeln überarbeiten. Für mich war das ein Dilemma, denn mir war die Vielfalt der Praxis wichtig. Doch ich sah auch, dass in diesem Moment die Organisierung der militanten Praxis am wichtigsten war. Deshalb wählte ich das zweite Aktionsfeld.

Ich befasste mich sehr ernsthaft mit diesem Thema. Monatelang. Ich las alles, was dazu geschrieben worden war, alles, was ich von der griechischen und weltweiten illegalen Bewegung finden konnte. Ich machte alte Kämpfer der illegalen kommunistischen Partei ausfindig, bis hin zur Zeit der Metaxas-Diktatur*, der Besatzung, der OPLA, dem Bürgerkrieg, Kämpfer aus den 1950er und 1960er Jahren und gegen die Junta. Heute kann ich sagen, dass ich Glück hatte und meine Generation Glück hatte. Wir sprachen direkt mit unserer lebendigen kämpferischen Geschichte und schöpften aus den Quellen revolutionärer Kontinuität. Es gab sehr wichtige Referenzpunkte, die auch unsere Entscheidungen und die Art unserer Entscheidungen prägten: die direkte Erdung mit der Geschichte, vor allem mit der mündlichen Geschichte. Die der Kämpfe jener, die sich zu ihrer Zeit mit dem Schicksal und der Geschichte anlegten, selbst, wenn sie sie nicht bestimmten.

Das sage ich mit Blick auf die Vergangenheit. Und dann, wenn ich meinen Blick in die Zukunft richte, frage ich mich, wie viele Referenzpunkte hat unsere Generation den Jüngeren vermacht? Wie viel Widerstand hat unsere Generation geleistet in jenen schwierigen Zeiten mit ihren Einschnitten in die Erinnerung und die revolutionäre Tradition?

Mit der Zeit wurde unsere Initiative stärker. Neue kamen hinzu, Genossen, die ELA verließen, manche aus stillgelegten oder zerfallenen bewaffneten Gruppen, junge Genossen aus der Massenbewegung, die versuchten, jenseits der bürgerlichen Legalität zu agieren.

Ich bestand unter uns prinzipiell darauf, keine militanten Aktionen zu machen und zuerst unsere Infrastruktur aufzubauen und zu erneuern.

Ohne Hast entstand eine technische Infrastruktur. Parallel dazu arbeiteten wir theoretisch, lasen, diskutierten und formulierten eine erste ideologische Plattform. Wir gaben sie ein paar Syndikalisten und ich selbst hörte auf einer

Veranstaltung einen Vortrag, der auf diesem Text basierte. Während der Rede war es absolut still. Ich schloss die Augen, um meine Freude nicht zu zeigen.

Wir hatten Kontakte zu anderen Guerillaansätzen und ein paar Genossen pflegten einen vorsichtigen Informationsaustausch mit einzelnen von ELA. Wir hatten die gleichen Leitlinien: Aufrüstung und Einheit.

In ELA wurde intensiv und hitzig diskutiert, es fielen harte Worte. Die «aktionsorientierten» Genossen hatten die Organisation in den letzten Monaten zur Eskalation getrieben. ELA hatte alle Kräfte mobilisiert.

Es sei klargestellt, dass ich keine Strömung als revolutionärer als andere einstufen würde. Alle waren Revolutionäre, wir wollten das Gleiche und kämpften für das Gleiche. Es gab verschiedene Prioritäten, manche meinten, dass wir technisch und politisch aufrüsten müssten, andere waren der Ansicht, dass wir uns langsamer bewegen sollten. Ich würde auch nicht sagen, dass sich im Nachhinein eine Tendenz als die richtige und eine andere als die falsche erwiesen hätte.

Vor der Serie der Bombenanschläge von 1979 wurde am 31. Jänner 1979 der Hauptfolterer Mpampali erschossen. Es war eine der wichtigsten Aktionen der Metapolitefsi, realisiert von ein paar Genossen aus ELA-Zusammenhängen. Eine «Gruppe Juni 1978» übernahm die Verantwortung und wies darauf hin, dass Mpampalis der zweite im Bunde Mallios-Mpampalis war. Auch er ein Hauptfolterer der Junta, auch er ein Hauptorganisator der Staatspolizei der «Demokratie» seit dem Bürgerkrieg. Die Gruppe schickte kämpferische Grüße an alle Genossen, an alle Kräfte des Volkes und alle Revolutionäre. Ein paar Jahre später gab ELA bekannt, dass der «Juni 1978» ein Teil ihrer Organisation gewesen war.

Es folgte eine Serie starker ELA-Operationen. Fünf feurige Monate. Aktionen gegen Mazda, gegen den griechischen Unternehmerverband SEV, gegen die Steuerbehörde in Nea Ionia, das Arbeitsgericht, gegen die verlogene Behörde für die Sicherheit und Rechte der Arbeiter, den griechischen Tabakverein, der mit seiner Monopolstellung die kleinen Bauern knechtet, das Warenlager des staatlichen Unternehmens Petzetakis, das für den Bau des Athener Flughafens in Spata verantwortlich war, das Bildungsministerium, das städtische Verkehrsunternehmen usw. Besonders wichtig waren die Aktion gegen die Zentrale des SEV, bei der die Genossen in das Gebäude eindringen und mit ihren Bomben das ganze Archiv der Industriellen zerstören konnten, und die gegen die Steuerbehörde im Athener Vorort Nea Ionia, wo sie wieder in die Büros hineinkamen und mit 29 Bomben das Archiv mitsamt dem Gebäude zerstörten.

Aus dieser Phase kamen die «aktionsorientierten» Genossen und die Strömung der «Aufrüstung und der Einheit mit anderen Kräften» sehr gestärkt heraus. Diese Tendenz war natürlich nicht nur aktionsorientiert, sie verlangte nicht nur die materiell-technische Aufrüstung der Organisation. Sie war der Ansicht, dass eine Aufrüstung zusammen mit der nötigen Einheit der bewaffneten Szene auch die politische Bedeutung dieser Szene stärken und den revolutionären Prozess fördern würde.

Ende 1979 sollte endlich versucht werden, die Situation von ELA zu klären, dafür trafen sich ungefähr zehn der «wichtigsten» ELA-Mitglieder. Sie diskutierten eine ganze Woche lang alle Fragen, besonders die Aufrüstung der Infrastruktur und das Aktionsniveau. Es gab mehrere Vorschläge: «Antipliroforisi», die «Gegen-Information» sollte nicht mehr herausgegeben werden, es sollten wenige große Aktionen gemacht werden usw. Zusammengefasst lautete der Vorschlag von Christos Tsoutsouvis*, dass die Organisation «konkreter» werden solle. Rund um einen zentralen Kern aus wenigen Mitgliedern, hauptsächlich denen, die an dem Treffen teilgenommen hatten, sollten alle anderen Mitglieder eine Art Umfeld bilden und erforderlichenfalls helfen – es sollte also offiziell werden, was real bereits so war. Aktionen zur Finanzierung der Organisation standen an, illegale Strukturen mussten aufgebaut werden, «kleine» und «große» Aktionen sollten geplant werden, und mögliche Koordinierungen oder Vereinigungen mit anderen Kräften des bewaffneten Kampfes sollten geprüft werden.

Die ELA-«Direktion», wie Christos sie später gar nicht bösartig und lächelnd nannte, widersetzte sich seinem Vorschlag mit allen aus der linken oder linksradikalen Szene bekannten Methoden. Das Treffen löste sich auf und mit ihm löste sich auch ELA auf. Fast alle Mitglieder traten aus. Dutzende. Es war das Ende des ELA der Metapolitefsi. Die weiter aktiv sein wollten, nahmen einen großen Teil der Waffen aus den beiden illegalen Häusern der Organisation mit.

Zufällig war ich an diesen Tagen auf die übliche Art, die Augen auf die Schuhspitzen gerichtet, in ein Haus gekommen, das als provisorischer Unterschlupf diente, deshalb war es auch «sauber», ohne illegale Sachen. Ich kam wegen einer technischen Frage und hörte überrascht, dass dort übergangsweise ein Teil der Waffen lagerte, die man aus den beiden illegalen Häusern geholt hatte. Ich erwähne das, um zu zeigen, dass die, die die Waffen dorthin gebracht hatten, ihren Ausstieg aus der Organisation nicht vorbereitet hatten. Tatsächlich trauerten viele Genossen bis hin zur Verzweiflung, für sie war ELA ihr Zuhause, ihr Leben, ihr Traum vom Kampf für die Revolution.

Diese Auflösung des ELA markierte das Ende der ersten Phase dieser Organisation. Viele, die jetzt zurücktraten, waren in Wirklichkeit schon vor Langem gegangen, sie wurden «abgeschaltet», da sie sich unter den gegebenen sozialen, politischen und die Bewegung betreffenden Umständen nicht im langjährigen bewaffneten Kampf sehen konnten.

Ein Kern blieb und behielt den Namen ELA, er setzte die Aktionen auf der alten Linie fort. Ein paar Jahre später sollte auch er durch die Fusion mit der Revolutionären Organisation 1. Mai* in Richtung Aufrüstung gehen.

Die massenhaften Austritte aus ELA machten unsere Initiative noch ernsthafter. Immer dringlicher kamen die Fragen der Einheit und der Aufrüstung auf den Tisch – in dieser Reihenfolge. Der 17N konnte unmöglich länger herausgehalten werden.

Kontaktmöglichkeiten zum 17N waren eines der bestgehüteten Geheimnisse der revolutionären Szene. Selbst die wenigen Organisationen, die Kontakt hatten, teilten das nicht einmal ihren Mitgliedern mit.

Es war einige Zeit her, dass ich von der Möglichkeit eines solchen Kontaktes erfahren hatte. Ich hatte mich aber nicht weiter erkundigt, es ging mich nichts an, die Spanne der Aktionen, an denen ich teilnahm, genügte mir. Ich war mit der Praxis des 17N einverstanden, ich fand nur, dass sie häufiger sein könnte. Eine eigene Rolle in dieser Organisation sah ich nicht.

Später kam auf den komplizierten Wegen der Solidarität ein Karton in meine Gegend. Er war aus dicker Pappe, eine Verpackung für Dosenmilch. «Wir müssen das eine Zeitlang aufbewahren.» Der Karton war nicht zu und es gab auch kein «nicht berühren» Schild. Eine kleine Schreibmaschine, eine sehr kleine Druckmaschine, zwei Nummernschilder; zwei große Handgranaten, der Sicherungsbügel der einen wackelte und war mit weißem Leukoplasten geklebt worden; zwei dicke Wollhandschuhe; eine Beretta Kaliber 7.65, eine kleinere belgische 7.65er, und eine Pistole Kaliber .45. Sie schien sehr alt zu sein, ihr Lauf war gegerbt von Zeit und Abnutzung, gewichtig wie die Geschichte. Dieser Karton war der 17N. Er blieb eine Zeit lang und gab dem Ort eine gewisse Schwere, bis er wieder den Rückweg nahm.

Insgesamt entwickelten sich die Dinge 1980 immer noch langsam. Irgendwann Mitte Dezember beschleunigten sie sich plötzlich dramatisch. Um genau zu sein, als am 19. Dezember die Kaufhäuser Minion und Karantzos durch eine Gruppe, die sich «Organisation Oktober 1980» nannte, zerstört wurden.

Zufällig hatten wir am nächsten Tag irgendwo in Attika ein größeres Treffen. Ich kam zu früh, in meinem Kopf hatte ich die gestrigen Bilder des Feuers, das Erstarren und die Ehrfurcht in den Gesichtern der versammelten Menge. Bei unserem Treffen herrschte Schweigen. Jeder der kam, trug seine eigene Düsternis in die sowieso schon schwere Atmosphäre. Nur einer freute sich, er war begeistert. Dadurch betonte er, würde ich sagen, die Traurigkeit der Anderen erst recht. Einer beschwerte sich: «Und mit solchen Leuten wollen wir eine Einheit bilden?» Wir beschlossen, als Einzelne und als Organisation, die Genossen mit allem Nachdruck dazu zu bringen, aufzuhören.

Am Anfang war es nicht einfach. Sie waren voller Freude, so hörten wir, über das unerwartete Ergebnis ihrer Aktion: Das Minion war fast völlig zerstört, das Karatzos war zusammengebrochen. Ich verstand ihre Gedanken. Ich hatte sie vor kurzem in den Höheren Schulen und an den Universitäten getroffen. Ich hatte sie in den armen Vierteln getroffen, ihre Szene war halb politisch, halb illegal und entstand gerade erst. Abscheu vor reformistischer Politik verwandelte sich in Abscheu vor Politik als solcher. Die Rebellion einer arbeitslosen und marginalisierten Jugend, einer Jugend, die keine Zukunft hatte, die aufdrehte, sich selbst nährte, die sich nicht mehr um die Resonanz ihrer Aktionen in der Gesellschaft kümmerte, die anfing die kompromittierte Gesellschaft zu verachten. Es war der Schrei einer jungen Generation, die vom Kapitalismus und der Macht nur deren wilde unmenschliche Gewalt kennengelernt hatte. Und nun warf sie ein kleines Stück Gegengewalt zurück. Sie antwortete mit Zerstörung auf die Zerstörung ihres Lebens. «Macht kaputt, was euch kaputt macht!», war ihre Parole.

Der allmähliche Niedergang der Autonomen-Bewegung beeinflusste die bewaffneten Organisationen. Dieser Einfluss führte den «Oktober 1980» nach dem Motto, «was wir nicht enteignen können, zerstören wir», zu extremen Konsequenzen. Doch auch ELA hatte sich einen Monat zuvor, am 12. November 1980, auf der gleichen Wellenlinie bewegt, als sie mit Brandbomben die Supermärkte Marinopoulos und Ampelokipous am Koliatsou-Platz und in Dimitra zerstörte.

Doch die Genossen der Organisation «Oktober 1980» waren nicht nur geschichtsvergessene Rebellen ohne Verbindung zur Gesellschaft. Die Brandstiftungen in den Kaufhäusern waren nicht nur gegen den Konsum gerichtet. Ihr Ziel war die Entwicklung der revolutionären Bewegung und an ihrem Horizont lag der Umsturz des Systems «der Ausbeutung, des Terrors und des Elends», wie sie mit Datum 18. Dezember 1980 schrieben. Sie haben bald gemerkt, dass dieses Ziel mit solchen Aktionen nicht zu erreichen ist. Denn solche Aktionen können vom Regime verdreht werden und es kann die Organisation als arbeiterfeindlich hinstellen und dem Reformismus soweit in die Hände spielen, dass die Arbeiter einen Proteststreik gegen die Zerstörung der Kaufhäuser machen.

Der nächste Text des «Oktober 1980» tauchte Ende Juli 1981 auf, ein wichtiger Text, da er deutlich machte, dass sich ihre Position zu den Kaufhausbrandstiftungen verändert hatte und indirekt der Grund für den Austritt aus ELA erklärt wurde: Die revolutionären Organisationen seien nun in einer anderen Phase, es gäbe nicht mehr nur wenige und schwache, die in der Periode 1974 bis 1977 «Vorschläge» gemacht hätten. Nun seien sie stärker und könnten zu Aktionen übergehen, die vom Regime nicht verheimlicht oder verdreht werden könnten. Im Text wurden die Aufrüstung und die erforderliche «Vermehrung der Initiativen» politisch erklärt.

Der «Oktober» – der Name spielt auf die russische Oktoberrevolution an – zählte die Aktionen auf, die den Lauf der Geschichte am meisten beeinflusst hätten: Welch, Mallios, Petrou-Stamoulis, Mpampalis. In dieser Aufzählung waren die Kaufhäuser Minion und Karatzos nicht zu finden…

Zum Schluss ging es um die Einheit der revolutionären Kräfte, um gemeinsame Reaktionen auf den «Angriff des Regimes», um «gegenseitige Hilfe», um «wechselseitige Beeinflussung der Gruppen», um «positive und negative Erfahrungen, die jeder Versuch mit sich bringe» – denn alle Unstimmigkeiten würden «im Rahmen der Bewegung gelöst werden».

Es war ein guter Text: Selbstkritik. Erklärung der Gründe für harte Aktionen und den Aufbau von Infrastruktur. Die Aufforderung zur Einheit der revolutionären Kräfte.

Bei den vorherigen Brandstiftungen bei Supermärkten und Kaufhäusern wie «Atene», «Klaoudatos», «Dragonas» und «Lampropoulos», hatten es die Verantwortlichen nicht für notwendig erachtet, die politische Verantwortung zu übernehmen. Und dieser Kreis schloss sich am 16. Mai 1981 mit der Brandstiftung bei dem Supermarkt «Veropoulos» in Peristeri und dem «Vasilopoulos» in Faros Psychiko durch die LEP*, die in einer kurzen Erklärung die Ideologie des Konsums kritisierte und zur Enteignung der Produkte, die «wir brauchen und die uns gehören», einlud.

In den Tagen um den 24. Juli 1981, in denen der Text des «Oktober 1980» veröffentlicht wurde, wurde auch eine wichtige Stellungnahme des 17N publiziert, er enthielt eine Kritik an den Brandstiftungen bei «Minion» und «Karatzos».

Es war an sich ein «interner» Text. Er war inhaltlich und stilistisch für die revolutionäre Szene geschrieben und bezog sich auf Ereignisse, die dort mehr oder weniger bekannt waren. Aber er schaffte es, weit mehr Leute anzusprechen und auf mehreren Ebenen verständlich zu funktionieren. Er kann beanspruchen, ein «Revolutionäres Kunstwerk» zu sein.

Es war ein radikaler Text im Wortsinne, er ging an die Wurzeln des Problems, zu den Auffassungen, die zu Brandstiftungen bei Supermärkten und Kaufhäusern geführt hatten. Er propagierte radikal andere Ansichtsweisen von Aktionen der Volksgegengewalt. Er behandelte die Unterschätzung der politischen Probleme einer Aktion, ihre positiven oder negativen Effekte auf die Arbeiterklasse insgesamt. (Da geht es um die damit zusammenhängende Frage: «An wen wenden wir uns?» Falls wir uns nur für eine schmale politisch-soziale Szene interessieren, dann suchen wir solche «sozialen» Aktionen aus, die dieser Szene «gefallen».)

Die Überschätzung der Bedeutung der Gewalt als solcher wurde im Text thematisiert; dass Aktionen selbstverständlich positiv gesehen wurden, wenn das Ziel antikapitalistisch und Gewalt angewendet worden war. Doch damit würde Gewalt zum Allheilmittel, und das Kriterium für den Erfolg einer Aktion würde auf das Ausmaß der Zerstörung degradiert.

Im Text ging es auch um die Unterschätzung aktionsspezifischer Schwierigkeiten. Über den «Vorschlag» (und hier trifft der Text, von der anderen Seite, die Kritik des «Oktobers 1980» über das bereits erwähnte Model 1974 bis 1977) und ob Aktionen ohne eine Planung, die alle Möglichkeiten, auch die schlechten, einkalkulierten, gemacht werden sollten – also ohne ausreichende Vorbereitung, Deckung, Organisation, Selbstschutz und Fluchtplan. Das alles zu vernachlässigen sei eine Abwertung der unabdingbaren organisatorischen Arbeit. Das Gegenteil sei richtig: Die Diskussion über die Entwicklung der Organisation ließe uns die erforderlichen richtigen politischen Aktionen erkennen.

Das Schreiben endete mit einer Willensbekundung für die Einheit der revolutionären Kräfte.

Diese Einheit wurde vom 17N klar definiert: Nur dadurch könne ein qualitativer Sprung gemacht werden, nur dadurch würden sich die militanten Organisationen in wenigere, aber stärkere verwandeln. Hier wurde auch direkt das revolutionäre Herz von Antonis angesprochen, dass so eine ernsthafte und gut gerüstete Organisation ein neuer Antrieb für neue, und wirklich unabhängige Kräfte an der Basis sein könne «im legalen Massenkampf oder bei der alltäglicheren Militanz der direkten Massenbewegung».

Das war die Sprache Antonis'. Der ganze Text war von der Vielfältigkeit des Kampfes, der Unabhängigkeit der Massenbewegungen von der Szene und einem absoluten Respekt vor der Massenbewegung erfüllt. Er betonte, wie wichtig es sei, dass die revolutionäre Bewegung direkten Klassenkampf führt. Er führt zur elementaren politischen Bildung, zum Erblühen des Klassenbewusstseins und entlarvt die korrupte Linie des Reformismus.

Antonis war auch voll und ganz einverstanden, was der Text über politisch richtige Aktionen der Gegengewalt aus dem Volk sagt. Der Text beginnt damit, dass heutzutage nicht jede gewaltsame Aktion richtig sein muss, dass nicht jede antikapitalistische Aktion selbstverständlich revolutionär ist, da – einfach gesagt – wir uns nicht in einer Phase des Generalangriffs auf das Regime befinden, in der – möglicherweise – jeder materielle Schlag den Klassenfeind schwächt und somit der Revolution hilft. Jetzt haben Aktionen eine Propagandafunktion. Sie sind politisch richtig, wenn sie die Volksgegengewalt propagieren. Wenn sie nicht unbemerkt bleiben. Wenn die breiten Massen sie verstehen können. Wenn Aktionen «für sich sprechen». Wenn sie sich gegen wesentliche Strategen der Gewalt gegen das Volk richten. Wenn sie eine breite Resonanz finden, nicht nur bei einer kleinen Szene von sowieso schon von der Notwendigkeit der Gegengewalt überzeugten Personen. Wenn sie keine negativen Konsequenzen für die Arbeiter allgemein oder manche von ihnen haben.

Der Text des 17N, wie auch der des «Oktober 1980», traf sich mit dem, was die revolutionäre «bewaffnete» Szene insgesamt wollte. Sie war auf dem Weg zu einer neuen Phase, sie war für Aufrüstung und Einheit.

Kurz bevor die Schreiben des «Oktobers 1980» und des 17N erschienen, hatte die Organisation «Revolutionäre Linke» intensiv Kritik an den Brandstiftungen bei «Minion» und «Karatzos» geübt.

In ihrer Erklärung vom 7. Juli 1981 zu der Zerstörung der Einzäunung des Asteras-Strandes in Glyfada, die den Zugang zum Meer auf das militärische und zivile Personal der dortigen US-Militärbasis beschränkte, stand unter anderem: «Aktionen dieser Art machen das Volk passiv, sie sind ein Spektakel, sie schaden der Linie revolutionärer Gewalt, da sie dem Staat die Legitimation geben ‹zu trauern› und den Arbeitern, die durch die Brandstiftung auf der Straße geblieben sind, ‹zu helfen›. Es sind falsche Aktionen.»

Später charakterisierte auch ELA auf informelle Art durch die «Antipliroforisi» die Aktionen bei den Kaufhäusern und Supermärkten als «eine Katastrophe für die volksrevolutionäre Bewegung», die «dem Regime den letzten Schub gaben, die Kräfte und die Praktiken der Volksgewalt und der revolutionären Gewalt im Allgemeinen zu verleumden».

Wenn man sich ansieht, dass ELA selbst nach ihrer Spaltung mit dieser Brandstiftungsserie angefangen hatte, mit ihren Aktionen gegen die Supermärkte einen Monat vor «Minion» und «Karatzos», dann war diese Kritik eine sehr verspätete indirekte Selbstkritik. Aber ideologisch-politisch war sie nicht mutig genug, ihren Fehler anzuerkennen und zu erklären, weder die Einflüsse aus dem «autonomen» Umfeld, noch den ganzen gedanklichen Weg bis zur Zerstörung von Supermärkten und Kaufhäusern.

Die Texte vom Juli 1981 öffneten den Weg zum großen Treffen der revolutionären Kräfte. Wie seit langem bereit nahmen wir Kontakt zueinander auf. Innerhalb weniger Tage wurden scheinbar unüberwindbare Sicherheitsprobleme aus dem Weg geräumt. Unsere entstehende Initiative bekam – ohne dass ich wüsste, von wo oder durch wen – einen bestimmten Kontakt: Ein Vertreter unserer Gruppe würde einen vom 17N treffen! Es war ein «Laufrendezvous» auf der Spetson-Straße im Athener Stadtteil Kypseli. Mein Startpunkt sollte der Pedion tou Areos-Park sein, ich sollte an dem «Knirps» vorbeilaufen, er würde rechts abbiegen, nach unten gehen, ich nach links, nach oben laufen, wir sollten bei der Kypseli-Straße abbiegen…

Ein klassisches Rendezvous der Kommunisten aus den illegalen Jahren. Die Mitglieder des 17N hießen bei uns die «Knirpse», also die «17-Jährigen». Sie waren ein wenig zu alt für Knirpse, doch genau das war auch der Sinn des Pseudonyms.

So saß ich nun, mit meinen 23 Jahren, auf einer Bank in dem Park, auf der Seite des Ausgangs zum Panellinion-Stadion und wartete, dass der Zeiger die große Stunde anzeigte, dass die neue Stunde Guerilla schlug. Ich würde über die große Türschwelle schreiten, mein Leben würde sich verändern, ich konnte sie sehen, zwischen dem wilden Lorbeer, ich sah die Jahre, die kommen würden. Hier, wo ich frisch vom Dorf meine ersten Spaziergänge in Athen gemacht hatte. Am gleichen Ort, an dem ich die ersten politischen Diskussionen geführt hatte. Meine ersten Liebesspaziergänge mit meiner Kaiti. Wo ich später bei irgendwelchen riskanten konspirativen Treffen vorbeiging, um mögliche Spitzel abzuhängen. Doch heute war ein außergewöhnlicher Tag.

Ein Knirps kam in den Park, durch den Eingang an der Evelpidos-Straße. Sein Fahrrad war alt, rostig, es kreischte schrill. Seine Oma folgte ihm keuchend. Sie rief ihn. Ich erinnerte mich an einen langen Spaziergang auf dem Dorf, ein altes Fahrrad, an gestohlene Früchte, einen Feldwächter, der mir hinterherjagte.

Welcher Weg hatte mich hierhergeführt? Welcher Wind? Welche Umstände, welcher unterirdische historische Strom? Wann genau wurde ich zu einem

Guerilla? In welchem Moment? Ich suchte eine Antwort. Und dann wieder: Wer war der 17N? Wie hatte er sich gebildet, warum, wie tauchte er in Griechenland auf? Was drückte er aus, welche Notwendigkeit, welche Wünsche und welche Hoffnungen?

Nun fuhr der Knirps bergab, das Fahrrad rollte ohne Treten. Er lachte glücklich, glühte. Und dazu dieser schrille Ton, normal, rhythmisch, wie von einer Zirpe oder Zikade, wie ein Schluchzer, wie ein Knarren, wie eine kaputte Uhr.

## Kapitel 10
## Partisanenwurzeln

Als kleines Kind suchte ich nach den Wurzeln meiner Vorfahren. Ich war erfreut, dass sie sich in den Bergen, in Krania am Olymp verloren, von dort waren die beiden in der zweiten Hälfte des 19. Jahrhunderts von den Türken verjagten Brüder nach Nigrita gekommen. Die Familiengeschichte dieses Jahrhunderts – meiner Ururgroßeltern, meiner Urgroßeltern, meines Großvaters, meines Vaters – war die Geschichte unseres Volkes. Die Mühe, die Erde zu bestellen, der Schmerz und die Armut vieler, die den Reichtum weniger fütterten. Und der Krieg. Der soziale Krieg in all seinen düsteren Formen. Und der andere. Türken, Bulgaren, Deutsche, nochmals Bulgaren, Faschisten. Danach kamen die Paotzides* und die Tagmatasfalites. Zuletzt kamen der Gendarm und der Tabakhändler.

Von klein auf lernte ich den Krieg zu hassen. Die ausländischen Besatzer zu hassen. So wie auch den Griechen, der ihnen die Türen öffnete. Den, der während der Besatzung in unserem Dorf den Fuß des Nazideutschen anstieß – als Signal, dass mein Opa ein Kommunist war. Und auch den anderen, den Paotzi, den Verräter, der meinen Opa in dem Tabakladen von Runtos einschloss, und den Vater in dem von Gleni. Der dann mit einem Maschinengewehr die Fenster durchlöcherte, in die Menge hinein, wahllos. Wie waren sie davongekommen? Wie gering war die Chance, dass ich geboren werden konnte, dass ich heute lebe? Danach als Geiseln im Gefangenenlager Pavlos Melas. Zehn von unseren hingerichtet für jeden toten Deutschen. Die schwarze Lotterie, das Roulette des Todes. Dann kam Makroniso, der Vater im Exil.

Ich lernte auch den Gendarmen zu hassen, genau wie den Spitzel und den Tabakhändler. Letzterer kam hochnäsig an und baute sich wie ein schlauer Computer vor uns auf; vor der gesammelten Mühe eines ganzen Jahres. Da lagen die unendlichen bei jedem Wetter geleisteten auch nächtlichen Arbeitsstunden, mit ihrer schwarzen Bitterkeit an den Fingern, der Bitterkeit im Mund und in der Seele. Er suchte mit dem Auge, kalt, um dann seine dreckige Hand roh in die ästhetisch wundervollen Tabakbündel zu stecken, die Blatt für Blatt gesammelt worden waren, er suchte in ihren Innereien nach einem Makel, um den Preis zu drücken.

In welchem Moment wurde ich zum Guerillero? In meinem Gedächtnis drehten sich die Partisanenerzählungen meines Großvaters, das anrührende Volkslied der Großmutter, ihre Märchen über die Jungen, die Drachen und Feinde besiegen, Feinde, die mit der Zeit verschiedene Gestalten annahmen.

Ich hörte das Lied der Zikaden, dauerhaft und immerwährend, und dachte, dass ich nicht nach Momenten, Stationen suchen sollte, sondern nach Flüssen und Strömungen, die die Geschichte durchliefen. Unterirdische Strömungen, die plötzlich aufbrausen und einen Namen bekommen, ein Licht werfen, wie ein Bewusstseinssprung. Für mich, der Stationen suchte, Momente, in denen die Strömungen konzentriert auftrafen, war das der Geburtstag: der 17. November des Jahres 1973. Und nun war ich auf dem Weg, den 17. November zu finden. Ich wurde am 17. November geboren, ich wurde im Krieg geboren. Und ich wurde für den Krieg geboren. Für den 17. November. So, nun ging ich in den Krieg.

Den sozialen Krieg. Bis jetzt war ich bewusst in dieser Art Krieg. Nun ging ich an seine absolute Frontlinie. Ich, der ich den Krieg hasste, der tief in sich das Lied von Epirus trug «Verdammt sei der Krieg». Wir wollten diesen Krieg nicht, er wurde uns aufgezwungen. Wir sagten, dass wir in diesem letzten Krieg kämpfen würden, für eine Gesellschaft ohne Ungerechtigkeit, ohne die Ausbeutung, die den Krieg gebiert. Damit der Krieg ein für alle Mal ein Ende findet.

Selbst der Begriff des «sozialen Krieges» gefiel mir nicht. Weder theoretisch, noch politisch, noch ethisch. Weil der Begriff «Krieg» eine ethische Gleichgewichtigkeit von zwei antagonistischen sozialen Seiten suggeriert. Doch dem ist nicht so. Unsere Theoretiker haben das bewiesen und die Schwachen wissen es aus ihrer Erfahrung seit dem Morgengrauen der Geschichte. Die Mächtigen wissen es gut, und in der Hochmütigkeit ihres Sieges geben sie es manchmal zynisch zu. So wie Warren Buffet, einer der Reichsten in den USA: «Ein Klassenkrieg ist im Gange. Ja. Aber es ist meine Klasse, die Klasse der Reichen, die diesen Krieg führt. Und diesen Krieg gewinnen wir.» Buffet, der trotz der Finanzkrise seinen Jahresgewinn für 2013 auf 13,4 Milliarden Dollar schätzte. Heute gehörte einem Prozent der Weltbevölkerung 50 Prozent des globalen Reichtums.

Die Klasse der Reichen führt einen «sehr unfairen» sozialen Krieg gegen die Armen. Und diese antworten mit dem «einzig fairen Krieg der Geschichte».

Und ich stellte mich nun an ihre Seite, an die Seite derer, die sich politisch-historisch wehren. Was auch immer geschieht, oft antworten wir mit einem Angriff. Ich nahm am Tanz teil. «Vierzig Drehungen macht der Tanz, doch der Ort war zu klein»... Ich hielt einen Zipfel des Tuches, ganz an dessen Ende.

Dieser Tanz kam von weit her, aus den Tiefen der Zeit, der Erinnerung, der Geschichte. Vortänzer waren die Ungebeugten der Jahrhunderte. Näher waren die Sozialrebellen, die Kleftes und die Apelates*. Die, die Mitte des 19. Jahrhunderts die ersten Barrikaden bauten. Die ersten streikenden Arbeiter. Die ersten

Bauernrebellionen. Die ersten Sozialisten, Anarchisten, Kommunisten, die im Exil, in den Gefängnissen, an den Hinrichtungsorten zu Heiligen wurden.

Die Wurzeln der griechischen Stadtguerilla wurden vom Blut all dieser Jahrhunderte genährt. Sie stecken tief in der ersten Revolution von 1821 für Land und Boden. Im nächsten großen Aufstand in den 1940er Jahren. Es ist das Blut all derer, die bei diesen Kämpfen gefallen sind, mit all ihren Wünschen, Hoffnungen und Träumen, die Antworten verlangen. Ihre verratenen Träume, blutig beendeten Hoffnungen, ihre unerfüllten Wünsche, dass endlich das Volk zu seinem eigenen Herrn werde, dass es seine Geschichte selbst bestimmt.

Der Stadtguerillakampf ist nichts anderes als der zeittypische Ausdruck des rebellischen Stroms der Geschichte des Widerstands. Er ist einer der Namen, den dieser Strom annimmt: «Partisanen, Kleftes, Kämpfer…»

Er wuchs aus der kämpferischen Erinnerung, der volksrevolutionären Tradition. Und er hatte genug Platz, um in der Leerstelle revolutionärer Politik und Aktion aufzutauchen, in dem Vakuum, das durch den Rückzug der historischen Linken vom Feuer entstand, besonders seit den 1950er Jahren. Damals entstanden die Voraussetzungen für die Bildung einer neuen Guerilla in der griechischen Widerstandsgeschichte.

Die 1950er Jahre sind das Jahrzehnt, in dem sich die neue griechische Bourgeoise bildete. Die alten Zwischenhändler und halbfeudalen «Clans», zusammen mit denen, die durch den Schwarzmarkt und Verrat reich geworden waren, wurden das neue Modell der Lumpenbourgeoisie vom Kapitalismus. Mit dem Reichtum, den sie während der Besatzung angesammelt hatten, dem Schlucken der amerikanischen «Hilfsgelder», der «Nutzung» der ausgedienten US-Liberty-Transportschiffe… Wie viele Geschichten gibt es über merkwürdige Schiffbrüche, bei denen es Ertrunkene geben musste, wenn man sicher sein wollte, die Versicherungssummen zu kassieren. Dazu ein Staat, der nach ihrer Maßgabe geschneidert wurde und in dem alle oppositionellen Stimmen, selbst konservative, unterdrückt und als «nationalfeindlich» abgekanzelt wurden, wenn sie ein anderes finanzielles Modell einer selbstständigen Entwicklung mit einer Produktions- und Konsumgüterindustrie forderten.

Die Investitionen des griechischen Kapitalismus konzentrierten sich auf die Reeder, auf die Branchen, die keine Weiterverarbeitung wollten, auf die Dienstleistungen, vor allem die Bauunternehmen. Die Basis für eine weiterverarbeitende Industrie im Land war schwach, ohne ausdifferenzierte Produktionsketten, von traditionellen Sektoren geprägt. Die öffentlichen Investitionen waren Gefälligkeiten für wenige Kapitalbesitzer, nur die schnelle Bereitstellung eines «warmen» öffentlichen Geldsegens ohne irgendeinen seriösen Entwicklungsplan. Zugleich waren die Investitionen ins Bildungssystem die niedrigsten aller europäischen Länder.

Am Anfang dieser 30 Jahre, die als «ruhmreiche Jahre» bezeichnet werden, stand rasches kapitalistisches Wachstum. Zur selben Zeit lag der prozentuale

Anteil der Investitionen am Bruttoinlandsprodukt in der verarbeitenden Industrie in Griechenland sehr weit unter dem Durchschnitt ähnlicher Länder. Die wenigen Industrialisierungsversuche basierten hauptsächlich auf ausländischen Direktinvestitionen, dem Zufluss fremden Kapitals, dem es leicht gemacht wurde, die Arbeiter auszunutzen und den öffentlichen Reichtum des Landes zu stehlen.

In den 1950er Jahren wurde die US-amerikanische Vorherrschaft gefestigt, das Land wurde zu einem Protektorat unter der politischen Macht der USA, deren Botschafter zur wichtigsten politischen Persönlichkeit Griechenlands wurde; die Politiker zankten sich um sein Wohlwollen. Ab 1952 wurde das Land an die Ketten der NATO gelegt. Griechischer Boden wurde für den Bau militärischer Basen der USA abgetreten. Der Geheimdienst KYP* entstand als Abteilung der CIA. Das Militär wurde von der US-Militärdelegation JUSMAGG* verwaltet.

Das Regime der US-Vorherrschaft dachte, dass es durch den Terror des Gendarmen und die Verfolgungen das feindliche Volk unterworfen hatte. Doch ganz und gar unvorhergesehen in den politischen Planungen der Hegemonie, die das Volk als unterlegenes sahen, trat es wieder voller Elan auf die Bühne der Geschichte.

Auf Zypern brach ein bewaffneter Kampf gegen die englische Besatzung aus, der zu Beginn die engen Grenzen durchbrach, die die rechten und rechtsradikalen Führer der EOKA* aufgestellt hatten. Er mobilisierte die Armen und auch die entflammbare Jugend der Insel, die die Befreiung als nationale und soziale verstanden. Dieser zyprische Frühling dauerte nur kurz, er erlosch unter der brutalen Repression und dem Galgen des englischen Kolonialismus. Und aufgrund des Verrats der griechischen und zyprischen Bourgeoise und der Weigerung der offiziellen Linken, teilzunehmen und den bewaffneten Kampf zu organisieren.

Dennoch regte die bewaffnete Revolte das griechische Volk an. Nur sechs Jahre nach dem Ende des Griechischen Bürgerkriegs, der letzten Revolution in Europa, und dem Ende der Griechischen Demokratischen Armee DSE bewies eine spontane Volksbewegung, dass sie noch lebendig und kämpferisch sein konnte. Es gab militante Solidaritätsdemonstrationen, drei Jugendliche wurden in Athen bei Auseinandersetzungen mit der Polizei getötet. Die fremden Herrscher, ihre lokalen bourgeoisen Diener, aber auch die bereits kompromittierte Führung der Linken hatten falsch gelegen: Das griechische Volk hatte nicht vergessen, wie man für sein Recht kämpft.

1956 war das Jahr der erschütternden Erdbeben in der weltweiten kommunistischen Bewegung. Im Februar jenes Jahres verabschiedete der 20. Kongress der Kommunistischen Partei der Sowjetunion seine berühmten Thesen der «friedlichen Koexistenz» mit dem westlichen Kapitalismus und des «friedlichen Weges» zum Sozialismus, als einzige Möglichkeit der kommunistischen Parteien im Westen an die Macht zu kommen.

Die Konfrontation zwischen den Marx-Revisionisten und der revolutionären Tendenz innerhalb der weltweiten Bewegung war heftig. Auf jeder Ebene.

Offiziell nahm sie die Form des sowjetisch-chinesischen Konflikts an, weil die Kommunistische Partei Chinas die Verurteilung Stalins und die friedliche Koexistenz mit dem Imperialismus ablehnte. Die meisten kommunistischen Parteien blieben aber der Sowjetunion treu und übertrugen die These der friedlichen Koexistenz zwischen den Staaten auf das friedliche Nebeneinander der Klassen ihrer Länder. Entlang dieser Linie des friedlichen Weges und auf der Suche nach breiten Bündnissen zur Eroberung parlamentarischer Mehrheiten fahndeten sie selbst dort, wo es nichts zu finden gab, nach einer «nationalen» bürgerlichen Klasse und einem «patriotischen» Bürgertum.

Diese Politik verhinderte im Endeffekt die Entwicklung kämpferischer revolutionärer Bewegungen. Das ging so weit, dass diese verleumdet oder unterdrückt wurden.

Theoretisch gesehen hatten sich die Kommunistischen Parteien vom revolutionären Weg sowohl taktisch als auch strategisch zu einem konservativen Pazifismus hin bewegt, da sie den historisch-politisch mächtigen Angreifer mit dem historisch-politisch schwachen Verteidiger auf eine Stufe stellten. Sie gingen so weit, die gerechte Gegengewalt der unterlegenen Klassen als die hauptsächliche Gewalt zu definieren. Sie revidierten ihre revolutionäre Vergangenheit, mit all den Konfrontationen, in denen Kommunistische Parteien führende Rollen gespielt hatten. Sie übernahmen die Sichtweise eines «Opfers».

In der alltäglichen politischen Praxis unseres Landes und weltweit müssen die Kommunistischen Parteien damit klarkommen, dass sie sich bei zugespitzten sozialen Konfrontationen auf einer Linie mit den Kräften des Regimes bewegt haben. Sei es als Zerstörer von kämpferischen Streiks und Arbeiterbewegungen, die den Kern der Kapitalbeziehung selbst berührten, sei es als Wellenbrecher bei militanten Demonstrationen gegen die Symbole des Bürgertums und des Imperialismus: Parlamentsgebäude, US-Botschaften usw.

Klassenkompromiss und Abwertung, bzw. Verurteilung der revolutionären Aktion sind die beiden Seiten der reformistischen Politik, die nach und nach zu einer Integration in das System, zum Verlust der moralischen Überlegenheit der Linken, zur Abwertung revolutionärer Ideen und sogar der revolutionären Traditionen führten. Am Ende stand die Aufhebung ihrer historischen Rolle. Dadurch entstand weltweit ein Vakuum revolutionärer Politik und Aktion, in dem der Wiederaufbau revolutionärer Kräfte versucht wurde.

In dieses Vakuum trat kurz nach dem 20. Kongress der KPdSU die kubanische Revolution. Die Guerilleros von Fidel, Che und Cienfuegos kamen als Sieger aus den Bergen der Sierra Maestra nach Havanna. Die Meldung von der kubanischen Revolution war wie ein Katalysator. Sie war der Bruch mit der These vom «friedlichen Übergang».

Sie war der Bruch mit den bis dahin herrschenden Dogmen und revolutionären Modellen. Sie gab den entscheidenden Schub für eine neue revolutionäre Theorie und Praxis.

1966 wurde in den Erklärungen der Trikontinentalen Konferenz von Havanna* bekräftigt, dass der bewaffnete Kampf der Hauptweg sei und die anderen Kampfformen ihm dienen müssten, wenn er als Hauptweg anerkannt werde. Das revolutionäre Signal Cubas stieß auf eine riesige Resonanz in der revolutionären Bewegung, die sich bereits neu formierte. Die kubanische Revolution bewies praktisch die Zweifel an den Beschlüssen des 20. Kongresses und der Strategie des friedlichen Weges, den die meisten Kommunistischen Parteien befolgten. Sie widerlegte die üblichen und unverletzlichen Dogmen und Stereotypen der Handbücher. Die Revolution war «auf kubanisch» gemacht worden, von einer tief in der kubanischen Realität und kämpferischen Tradition des Landes verwurzelten Bewegung. Sie zeigte, dass eine Handvoll Guerilleros eine gut ausgerüstete und spezialisierte Armee besiegen konnte, sogar und im «Hinterhof» der USA. Sie brachte den «Fokus», den revolutionären Herd, in die revolutionäre Theorie und Praxis: die politisch-militärische Organisation der Guerilla als Motor des revolutionären Prozesses.

Das Signal verbreitete sich in alle Richtungen, zuerst in Lateinamerika, wo überall Guerillas auftauchten. In Uruguay, einem kleinen Land, das mit einer langen Geschichte parlamentarischer Demokratie die Ausnahme von der Regel der anderen Länder des südlichen Lateinamerikas ist, begingen Raul Sendic und die Tupamaros eine unglaubliche Ketzerei. Wenn die kubanische Revolution die Ketzerei gegen die Orthodoxie der III. Internationale war, so war die Stadtguerilla in Uruguay die Ketzerei gegen die von Che ausgearbeiteten Auffassungen der kubanischen Revolutionäre.

Die Tupamaros planten die Revolte in ihrem Land, mit ihrer Realität in einer bürgerlichen Demokratie, in der Stadtguerilla unmöglich zu sein schien. Das Signal, das die Tupamaros an die weltweite Bewegung schickten, wurde unauslöschlich niedergeschrieben und zeigte eine Praxis in einer sich verändernden revolutionären Landschaft.

Die Revolution auf Cuba, Ches Botschaft an die Trikontinentale, seine theoretische Schrift *La guerra de guerillas*, die lateinamerikanischen Guerillas, speziell die Tupamaros, die theoretische Interpretation solcher Erfahrungen in *Revolution in der Revolution* von Regis Debray, und sehr stark auch der revolutionäre Ruf «Schafft ein, zwei, drei, viele Vietnam...», der heroische Tod von Che Guevara in den bolivianischen Bergen, die ihn zu einem ewigen revolutionären Symbol machten – das alles prägte die revolutionäre Landschaft, in der die europäischen Stadtguerillas entstanden – auch die griechische.

Der Wiederaufbau der griechischen revolutionären Szenerie war nicht einfach. Die Kommunistische Partei Griechenlands folgte wie immer nahezu automatisch der Linie, die auf dem 20. Kongress der KPdSU ausgegeben wurde. Sie hatte sich während der großen Revolution von 1941–1944 sowieso schon auf dieser Linie bewegt. Damals wurde in der Partei der Weg des revolutionären Kampfes bis zur Machtübernahme im ganzen Land besiegt und die Linie des «demokratischen Wegs» durchgesetzt. Die KP-Führung glaubte nicht an die Kräfte und die Möglichkeiten des revoltierenden und bewaffneten Volkes, sie entwaffnete das siegreiche Volk und überließen es der verbrecherischen Rache der Engländer und Verräter.

Diese Abweichung der damaligen Führung vom revolutionären Weg fand seine späte Rechtfertigung in den Beschlüssen des 20. Kongresses, die Wahl des «ebenen, friedlichen und demokratischen Weges» wurde nun offiziell und permanent. Jetzt war es keine Abweichung vom revolutionären Weg mehr, jetzt wurde er dauerhaft verlassen.

Dennoch beharrte die KKE angesichts der zugespitzten Klassenunterschiede auf der Illegalität, auch wegen der Angst der Mächtigen, dass eine nur reformistische Praxis unter revolutionären Symbolen revolutionäre Kräfte freisetzen könnte.

Die sieben Jahre der Junta bewiesen am Ende, dass die KKE selbst unter einer Diktatur keine Form von militanten Kämpfen wählen würde. Daher konnte die Partei unter den neuen Gegebenheiten der Metapolitefsi legalisiert werden.

Doch obwohl die Partei ihre politische Macht als revolutionäre Avantgarde verloren hatte, blieb sie in den 1950er Jahren moralisch stark, denn ihre Mitglieder und Kader hatten heldenhaft gekämpft, waren verfolgt worden und hatten sich aufgeopfert. Frisch war noch das Blut ihrer Toten für die Sache des Volkes, Tausende Hingerichtete, Tausende Inhaftierte und Exilierte. 1952 wurde Nikos Belogiannis hingerichtet, im folgenden Jahr Nikos Ploumpidis*. In den nächsten Jahren wurden weitere aus der Führung der Partei festgenommen und zu langjährigen Haftstrafen verurteilt. Das kämpfende Volk zeigte diesen verfolgten Kämpfern immer seine Solidarität.

Chronologisch gesehen fand der Wiederaufbau der revolutionären Szene nach dem Schnitt von 1956 und der definitiven Wende zum «friedlichen Weg» seinen Ausdruck nach den gewaltsamen Parlamentswahlen 1961*.

Das Volk wehrte sich und junge Kämpfer entwickelten allmählich ein Bewusstsein für Organisation und elementaren Selbstschutz sowie militante Reaktionsweisen. Georgios Papandreou, Vorsitzender der EK*, verkündete mitgerissen von der Dynamik der Dinge seinen «unnachgiebigen Kampf». Natürlich begrenzte sich die EDA* auf kontrollierbare politische Kämpfe, wodurch sie die militanten und fortschrittlichen Volkskämpfe bremste.

Am 20. April 1962* geriet die Wut des Volks außer Kontrolle und brach in Athen bei stundenlangen Konfrontationen mit der Polizei aus. Feuer, Barrikaden, die Auseinandersetzungen breiteten sich aus. Auf dem Land brachen viele kleinere Bauernrevolten aus. Während der ganzen Jahre 1962 und 1963 nahmen über das ganze Land verteilt die kämpferischen Streiks und Demonstrationen von Arbeitern, Bauern, Gewerbetreibenden und Studenten zu. Staat und parastaatliche Gruppen veranstalteten Gegenkundgebungen, in Thessaloniki wurde während einer Demonstration am 22. Mai 1963 der unabhängige Abgeordnete der Linken, Georgios Lambrakis*, ermordet. Die parastaatlichen Gruppen verwirklichten einen CIA-Plan, der auf deren Tätigkeit in Lateinamerika beruhte. Im November 1964 legten Agenten der KYP und der CIA Bomben bei der Feier zur Sprengung der Brücke von Gorgopotamos*. Viele wurden getötet und verletzt.

Angesichts solcher Umstände wurden die ersten Ideen von Selbstschutz und militanten Aktionen konkreter. Vor allem junge Kämpfer, die in der Dekade des Feuers 1941–1949* geboren wurden und direkten Kontakt zur lebendigen revolutionären Erfahrung dieser Jahre hatten, bezweifelten die pazifistische und kompromittierte Taktik des Reformismus. Sie waren beeindruckt von den Guerillabeispielen ihrer Zeit auf Cuba und in ganz Lateinamerika, von den antikolonialen Revolutionen, von den tiefen Umbrüchen in der weltweiten revolutionären Bewegung.

In Griechenland hatte die Diskussion über illegale und militante Kampfformen begonnen. Es ging um die unausweichliche Organisation des bewaffneten Kampfes. Und das – es lohnt sich zu sagen – geschah im Rahmen einer parlamentarischen Demokratie.

Diese Diskussionen wurden noch konkreter durch die Juli-Krise 1965* und gewannen an Boden bei den neuen Strukturen und politischen Gruppen, die in dieser Periode entstanden – Kollektive, die sich links von der offiziellen Linken bildeten. Ihre Mitglieder kamen zum größten Teil aus linken Organisationen, es waren aber Jugendliche darunter, die sich anfänglich in der politischen Mitte organisiert hatten und durch die militanten Demonstrationen und Auseinandersetzungen radikalisiert wurden.

Der Aufstand im Juli 1965 war die entscheidende politische Praxis für viele neue Militante. Die politische Krise, die sich durch den königlichen Putsch am 15. Juli zuspitzte, führte zum Ausbruch der aufgestauten revolutionären Dynamik. Der ganze Terror nach dem Bürgerkrieg, die jahrelange Unterdrückung, die Ausbeutung, die Demütigungen der englischen Vorherrschaft und der amerikanischen Hegemonie, brachen nun im Volk aus. Ein geradezu heilendes Feuer, das in den Herzen der Jugendlichen loderte, brannte in jenen Tagen Stereotype und Sicherheiten nieder, es entfachte die politischen Kräfte, die seit langer Zeit gebremst worden waren.

Der Boden war schon bereit für die neue Saat, eine neue revolutionäre Landschaft entstand. Aber sie war noch karg und unbearbeitet. Die offizielle Linke herrschte noch immer als moralische Instanz, aber in dieser Szenerie entstanden – unter anderem – auch die Gedanken, die später zur griechischen Stadtguerilla führen sollten. Die Basis war da, aber die neue Lage musste noch wie ein unbekanntes Land entdeckt werden. Alles musste neu aufgespürt werden. Riesige Schritte waren zu machen. Die Entwöhnung von der offiziellen Linken war nicht so einfach, wie es heute wirkt. Der Pazifismus beherrschte Gedanken und Praxis.

Der direkte Kontakt zu älteren Revolutionären brachte ein paar Waffen und Ratschläge, wie illegale Arbeit organisiert wird. Neue Kämpfer fallen nicht vom Himmel. Manche hatten schon soweit ihre Erinnerung zurückreichte kleine illegale Nachrichten transportiert. Andere hatten einen versteckten Illegalen zuhause kennengelernt. Alle hatten gelernt zu schweigen und Geheimnisse in ihrem Herzen zu hüten.

Sie mussten ihre neuen Waffen kennenlernen. Wie man Bomben herstellt, wo man das Material dafür findet. Das war nicht leicht. Noch schwerer war die subjektive innerliche Arbeit. Kann man sich vorstellen, selbst eine Bombe zu legen? Oder gar eine Waffe zu benutzen? Die simpelsten Sachen mussten gelernt werden, wie man nötigenfalls log oder dem Kampf dienliche Sachen stahl oder raubte. Die pazifistische und übliche linke Moral ließ sich nicht einfach überwinden.

Am 21. April 1967 verhinderte der Militärputsch die Auslieferung der bereits gedruckten Zeitung der offiziellen Linken, deren Schlagzeile lautete: «Warum es keinen Putsch geben wird.» Die Generäle der Amerikaner kamen den Generälen des Palastes und der Engländer zuvor, die ihren eigenen militärischen Zug vorbereiteten.

Ihr Mann war Oberst Georgios Papadopoulos: Agent der CIA und Nazi-Kollaborateur während der deutschen Besatzung. Tausende Linke und Demokraten wurden festgenommen. Die Pferderennbahn von Faliro und das Fußballstadion von AEK Athen wurden zu Gefangenenlagern. Die Inseln des Exils wurden eröffnet. Die ersten Ermordeten: Panagiotis Elis, Nikiforos Mandilaras, Giorgos Tsarouxas, Maria Kalavrou, Vasilis Peslis…*

Die nächsten sieben Jahre sollte der griechische Kapitalismus ungetrübt weitermachen, das ausländische Kapital würde sich ungezügelt ausbreiten, und die USA würden ein sicheres Instrument ihrer Geopolitik in dieser Region haben.

Die Diktatur sicherte, stabilisierte und erweiterte die amerikanische Hegemonie in Griechenland. Sie garantierte die Privilegien des fremden Kapitals in der Verfassung. Das Nachkriegsmodell des abhängigen griechischen Kapitalismus wurde fortgesetzt. Die Investitionen im Verarbeitungssektor ergaben einen geringen Mehrwert und eine große Abhängigkeit vom Ausland. Weil die Junta disziplinierte Arbeiter versprach, nahmen die ausländischen Investitionen spektakulär zu, vor allem die der Tochtergesellschaften internationaler US-Konzerne. Die wirtschaftliche Abhängigkeit wurde erstickend. Während der Junta nahm die Staatsverschuldung spektakulär zu, was die Abhängigkeit des Landes von ausländischen Krediten zu Wucherzinsen verstärkte.

Die Jahre der Junta fielen in die Ära des internationalen kapitalistischen Nachkriegsbooms der «30 glorreichen Jahre», von denen auch der griechische Kapitalismus profitierte. Damals nahmen auch die Überweisungen von griechischen Auswanderern und Seeleuten zu und der aufkommende Tourismus brachte mehr Devisen. Das von der Junta weiterverfolgte «Nachkriegswachstumsmodell» ließ den Dienstleistungssektor weiter anschwellen, wodurch sich ein gewisses entfremdetes Konsumverhalten herauskristallisierte, was dazu beitrug, dass immer mehr Teile des Volkes Abstand nahmen von ihren kämpferischen Traditionen und ihren Willen zum sozialen Kampf verloren.

Der Hauptgrund dafür, dass keine starke Anti-Junta-Bewegung entstand, waren nicht die Gewalt der Junta und nicht das entfremdete Konsumverhalten, sondern dass das griechische Volk seinen Glauben an die offizielle Linke verloren hatte. Der tiefe Abgrund, der sich zwischen dem kämpfenden Volk und der Führung der KKE öffnete, als diese das Volk entwaffnet und daran gehindert hatte, seine Revolution zu Ende zu führen, wurde durch die reformistische Politik nach 1956 vertieft und 1967 mit der Schlaftablette für das Volk, dass «es keine Junta geben wird», zementiert.

Der Putsch war der Beweis, dass die KKE keinerlei illegale Strukturen vorbereitet hatte, nicht einmal, um ihre eigene Führung zu schützen. Während der ganzen Zeit der Diktatur wollte sie keinen militanten Widerstand oder irgendetwas Kämpferisches – wenn ihre Mitglieder festgenommen wurden, betonten sie vor Gericht, dass ihre Partei «reibungslose Entwicklungen» und die Wiederherstellung der Demokratie wolle.

Natürlich muss gesagt werden, dass der Abgrund zwischen der Führung und dem kämpfenden Volk von fähigen mittleren Kadern ein wenig überbrückt wurde, sowohl in der Zeit, in der die Partei revolutionär war, besonders während der deutschen Besatzung, als auch in der reformistischen Periode nach 1956. Revolutionäre, die klug, schön und stark und mit dem Volk verbunden waren und direkt mit ihm sprachen, balancierten durch ihre Selbstlosigkeit die Unfähigkeit der Führung aus.

Auch ohne revolutionäre Führung hat das griechische Volk die Junta nie akzeptiert. Vom ersten Tag an gab es spontane Demonstrationen wie in Ioannina oder Herakleion auf Kreta und anderswo. Der passive Widerstand, das subversive untergrabende Sprechen mit Worten, halben Sätzen, Andeutungen und antidiktatorischen Witzen, bewahrten den Geist der Feindschaft, der mitunter plötzlich aufschien. So wie nach dem Tod Georgios Papandreous, dessen unnachgiebiger Kampf der letzten Jahre seinen früheren Verrat milderte: Hunderttausende demonstrierten bei seiner Beerdigung im November 1968. Genauso war es 1971 bei der Beerdigung des Dichters Giorgos Seferis. Der Gipfel war natürlich die Revolte im November 1973.

Auch wenn die offizielle Linke illegale Strukturen nicht im Geringsten vorbereitet hatte und keinerlei Lust auf militante Kämpfe hatte, war das bei der revolutionären Linken anders. Ihre Neuformierung in der Zeit vor der Junta hatte in der revolutionären Landschaft eine – wenigstens elementare – illegale Struktur entstehen lassen: Häuser, Druckmaschinen, Wissen und Material für die Herstellung von Brand- und Sprengsätzen, sogar Waffen. Dazu kam der Wille zu handeln. Die politische, ideologische, moralische, seelische und materielle

Vorbereitung der Kämpfer war unmittelbar erkennbar. Von der ersten Nacht der Militärjunta an wurden antidiktatorische Parolen an die Wände gemalt, Flugblätter, Manifeste, sogar Zeitungen herausgegeben, Banner auf zentralen Plätzen entrollt, und in ganz Athen, Thessaloniki und griechischen Provinzstädten wurden Brandsätze und Bomben mit Zeitzündern gelegt.

Die ersten Revolutionäre nahmen schnell Kontakte zu neuen auf, die die rohe Gewalt der Diktatur radikalisiert hatte. Über Studenten, meist in den europäischen Ländern, bauten sie hilfreiche solidarische Beziehungen zu internationalen revolutionären Strukturen auf.

Für die revolutionäre Szene war der Kampf kein rein antidiktatorischer, er war antiimperialistisch und antikapitalistisch. Die soziale Frage Griechenlands wurde für sie nicht nur durch die Wiederherstellung der bürgerlichen Demokratie gelöst, sondern durch tatsächliche Volksherrschaft und Sozialismus.

Diesen politischen Ausgangspunkt hatten viele der militanten Aktionen während der Diktatur, gerade anfänglich, als die dafür verantwortlichen Mitglieder der Organisationen schnell festgenommen, brutal gefoltert und inhaftiert wurden. Ihre Aktionen und die in der Regel eher gezielten Bombenanschläge der revolutionären Strömung waren eine lautstarke Widerstandsansage. Die Explosionen verkörperten den Atem und die Erwartung der Freiheit, die militanten Aktionen waren der einzige tatkräftige Zweifel, der einzige Instabilitätsfaktor für die Junta.

Die wichtigste Aktion gegen die Junta wurde vom «Griechischen Widerstand» am 13. August 1968 durchgeführt. Auf der Fahrtstrecke von Diktator Papadopoulos* wurde an Kilometer 38 der Küstenstraße bei Sounion Sprengstoff platziert. Seine Liquidierung scheiterte an ein paar Bruchteilen einer Sekunde. Alekos Panagoulis wurde festgenommen, ein unnachgiebiger und unbändiger Kämpfer, der durch seine mutige Haltung unter der bestialischen Folter und vor dem Militärgericht in den Augen des Volks zu einem Symbol wurde, zur Seele des Widerstands.

Die traditionellen Linken machten keine militanten Aktionen. Die KKE blieb ihrer Friedensliebe treu, sie wollte die Wiederherstellung der Demokratie und ihre Legalisierung. Von der nach dem Prager Frühling 1968 abgespaltenen eurokommunistischen Kommunistischen Partei des Inlands (KKE tou Esoterikoú) tanzten zwar gewisse Kräfte der Gruppe «Rigas Feraios» aus der Reihe – sie hatte sich nach dem Dichter und Helden des Griechischen Unabhängigkeitskriegs benannt – doch ihre Partei genierte sich nicht, Kader durch Europa zu schicken, um Jugendlichen Waffen und Sprengstoffe wegzunehmen und die Mitglieder von «Rigas Feraios» zu überwachen.

Die Strömung der revolutionären Linken organisierte ihre militante Praxis sehr ernsthaft. Ihre Organisationen versuchten ihre Aktionen quantitativ und qualitativ zu verbessern, sie wollten stabile Strukturen bilden und die Kommunikation zu den Teilen der Organisationen im Ausland wiederaufbauen. Sie kommunizierten Erfahrungen, tauschten Material aus und koordinierten ihre Aktionen so gut wie möglich. All das in einem extrem gefährlichen Umfeld und im Wissen, dass sie bei einer Festnahme von Theofilogiannakos, Malios, Mpampalis und deren Mitläufern ungezügelt gefoltert werden würden. Das widerfuhr ihren Genossen und anderen Kämpfern, Frauen und Männern, die in der Hölle der Staatssicherheit und der EAT-ESA* zu Märtyrern wurden.

Zwei Kämpfer, die zwei Organisationen der revolutionären Linken vertraten, diskutierten über die Möglichkeit gemeinsamer Aktionen. Plötzlich sahen sie, wie eine Gruppe von Geheimpolizisten in das Kafeneion, in dem sie saßen, hereinschneite. Bevor sie an ihrem Tisch waren, konnte der eine dem anderen gerade noch seinen Namen zuflüstern: Christos Kassimis. Er wollte seinen Genossen schützen, damit dem Richter nicht klar wurde, dass sie sich nicht legal kannten. Die Zivis liefen an ihnen vorbei, sie suchten Andere. Christos Kassimis, der die Gruppe 20. Oktober vertrat, kämpfte schon damals konsequent für die Einheit der revolutionären Kräfte. Sein Genosse atmete langsam tief aus: Er hätte den Namen von Christos Kassimis laut gerufen, damit er nicht in der Anonymität der Folter verschwinden würde.

Ich hörte der Erzählung mit angehaltenem Atem zu. Immer suchte ich nach den Quellen unserer lebendigen Geschichte. Und diese Quellen waren unerschöpflich. Ich hörte jenem Genossen der militanten Massenkämpfe zu, wie er in einfachen Worten über Sachen sprach, die für mich in die Sphäre der Mythen gehörten. Über legendäre Personen der Bewegung. Über Erfahrungen des antidiktatorischen Widerstandes, über Geschichten aus der illegalen Praxis.

Über die Folter. Er sprach «Folter» ganz selbstverständlich aus, dieser bescheidene Genosse, aber hinter dem Wort verbargen sich tage- und nächtelange Folter, Schläge auf die Fußsohlen, Erniedrigungen. Sie hatten ihm die Zähne aus dem Mund geschlagen, einen nach dem anderen. Nicht ein Wort war aus seinem blutigen Mund gekommen.

Einmal nahm er mich mit zu dem Haus der Menschen, die ihn als Illegalen während der Junta versteckt hatten. Die Hausherrin, eine angesehene Frau aus dem Volk, fragte nach mir, meiner Arbeit, meinen Verwandten. Ihr Genosse, der früher gelernt hatte, nicht so viel zu fragen, kritisierte sie sanft mit dem Blick. Ich ging mit dem Gefühl, einen Teil unserer Geschichte kennengelernt zu haben, ich hatte lebendige Träger der Solidarität getroffen. Ich fühlte mich stabiler auf meinen Beinen.

1972 begann es in der Studentenbewegung zu knistern und ab Anfang 1973 wurde die Mobilisierung intensiver und danach kam der große Ausbruch. Die Spitze der Studentenbewegung war der Zünder für die soziale Explosion im November. Am Abend des 14. November 1973, einem Mittwoch, wurde die Polytechnische Hochschule besetzt. Arbeiter, Angestellte, eine Menge Leute trafen sich mit den Studenten, Schülern, Jugendlichen, und ihren Kindern. Sie erinnerten sich durch diese an die Begriffe Widerstand, Kampf, Würde, Solidarität.

Wir fingen damals an, diese Vokabeln zu lernen. Diese drei Tage verdichteter Geschichte, dieser spontane Ausbruch, der die soziale Dynamik hatte, sich in eine richtige Revolte zu verwandeln, war für viele von uns Jüngeren der Beginn unseres Engagements für die revolutionäre Sache.

Für mich entstanden aus der blutigen Niederschlagung einerseits und dem Fehlen einer Organisation andererseits meine Grundideen, die meine weitere politische Praxis bestimmten. Wie mussten wir uns für einen so großen Tag organisieren, der dann auch noch siegreich sein sollte? Bei mir kam die Idee auf, welche italienische Kämpfer ein paar Jahre später auf den Straßen skandieren sollten: Nie wieder unbewaffnet!

Auf jener Bank sitzend blickte ich mit meinen 23 Jahren zurück auf meine politische Geburt und wartete darauf, mich mit dem 17. November zu treffen. Für mich war jener November einer der wichtigsten Momente des sozialen Kampfes in unserem Land.

Und weil er ein Moment des Kampfes war, war er den Gesetzen des Kampfes unterworfen. Der Angreifer folgte diesen Gesetzen genau, er setzte überwältigend starke Kräfte, Militär und Polizei ein und vernichtete unerbittlich den revolutionären Moment des Novembers. Unsere Seite, die der sich Verteidigenden, war auf diese unausweichliche Konfrontation in jeder Hinsicht völlig unvorbereitet. Es gab heroischen Widerstand, mit allem, was man in diesem Moment in die Hände bekam. Es gab spontane, unorganisierte, unzusammenhängende offensive Aktionen. Staatliche Gebäude wurden angegriffen, dutzende Demonstranten verletzt oder von den Kugeln der Spezialeinheiten getötet.

Weil ich den November so analysierte, betraf meine zentrale Schlussfolgerung nicht den Widerstand, sondern die fehlende Vorbereitung auf Seiten der Revoltierenden. Der Schlüssel war also die theoretische, politische, subjektive und materielle Vorbereitung auf den nächsten, größeren und siegreichen November. Es würde ein langer Prozess sein, der aber schon jetzt beginnen musste.

Und für die Vorbereitung eines neuen Novembers wirkte nichts symbolisch richtiger als ein 17. November. Wenn ein 23-Jähriger glaubt, dass etwas notwendig ist, und er konsequent sein will im Denken und Handeln – dann meint er auch am Tanz teilnehmen zu müssen. Mit all den Konsequenzen, die ein solcher Entschluss mit sich bringt. Aufgrund seiner Sicht der Geschichte kannte er sie auch.

Mit der Metapolitefsi endeten die revolutionären Gruppen. Viele Mitglieder traten bei legalen politischen Organisationen ein. Viele blieben dieser Politik fern, arbeiteten bei Massenkämpfen mit, bescheiden, anonym für die Mehrheit, sie wollten aus ihrer Praxis, ihrem Kampf und ihrem Blut kein politisches Karrierekapital schlagen.

Es gab damals ansatzweise Versuche mehrere militante Organisationen ausfindig zu machen, um über Perspektiven einer gemeinsamen Praxis zu diskutieren. Doch diese Versuche blieben aufgrund zu vieler zentrifugaler Tendenzen ergebnislos. Zu viele waren eher nachdenklich oder skeptisch. Dann entstand ELA, aufgrund eines konkreten Vorschlags, bei dem Christos Kassimis eine führende Rolle spielte. Die erste offizielle ELA-Aktion war bewaffnete Propaganda: Das Abfackeln US-amerikanischer Fahrzeuge am 29. April 1975 in Elefsina, als dort US-Schiffe im Hafen lagen. Zeitgleich erschien das erste Heft der «Antipliroforisi».

ELA entwickelte sich zunächst mitreißend und in großen Sprüngen. Der ideologische, politische und organisatorische Plan von ELA, ihre Einladung zu direkter Aktion, das Verbindende, was ihre Gründung ausstrahlte, fanden damals unmittelbare Resonanz in der revolutionären Szene. Für viele Kämpfer war ELA eine hoffnungsvolle Ketzerei, weil ELA den bewaffneten Kampf nicht als hauptsächliche und ausschließliche Kampfform pries, sondern von der Kombination aller Kampfformen sprach, «vom Massenkampf bis zu den spezialisierten Aktionen der bewaffneten Propaganda».

ELA war auch ein Hoffnungsträger, weil er sich nicht als Avantgarde sah, sondern als ein Element unter anderen in der Bewegung. In der radikalen linken Szene, wo es von «Avantgarde», einzig revolutionären Wahrheiten, Hegemonien usw. nur so wimmelte, hörten sich solche ungewohnten Worte erfrischend an.

ELA fand Anklang, weil viele aus dieser Szene von den sehr eng begrenzten Ansichten «unserer» Gruppen enttäuscht waren. Die erforderliche Einheit, die während des Novembers 1973 so klar geworden war und die speziell von Christos Kassimis betont wurde, schien sich mit dem ELA-Vorschlag eines gemeinsamen Weges mit einer einheitlichen politischen Praxis zu verwirklichen.

ELA war im Endeffekt die überzeugende Antwort auf die Fragen, die sich in der Zeit der Metapolitefsi stellten und entsprach deren radikalem Geist in einem neuen ökonomischen und sozialen Umfeld der finanziellen und sozialen Krise. Das Kapital stieß nach der uneingeschränkten dreißigjährigen Akkumulationsphase der Nachkriegszeit an seine inneren Grenzen. Eine tiefe Überproduktionskrise wurde schon 1973 sichtbar und ihre Auswirkungen waren in Griechenland sofort spürbar: Die abhängige Entwicklung und die schwache produktive Basis verstärkten den Rückgang der industriellen Produktion und der Investitionen und verringerten den Handel. Es folgte die Abwertung der griechischen Landeswährung Drachme. Die Inflationsrate lag bei über 30 Prozent und die Arbeitslosigkeit nahm gerade bei den Jüngeren zu.

Der Massenzulauf vieler lebendiger revolutionärer Kräfte Richtung ELA war, wie gesagt, eine Antwort auf die Fragen jener Zeit. Genauer gesagt war es ein ganzes Spektrum von Antworten, die in den Brennpunkten direkte militante Aktion, bewaffnete Propaganda und unbewaffnete Gegeninformation zusammenliefen.

Die Gemeinsamkeit der Antworten ließ aber nach, je mehr sich ihre Umwandlung in Taten weiterentwickelte. Unterschiedliche Antworten begannen heranzureifen.

## Kapitel 11
## Die Anfänge des 17N

In einer ELA-Zelle entwickelte sich schon sehr früh eine andere, «weiterführende» Fragestellung. Diese Zelle hatte sich im Spätsommer 1974 gebildet. Sie wurde organisationsintern besonders geschützt und nahm am Gesamtzusammenhang ELA kaum teil – zu den Koordinationstreffen der Zellen schickte sie nur einen Delegierten. Die Ergebnisse ihrer Diskussionen betrafen sowohl das Organisatorische des ELA wie auch deren Formen der Praxis. In organisatorischer Hinsicht forderte sie eine größere Selbstdisziplin und Bereitschaft für eine illegale Organisation, sah jedoch keine Notwendigkeit das Organisationsmodell zu verändern. Als Gruppe arbeitete sie nach dem Konsensprinzip.

Hauptsächlich unterschied sie sich durch das ihrer Ansicht nach erforderliche Aktionsniveau der politischen Intervention. Sie glaubte, dass die Aktionen, wie sie ELA befürwortete, nicht den Notwendigkeiten der bewaffneten Propaganda entsprachen. Weder wurden sie der Volkstimmung gerecht, die eine Bestrafung der Schuldigen für die großen Verbrechen der Diktatur verlangte, noch durchbrachen sie effektiv das Monopol der Staatsgewalt und gaben keine adäquate Antwort auf die Gewalt des Staates, des Imperialismus und des Kapitalismus. Folglich meinte diese Zelle, dass ELA nicht genügend dazu beitrug, die Arbeiter und die Jugend auf eine wirksame alltägliche und langfristig große Konfrontation vorzubereiten. ELA trüge nicht entschlossen genug zur vielfältigen Vorbereitung bei, deren Horizont das bewaffnete Volk als einzige und notwendige Voraussetzung für die Volksmacht und den Sozialismus sei. Die Ziele der revolutionären Organisationen seien nur durch «große» Aktionen zu erreichen.

Diese Auseinandersetzung war keine «technische», es ging nicht nur um kleine versus große Aktionen der Gegengewalt. Selbst wenn es damals als «technische» Frage diskutiert wurde, ging es in theoretischer, politischer und organisatorischer Sicht um zwei komplett unterschiedliche Auffassungen. Die These, dass eine Organisation der Volksgegengewalt mit ihrer Praxis auf zentrale politische Interventionen abzielen müsse und ihre Aktionen politische Ereignisse erzeugen und die Machtfrage stellen müssten – die logisch zu «zwei Machtpolen» führen würde, hatte Konsequenzen, die zu anderen Formen von Organisierung und Handeln führten: Es ging um eine geschlossene und «engere» Organisation, die auf einer anderen politischen Ebene der Kampfformen agieren würde, deren Priorität eindeutig der bewaffnete Kampf war. Ihr Schwerpunkt wäre Guerilla. Wir müssten militant und entschlossen durch starke Aktionen den «Fokus», den revolutionären «Herd» entzünden und dem «Fokus»* würde der Träger, die Partei entspringen… Diese Vorstellung entsprach dem Geist der Erklärung der Trikontinentale von Havanna.

Doch steckte diese Ansicht in jener ELA-Zelle noch in den Kinderschuhen. Genauer gesagt versuchte sie gerade ihren ersten Schritt zu machen, der in Wirklichkeit ein Sprung war. Ein riesiger Sprung im Denken über die bis dahin bekannten Wege des revolutionären Prozesses. Ein qualitativer Sprung auch hinsichtlich der Vorschläge, die man üblicherweise bei den Koordinationstreffen hörte: Aktionen, die die Organisation – ELA – mit den Nachbarschaftskämpfen, den Kämpfen an den Arbeitsstellen und Universitäten, mit allen politischen Kämpfen verbinden würden. Aktionen «niedriger» Gewalt mit einfachen Mitteln: Benzin für Brandanschläge, ein wenig Sprengstoff; «Massenaktionen» wie die Änderung eines Straßennamens, das Verprügeln eines Spitzels, Solidarität mit einem Streik und schließlich Aktionen zur Gegeninformation.

Der konkrete Aktionsvorschlag jener Zelle hätte einen gigantischen Sprung über den üblichen Gang der Dinge in der Organisation hinaus bedeutet: Es war die Liquidierung des Folterers Theofilogiannakos*.

Theofilogiannakos repräsentierte in den Gedanken derer, die die Gründergeneration des 17N bilden sollten, viel mehr als einen wichtigen Folterer der Junta. Er stand für die Kontinuität des repressiven Staats, für die Verräter und Tagmatasfalites, für die parastaatlichen Banden und die Folterer. Der Vorschlag, ihn zu töten, war, vielleicht auch unbewusst, Teil und Weiterführung der kollektiven – und persönlichen – kämpferischen Erinnerung.

Die Idee, einen wichtigen Kader der Junta umzubringen, war nicht neu in der revolutionären Szene. Sie kam seit jenem Tag im Jahr 1968, an dem der Juntachef nur um ein Haar der strafenden Hand von Panagotis, des Vollstreckers des Volkswillens, entkam, immer wieder auf.

Aus diesen Gründen hielten die ersten Genossen des 17N diese Tat für gerecht, legitim und zu einer revolutionären Organisation passend. Allerdings informierten sie aus Sicherheitsgründen nicht ELA, von dem sie sich zu diesem Zeitpunkt bereits entfernten.

Dieser Folterer der EAT-ESA musste aufgespürt und seine Wege ausgekundschaftet, die Maßnahmen, die er zu seinem persönlichen Schutz traf, erkannt werden. Das war alles andere als einfach, da er immer aufpasste. Ihn schützte die Angst eines Täters, der aus sicherer Position absolute Macht über Leben und Sterben seiner ungeschützten Opfer gehabt hatte.

Danach musste die Aktion geplant werden, Autos enteignet und dauernd bewegt werden, damit sie nicht gefunden würden: Noch etwas, das nicht einfach war, da man immer wieder neue praktische Probleme vor sich hatte, die gelöst werden mussten. Diese ganze Prozedur nahm einige Zeit in Anspruch. Endlich wurde der erste Versuch gestartet, doch die Koordination der Bewegungen der Gruppenmitglieder stieß auf unerwartete Hindernisse und die Aktion wurde gestoppt. Beim zweiten Versuch wohnte der Folterer nicht mehr dort.

Vielleicht wäre der Lauf der bewaffneten Bewegung in Griechenland ein anderer geworden, hätte diese Aktion damals stattgefunden – ein paar Monate nach dem Zusammenbruch der Junta, als das Volk am Kochen war, und die radikalisierten Jugendlichen ihre revolutionäre Identität suchten.

Jahre später diskutierten wir als 17N die Veröffentlichung eines kleinen Buches ähnlich den *Actas Tupamaras – Wir, die Tupamaros*, mit den wichtigsten Aktionen der Organisation. Damals sprachen wir viel über diese Aktion, ihre praktischen Einzelheiten und ihre politischen Dimensionen – und natürlich auch über unsere fehlenden Erfahrungen.

Das Fehlen elementarer Kenntnisse vom Autoklauen zum Beispiel. Bis sie es schafften, eine Tür zu öffnen, einzusteigen und den Motor zu starten, vergingen sehr viele Versuche und Nächte des Umherirrens auf den Straßen. Und als sie es an die vorgesehene Stelle fuhren, um die Nummernschilder zu wechseln, merkten sie, dass sich die rostigen Schrauben mit ihrem Werkzeug nicht lösen ließen. Nach Stunden, es wurde bereits hell, machten sie einen dieser antikonformistischen Züge, die sozusagen die interne «Schulung» der Organisation waren, der einzigartige «Stil» des 17N: Sie beschlossen, das Auto zurückzubringen, das richtige Werkzeug zu kaufen und, falls die Zeit reichte, es am selben Tag oder dem nächsten nochmal zu holen.

Sein Besitzer dürfte am Morgen an seinem Erinnerungsvermögen gezweifelt haben: Das Auto stand ein bisschen weiter weg, als er gedacht hatte, denn in der Nacht hatte es nur noch einen anderen Parkplatz gegeben. Die Genossen warteten derweil immer noch voller nächtlicher Anspannung, Staub und Dreck mit vor Müdigkeit geröteten Augen darauf, dass die Eisenwarenhandlung in Monastiraki öffnete. Der Ladenbesitzer gab ihnen die Zange, die Blechschere, den Metallbohrer… und zwinkerte schelmisch mit einem Auge: «Also, na dann frohes Schaffen!»

Doch es war diesem Auto nicht beschieden, alt zu werden. Als sie es geholt hatten und nach allen Schwierigkeiten endlich die Nummernschilder ausgetauscht hatten, mussten sie feststellen, dass kaum Benzin im Tank war. Zum Glück fanden sie im Kofferraum einen Kanister mit Benzin – nein: der nach Benzin roch. Erst als das Auto mitten auf der Straße die Weiterfahrt verweigerte, merkten sie, dass es doch kein Benzin gewesen sein konnte…

Beim nächsten Auto, das sie nach etlichen Versuchen klauen konnten, verbanden sie die Zündkabel. Der Genosse, der diese Kabel-Bypass-Operation mit Wollhandschuhen und ohne einen Helfer, der ihm den Schweiß abtupfte, durchführte, hob plötzlich die Augen, weil er einen Zuschauer spürte. Ein Pope hatte sich an das Fenster des Beifahrers gebeugt und schaute ihm mit einem kritisierenden «Du sollst nicht stehlen»-Blick zu. Den ganzen Fluchtweg lang hielt der Genosse die Kabel zusammen, obwohl seine Finger fast verbrannten.

Solche und dutzende andere Probleme bremsten, egal wie sehr die Erinnerung an die vielen Genossen, die gefoltert wurden, und die Demoparolen «Gebt die Junta dem Volk», «Tod den Folterern», «ESA SS Folterer» zur Eile antrieb. Hinzu kam die provozierende Straflosigkeit der Folterer durch den «Europäer» und «Volksanführer» Karamanlis. Für ihn war der Fortbestand des Staats wichtiger, er brauchte Experten für die «Kommunistenverfolgung». Er konnte den staatlichen Repressionsinstitutionen nicht einmal beibringen, dass Folter von nun an bestraft werden würde.

Bei der Gerichtsverhandlung gegen Theofilogiannakos und seine Mitläufer in der EAT-ESA lachten die Folterer, als ihre Opfer über die Spuren der bestialischen Gewalt aussagten. Spiros Moustaklis* kam in einem Rollstuhl, sie hatten sein Gehirn auf ewig zerstört. Alekos Panagoulis sagte knapp und ehrlich vor Gericht: «Nur wenn es Gerechtigkeit gibt, wird Selbstjustiz vermieden werden.» Die Richter und die Staatsanwälte hatten sieben Jahre lang der Militärdiktatur gedient, sie hörten den Prahlereien Theofilogiannakos' verständnisvoll zu – er hätte nur «seine Pflicht gegen den Kommunismus getan». Das Gericht ließ keine Gerechtigkeit walten und der oberste Folterer wurde auch nicht von der Volksjustiz gerichtet … Bei Mallios würde sie diesen Fehler nicht begehen. Auch nicht bei Mpampalis.

Die Organisation arbeitete systematisch gegen die Folterer. Sie sammelte auf diverse Arten Informationen und baute ein Archiv auf. Sie fand einen schlauen Weg sie zu fotografieren. Durch die Fotos wurden sie identifiziert. Sie mussten bei jedem absolut sicher sein. Wenn es nur den geringsten Zweifel gab, holten sie eine zwei- oder dreifache Bestätigung ein. Einmal verkleidete sich ein Genosse als Reporter und «interviewte» einen Kämpfer, der sehr stark gefoltert worden war, und zeigte ihm ein «Album» mit den Fotos der Folterer. Unter dem Foto des einen, bei dem sie sich sicher sein wollten, dass er wirklich die besagte Person war, hatten sie den Namen eines anderen Folterers geschrieben. Der alte Kämpfer – er lebt seit Jahren nicht mehr – strich den falschen Namen durch und schrieb den richtigen hin. Ich habe die Seiten mit den Fotos und der handschriftlichen Korrektur selbst gesehen.

Die griechischen Kapitalisten gaben die Folterer nicht der Wut des Volkes preis. Sie wurden für ihre Dienste durch hohe Renten oder durch Stellen als «Sicherheitsbeauftragte» in ihren Unternehmen belohnt, wo sie die Arbeiter terrorisierten. Die Reeder waren da ganz vorn dabei: Viele Folterer fanden eine glückliche Zuflucht in den Firmen des superreichen Öl-Tycoons Giannis Latsis in Saudi-Arabien und anderswo.

Der nächste Aktionsvorschlag war noch wichtiger. Die wenigen Mitglieder des eben entstandenen 17N spürten, dass in der Geschichte der Bewegung und der Geschichte generell noch eine Rechnung offen ist: Sie planten, die meistgehasste Person im ganzen Land zu entführen, den CIA-Repräsentanten in Griechenland! Sie würden ihn so lange wie nötig gefangen halten, verhören, und die Ergebnisse des Verhörs dem Volk und der Geschichte übergeben. Und der Abgesandte der CIA weiß sehr viel. Über Griechenland und dessen Umfeld – das Land spielt für die Interventionen der USA in der ganzen Region eine wichtige Rolle. Er weiß viel über die revolutionären Bewegungen der ganzen Welt, nicht nur der Länder, in denen er die schmutzige konterrevolutionäre Arbeit der CIA organisiert hatte.

Speziell erwarteten sie von dem Verhör, dass es Licht auf die neuere Geschichte Griechenlands werfen würde, schließlich war das Land seit 1947 ein Protektorat der USA. Ein wirtschaftlich, politisch, kulturell und militärisch unterlegenes Land: Militär und Polizei standen im Endeffekt unter dem Befehl der militärischen und polizeilichen Autoritäten der USA, die Geheimdienste waren Zweigstellen der CIA. Der CIA, die ein ganzes Netzwerk geflochten hat, um die finanziellen und politischen Entscheidungen zu kontrollieren. Sie hat Minister und Ministerpräsidenten als Agenten rekrutiert, Ministerialbeamte, Offiziere, Unternehmer, Intellektuelle, Künstler. Sie hat Akten über alle angelegt. Die CIA steckte hinter allen Verschwörungen und allen Verbrechen gegen das griechische Volk.

Die Entführung des CIA-Repräsentanten würde eine Aktion von höchster Wichtigkeit sein, mit weltweiter Resonanz, eine äußerst politische Aktion. Sie müsste bis ins kleinste Detail vorbereitet werden, alle Möglichkeiten gründlich untersucht werden, alle Konsequenzen, die eine längere Gefangennahme haben könnte. Monatelange fieberhafte Vorbereitung, der Druck war nur schwer auszuhalten. Manch einer kam nicht damit klar und zog sich zurück… Die Kräfte waren minimal, sie reichten nicht, weder für die Entführung, noch für die Bewachung des Chefagenten, noch für das Verhör und alle erforderlichen Unterstützungsaktionen. Sie spielten mit dem Gedanken sich an ELA zu wenden, doch schätzten sie, dass die nicht positiv antworten würde. Die spätere Entwicklung bestätigte sie.

Der Entführungsplan wurde daher letztlich fallengelassen. Mit ihm wurde auch das Haus aufgegeben, das als «Volksgefängnis» hätte dienen sollen. Die Umbauarbeiten vieler Monate waren umsonst gewesen.

Stattdessen wurde die Erschießung des CIA-Agenten beschlossen. Sein Wohnsitz war einem Teil der revolutionären Bewegung von früher bekannt. Während der Aktionsplanung wurde der CIA-Repräsentant St. Holts aber aus Griechenland versetzt und seit dem 30. Mai 1975 blieb die Villa im Athener Vorort Psychiko geschlossen. Sein Nachfolger wurde einige Tage später gesichtet. Er benutzte das gleiche Auto mit den grünen Diplomatennummernschildern, ΔΣ 3 131, allerdings mit einem anderen Fahrer. Während kleinerer Umbauarbeiten an seiner Dienstvilla blieb er in der Villa seines Stellvertreters P. East, die ein Stück weiter an derselben Straße lag.

Die Genossen mussten sich nun vergewissern, dass es sich tatsächlich um den neuen Repräsentanten handelte, und dessen Namen herausfinden. Das Problem wurde durch das «Ei des 17N» gelöst, einen sehr einfachen, aber intelligenten Trick. Der Hochmut der Amerikaner und ihre Verachtung des griechischen Volkes und der revolutionären Organisationen konnten ausgenutzt werden, weil sie glaubten, dass es keine entschlossenen Kämpfer gäbe und sie deshalb auf wesentliche Sicherheitsmaßnahmen verzichteten. Vielleicht glaubten sie auch selbst an den Mythos der «unsichtbaren» allmächtigen CIA. Die Genossen nutzten auch die Widersprüche der Funktionsweise der amerikanischen Geheimdienste, um den vollen Namen und die tatsächliche Eigenschaft des Ersten Sekretärs der Botschaft zu erfahren – des Abgesandten der CIA, Richard Welch.

Welch war nicht neu in Griechenland. Er hatte die griechische Sprache während seiner ersten Amtszeit von 1952 bis 1960 perfekt gelernt. Es waren die Jahre, in denen die amerikanische Vorherrschaft in Griechenland etabliert wurde, er diente bei der amerikanischen Militärmission JUSMAGG, die in militärischer und politischer Hinsicht eine Schlüsselrolle innehatte. In diesen neun Jahren rekurrierte oder «manipulierte» Welch viele griechische Politiker und Offiziere, die das Wohlwollen der Supermacht-Vertreter suchten, um Karriere zu machen. Er spielte eine wichtige Rolle beim Entwurf der Pläne «Perikles» und «Prometheus», die bei den «Wahlen der Gewalt und des Betrugs» von 1961 und dem Militärputsch 1967 eine Rolle spielten.

Von 1961 bis 1964 war er für die CIA auf Zypern. In seiner Position unterstützte er den US-Plan für eine Teilung der Insel und die geplante Achse Israel – Zypern – Griechenland. 1964, nach den Angriffen auf die türkischen Zyprioten, die er für die CIA auf der Insel organisiert hatte, ging er nach Lateinamerika. Dort nahm er an führender Stelle mehr als zehn Jahre lang an dem konterrevolutionären CIA-Plan für den ganzen Subkontinent teil. Zehntausende «Verschwundene» und abertausende Gefolterte sind die blutigen Spuren, die er in Südamerika hinterließ.

1975 kam die CIA zu der Ansicht, dass Griechenland und die umliegende Region seine «Expertise» bräuchten. Mitte Juni 1975 kam er zur Verabredung mit seinem Schicksal nach Athen.

Die Genossen observierten seine Bewegungen sehr vorsichtig und mit ganz unterschiedlichen Methoden. Unter anderem nutzten sie die lokale Buslinie von Psychiko. Der Bus fuhr eine große Runde, und es kostete sie viel Zeit, bis sie mit den Gewohnheiten der Fahrgäste vertraut waren ohne den misstrauischen Kontrolleuren aufzufallen.

Welch ging am Abend selten aus. Die erste Aktion des 17N sollte aus Sicherheitsgründen in der Nacht stattfinden, die Dunkelheit des Vororts sollte sie schützen. In den zwei Monaten vor der Aktion gingen sie nicht mehr nach Psychiko.

Welch war der Typ Agent, der keine Leibwächter hatte, weil die auf ihn aufmerksam gemacht hätten. Zu diesem Typus gehörten auch ein paar seiner Nachfolger, die meistens schlichte europäische Automodelle benutzten. Welch' Fahrer war kein Leibwächter, es wurde beschlossen, ihm nichts anzutun.

Der Aktionsplan stand. Die Rolle jedes einzelnen wurde festgelegt: Wer fahren würde, wer Deckung geben, wer schießen würde. Als der Tag der Aktion dämmerte musste man aber feststellen, dass sich Theorie und Praxis unterscheiden.

Je näher das Auto Psychiko kam, desto langsamer fuhr der Fahrer. Dann hielt er an. Er hatte politische Meinungsverschiedenheiten mit der Aktion, der Organisation…

Bei militanten Aktionen ist es so, dass alle Teilnehmer, besonders diejenigen, die eine exponierte Rolle übernehmen, mehr oder weniger Angst haben. Wir haben Angst. Die Angst wird durch logische, innerliche Bearbeitung, durch individuellen und kollektiven Umgang von jedem einzelnen überwunden. Manche schaffen es nicht. Wenn sie ehrlich dazu stehen – niemand ist ihnen deswegen böse oder lacht über sie – bleiben sie meist als Unterstützer in der Organisation; selbst, wenn sie sich zurückziehen, helfen sie immer auf die eine oder andere Art. Die aber, die «Differenzen» oder «politische Meinungsverschiedenheiten» vorgeben, um ihre Angst zu verstecken, können sich in Gegner der Organisation verwandeln.

Am Abend des 23. Dezembers 1975, gegen 22.30 Uhr, fuhr ein grüner Simca mit geknacktem Lenkradschloss und einem Fahrer, der keine «Meinungsverschiedenheiten» hatte, an das Auto von Welch heran, das vor dem Garten der Villa gehalten hatte. Der Genosse würde mit einem alten .45er Colt schießen, einer geschichtsträchtigen Pistole, die an Kämpfen und Revolutionen teilgenommen hatte… Er hatte unzählige Mal geübt, aus bestimmtem Abstand, vor ihm stehend das Bild des legendären Welch. Deshalb rief er auch «Hände hoch!», so dass er den Abstand und die Position wie beim Üben vor sich hatte. Um die Kraft zu finden den Abzug zu drücken, dachte er – wie er Jahre später erzählte – an die unzähligen Opfer der CIA in Griechenland, Zypern, Lateinamerika… Mit drei Kugeln beendete er eine blutige Laufbahn.

Der Genosse, der mit der Maschinenpistole in der Hand die Deckung übernommen hatte, konnte es nicht fassen, dass die Aktion, die sie so viele Monate lang vorbereitet hatten, tatsächlich stattgefunden hatte. Er hatte wie beim Übungsschießen auf kleine Explosionsgeräusche gewartet, aber die drei Schüsse waren von den Bäumen und den Büschen und der Nacht verschluckt worden, wie in einer zusammengepressten oder auseinandergezogenen Zeitverzerrung. Doch selbst als dumpfe Geräusche holten sie ihn in die Realität zurück. Er folgte den beiden anderen in einem gewissen Abstand zum grünen Simca. Freude und Erleichterung überfluteten ihn. Er blieb mitten auf der Straße stehen. Er hob die Hand in einem dicken, wollenen Handschuh und streckte die Maschinenpistole in die Höhe. Er jubelte. Und hörte den Jubel an Hunderten Orten in aller Welt.

Ein Auto bog um die Ecke. Er wurde von dem Scheinwerferlicht erhellt: Ein Mann voller wilder Freude, der eine Maschinenpistole gen Himmel hält. Das Auto bremste, hielt. Dann fuhr es seine Kurve zu Ende und verschwand.

In dieser Nacht bekam die Gruppe, die ein neues und anderes Kapitel der revolutionären Bewegung aufschlug, offiziell ihren Namen: Revolutionäre Bewegung des 17. November. Noch in derselben Nacht wurde eine vierseitige Bekanntmachung, die mit «Der Kampf geht weiter» endete, in ein paar proletarischen Vierteln verteilt und an viele Zeitungen verschickt, auch Reporter wurden angerufen, um die Verantwortung zu übernehmen. Die Presse wurde informiert. Die Regierung wurde informiert. Die Parteien wurden informiert.

Doch von weit oben kam ein Befehl: Verdeckt es. Verdreht es. Es darf nicht bekannt werden. Die Zeitungen verfassten fantasievolle Szenarien. Die Parteien redeten von einer Abrechnung zwischen Agenten.

Zwei Tage später verschickte der 17N eine neue Bekanntmachung. Auch sie wurde von der Dunkelheit der Informationssperre und Sprachregelung «Provokateure» verschluckt.

Die Zelle, die später den 17N bilden sollte, hatte ELA bereits im Frühling 1975 verlassen, aber an dem Tag, an dem die zweite Bekanntmachung veröffentlicht wurde, informierte ein Genosse einen sehr engen Kreis des ELA offiziell, wer die Aktion durchgeführt hatte. Die Reaktionen waren unterschiedlich. Sehr. Christos Kassimis war einer, der wütend wurde. Doch hatte er die Größe, später, besonders nach der Erschießung von Mallios, voller Wärme über die Genossen des 17N zu sprechen.

Ein paar Tage später bat der 17N über seine Kontaktperson den ELA 5.000 Kopien der ersten Bekanntmachung zu Welch zu drucken und zu verteilen. ELA weigerte sich und bot einen handbetriebenen Vervielfältiger an. Der 17N wollte ELA seine Ansichten schriftlich erklären und ein Vertreter der Organisation las einen mehrseitigen Text mit Thesen des 17N, die einen Plan für die Zusammenarbeit enthielten, auf einem Delegiertentreffen der ELA-Zellen vor. Bei diesem Treffen wurden wie sonst auch alle Sicherheitsmaßnahmen getroffen. Zum Beispiel waren sowohl der Vertreter des 17N wie auch die Vertreter der Zellen vermummt, so dass sie sich untereinander nicht erkennen konnten. Der ELA beschloss sein Aktionsprogramm weiterzuverfolgen und seine Beziehung zum 17N auf der Ebene des gegenseitigen Informationsaustausches zu belassen.

Der 17N druckte und verteilte die Bekanntmachung in den Arbeitervierteln weiterhin. Per Post und sonst wie ging sie an ausländische Zeitungen und Korrespondenten ausländischer Medien. Die Mauer des Schweigens, die die CIA weltweit errichtet hatte, blieb undurchdringlich. Wenig später wurde ein ausführlicher Text mit Details der Aktion gegen Welch an eine Person mit großem Prestige in französischen philosophischen und literarischen Kreisen übermittelt, die heute noch anonym bleiben soll. Aufgrund der Bedeutung und der Glaubwürdigkeit dieser Person gelangte der Text zur Zeitung *Liberation*. Doch er blieb in den Tiefen ihres Tresors liegen. Neun Monate lang wurde er verborgen, bis er nach der Aktion des 17N gegen den Folterer Mallios das Licht des Tages erblickte.

Die Nachforschungen des 17N über die Folterer der EAT-ESA und der Staatspolizei in der Mpoumpoulinas-Straße liefen die ganze Zeit über weiter. Endlich fanden sie einen der Schlimmsten: Mallios. Er war der Chef der Folterer bei der Staatspolizei. Er hatte Spaß daran, die Kämpfer, die durch die Hände seiner Geheimpolizisten gingen, persönlich zu foltern. Er war so dreist und feige, vor

Gericht zu behaupten, es hätte keine Folter gegeben: Alles sei eine Verschwörung der Kommunisten, um das Ansehen der Polizei in Frage zu stellen. Die Richter, die der Diktatur ähnlich gut gedient hatten, schützten dieses «Ansehen» natürlich: Er erhielt eine Geld-, beziehungsweise Ersatzfreiheitsstrafe von zehn Monaten. Wie viel kosteten die Gewalt, die Schläge, die Elektroschocks? Wie viele Drachmen für jede Wunde, wie viele Münzen für jeden Schrei nicht aushaltbarer Schmerzen? Acht Folterer, die mit Mallios vor Gericht standen, wurden freigesprochen. «Unschuldig» lautete auch das Urteil über Mpampalis.

Am 13. Dezember 1976 begegnete der vom Dienst befreite, aber im Geheimen aktive Ratgeber der «demokratischen» Staatspolizei, der Chef der Folterer Mallios, der strafenden Hand der Justiz des Volkes. Derselbe alte .45er-Colt, mit dem auf Welch geschossen worden war, verletzte ihn schwer. Dem Genossen, der das Fluchtauto fuhr, hallten die Schreie der Opfer des Folterers in den Ohren und er versuchte ihn zu überfahren. Doch dadurch verdeckte er ungewollt die Sicht des Genossen, der erneut schießen wollte. Mallios wurde erst mit Verspätung ins Krankenhaus gebracht. Nur im Kleingedruckten einer Zeitung stand der Grund dafür: Als die Fahrer der Autos, die anhielten, um ihn ins Krankenhaus zu bringen, von den Anwohnern erfuhren, wer er war, fuhren sie weiter…

Viele Kilometer entfernt, in dem Dorf Terpni bei Nigrita in der Region Serres, inmitten bitteren Staubes, der aus den Tüchern mit den Stapeln trockener Tabakblätter quillt, wurde die Bitterkeit in der Seele meines kommunistischen Opas erleichtert: «Enkelsohn, unsere Leute haben es getan. Kinderchen, die gefoltert wurden, haben ihn erschossen.» Der Instinkt der einfachen Leute war der Propaganda der Regierung und der Parteien weit überlegen. Lass die Parteien ruhig reden, unter ihnen auch seine eigene. Opa hörte nur auf die Freude in seinem Herzen: Die Orthodoxie ist von der Häresie vernichtend geschlagen worden…

Als ich später die einfache Bekanntmachung des 17N las, war es ein Satz, der mich gefangen nahm und lange Zeit fesselte: «Die Straffreiheit der ‹Dosilogoi› wird sich nicht wiederholen.» Tatsächlich war Griechenland das einzige Land Europas, in dem die Kollaborateure der Nazis, die Dosilogoi, von ganz wenigen Ausnahmen abgesehen, nicht bestraft wurden.

Diese Worte erschütterten mich. Wie ein Schlag auf das Gewissen, wie ein Lichtstrahl im Verständnis der Geschichte, der Seele des Volks, meiner selbst. Es gibt Momente in der Geschichte eines Volkes, in denen eine einzige Tat, ein einziger Satz ganze Areale in den Tiefen seiner Seele aktiviert, die scheinbar vergessen waren. Wie ein Musikinstrument, das staubig im Lauf der Zeit und der Gewohnheit in der Ecke steht, aber von einer einzigen Note neu gestimmt wird, einem weit entfernten Ton. Es pulsiert, erwacht zum Leben und fordert seine Rechte. Ein Satz: «Es wird sich nicht wiederholen».

Mallios war kein zufälliger Folterer, keine soziale oder historische Ausnahme.

Er repräsentierte die härteste repressive Form der griechischen Geschichte. Mallios war ein Verräter, ein Dosilogos, ein Kapuzenträger-Denunziant während der Besatzung, ein Kollaborateur, der Tagmatasfalitis, der Paotzis, der Folterer von Makroniso, ein Parastaatlicher, der Mörder von Lamprakis, der Killer von Petroulas*. Mallios selbst, der Chef der Folterer der Junta, der im Nachhinein als inoffizieller Ratgeber der «demokratischen» Staatspolizei fungierte. Der später in den USA ausgebildete Vorsitzende der Antiterroreinheit, der folternde Staatsanwalt, dem Orden verliehen wurden…

Derjenige, der unsere Großväter, unsere Väter, uns selbst schlug. Doch nun hatten wir geantwortet. Wir hatten ein wenig von unserem Blut zurückerobert. So wurde allmählich die Verbindung zwischen der revolutionären Organisation und dem Volk geknüpft, so wurde das Gewebe der kollektiven kämpferischen Erinnerung aufs Neue gesponnen, so wurde der Faden der Kontinuität der revolutionären Tradition wieder eingefädelt. So entstand wieder das Gefühl für die Geschichte.

Ungefähr 25 Jahre nach der Liquidierung des britischen Militärattachés durch den 17N erklärte ein englischer Offizier in London: «Seit 1945 war in Athen kein englischer Offizier mehr getötet worden.» Sie fühlten sich historisch als Kolonialmacht. Wir wollten die Wiederherstellung des historischen Denkens der Revolte.

Die revolutionäre Bewegung fordert die Revolte des Volkes. Das Volk fordert zuerst, dass die revolutionäre Bewegung Rache nimmt. Für die Jahre, in denen es blutete, erniedrigt und gedemütigt wurde. Es fordert Rache für unser vergossenes Blut. Es fordert Gerechtigkeit.

Wir wollten die Revolution. Die große Rache der Träume. Die wichtigste Aufgabe der Justiz des Volkes. Wir schrieben und beschrieben den Weg, der uns dorthin führen würde.

Im April 1977 verfasste der inzwischen auf festen Füßen stehende 17N einen wichtigen Text. Die Zeitungen gaben ihm den treffenden Namen «Manifest '77». Ich schnitt ihn aus der Zeitung aus und klebte ihn in ein Heft. Ich las ihn immer wieder. Ich stimmte mit allem überein.

Obwohl er erst im April 1977 erschien, deklarierte er die Grundthesen des 17N. Das heißt, dass dieser Text dem *Lipasmata*-Text von 1975 gleichgesetzt werden kann: ein Text der ersten Phase der griechischen Stadtguerilla, ein Text der Radikalität der Metapolitefsi. Er wurde an einem Wendepunkt geschrieben, dem Epochenwechsel jener Periode, die ich als Ende der Metapolitefsi verstehe.

Es mag sein, dass die Besonderheiten des 17N und sein weiterer Weg nicht zu einer direkten Reflexion der neuen soziopolitischen und bewegungsspezifischen Gegebenheiten führten, so wie es stärker bei ELA der Fall war, doch würde auch der 17N bald in eine nächste Phase übergehen.

Dieser Text schaute in die Zukunft, doch handelte er von einer Epoche, die schon zu Ende ging. Er hatte sowohl einen Wert als revolutionärer Text, wie auch als erste Thesenproklamation. Für mich hatte er einen speziellen Wert, da er – wie der *Lipasmata*-Text – dazu beitrug, mich als Stadtguerillero zu formen. Da ich mit seinen Thesen damals absolut einverstanden war. Da ich zum größten Teil noch heute einverstanden mit ihm bin. Da ich morgen ebenso einverstanden mit ihm sein werde…

Der Text beginnt mit der These, dass unser Land absolut keine Chance auf einen friedlichen Weg zum Sozialismus hat. Dies bestätigte nicht nur die Erfahrung der Unidad Popular Allendes, sondern auch unsere griechische Erfahrung.

Weil die offizielle Linke den sozialen Umsturz nicht wirklich will, stützt sie das politische System. Deshalb verleumdet sie alle militanten Aktionen, anstatt ihnen mit politischem Dialog und Kritik zu begegnen. Ob Militanz massenhaft wie am 23. Juni 1975 oder 25. Mai 1976 usw. oder bewaffnet auftritt, sie benutzt dieselben eingefahrenen Charakterisierungen wie «Provokateure» oder «suspekte Kräfte» usw.

Wenn die Kritik an der offiziellen Linken im Text von 1977 leicht war, so war die Kritik an der radikalen Linken eher schwach. Eine Schwäche, die sich in den nächsten Jahren fortsetzte. Wir unterschätzten die radikale Linke. Dabei kamen von dort viele Aktionen der Selbstorganisation und der Konfrontation, militante Jugendbewegungen, die siegreich kämpften, ideologisch disziplinlos mit Kritik am bürokratischen «realexistierenden Sozialismus», Solidaritätsaktionen mit den Verfolgten usw. Von dort kam 2002 ein kleines, aber wichtiges Stück der Solidarität, im schwarzen Sommer der Verhaftungen.

Obwohl die Kritik an den Positionen der radikalen Linken im Text von 1977 hart war, hatte sie damals eine richtige Basis. Die beiden ersten Aktionen des 17N – Welch und Mallios – stellten speziell die Frage nach der Organisation der Gegengewalt von unten. Als Antwort der radikalen Linken kamen Verurteilungen und Verdrehungen der Ansichten der Organisation, oder arg simple Charakterisierungen wie «individueller Terrorismus» usw. Die wenigen Ausnahmen passten sich im Lauf der Zeit meist der radikalen Linken insgesamt an. Auf den Kern der aufgeworfenen Frage, ich meine damit die vielseitige politische und materielle Vorbereitung der Selbstverteidigung und die Förderung einer militanten vielfältigen Bewegung entlang einer konfrontativen Linie des Bruchs, reagierte man nur mit simplen und veralteten Sprüchen.

Der Hauptbeitrag des Textes drehte sich für mich um die Frage der Kombination der Kampfformen und der strategischen Richtung des «Volkes in Waffen», wie sie aus der Erfahrung der Pariser Commune abgeleitet wurde.

Er bestimmt, dass neben den klassischen auch die bewaffneten Kampfformen entwickelt werden müssen. Und dass die Entwicklung aller Aktivitäten die Einheit der revolutionären Kräfte und den Aufbau der Partei zur Folge haben würde. Die Kombination vieler Aktionsformen ist für Revolutionäre prinzipiell akzeptierbar, der Text erwähnte die Unterstützung der Guerilla durch Lenin, die Partisanenaktionen, wie er sie nannte, und solche Kombinationen wurden in der Vergangenheit von den revolutionären Bewegungen in unserem Land wie auch in anderen Ländern benutzt. Der Text verneinte nachdrücklich die Beschuldigung, dass «wir anscheinend nur für die illegale bewaffnete Aktion sind» und gegen legale Massenaktionen. Außerdem erklärte der 17N seit seinem Text von 1975, dass die Entwicklung der revolutionären Bewegung eine dialektische Einheit von Massenmobilisierung und Militanz sei.

Der letzte Satz des Textes ist dem strategischen Ziel der Aktionsvielfalt gewidmet und dem «zukünftigen bewaffneten Volk, das notwendig ist, um zur Volksmacht und dem Sozialismus zu gelangen».

Nach dem Text von 1977 schien auch der 17N den Weg einer langjährigen Transmission von seiner ersten Phase hin zur Überwindung seiner Grenzen zu beschreiten – unter neuen sozioökonomischen Bedingungen in einem neuen Umfeld von Bewegungen. Manche Kräfte wurden stillgelegt oder traten aus und manche – noch weniger – kamen neu hinzu. Als sich die 1970er Jahre ihrem Ende zuneigten, kam es zu einer Beugung der Bewegung, der Reformismus gewann an Boden und das Regime hatte sich stabilisiert. Die finanzielle Krise hatte sich zugespitzt, die Arbeitslosigkeit nahm zu, die Inflation im Land war die höchste in Westeuropa. Gegen die Politik der Sparmaßnahmen gab es wenige Reaktionen der Arbeiter und kämpferische Mobilisierungen, die staatlich wild unterdrückt wurden. Die skrupellosen verbrecherischen MAT agierten mit bestialischer Gewalt und einem wahllosen chemischen Krieg. Sie wurden hemmungslos für Terroreinsätze verwendet. Es gipfelte 1978 darin, dass der Rebell Vasilis Tsironis* geradezu terroristisch aus dem Weg geräumt wurde.

Der 17N beschloss, den für alle MAT-Einsätze der letzten Zeit verantwortlichen MAT-Vize Pantelis Petrou und seinen Fahrer und Leibwächter Sotiris Stamoulis zu töten. Die Aktion fand am 16. Jänner 1980 statt. Zwei Genossen schossen. Zum ersten Mal wurde ein Auto benutzt, um einem Wagen den Weg abzuschneiden. Zum ersten Mal wurde dafür telefonisch kommuniziert: Ein Genosse rief in einem Kafeneion an und ließ eine fiktive Person ausrufen. Die dort wartenden Genossen wussten dadurch, dass die beiden losgefahren waren.

In seiner Erklärung grüßte der 17N die militanten Aktionen der Gegengewalt des Volkes, die bewaffneten Organisationen ELA, LEA aus Thessaloniki, Kanaris* usw. Diese 17N-Aktion fand genau zur Zeit der großen Spaltung des ELA statt, die das Ende der ersten Phase der griechischen Stadtguerilla markiert. Zur selben Zeit schritt der Rückzug der radikalen Massenbewegung der Metapolitefsi immer schneller voran.

Die Ebbe der Bewegung ließ die bewaffneten Organisationen nicht unbeeinflusst. Nun waren sie nicht mehr «Fische im Wasser» einer kämpferischen Massenbewegung. Im Gegenteil, der Ozean des Einverständnisses, der Passivität, der Individualisierung stieg rund um die revolutionären Inseln noch mehr an. Um den Widerstand aufrecht zu erhalten, musste man in dieser Zeit subjektiv stark sein und brauchte eine intensive Erdung mit den revolutionären Traditionen und den kämpferischen Idealen des Volkes. Erforderlich war auch ein theoretisches Rüstzeug gegen den Zeitgeist, der an allen Ecken in die Organisation eindrang. Außerdem brauchte man eine neue zeitgemäße Strategie und einen Plan zur Entwicklung einer revolutionären Bewegung. Die alten Pläne der revolutionären Organisationen wurden angezweifelt, auch ihre alten Interventionsarten und -formen. Die damals in bewaffneten Bewegungen vernehmbaren Stimmen kann man in zwei Worten zusammenfassen: Einheit und Aufrüstung. Diese Stimmen kamen aus einer starken und stetig wachsenden Strömung.

Diese Strömung hatte mich zu jener Bank geführt. Ich schaute auf die Uhr. Es war Zeit. Das Treffen war ein «Lauftreffen». Bei den unzähligen Treffen, die diesem ersten folgten, war er immer da. Er war der Einzige, mit dem ich keinen Sicherheitstermin abgemacht hatte, falls wir uns verpassten. Ehrlich gesagt hatten wir irgendwann einmal so einen Termin abgemacht, doch hatten wir ihn beide vergessen, da er nie genutzt wurde. Die ein-, zweimal, die wir uns in den ganzen Jahren verpassten, gingen wir einfach wieder zu dem Treffen, das wir zuletzt abgemacht hatten, oder er kam ohnehin auch zur Vorbereitung einer gerade geplanten Aktion.

## Kapitel 12
## Die Einheit. Kouponia

Wir respektierten uns bereits gegenseitig, als wir uns mit anderen Kräften der bewaffneten Bewegung zwecks Vereinigung trafen. Zum ersten Treffen kamen Einzelpersonen und Vertreter von Gruppen und Organisationen nach Kouponia in den Park zwischen Ilisia, Pangrati und Kaisariani. Mit meinem schon beinahe unbewussten permanenten Stochern unter der Zementhaut der Stadt sah ich diese Ecke des Parks in einem anderen Licht. Ich sah Gruppen des ELAS und der OPLA vorbeiziehen… Für mich war das eine symbolische Verbindung historischer Phasen.

Und nun trafen wir uns genau dort, zum ersten Mal seit Jahren so viele verschiedene Kräfte. Manche waren nun unabhängig, andere vertraten bestehende Gruppen oder Gruppen, die sich noch formierten, auch Vertreter anderer bewaffneter Organisationen waren da, die hier nicht namentlich genannt werden sollen. Unsere Ansichten, Vorgeschichten, und unser Aussehen passten nicht zusammen. Unterschiedliches Alter, unterschiedliche Kleidung, unterschiedliche Staturen und Körperhaltungen. Uns fehlte die Homogenität eines Teams, wir strahlten nicht einmal die eines Freundeskreises aus. Ein Typ mittleren Alters schaute uns aus ein paar Büschen zu. Markos war genervt. Da ich die Genossen, die im ELA gewesen waren, kannte, dachte ich mir, dass er bewaffnet sein würde. Einer von uns beruhigte ihn: Das ist kein Spitzel, das ist nur der Vorarbeiter der städtischen Straßenreinigung. Ein anderer erzählte in kurzen, knappen Sätzen, wie ein Spanner während der Junta den Geheimpolizisten geholfen hatte, eine Gruppe beim Bombenlegen zu verhaften: «Hier ums Eck. Im nächsten Park. Weiter unten. Und wisst ihr, wie er entlohnt wurde? Ihm wurde weiteres gutes Spannen erlaubt.» Wir lachten. Die Illegalität fördert den Humor, die guten Witze sind Momente, in denen Spannung abgebaut wird.

Ich war begeistert, betrunken von den Perspektiven, die sich eröffneten. Ich sah bei diesem Treffen eine bald vereinigte revolutionäre Zelle, die zu einem Magnet für revolutionäre Kräfte werden würde. Und damals gab es genügend Kräfte. Verstreute, die von der Auflösung des ELA freigesetzt wurden. Andere Gruppen, die ihren Kreis geschlossen hatten, und eine neue Landschaft in der bewaffneten Szene erforschten. Neu entstehende Gruppen, wir erfuhren von ihnen, sie suchten Aktionswege und Kommunikationsmittel. Nicht nur in Athen. Obwohl mein Bild von allen diesen Kräften noch sehr unscharf war, konnte ich klar fühlen, dass das die große Chance unserer Generation war, der Guerilla unserer Generation. Die wir nicht verpassen durften.

Doch sie wurde verpasst. Diese Buchseiten sollen keine glorifizierenden Seiten sein, sie sollen nicht nur von revolutionären Heldentaten, starken Menschen, die die Welt verändern wollten, handeln. Von Menschen, die für diesen Traum alles hergaben, sich selbst, ihr Leben. Ich will nicht bei den Blicken der jungen Genossen stehen bleiben, die leuchteten, regelrecht brannten angesichts der Perspektive der Einheit, der Versammlung so vieler Kräfte. Bei der Hoffnung, die sich wieder bereit machte und die Gesichter der älteren Genossen erhellte, die gefolterte Körper und Beine, die zu weit auf den schweren Wegen des Kampfes gelaufen waren, wieder zum schwebenden Gang bewegte.

Ich denke, dass es sich tatsächlich nur lohnt, diese Buchseiten zu füllen, wenn wir nicht nur von unseren Siegen erzählen. Von unseren kleinen und größeren Siegen gegen einen übermächtigen Gegner. Worüber es sich in Wirklichkeit lohnt zu schreiben, sind unsere Niederlagen, für die allein wir die Verantwortung tragen. Jene, die wir nicht aufgrund der Allmacht des Gegners erleiden mussten, sondern aufgrund unserer Widersprüche, unsere eigenen Schwächen.

Ich schreibe für eine kritische Sicht auf unsere Geschichte. Für unsere Selbstkritik. Es ist nicht einfach. Besonders, wenn man ein Teil der Geschichte ist, über die man schreibt. Deswegen entschied ich mich, in der ersten Person zu erzählen. Um meine Verantwortung zu übernehmen.

Wenn ich mich an dieses erste Treffen in Kouponia erinnere, muss ich sofort an das letzte Treffen, wieder in Kouponia, denken. Die Hoffnung und ihr Zusammenbruch. Der Anfang und das Auseinanderfallen. Ich erinnere mich an Gesichter. Genossen, mit Widersprüchen, die jedoch wundervolle Menschen waren. Ich denke über den Weg jedes Einzelnen nach, dessen politisches Leben. Den politischen Weg bis zum politischen Tod einiger Anderer.

Dann wird die Zelle schwer. Draußen, vor dem kleinen vergitterten Fenster, hoch über der unterirdischen Wand, kommen Wolken auf. Dunkelheit füllt die Zelle mit Schatten. Doch die Schatten waren schon vorher da. Und sie vermischen sich. Markos, Anestis. Wie erlosch diese Hoffnung?

Ich gehe in den Hof, um Luft zu holen. Die schwarze Wolke bedeckt das ganze Viereck, das die hohen Eisenwände vom Himmel übrig lassen. Ich ziehe den weißen Plastikstuhl an die nordöstliche Wand. Auf der gegenüberliegenden Seite ist die Eisenwand nicht so hoch, sie wurde mit Gittern erhöht. Bis gestern war die Spitze eines hohen Baumes sichtbar, der in einem kleinen angrenzenden Hof stand. Er bestätigte das Gerücht, dass es dort draußen Erde, Büsche, Bäume gibt. Erde… Nun konnte man die Kettensäge hören. Deren metallisches Kreischen hatte vorhin in meiner Zelle unterschwellig die Erinnerungen begleitet. Der bewachsene kleine Hof soll kultiviert, gefängnisgerecht gemacht werden… Das Gefängnis hasst die Erde, das Grün, die Farben. Es liebt das Eisen, den Beton, das Grau.

Ich zwinge meine Hand weiterzuschreiben. Ich lasse die Erinnerungen wieder zu. Ich kann nicht von dem Treffen in Kouponia reden, ohne von Anestis zu reden. Ich traf ihn ein paar Tage nach dem Lauftreffen in Kipseli mit Thomas. Zum ersten Mal hatte ich ihn vor ein paar Jahren am Green Park-Theater auf der anderen Seite des Wäldchens, gesehen. Ein ELA-Genosse sollte mir eine .45er und eine Schachtel Munition geben, Anestis war zur Absicherung mitgekommen. Wir schauten uns an. Anfangs tat er so, als wäre er unbeteiligt, aber dann, als hätte er es sich anders überlegt, lächelte er so halb und zwinkerte mir zu.

Diese Augen, die so leuchten konnten, sollte ich ein paar Jahre später eingefroren von einer Zeitungsseite blicken sehen. Ich erinnere mich an seine Wärme bei unserem letzten Treffen an der S-Bahnhaltestelle von Viktoria. Viel Zeit war seit dem ersten Treffen in Kouponia vergangen, aber es war kurz nach der letzten Aktion, die wir zusammen organisiert und geplant hatten. Das Lächeln, das feste Drücken des Armes, die sicheren Schritte auf dem Bahnsteig. Wir hatten uns wie Brüder verabschiedet…

Zuerst hatten wir uns zu dritt getroffen – Antonis, Anestis, Thomas –, vor der S-Bahnstation von Thision, wir spazierten bis ins belebte Monastiraki. Ich meinte, es sei doch unsicher, dass diese beiden Koryphäen der revolutionären Bewegung einfach so durch die Menge gingen. Anestis lachte, er meinte, dass ein Illegaler selbst «in Exarchia herumlaufen könne». Ich lachte auch, weil ich mir nicht vorstellen konnte, dass er das ernst meinte. Ich war beruhigt und wir gingen an der Plaka in ein Café.

Es war eines der ersten Treffen mit «praktischem» Charakter. Sie sollten die ganzen nächsten Monate über stattfinden. Wir arbeiteten vor allem zu dritt, manchmal kamen noch einer oder zwei dazu. Niemand von Thomas' Gruppe. Weitere 17N-Genossen lernte ich erst nach dem letzten Treffen in Kouponia kennen.

Das erste Treffen in Kouponia begannen wir mit der gemeinsamen Feststellung, dass die neuen Rahmenbedingungen aufgerüstete politische Interventionen der Stadtguerilla bräuchten. Dass wir uns in jeder Hinsicht vorbereiten müssten, um dieser Aufgabe gerecht zu werden.

Wir waren uns einig, dass die bisherige Form der griechischen Guerilla an ihre Grenzen gestoßen war. Wir ließen dem Meckern, dem Tadel, den alten Beschwerden und Widersprüchen keinen Raum. Wir waren uns unserer Unterschiede bewusst, verstanden sie und sahen über sie hinweg oder bewältigten sie mit Freundschaft und Verständnis, indem wir uns sagten, dass es unsere revolutionären Ziele waren, die uns zur Einheit zwangen. Wir hatten unsere Ursprünge in verschiedenen organisatorischen «Schulen», in unterschiedlichen Erfahrungen mit der Bewegung oder den «Parteien», was auch bedeutete, dass unser Verständnis von Strategie und Taktik der revolutionären Bewegung divergierte. Doch glaubten wir, dass durch eine gemeinsame Praxis und gegenseitige Beeinflussung die Zusammenarbeit funktionieren würde, und wir eine Einheit auf höherer Ebene erreichen könnten. Ich war nicht der Einzige, den die Parole der Tupamaros inspirierte, wonach «die Theorie trennt und die Praxis vereint».

Aktionen gab es tatsächlich genug in diesen fieberhaften Monaten. Wir waren uns einig, dass der dialektische Umschlag von Quantität in Qualität durch die Praxis stattfinden würde, mit einem ganzen Programm zahlreicher Aktionen auf höherem Niveau. Auch akzeptierten wir, dass wir für diesen Fall unsere Infrastruktur aufrüsten, die vorhandenen technischen Möglichkeiten verbessern und generell alles, was wir brauchten, aufbauen mussten. Zum Schluss hatten wir uns auf einen Vorschlag geeinigt, der von mir kam und mit meiner ständigen Obsession zu tun hatte: Keine politischen Aktionen, solange wir nicht eine bessere Infrastruktur hatten, auf sie sollten wir unsere Energie und Zeit konzentrieren.

So sah es in dieser Phase aus. Manche machten natürlich mit kleineren Daueraktionen zur finanziellen Selbstversorgung weiter, aber ihre Beschäftigung damit wurde vom fieberhaften Tempo, in dem sie arbeiteten, ausgeglichen. Es kam vor, dass sie übernächtigt auftauchten, dennoch folgten sie uns stundenlang bei der ganzen Rennerei für Beobachtungen, Observationen usw., die manchmal bis spät in die Nacht gingen. Thomas und ich sagten ihnen, dass es besser wäre, wenn sie sich auf eine größere Aktion konzentrierten, anstelle sich in vielen kleineren zu verzetteln und so das Risiko zu vervielfachen. Sie lachten und bezahlten unseren Kaffee und unsere Tiropita-Teigtaschen, da wir es nicht so gut hatten, wir waren knapp bei Kasse.

Thomas und ich sahen das gleich und bis zu diesem Zeitpunkt waren wir uns bei fast allem einig. Er hatte Ideen, Erfahrungen und auch bei den Diskussionen politischer Alltäglichkeiten stimmten wir überein.

Mit der Verbesserung der Infrastruktur mussten wir unseres Erachtens irgendwie anfangen, sie planen, weiterentwickeln und bei ihrem Aufbau die auftauchenden praktischen Probleme lösen. Die Idee war: Vor der Vereinigung sollten wir uns in der gemeinsamen Praxis und beim Austausch von Erfahrungen kennenlernen.

Als Erstes würden wir Autos brauchen. Vorher Nummernschilder. Wir holten sie uns. Danach die Autoversicherungspapiere, damals waren sie noch aus Papier. Wir nahmen alte, schabten vorsichtig mit der «ausgeklügelten Technik» des 17N – einer Rasierklinge – die alten Nummern und Daten ab und tippten dann mit einer Schreibmaschine die neuen drauf.

Danach besorgten wir die Autos. Anestis erklärte uns die konspirative Methode des ELA. Von einem bewachten Parkplatz beschafften sie sich die Schlüssel, kopierten sie bei einem Schlosser und brachten die Originale anschließend zurück. Durch die Autoversicherungspapiere erfuhren sie Namen und Adresse des Besitzers. Wenn es keine gab, riefen sie bei dem Versicherungsunternehmen an und benutzten einen angeblichen Unfall als Vorwand, um an die Daten des Fahrzeuges zu gelangen. Als wir zur Praxis übergingen, waren wir überrascht: Es war nicht viel Zeit seit der ELA-Auflösung vergangen und trotzdem war diese Methode bereits so bekannt, dass es reichte, nur in die Nähe eines der «guten» Parkhäuser zu kommen, und schon sprangen die ängstlichen Angestellten auf die Straße und beobachteten jeden, der sich auch nur zu nähern versuchte. Unsere Beschimpfungen der lebhaften gesetzesbrecherischen Jugend, die diese Methode vernichtet hatte, gingen ins Leere.

In den Pausen zwischen der praktischen Arbeit diskutierten wir. Mit weit geöffneten Ohren hörte ich zu. Geschichten aus dem Krieg. Der Revolution. Thomas war ein genialer Erzähler, lebhaft, seine Erzählungen erwachten vor unseren Augen zum Leben. Anestis redete weniger. Er achtete Thomas wegen dessen Vorgeschichte und Organisation mit dem Respekt, den ein praktischer Kämpfer einem Gleichgesinnten entgegenbringt. Mitunter spielten sie auf etwas an, wurden nachdenklich, kritisierten etwas oder jemand – ohne je genauer zu werden.

Nach langem Suchen fanden wir ein gut gelegenes Parkhaus, es gab ein Auto, das günstig geparkt war. Allerdings musste jemand die Aufmerksamkeit des Angestellten auf sich ziehen und sein Blickfeld einschränken. Ich nahm den Ausdruck des Kleinbürgers an, der sich Sorgen um sein Auto macht, und fragte: «Nehmen Sie auch Autos für nur einen Monat?» Ich weiß nicht, ob mein Gesichtsausdruck überzeugend war, ganz sicher aber passte er nicht zu meinen alten Klamotten und den Schuhen, die zu viele Kilometer auf dem Buckel hatten. Das war eine wertvolle Lektion: Gute Kleidung ist die Verkleidung des Illegalen. Die alten Kommunisten hatten Recht, wenn sie in der Illegalität einen Anzug trugen. Ich erinnerte mich an Vassilis Mpartziotas*, den einmal sein neuer weißer Anzug gerettet hatte, das Sinnbild des guten Bürgers. Wieder eine Lehre für die Zukunft.

Es war klar, wir mussten uns was anderes überlegen. Wir liefen auf der Suche nach zerstreuten Besitzern, die ihre Schlüssel stecken gelassen hatten oder in der Tür vergessen hatten, lange herum. Wir kannten die nächtlichen Methoden nicht, wir agierten weit unter dem Level eines kleinen Autodiebes. Als 17N investierten wir später viele Stunden, um zu dessen elementaren Fähigkeiten zu gelangen.

Eines Tages liefen wir in Gyzi umher und ich sah, wie ein Autobesitzer gerade seinen Ford wusch. Die Schlüssel hatte er am Kofferraum stecken lassen. Ich, der ich noch nie etwas geklaut hatte, beruhigte mein Herzklopfen und streckte die Hand aus. Für den Kampf. Es war eines der ersten Fahrzeuge, das wir stahlen. Es sollte sich jedoch nicht als langlebig erweisen. Als Markos einmal damit fuhr, ging es kaputt und er ließ es stehen. Danach holte er seine Leute, um es zu säubern. Wir brauchten ein anderes.

Wir holten uns einen kleinen Transporter, der uns später auch zum letzten Treffen in Kouponia brachte. Zur Vorbereitung einer Aktion mussten wir häufig etwas observieren. Wir fingen damit an, zum kritischen Zeitpunkt alle zwei Minuten am geplanten Aktionsort vorbeizufahren, einer nach dem anderen, im Kreis. Danach trafen wir uns und verglichen unsere Beobachtungen. Doch mit dieser Methode würde es ziemlich langwierig werden. Eines Nachmittags redete ich über das Problem mit einem jungen Genossen, der eine wilde Fantasie hatte. Anfangs dachten wir uns lustige Lösungen mit einem Pappkühlschrank aus, bis wir auf einen Kleinlaster kamen. Er war das perfekte bewegliche Beobachtungsversteck. Wir könnten ihn überall, solange wir wollten, parken und würden in ihm versteckt alles sehen, ohne im Kreis herumfahren zu müssen.

Wäre ich abergläubisch, würde ich sagen, dass dieser Kleinlaster Unglück brachte. Tatsächlich hat die ganze Arbeit rund um das Fahrzeug letztlich unüberwindbare Probleme mit sich gebracht. Es fing gleich an. Wir sichteten ihn vor einem Geschäft, die Schlüssel steckten. Wir waren zu dritt: Antonis, Anestis, Thomas. Ich stellte mich vor den Eingang, um die Sicht zu versperren, Anestis schnappte sich die Schlüssel und Thomas beobachtete von der gegenüberliegenden Straßenseite aus. Ich ging zu dem Schlosser, den wir gecheckt hatten. Er nahm sich sadistisch viel Zeit, um die Schlüssel nachzumachen. Als ich sie endlich hatte, rannte ich zurück. Die beiden waren angespannt, denn das Geschäft schloss gerade und der Besitzer ließ schon die Rollläden runter. Thomas gab das Signal «wir gehen». Ich sah Anestis an, wir kommunizierten mit den Augen. Wir gingen im Gleichschritt. Als der Besitzer genau auf der Höhe des Fahrzeugfensters war, schnitt ihm Anestis den Weg ab. Sie waren zwei Meter von mir entfernt. Der Ladenbesitzer trug eine Kiste mit Sachen, Werkzeug und Ähnlichem. Anestis tat so, als wolle er vorbei, einmal links, einmal rechts, bis ich die Schlüssel ins Fahrzeug stecken konnte. Thomas war schon 40, 50 Meter weit weg.

Nach ein paar Tagen gingen wir ihn holen. Wir drei. Thomas gefiel der Ort nicht, an dem der Wagen stand. Wir gingen wieder. In der nächsten Nacht – wir hatten es eilig, wir würden sonst die Observation verpassen – war es ideal geparkt. Der Kleinlaster war von allen Seiten abgeschirmt, nur eine Straße musste überwacht werden. Dort blieben Anestis und ich stehen. Wir gaben Thomas das Signal für «alles okay.», er sollte fahren. Er ging nicht weiter. «Was ist los?» «Jemand kommt.» Wir warteten. Noch einmal das Gleiche. Endlich nahmen wir das Fahrzeug mit. Anestis sollte auf diese Aktion bei dem letzten Treffen in Kouponia zu sprechen kommen.

Anestis sagte Thomas viel bei diesem letzten Treffen, als es zum Bruch kam. Er sah, so sagte er, wie vergangene Momente wieder lebendig wurden, die er auf keinen Fall nochmal erleben wollte. Seine Kritik könnte man so zusammenfassen, dass Thomas «uns andere für ersetzbar hielt» und er «sich an das Prinzip der Staatspolizei der Führung halte, weshalb er bei der praktischen Arbeit Gefahren vermeiden wolle». Er, Anestis, wolle nicht zu «einem Zahnrad eines Parteimechanismus» werden, er suche nach Gleichheit in der Organisation, Gleichheit in der Praxis, Gleichheit bei Gefahren. Aber in dieser konkreten Situation hatte Thomas Recht. Warum sollten wir nicht auf die idealen Voraussetzungen warten, also, dass die Straße absolut leer war, um das Fahrzeug zu klauen?

Anestis hatte Unrecht und seine (richtige) Kritik wurde durch seine impulsive gefährliche Art geschwächt. Er war tapfer, doch mussten wir ihn bei der praktischen Arbeit bremsen und überlegen, wie wir weniger riskant vorgehen könnten.

Wie auch immer, wenn wir zu zweit irgendwo warteten, quatschten wir zur Tarnung, sobald jemand näherkam. Bei dem ersten Passanten sagte er: «Sei nicht traurig, dass du und Kaiti euch getrennt habt.» Ich war völlig perplex. Wer hatte es ihm erzählt? Doch er hatte nur zufällig richtig getippt. Bei dem zweiten Passanten schlug ich zurück: «Sei nicht traurig, dass Panathinaikos* verloren hat.» Und es stimmte, dass die Verzögerung durch Thomas uns beide genervt hatte. Wir klauten den Kleinlaster in allerletzter Minute. Während der Spielverlängerung.

Wir bauten den Laster passend um. Vorne und hinten im Laderaum wurden Vorhänge aufgehängt, seitlich bohrten wir getarnte Beobachtungslöcher. Monate waren vergangen, inzwischen war tiefer Winter geworden. Am ersten Beobachtungstag stiegen Anestis und ich in den Wagen. Thomas sollte draußen bleiben und uns nach der Observation abholen. Falls es einen Notfall geben würde, sollten wir ein kleines viereckiges Stück weißes Papier an die hintere Glasscheibe halten, und dann würde er uns früher abholen. Die Kälte war nicht auszuhalten, die Feuchtigkeit kroch bis in die Knochen. Ich sah, wie Anestis zunehmend litt. Er biss die Zähne zusammen, ballte die Fäuste, dann begann er sich nervös zu bewegen, beinahe zuckungsartig. Der Laster folgte seinen Bewegungen, man würde uns entdecken. «Hör auf», wisperte ich. «Ich kann nicht, ich kann es nicht mehr aushalten», entschuldigte er sich am Boden zerstört. «Ich werde mich vollpinkeln.»

Er litt. In der ganzen Zeit, in der wir uns kannten, arbeitete er in einem selbstzerstörerischen Rhythmus. Er war lebhaft, doch so, als würde er seine letzten Reserven ausschöpfen. Sein Sprechen, sein Körper, seine Bewegungen bezeugten die ungezügelte Verschwendung seines Selbst, seine unendliche Zeit in der Illegalität, unzählige Nächte in isolierten illegalen Häusern, an der Druckmaschine, bei der Vorbereitung von Aktionen mit all der Rennerei, damit sie dann auch laufen. «So allmählich, nach und nach, neige ich dem Verfallsdatum zu», sagte er lachend am Ende dieses Tages.

Sofort gab ich das abgesprochene Signal. Es kam genau zu dem kritischen Zeitpunkt der Beobachtung dessen, was wir hatten sehen wollen. Thomas kam nicht. Die Zeit verging, Anestis schwitzte und zuckte vor Schmerzen, während ich schimpfte und vor mich hin köchelte. Ich gab das Signal zum zweiten Mal, um die Dringlichkeit zu zeigen. Wieder nichts. Endlich holte Thomas uns ab. Nach der ersten Straßenecke rannte Anestis in die Büsche. Die Erleichterung, die Anspannung, seine Schuldgefühle, das Luftablassen durch das Schimpfen, vor allem aber die Prioritäten, die er selbst setzte, die Dringlichkeiten der Aktion, ließen uns nicht gleich über die Sache reden. Ein Fehler.

Nach ein paar Tagen mussten wir den Kleinlaster erneut hinstellen. Es muss dazu gesagt werden, dass das einer richtigen Aktion gleichkam. Zuerst der Aufbau selbst: Er fing Stunden vorher an, brauchte viele Genossen und war, na klar, mit vielen Risiken verbunden. Anschließend die Vorbereitung der Observation, die auch eine Unternehmung für sich war, die manchmal sogar eine ganze Serie kleinerer Tätigkeiten an verschiedenen Stellen in Athen benötigte, bei denen es z.B. um die «zufällige» Verspätung mancher Personen ging, die mit dem Objekt der Beobachtung zu tun hatten.

An Anestis Stelle war ein jüngerer Genosse getreten. Anestis selbst, ein Kämpfer, der immer in der ersten Reihe stand, der immer den schwierigsten und gefährlichsten Job übernahm, fühlte sich schlecht damit draußen zu bleiben, zusammen mit Thomas. Wir hingegen fühlten uns mit Anestis als zusätzliche Deckung sicherer. Die Kälte war dieses Mal schlimmer, es nieselte zudem. Es erwies sich als nutzlos, dass wir die Scheiben gegen das Beschlagen präpariert hatten und die Beobachtungslöcher wurden von Regentropfen verstopft. Eher schlecht als recht observierten wir so gut wir konnten. Ich gab das Signal «wir gehen». Wir warteten. Nichts. Thomas verspätete sich, er kam nicht. An seiner Stelle tauchte Anestis hinter dem Laster auf. Er lief schnell und entschlossen, öffnete die Beifahrertür, warf die Schlüssel – die er offensichtlich von Thomas hatte –, auf den Sitz, sagte mir knapp «nimm das Auto und hau ab». Er lief nach vorne bis zu einem parkenden Wagen drei oder vier Autos vor dem Kleinlaster. Er kreuzte seine Arme.

Wir bereiteten uns auf einen Kampf vor. Für die anderen bedeuteten die gekreuzten Arme das Signal: «okay», «alles gut», «wir gehen» oder so ähnlich. Aber wenn Anestis seine Arme kreuzte, wussten wir, dass er bereits zur .45er unter seinem Anorak gegriffen hatte. Ich warf einen schnellen Blick auf die Umgebung, bat den jungen Genossen die Rückseite des Fahrzeuges zu decken und ging zum vorderen Vorhang, um ihn abzumachen und zum Lenkrad zu greifen. «Warte, Thomas kommt», sagte der Genosse von hinten. Thomas stieg genervt durch die Beifahrertür ein, fuhr nervös und schnell, ich musste ihn anschreien, damit er nach einer Kurve anhielt und Anestis nicht zurückließ.

Eine wahre Explosion folgte. Die Beiden wollten die Sache sofort vor Ort klären. Wir beide, die im Laster gewesen waren, meinten, dass wir ein paar Tage vergehen lassen, nochmals darüber nachdenken und uns so oft wie möglich treffen sollten. Was war passiert? Ein Auto war gekommen, nur mit einem Fahrer, es hatte drei oder vier Parkplätze vor uns gehalten. Ich hatte es gesehen und konnte nichts Ungewöhnliches daran finden. Doch was wir vom Laster aus nicht sehen konnten, war seine merkwürdige Antenne, die auf ein Auto der Staatspolizei, der KYP, oder einen Privatdetektiv hindeutete. Anestis meinte, dass sie uns so schnell wie möglich abholen müssten. Thomas war der Meinung, sie sollten warten, weil das Auto wahrscheinlich nicht wegen uns da sei. Anestis hatte ihm die Schlüssel weggerissen.

Bei dem letzten Treffen ein paar Tage später in Kouponia war der Morgen düster, die Sonne blass und die Atmosphäre eisig angesichts jenes Versuches der Vereinigung der revolutionären Kräfte. Der Vorhang vor der Bühne ihres voraussehbaren Todes war gefallen. Wie unerfahrene Protagonisten äußerten die beiden in ruhigem Ton schwere Beschuldigungen, als würden sie eine peinliche Pflicht hinter sich bringen, eine Förmlichkeit, die schnell beendet werden müsse, damit die nächste, tatsächlich wichtige Sache beginnen könne.

Thomas sagte, dass Anestis «unvorsichtig» sei, oder so etwas Ähnliches. Anestis beschuldigte Thomas, dass er uns für «ersetzbar» hielt, und sagte, dass er nichts mehr vom «Prinzip des Schutzes der Führung» hören wolle. Der Rest von uns sagte nichts, wir merkten, dass der Riss bereits da war, dass es das definitive Ende der Einheit war. Antonis versuchte die Diskussion auf das letzte Ereignis zu lenken, er sagte, dass die Denkweise von Thomas richtig gewesen sei, dass die Indizien, die wir hatten, zeigten, dass der Typ im Auto nicht wegen uns da war, und dass wir einen Plan haben müssten für den Fall, dass die Polizei auftauchte. Aber dass er auch die Reaktion von Anestis verstehen könne, dass er sich ihm emotional näher fühlte, dass er an seiner Stelle auch so gehandelt hätte. Dennoch verstand Antonis, dass etwas kaputtgegangen war, was er nicht wieder kitten konnte.

Dass alles, was gerade passierte, nur die Besiegelung eines bereits vollzogenen Bruchs war. Er schaute zerstreut auf ein Pärchen, das in Trainingsanzügen unter den Pinien vorbei joggte, vielleicht waren es Studenten. Dann begann er darüber nachzudenken, wie die Gegend 38 oder 39 Jahre früher ausgesehen hatte, als die ELAS-Divisionen aus den östlichen Stadtvierteln hier vorbeimarschierten.

Bei einem späteren Treffen zwischen mir und Anestis war er ruhig, aber voller Anspannung, die aus den Tiefen eines Kämpfers kam, der solche Situationen schon früher erlebt hatte und sie nicht noch einmal erleben wollte. Er erzählte mir von früheren politischen Erfahrungen, von der Organisation, die ihm alles bedeutet hatte, die sein ganzes Leben gewesen war, von den «schlauen Führungen», die immer alles kontrollieren wollten, von Intrigen, und dass er keine Lust hatte, wieder vernichtet zu werden; dass das, was passiert war, nicht zur revolutionären Moral passte; für ihn waren Genossen und deren Sicherheit das wichtigste; sie würden alleine weitermachen und ich solle, so sagte er, «gut über all das nachdenken». In diesem Moment fand ich nicht die Konzentration darüber nachzudenken, die Trauer über das Scheitern des Versuches, in den ich große Hoffnungen gesetzt hatte, war übermächtig. Doch, das sagte ich ihm, würde ich die Arbeit, die wir alle zusammen begonnen hatten, weiterführen, ganz egal, wo sie enden würde.

Lange danach, die Aktion, die wir vorbereitet hatten, war schon gelaufen, sah ich ihn zufällig in der U-Bahn-Station Viktoria. Ich sah ihn in der Menge, die auf den Zug wartete, ich merkte, dass er mich gesehen hatte. Der Zug kam. Er lief in Richtung des ersten Wagons, Richtung Kifisia, ich blieb auf Höhe des letzten. Der Zug fuhr ab, wir blieben allein auf dem Bahnsteig zurück. Wir redeten schnell, ich informierte ihn über die Aktion. Danach schaute er mich fragend an: «Was wirst du tun?» Ich sagte ihm die Wahrheit: «Ich denke, dass ich dabeibleiben werde.» Das war vielleicht ein Verstoß gegen die konspirativen Regeln, doch war er einer der Genossen, denen ich vertraute. «Ich verstehe, du willst, dass die Arbeit gemacht wird.» Er drückte meinen Arm fest, freundschaftlich, und ging zu den Wagons des nächsten Zuges, der schrill abbremste – mit dem sicheren, entschlossenen Schritt eines Kämpfers, den ich das Glück hatte, kennengelernt zu haben.

Ein Palikari, ein Freiheitskämpfer, ja. Doch sollen diese Buchstaben mehr sagen als die gewöhnliche Bedeutung des Begriffs, als diese hochnäsige Kritik, die das Wort «Held» nur benutzt, um ein rechtstreues «aber» hinzuzufügen: «isoliert»..., «von fixen Ideen besessen»..., «Verherrlichung der Gewalt»... All das Zeug, wo «linke» Kritik sich mit den «Psychologisierungen» der herrschenden Ideologie trifft.

Meine Buchstaben sollen bis zu dem Ort reichen, an dem Helden und Revolutionäre verschmelzen. Ohne ihn zu idealisieren, sollen sie den Anestis, den Antonis im Kampf kennen gelernt hat, in die richtige Dimension rücken, seine reale Bewegung auf den Wegen der Guerilla, auf den Wegen, die in unbetretenem und unbekanntem Territorium entdeckt wurden – die Wege der Freiheit. Anestis, der gemeinsam mit allen Revolutionären diese Wege beschritt – selbst, wenn sie durch Definitionen getrennt waren –, mit dem brennenden Pathos, mit dem sie sich aus ganzem Herzen der Sache hingeben, damit das wahre Zeitalter des Menschen komme. An den Anestis, den ich kennenlernte, erinnere ich mich nicht nur wegen seines Mutes, seiner Entschlossenheit, seinen aktionsspezifischen Fähigkeiten, sondern auch wegen seiner revolutionären Vision, seinem Blick, der auf den Horizont der sozialen Befreiung gerichtet war.

Ein paar Tage vor dem Abenteuer mit dem Laster und dem letzten Treffen in Kouponia liefen Anestis, ich und ein jüngerer Genosse in der Gegend herum. Anestis war gut gelaunt, er zeigte uns, welche leerstehenden reichen Häuser wir abreißen müssten, um die Parks der Volksmacht zu bauen. Ich wollte ihn ärgern: «Du, jemand der gegen jede Macht ist, willst solch eine Macht ausüben?» Sein Blick verdüsterte sich. «Schon okay», sagte ich, um die Stimmung aufzuhellen, «wenn wir an die Macht kommen, werden wir zwei uns in der Opposition wiederfinden». Er lachte.

Oft habe ich mich in den folgenden Jahren im Licht der späteren Ereignisse gefragt, besonders jetzt, wo ich Papiere und Erinnerungen durchstöbere, ob sich dieser Versuch anders hätte entwickeln können. Vielleicht, wenn er früher stattgefunden hätte… Ich falle da in die Falle des «wenn» derjenigen, die Gesichter und Fakten aus ihrem historischen Fluss herausnehmen wollen. Die komplett unhistorisch beruhigende oder selbstbestätigende Versionen der Geschichte schreiben wollen. Doch mit «wenn» und «vielleicht» wird keine Geschichte geschrieben. Ich glaube mit meiner heutigen Erfahrung, dass das Ende das gleiche gewesen wäre, dass wieder eine große – vergebene – Chance der revolutionären Bewegung niedergeschrieben worden wäre: Angesichts dieser Gegebenheiten, dieser Personen, dieser spezifischen Politik und den Erfahrungen jener Bewegung. In Anbetracht dieser spezifischen Ziele, die jeder hatte, der zu dem Vereinigungstreffen in Kouponia kam – und die sich voneinander unterschieden, wie man später bemerkte, und die ich in der Folge besser verstand. Es lag an den politisch-sozioökonomischen und vor allem bewegungsspezifischen Bedingungen.

Ursprünglich war dieses Treffen der revolutionären Kräfte einfach notwendig. Mit dem Ende der radikalen Phase der Metapolitefsi, dem Abflauen der Arbeiter- und Volksbewegung und deren stabileren Kontrolle durch den Reformismus ging die erste Phase der griechischen Stadtguerilla zu Ende. Ihre Hauptmacht, ELA, markiert das Ende dieser Phase, die Ende der 1970er, Anfang der 1980er Jahre «explodierte» und den größten Teil ihrer Dynamik freisetzte. Sie «befreite» die Guerilla nicht nur von ihren organisatorischen Bindungen, sondern auch von der breiten bewaffneten Szene. Ihr erster geschichtlicher Zyklus, inklusive der des 17N, fand damals ein Ende.

Zur selben Zeit war die ganze radikale Linke in einer Krise, die sich zuspitzte, je mehr sich der Wahlsieg von PASOK abzeichnete, und die mit den Wahlen 1981, die ihre Anpassung und Einbindung weiter beschleunigte, ihren Höhepunkt erreichte.

Die bewaffnete Szene fragte sich verstärkt, wie es weitergehen könne, und die Stimmen für eine Vereinigung wurden mehr. Einheit schien immer unvermeidlicher. Sowohl für eine neue Strategie, als auch um die realen Schwächen der einzelnen Gruppen und Organisationen zu überwinden: theoretische, politische, aber auch materielle, technische Schwächen. Schwächen, die durch die Brandstiftungen in den Supermärkten und Kaufhäusern und die Kritik und Selbstkritik offensichtlich geworden waren – der Text des 17N hatte da die Rolle eines Katalysators gehabt. Keine Kraft konnte diese Schwächen allein überwinden und ihre Infrastruktur und Praxis so aufrüsten, dass sie die diffuse Bereitschaft zu Militanz und bewaffneten Aktionen, die durch die Krise der radikalen Linken freigesetzt wurde, hätte verwerten können. Deshalb kam es zu dem Treffen in Kouponia.

Allerdings verstand jede Strömung der bewaffneten Szene «Einheit» ganz unterschiedlich. Eine Tendenz wollte, ohne das offen zu sagen, die Vereinigung der Kräfte zu einer einheitlichen Organisation mit einer «straffen» Struktur und Führung. Diese Organisation lief unter «politisch-militant», obwohl die Definition «politisch-bewaffnet» besser gepasst hätte. Diese Strömung wurde vor allem von Thomas repräsentiert.

Die zweite Tendenz, die sich nicht klar herauskristallisierte, wollte eine Koordination der Gruppen und der Organisationen, deren Autonomie aber erhalten bleiben sollte. Diese Organisation lief unter «militant». Diese Tendenz repräsentierten vor allem frühere ELA-Mitglieder, hauptsächlich Anestis. Sie legten den Schwerpunkt auf die Praxis.

Die dritte Tendenz vereinigte die eher «bewegungsnahen» Kräfte. Sie wollte eine einheitliche Organisation, die sich durch die Vorbereitung auf Aktionen und die Praxis zusammenschweißen sollte. Sie definierte die Organisation als «politisch-militante», die in der Massenbewegung verankert ist, aber über einen bewaffneten Arm verfügen sollte. Diese Ansicht teilten viele Unabhängige, die auf den Erfolg unseres Versuches hofften, um sich in eine der Ebenen so einer Organisation eingliedern zu können.

Wie auch immer, die Gruppen und Organisationen aller Tendenzen waren mehr oder weniger nur «Hüllen». Am Ende des ersten Zyklus waren sie entweder schwach oder hatten eine nur unbestimmte Zahl lockerer Mitglieder. Eine Organisation behauptete Zellen zu haben, von der eine, wie sich dann herausstellte, nur aus einer Person bestand. Eine andere Organisation behauptete aus vielen «Berufsrevolutionären» zu bestehen, während sie in Wirklichkeit nur ein paar aktive Mitglieder hatte.

Zum Bruch in Kouponia kam es genau deshalb: Thomas stellte die tatsächliche Stärke der Gruppe von Anestis indirekt in Frage, und andersherum tat Anestis das Gleiche.

Diese Meinungsverschiedenheiten berührten den Kern der Differenzen. Der Befürworter der «straffen» Organisation verlangte, dass die «Führung» wissen müsse, wie stark die Organisation tatsächlich sei. Wer hingegen für die dezentralisierte Organisation war, hielt die Autonomie ihrer Teile für unantastbar.

Unterschiede gab es auch hinsichtlich der Praxis, selbst wenn sich alle Kräfte einig waren, dass mehr praktisch interveniert werden sollte und «große» Aktionen stattfinden müssten, die bereits als solche politischen Ereignisse wären. Doch schon in den ersten allgemeinen Diskussionen wurde eine Differenz klar, die man inhaltlich so zusammenfassen könnte: antikapitalistisch-antiimperialistisch hier, antikapitalistisch-«sozial» da. Auch beim Aufruf gab es Differenzen: Die Vorschläge, die von Anestis' Tendenz für organisationsinterne Autonomie der Gruppen kamen, waren ganz klar von der «Spezialisierung» des Appells beeinflusst.

Widersprüchlich wurde auch die Arbeitsweise gesehen, also wie wir Aktionen planten und wie wir auf unerwartete Probleme bei einer laufenden Aktion reagieren sollten. Diese Nichtübereinstimmung gab es schon zu Beginn der Guerilla in der Metapolitefsi, damals hatte ich auch meine erste und tiefste Meinungsverschiedenheit mit dem ELA-Plan zur Popularisierung der Gewalt: «Nehmt Brandsätze oder Sprengstoff, nehmt auch eine Pistole, und macht Aktionen.» Wir in unserer speziellen Aktionsgruppe wollten demgegenüber von Anfang an Gefahren minimieren und sicherstellen, dass die Gruppe nach einer Aktion gut weg kam.

Dem Spruch, «wir nehmen eine Pistole und los geht's», hielt ich Thomas' Satz «zehnmal messen, einmal absägen», entgegen. Praktisch stand dieser Satz für unzählige vorbereitende Beobachtungen und detaillierte Planung, wodurch auch geringste Schwierigkeiten vorhersagbar wurden und Unvorhergesehenes nahezu ausgeschlossen werden konnte. Obwohl ich «emotional» mit Anestis einverstanden war, was die Sache mit dem Kleinlaster anging, hielt ich die Arbeitsweise von Thomas für richtiger. Die Impulsivität von Anestis, seine Explosivität, sein wütender Abgang vom letzten Treffen in Kouponia, verhinderten, dass seine schweren Beschuldigungen von wegen «Ersetzbare», «Schutz der Führung», und auch sein schreckliches Fazit «Feigheit», so ernsthaft hätten diskutiert werden können, wie es richtig gewesen wäre.

Dabei waren unvermeidlich auch die persönlichen Unterschiede auf den Tisch gekommen, was zum Scheitern des Versuchs beitrug. Der beherrschte und versöhnliche Gesprächspartner Thomas, der seine Argumente intelligent und methodisch strukturierte und die Gegenargumente auseinandernahm, verwandelte sich völlig, wenn er seine «Autorität» in Frage gestellt sah. Er glaubte, die sei ihm aufgrund seiner Geschichte und seiner Bedeutung definitiv und unabänderlich gegeben worden. Er bezog sich dann nur auf sich selbst, wurde aggressiv, unfair und berichtete aus seiner Sicht und mit jenem widerlichen Groll eines Parteibüros von jedem noch so alten «Fehler» seines Gegners, um ihn zu vernichten.

Auf der anderen Seite Anestis mit all den harten illegalen Jahren, seiner Hingabe mit ganzer Seele, die Körper und Geduld erschöpft hatten. Er ging in Flammen auf, sobald er auch nur den kleinsten Anhaltspunkt sah, dass er die alten negativen Erfahrungen nochmals erleben sollte. Er und seine Genossen kamen aus dem zentralen ELA-Kern, wo sie auch die Hauptakteure gewesen waren. Er war von einem Geist erfüllt, der aus sehr alten Zeiten zu kommen schien, aus der Zeit der Kleftes und Partisanen. Mit all der Tapferkeit, dem Heldentum, dem Großmut, aber auch dem begrenzten Denken einer Partisanengruppe. Und deren Misstrauen.

All diese Gegensätze und Unterschiede hätten für ihre Zusammenarbeit einen politisch-ideologisch-theoretisch-organisatorischen Plan gebraucht, eine einigende Auffassung von Zusammenarbeit und eine inspirierte und inspirierende Führung. Probleme hätte man dann zulassen und kreativ lösen bzw. dialektisch auflösen können. Die Führung hätte entscheidungskräftig sein müssen. Sie hätte die Hintergründe und Details der Krise strategisch und entschieden angehen müssen – mit einem Gespür für Geschichte und einer Verbindung zum Volk und dessen Werten. Sie hätte Freundschaft trotz gegensätzlicher Meinungen und ehrlicher Kritik und Selbstkritik aufbringen müssen, ohne sich selbst als Autorität zu sehen, die im Besitz der einzigen Wahrheit ist. Hier hatten wir im Endeffekt unsere größten Defizite. Einer solchen Führung und einem solchen Plan, wo sich alle diese Kräfte, Erfahrungen, Initiativen – und noch mehr – hätten einfügen können und müssen, wurde der Plan einer kleinen «straffen» Organisation entgegengestellt. Gemäß der Logik «lieber Wenige und dafür Gute». Dieser Plan lief auf eine homogene Organisation heraus und deren einfältige Klarheit, die zwar nützlich bei effektiven «militanten» Aktionen ist, die aber jede politisch-militante Organisation limitiert, da sie politisch-ideologisch verarmt. Dieser Plan, aus dem letztendlich der 17N entstand, trug von Anfang an diese Grenzen in sich, die seine Entwicklung bis zu seinem Ende bestimmten.

Das Echo der Explosion in Kouponia wurde in der ganzen militanten Szene wahrgenommen, gerade bei den zerstreuten Kräften, die auf die Entstehung eines größeren und aufgerüsteten ELA gehofft hatten, auf einen dialektischen Sprung in Richtung einer neuen, qualitativ besseren Organisation, auf eine Zusammensetzung der Teilerfahrungen und einen einheitlichen strategischen Plan. Der Druck, der ausgeübt worden war – «lasst uns endlich zusammenarbeiten» – erzeugte keine Einheit in der Aktion, sondern eine Explosion, weil sich die konträren Kräfte so verhielten.

Dem Austritt der Gruppen aus der Kouponia-Initiative folgte rasch der Austritt vieler Einzelner aus unserem direkten Umfeld. Viele hörten auf, andere folgten in Richtung Massen oder bewaffnet diesen oder jenen Wegen. Manche rissen alle Brücken hinter sich ab und nahmen uns dadurch Möglichkeiten. Ein paar geplante Aktionen mussten verschoben werden, da wir keinen Zugang zu Häusern und den dortigen Depots mehr hatten.

Ich beschloss, weiterzumachen. Zunächst mit der Umsetzung des Infrastrukturprogrammes, danach überlegte ich, ob ich in den 17N eintreten sollte. Ich fragte keinen der alten Genossen, ob er mir folgen würde. Ich dachte, dass dieser Entschluss ein wirklicher Lebensentschluss sei, den jeder alleine treffen und die Organisation dazu bringen müsse, ihn aufzunehmen.

Es begann die Zeit der Diskussionen mit Thomas. Wir trafen uns jeden Tag, sprachen und stritten meist miteinander. Wir redeten über alles, Fragen der Taktik und der Strategie. Alles musste in dieser neuen Phase neu analysiert werden. PASOK hatte die Wahlen gewonnen, das Land stand unter dem Sternbild Einverständnis, und die Bewegung steckte fest im Sumpf der Integration.

## Kapitel 13
## Von der vielfältigen zu einer bewaffneten Bewegung

Wir fingen nicht ganz neu an. Es gab die ersten drei Aktionen der Organisation, die sie im Alltagsbewusstsein als eine aufständische existierende revolutionäre Kraft etabliert hatten. Es gab ihre Texte, vor allem das «Manifest 77» und den Text zu den Brandstiftungen 1981. Thomas' Leitfaden waren die Erklärungen der Trikontinentale von Havanna.

Wir waren uns einig, dass für eine wirksame bewaffnete Propaganda eine zuverlässige und – was die Infrastruktur anging – sehr gut ausgerüstete bewaffnete Gruppe aufgebaut werden musste. Sie sollte, taktisch gesehen, mit dicht aufeinanderfolgenden bewaffneten Aktionen auf allen Ebenen beginnen.

Das war das Thema, bei dem Diskussionen in stürmischem Streit endeten. Unser Geschrei «verbrannte» viele Kafeneions und Konditoreien, wir mussten andauernd den Treffpunkt wechseln. Charakterlich passten wir gar nicht zueinander, wir kamen aus anderen Bewegungen, natürlich auch aus einem anderen sozialen Umfeld, es dauerte, bis wir eine gemeinsame Sprache gefunden hatten, in der zumindest Missverständnisse ausgeräumt werden konnten. Der selbstverständliche Respekt, den ich für seine Geschichte hatte, und die er, was für mich ungewöhnlich war, sehr oft in unseren Diskussionen erwähnte und damit die «Sicherheitsstandards» verletzte, hinderte mich nicht am Bildersturm und intensiven Streitgesprächen. Der Hauptstreitpunkt waren Taktik-Fragen. Er beharrte auf seltenen «großen» Aktionen. Ich wollte militante Aktionen mit politischen Aktionen auf allen Ebenen kombinieren, kleine, mittlere, große. Ich war überzeugt, dass eine «kleine» Aktion, wenn sie von einer großen Organisation durchgeführt wird, wertvoller und bedeutender wirken würde. Am Ende überzeugte ich ihn in diesem Punkt. Wir sollten aber mit zwei, drei großen Aktionen beginnen. Ich war einverstanden.

Es gelang mir nicht ihn von Aktionen für die Massenarbeit zu überzeugen. Unsere Streits waren episch, aber führten zu nichts. Er lehnte meine Argumente nicht ab: der 17N müsse die ihm entgegengebrachte Sympathie in reale materielle Macht verwandeln, um zu gewinnen; dass er eine «Front» brauche, eine politische Bewegung, die von den Früchten der bewaffneten Propaganda der «verdeckten» bewaffneten Struktur profitiere, und dass beide Aspekte einer politischen Praxis eine Einheit bilden und Bedingung für das Gelingen und Wachsen des jeweilig anderen seien.

Sein Gegenargument lautete, dass er die bewaffnete Aktion gar nicht generell für das Wichtigste hielt, aber dass sie zu diesem Zeitpunkt Priorität habe, dass die bewaffnete Aktion jetzt entwickelt werden müsse, selbst wenn man deswegen eventuell Leute aus der offenen Massenarbeit abziehen müsse. Man könne später sehen, wie wir ein politisches Organ bilden könnten.

Wir waren praktisch veranlagte Menschen. Mir war die theoretische Rhetorik zuwider. Daher erklärte ich mich einverstanden, vom Ende aus anzufangen: Von der Praxis ausgehend eine zuverlässige bewaffnete Struktur mitsamt einer systematisch organisierten Infrastruktur aufzubauen. Und ich bestand darauf keine politischen Aktionen zu machen, ehe wir nicht grundlegende illegale Strukturen hatten.

Wir bildeten die erste Aktionsgruppe. Anfangs war sie klein. Sehr klein. Ich traf frühere Genossen des 17N und ein paar neue, die von woanders dazu gekommen waren und von denen manche wieder gehen würden.

Wir fingen mit der Infrastruktur ganz klein an: mit einem Versteck des 17N. Dem Karton des 17N. Er war zu einer kleinen, schicken abschließbaren Truhe geworden, die bereits ihre «Feuertaufe» bestanden hatte: ein kleines Leck. Das übliche Wasserleitungsproblem in unbewohnten, illegalen Häusern. Der Besitzer holte den Installateur, und weil er förmlich ganz korrekt war, auch die Polizei. Bis der Installateur fertig war, lief ein gelangweilter Polizist in dem Versteck herum und setzte sich vielleicht sogar zum Ausruhen auf das ganze Eigentum des 17N. Als der «unsichtbare Genosse», der darauf aufpasste, davon erfuhr, geriet er in Panik: «Leeren wir die Truhe!» Thomas lachte: «Was sagst du denn? Jetzt ist sie doch richtig getestet worden. Sie ist sicherer denn je.»

Der Unsichtbare. Wir nannten ihn so, weil er überall hinkam und es immer schaffte unauffällig zu bleiben. Er passte sich perfekt jedem Umfeld an, er war still und effektiv. Er brachte mir seinen Trick bei: Anzug und Krawatte in den reichen Nachbarschaften, unser normales Gewand in den Armenvierteln, sportliche Kleidung in den dazwischenliegenden kleinbürgerlichen. Ich brauchte nicht lang, um seine Seele aus dem Volk zu erkennen, die sich hinter dem unsichtbaren Gesicht verbarg und doch leuchtete.

Ich bin nicht neutral, ihr Leser. Ich bin nicht objektiv. Ich schreibe lieber über die Genossen, die den tiefen Sinn dieses Begriffs ehrten. Und von ihnen beschreibe ich lieber die Glanzseiten, die, die zu Che's «neuem Mensch» passen, zu dem Menschen, der die Vision einer klassenlosen Gesellschaft hochhält.

Der Unsichtbare war wegen seiner ruhigen Effektivität und seiner Fähigkeit, überall durchzukommen, eine Legende in der Organisation. Er war in jedem

Gewässer ein Fisch im Wasser. Thomas hatte im obersten Stock der Buchhandlung «Eleftheroudakis» am Syntagma-Platz ein dickes, großformatiges, in Leder gebundenes Buch gefunden, in dem alles über alle möglichen Waffen stand. Wir gingen der Reihe nach täglich dort hin und machten uns unauffällig Notizen. Als die Reihe an den Unsichtbaren kam, ging er passend angezogen und mit dem richtigen Gesichtsausdruck zu «Eleftheroudakis» und kam mit dem Band unterm Arm wieder heraus. Er ging ruhig einfach durch alle Stockwerke, mitten durch die Kunden, Angestellten und Aufpasser.

«Anfangs hat er mich erschreckt», lachte Thomas lauthals. «Am ersten Tag, als er zu der Organisation kam, redeten wir darüber, wie wir Personalausweise auftreiben könnten, die zu uns passten. Nach ein paar Stunden kam er mit ein paar Ausweisen zurück, einer besser als der andere. Ich war echt beunruhigt.» Der Unsichtbare war einfach an einen Strand gegangen, hatte sich die Gesichter der Sonnenbadenden angesehen, und wer ihm passend erschien, blieb ohne Ausweis, Pass und Papiere zurück.

Für mich verkörperte der Unsichtbare Selbstlosigkeit, Solidarität und Freundschaft. Und Ehrlichkeit und Würde selbst jenen gegenüber, die ihm Unrecht taten.

Die «Pinie». Ich sah ihn zum ersten Mal von Weitem, an einer Ecke, irgendwo in der Nähe der U-Bahn Haltestelle von Agios Lefteris. Wir sollten nicht miteinander reden, ich war nur die Sicherheitskontrolle für das Treffen, das er wenig später hatte. Ich sah, wie er reglos, stabil, an einer schattigen Ecke des Gebäudes stand. Er sah aus wie dessen Fundament, wie ein Grundstein, auf dem die Organisation aufgebaut werden musste.

Ein paar Tage später traf ich ihn, um zu reden. In dem Wäldchen hinter dem Schießstand von Kesariani. Es dämmerte, die Schatten wurden länger an diesem Ort, an dem die Wehrmacht Hunderte Widerstandskämpfer erschossen hatte. Ich lief auf dem Pfad die Büsche bergauf und bergab und sah ihn, an eine schräge Pinie gelehnt. Danach wurde er vom Gebüsch verdeckt, und ich sah – erfüllt von der Geschichte des Ortes und des Menschen, den ich treffen sollte –, ein anderes Bild: Die Pinie schien sich an den sicheren Rücken des Kämpfers gelehnt zu haben, um sich unter dem Gewicht der Vögel und der Last der Geschichte dieses Ortes auszuruhen. Er stand unbeweglich und ganz ruhig da, mit den Füßen fest verwurzelt im Boden unserer Erinnerungen.

Die Pinie. Ein Revolutionär. Erbe und Anspruchsberechtigter eines Stück Weges der Rebellenströmung. Und ich. Wir, die Don Quichotes unserer Geschichte, wollten einfach nicht vom ersten Pferd, der bockigen Rosinante abspringen. Wir wunderten uns über unser «Verhängnis»: Sobald 20 Leute zusammenkamen, mussten wir uns spalten. Wie sollten wir so die Revolution machen? Allein? Die paar Auserwählten? In so einem vielfältigen, vielgestaltigen, mehrdimensionalen Prozess müssten doch alle Stimmen, Köpfe, Arme, Rücken ihren Platz haben. Warum passten wir nicht zueinander? Warum formierten wir uns nicht gemeinsam? Warum kämpften wir nicht zusammen? Unser Feind zerfleischte sich oft, aber um uns zu zermalmen, vereinigte er sich noch häufiger gegen uns in einer harten schwarzen Front. Und wir sind auf ewig «die wenigen und guten» oder sogar «noch weniger, noch bessere». Bis hin zum Individuum. Genossenfresser...

Die Pinie. Falls die Organisation auf die Frage der «Verbindung mit den breiten Volksmassen» antworten wollte, wie sie in der Kritik der Brandstiftungen 1981 geschrieben hatte, und was «natürlich eine langjährige politische Aufgabe ist», müsste sie mit seiner Erfahrung beginnen, mit ihm, der er die lebende Definition dieser Verbindung war.

Oder mit Leonidas. Noch eine lebende Legende der Organisation. Ich kannte ihn schon, bewunderte und schätzte ihn. Ich war begeistert, als ich ihn bei einem Treffen vor mir sah. Seine Seele war aus reinem Gold. Er konnte uns mit einem Wort, mit einem Witz, Mut, Kraft, Kühnheit geben. Er bewies das in den schwierigsten Momenten. Ich ließ ihn lange laufen. Er meckerte, aber biss sich auf die Zunge und lief ständig lächelnd die Kilometer von Kaisariani nach Pagrati, und – mit einem Abstecher nach Vironas zu der Polizeistation, die wir später überfallen sollten –, bis nach Imittos. Dann war ich mir sicher, dass er «sauber» war. Ich wollte seine Sicht, seine Meinung hören. Ich tat besonders schlau: «Hier liegt das Haus, in dem die Entscheidung zur Gründung des ELAS getroffen wurde...». Er wusste es eh und erzählte mir noch mehr, was ich nicht wusste. Er hätte nicht stillgelegt werden müssen, wir brauchten seine Sicht der Dinge. Vielleicht hätten wir dann manch großen Fehler nicht gemacht.

Wir holten ihn in der Früh zu einer Aktion. Am Vorabend hängte er seinen Hochzeitsanzug vor das Haus. Er hatte keine Zeit auch seine guten Schuhe zu finden. Er kam also in Anzug und Turnschuhen zur Arbeit. Nach längerer Zeit holten wir ihn für eine andere Aktion, bei der eine Patrone aus meiner Jackentasche fiel. Er schimpfte: «Deine Patronen zählst du nicht, aber meine Schritte.»

Über das Laufen meckerte er immer, aber er kam zu Aktionen ohne zu klagen. Ganz egal, auf welche Position wir ihn schickten. Ein Genosse, der auf seine Genossen achtete und die Welt respektierte: «Wir kämpfen für sie.» Für ihn gab es das Thema «Schutz der Führung» nicht. Er war ein Lehrer in Sachen «revolutionäre Ethik». Er war einer jener, die glaubten, dass man immer in der ersten Reihe des Gefechts stehen sollte, auch wenn man schon viele Erfahrungen gesammelt hat und schon lange in der revolutionären Bewegung war. Das war sein Charakter und so dachte er auch: Weil wir für eine Gesellschaft ohne Diskriminierung der geistigen und körperlichen Arbeit kämpfen und Anführer und Mitglieder gleich sein sollen, müssen auch alle an Aktionen teilnehmen.

Ich zähle ausgewählte Genossen auf, die dazu gebracht wurden, fernzubleiben, brachzuliegen. Ihr Verlust war eine der schlechten Konsequenzen dieses Organisationsmodells und der Personen, die es verkörperten und einforderten.

Jiannis ging zu früh. Ohne den Traum verraten zu haben, ohne zu erleben, wie er verraten wurde. Als ich plötzlich sein kühles, irgendwie melancholisches Lächeln in einer Zeitung sah, saß ich in dem Lada. Das uralte Radio spielte in diesem Moment ein Lied, es hieß «Der Akrobat». Alles in mir und um mich herum erstarrte. Die Noten und Liedzeilen füllten mein Gehirn, das die Nachricht nicht verarbeiten wollte.

Jiannis Skandalis, der Freund und Genosse, der «Graf» der Organisation, balancierte bis zum Lebensende wie ein Akrobat. Dann stürzte er auf dem Peloponnes in dieser schicksalhaften Kurve in Mani mit seinem Motorrad. Ich saß lange reglos da. Draußen dämmerte es, in mir brach der Abend an. Es vergingen Jahre, bis ich das Lied wieder hören konnte.

Stunden später tranken wir einen Wein im Haus des geliebten Freundes Kiriakos und plötzlich wurde meine Erstarrung zu Tränen, mir versagte die Stimme. Aggeliki, die Genossin meines Lebens, sprach statt meiner und erklärte unserem Freund, dass ich um einen Mitkämpfer trauerte, einen unvergesslichen Genossen aus alter Zeit. Danach schwieg sie und drückte meine Hände.

Jiannis. Die personalisierte Solidarität. Er kam in das konspirative Haus in Zografou gestürmt: «Komm, wir müssen jetzt los, schnell, sofort!» Eine Solidaritätsaktion, wir mussten uns beeilen. Es war Sommer und alle waren in den Ferien. Ich schickte ihn zu einem Genossen, damit er ihm sagte, wo wir hinwollten. Währenddessen bereitete ich alles vor. Unglaublich schnell kauften wir, was fehlte, mieteten mit falschen Papieren ein Auto, er fuhr. Damals kamen wir nicht mehr rechtzeitig. Bald sollte es aber besser funktionieren, jemandem zu helfen, der ernsthafte Probleme mit dem Regime hatte. Zurück im Haus gingen wir unsere Sachen durch: Die Ausweise waren weg – er hatte sie unter dem Autositz deponiert. Wir rannten zurück zur Autovermietung, ich blieb als Deckung bewaffnet draußen, während er einen Auftritt als «nervöser Kunde, der etwas vergessen hatte», hinlegte. Wir bekamen sie zurück.

Jiannis. Als Sohn eines politischen Exilanten wuchs er im «realen» Sozialismus auf und kämpfte für den wahren. Wegen seiner Rebellenhaftigkeit und Solidarität landete er im Gefängnis, er wurde gefoltert, wollte aber keine persönliche Rache an seinen Folterern nehmen. Er kämpfte für die große Rache des Volks.

«Graf» hatte ihn der Unsichtbare getauft. Wegen seiner natürlichen Höflichkeit. Wegen der «Aura», die Jiannis aus dem Land im Osten ins Exil mitbrachte. Der Unsichtbare, dem Jiannis Geschichte unbekannt war, konnte in ihm keinen typischen Griechen erkennen. Weil er seine Worte so sorgfältig wählte.

Jiannis' Wortschatz. Bei unserer alltäglichen Arbeit für die Organisation fragte er mich, ob ich ihm unbekannte griechische Wörter erklären könnte. Er entdeckte ihre Bedeutung und verwunderte mich mit seinen Bemerkungen. Ich entdeckte den Zauber der Sprache aufs Neue. Die Erinnerung an wiedererweckte jugendliche Gespräche riss uns mit.

Er strahlte die Melancholie der schattigen Wälder seiner entfernten, anderen Heimat aus. Dazu kam seine Trauer um das, was er nicht erlebt und während der Gefängnisjahre vermisst hatte: die Reisen übers Meer. Als er die Organisation verließ – nein, nicht wegen politischer Differenzen, es waren Sicherheitsgründe, er war «verbrannt», bei der Staatspolizei bekannt –, halfen wir ihm eine Seemannsschule zu besuchen. Ich kämpfte dafür bei einem Treffen der zentralen Gruppe, irgendwo in Koukaki. Ich bestand darauf, ihm zu helfen. Er machte diese Ausbildung und segelte seinen Träumen entgegen, solange es ging, solange er Zeit hatte zu leben.

Jiannis. Methodisch, hartnäckig. Er hatte einen kreativen Blick, einen praktischen Geist, er verteidigte pathetisch seine Ideen für die alltägliche Arbeit. Ich kann mich erinnern, wie er stunden- und tagelang mit einem anderen «Techniker» der Organisation über einen von ihm erfundenen Schalter stritt. Er hatte Recht gehabt. Jahre später musste ich an ihn denken, als uns während einer Aktion gegen den Reeder Peratikos in Piräus der selbstgebaute Anlasser im Stich ließ. Die Batterie des Lasters war leer, der Motor wollte nicht anspringen, und wir suchten im Feuerhagel der Polizei dringend einen Fluchtwagen.

Jiannis hat mit seiner Sicht der Dinge die erste Aktionsgruppe gewichtig geprägt.

Ich spreche von den toten Genossen. In den Nächten rede ich mit ihnen. Mit ihnen, die mit unversehrten Träumen von uns gingen, ohne sehen zu müssen, wie diese Träume verloren gingen, wie sie verraten wurden. Wir unterhalten uns ruhig in den Nächten. Ich beweine sie nicht, wir weinen nicht. Gemeinsam singen wir das alte Lied *Die Waffen der Tapferen*, «hier haben die Tränen und die Klagen nichts zu suchen, nur zwei Violinen und eine Ladung Waffen.»

Unsere erste Aktionsgruppe baute die technische Infrastruktur und die logistische Unterstützung der Guerilla auf. Sie eignete sich zuerst die Grundlagen an und dann spezielle Kenntnisse. Alles musste besorgt werden. Zuerst Waffen und Munition, Sprengstoff, Geld und Informationen. Gleichzeitig die unabdinglichen illegalen Strukturen: ein Netzwerk aus Häusern und Werkstätten für die Reparatur von Waffen, den Bau der Ausrüstungsteile, auch des Sprengstoffs. Werkstätten zum Bau der Zeitzünder und anderer Mechanismen. Ein Schwerpunkt war die vollständige Ausstattung einer Werkstatt für die Herstellung offizieller Dokumente: Ausweise, Fahrzeugpapiere, Führerscheine, Pässe usw. mitsamt einem spezialisierten Team.

An dieser Stelle muss das Wesen der entstehenden Infrastruktur beschrieben werden: Eine unabhängige Struktur, die eine ebenso unabhängige bewaffnete Struktur unterstützt. Sie wurde von vorne bis hinten im engen und straffen Rahmen der Organisation selbst geplant. Einer eher militant-politischen als politisch-militärischen Organisation. Wir lernten nichts von anderen Guerillabewegungen, europäischen oder lateinamerikanischen, die ihre Infrastruktur im Zusammenhang und mit Hilfe der Massenbewegungen geplant hatten.

Immer lernten wir aus persönlicher Erfahrung: Als ich einmal von einer Kugel getroffen wurde, erhielt ich die Notversorgung und weitere ärztliche Hilfe von solidarischen Kreisen jenseits des 17N. (Ich möchte mich auch an dieser Stelle bei den mir bekannten und unbekannten Genossen und Freunden bedanken, ganz besonders bei denen, die aufgrund ihres beruflichen Wissens meine Verletzung sofort als Schusswunde erkannten, aber nichts sagten.)

Die erste Aktionsgruppe stürzte sich voll auf die Arbeit: Alles musste von Null an entwickelt werden. Die Erfahrung des 17N reichte nur für Aktionen wie die bisherigen aus. Jetzt mussten wir unser altes Niveau ziemlich anheben, infrastrukturell und aktionstechnisch.

Dinge, die uns später ganz unkompliziert leichtfielen, waren in jener Zeit so unüberwindlich wie ein Berg. Ein Beispiel: Wenn wir ein Auto klauten, machten wir meist das Zündschloss kaputt, wir wussten es nicht besser. Dann probierten wir ewig mit einem Hebel das ganze Lenkradschloss herauszubrechen. Dabei ruinierten wir es erneut. Wir mussten einen Schalter erfinden, der den Motor startete, ohne die Batterie zu leeren. Allein für diesen Schalter brauchten wir wochenlange Studien und Versuche, unendliche Diskussionen und Streits zwischen unseren «Technikern», die allerdings durch Witze aufgelockert wurden – vor allem denen des Grafen. Der Empirismus stand noch hinter der Ecke, aber immer öfter kam er ins Spiel und wurde zu unserem dauerhaften Gast.

Zeitgleich sammelten wir Waffen. Zu den drei, vier des 17N kamen die zwei, drei, die ich mitbrachte. Eine Organisation spendete solidarisch zwei .45er mit zwei Schachteln Munition, eine andere schenkte uns eine Waffe mit drei Dutzend 38er-Patronen. Ein solidarischer Genosse gab dem Grafen eine Pistole, ein anderer noch eine.

Jede Waffe hatte eine lange Geschichte mit ihren eigenen Wegen und Ursprüngen hinter sich. Ein alter Genosse des 17N zeigte uns eine in einer Felsspalte auf dem Athener Tourkovounia-Hügel versteckte 7.65er Browning. Wie viele Pärchen sich wohl nahe der gut versteckten Waffe geliebt hatten? Wir nahmen sie auseinander, ölten sie und bauten sie wieder zusammen. Bei unseren Schussversuchen ging ein kleines Teilchen in den Piniennadeln verloren. Wir suchten es überall, doch ohne Erfolg. Irgendwann wurde es von einem goldhändigen ausländischen Genossen, er lebt nicht mehr, durch hochentwickelte Technik ersetzt: mit einem Teil von einem Nagelknipser.

Emotional besonders tief bewegte mich die Übergabe einer automatischen Waffe aus dem alten Partisanenkampf. Die alte Generation übergab den Kampf symbolisch an die jüngere. «Ehrt sie!» Tränen. Doch waren es Freudentränen, nicht die Tränen der Entwaffnung durch den Vertrag von Varkiza* und allen späteren Entwaffnungen unserer Geschichte. Ein alter Partisan erzählte uns von einer Kiste mit seit dem Bürgerkrieg versteckten Handgranaten. Wir bedankten uns. Doch wer geht eine seit 30 Jahren vergrabene Kiste Handgranaten suchen, die womöglich nass geworden ist? Uns reichten damals die chinesischen

Handgranaten, auch wenn der Sicherungshebel der einen immer wackelte und mit Leukoplast gesichert war. Die alten Partisanen… Als ich diese alte automatische Waffe übernahm, schien ich ein Stück unserer Geschichte entgegenzunehmen. Eine Waffe, die kaum zu halten und sehr schwer war. Von ihrer sorgfältig verpackten Munition zündete zwei Drittel nicht. Was zündete, war das Gefühl der Kontinuität. Viele Jahre später entließen wir sie in die Umarmung der Erde, an einem Ort, an dem sie gekämpft hatte: «Der Rost soll das Eisen essen und die Erde den Tapferen», wie es in *Die Waffen der Tapferen* heißt.

Dennoch, was uns die Älteren gaben, war für alle, die davon wussten und für alle, die es verstehen konnten, das Wertvollste: ihre Erfahrungen, das Funkeln in ihrem Blick und die Flammen in ihren Herzen.

Sie halfen uns. Manche wurden in unserer Bewegung aktiv. Es kann sein, dass sie heute nicht mehr leben, doch kann ich ihre Namen noch nicht nennen. Ich erinnere mich an einen Partisanenkapitan. Ich hatte ihn bei legalen und halblegalen Unternehmungen kennengelernt. Bei einem Treffen in einem legalen Haus hatte ich ein paar Sicherheitsvorkehrungen getroffen. Er kapierte es sofort und lächelte konspirativ. Später wurde er sich meiner sicherer, weil er mich zufällig mit einem alten Genossen sah. In der Organisation wurde er unendlich respektiert: «Stell dir vor, vor dem trauen wir uns nicht einmal untereinander zu streiten.» Und das in einer Phase intensiven Streits! Er half sehr, mit seiner Erfahrung, seiner Weisheit, seinem politischen Denken. Für mich war es eine große Ehre, ihn kennengelernt zu haben.

Eine Freundin und Genossin aus der Massenbewegung wollte uns eine automatische Waffe geben. «Ein alter Soldat hatte sie auf dem Dachboden.» Wir nahmen sie nicht. Sollte die Waffe gefunden werden, hätte sie womöglich Probleme bekommen. «Lass es lieber sein.» Sie bestand darauf. Ein Jagdgewehr eigneten wir uns ohne Gewissensbisse aus dem Haus eines Jägers an und eine Schrotflinte aus der Wohnung eines Gefängniswärters irgendwo auf dem Land.

Sprengstoff war schwerer zu bekommen. Unendliches Bergsteigen, Erkundungsrunden in Steinbrüchen, Minen und Bergwerken in ganz Griechenland, vom Peloponnes bis Thraki. Irgendwann erkannten wir die Steinbrüche, in denen es Dynamit gab, und wo genau es aufbewahrt wurde. Die erste Kiste Dynamit klauten wir jedenfalls aus einem Steinbruch auf Evoia. Wir hatten im Wald und Kilometer entfernt von der Stelle, an der gearbeitet wurde, ein provisorisches Versteck gefunden. Wir beobachteten die Arbeiter stundenlang durch das Fernglas, und als sie gingen, holten wir eine Kiste mit 25 Kilo Dynamit.

Als wir die dicken «Würste» aus der Kiste holten, um sie wasserdichter zu verpacken, brach meine Dynamitallergie voll aus. Es war, als hätten sich meine Nerven aufgelöst, mein Kopf pochte und mir wurde total schwindelig.

Danach besorgten wir fünf Kartons aus einem Steinbruch am Giona. Es gab einen Wächter, wir warteten auf den griechischen Samstagabend, bis er ging. Wir klauten Zünder und reichlich Zündschnur, schnell und langsam abbrennende. Während wir zu unserem Versteck fuhren, kamen wir durch ein Dorf am Meer. Auf seiner Hauptstraße gab es hohe Schwellen. Bei jeder hüpfte das Dynamit, und der Fahrer, der vorsichtig die Zünder hielt, hüpfte zwischen kleinen – glücklicherweise nur – Lachexplosionen mit. Ich lag auf dem Rücksitz, ganz kaputt vom Geruch des Dynamits.

In späteren Jahren warteten wir aufgrund unserer gesammelten Erfahrungen, bis ein Steinbruch eine ganze Ladung Dynamit geliefert bekam. Dann, es war wieder einmal ein Samstagabend, bestachen wir die Wachhunde mit Steaks und packten anderthalb Tonnen Sprengstoff in einen Laster. Die Hunde wackelten fröhlich mit den Schwänzen und passten auf, dass uns auch ja niemand störte.

Um so komplizierte Aktionen machen zu können – und zwar nicht mit Glück, sondern weil wir alle Parameter einkalkulierten und die Gefahren minimierten –, musste vorher viel erledigt werden. Die Anfangsgruppe musste sich sehr darauf konzentrieren. Wir hatten alles andere aufgegeben und arbeiteten regelrecht auf 24-Stunden-Basis. Wir trafen uns zwei, dreimal täglich, und falls wir daran dachten, aßen wir schnell etwas. Wir verbrachten viel mehr Zeit mit den Genossen als mit unseren Angehörigen. «Zum Glück» hatte ich mich getrennt und keine Probleme damit. Im Gegenteil, über meine Arbeit vergaß ich die schwierige Trennung. Wir hatten unsere Lohnarbeit aufgegeben und um die Universität kümmerte ich mich gar nicht. Wenn ich Zeit hatte, arbeitete ich ab und zu auf dem Bau.

Wir hatten riesige Geldprobleme. Wir mussten Miete für die Häuser, das Geld für den Kauf von Material, für Transportkosten und unser Überleben aufbringen. Unsere Familien, Freunde und Bekannte wurden «besteuert». Auch mancher Mitstreiter. Manchmal bekamen wir rührende Geschenke. Ein alter Genosse schickte uns eines Tages ein paar sorgfältig in Papier eingewickelte Goldmünzen. Ein Familiendepot für Notfälle. «Ihr gebt hier euer Leben, müssen wir nicht auch alles, was wir können, geben?», war seine zornige Antwort auf unser verlegenes «Danke». Ein tiefer Seufzer erlöste uns da von der Sorge um die offene Miete des konspirativen Hauses. Sonst hätten wir hungern müssen, denn wir waren zwei Mieten im Rückstand für unser Versteck, nur unser «ehrliches Gesicht» rettete uns. Wir beschlossen, unserer Selbstfinanzierung mehr Priorität zu geben.

Eines Tages, auf einem Höhepunkt so einer Finanzkrise, liefen der Graf, ich, und noch einer seit dem Morgen im Zentrum umher und versuchten Autoschlüssel zu entwenden, oder, noch besser, gleich ein ganzes Auto. Es wurde noch ein fruchtloser Nachmittag. Es war ein heißer Sommertag, wir waren am Ende. Der Schweiß rann, die Pistolen rosteten und hinterließen Ölflecken auf der Kleidung. Wir leerten unsere Taschen aus, das Kleingeld reichte gerade für eine Dose Orangensaft, geteilt durch drei.

Wir gingen die 3. Septemvriou-Straße entlang, als wir am Telekommunikationsgebäude das Auto eines KYP-Agenten sahen. Es war schwer aufzubekommen, und eigentlich suchten wir nach seiner Waffe, im Kofferraum fanden wir aber seine Brieftasche und die Papiere da drinnen sollten uns irgendwann noch nützlich werden. Doch was uns unmittelbar half, war ein Briefumschlag voller Geld. Am gleichen Tag zahlten wir drei Mieten für unser Versteck und luden die Genossen am Abend in ein Kafeneion ein, zur Freude des Besitzers, der uns während der letzten Tage schon schräg angesehen hatte. «Wir werden vom KYP bezahlt», lachten wir.

Schließlich fanden wir am nächsten Tag ein Auto. Einen Kleinlaster. Auf einer Straße, die die Peireos-Straße kreuzt, in der Nähe des Omonoia-Platzes. Am helllichten Tag. Und unbewaffnet. Wir waren zu zweit, der Graf und ich, als der Wagen direkt vor uns parkte. Der Fahrer stieg aus und hatte ein paar große Einkaufstüten in der Hand. Der Schlüssel steckte und die Beifahrertür war nicht abgeschlossen. Wir sahen, wie der Fahrer sich entfernte. Eine, anderthalb, zwei Minuten – er lief immer weiter. Also hatten wir mindestens zwei Minuten Zeit. Wir sahen einander an: «Los!» Wir stiegen vor dutzenden Passanten ein und taten als seien wir die Besitzer. Ohne Waffen, ohne Handschuhe. Ich fuhr und zählte vier Minuten lang – zwei, bis der Fahrer zurückkam, und nochmal zwei bis die Polizeistreifen alarmiert würden – wir verließen den Wagen in einer Gasse am Vathis-Platz, nachdem wir unsere Fingerabdrücke abgewischt hatten. Als es dunkel wurde, kontrollierten wir den Wagen und wurden zu Besitzern eines Kleinlasters.

Wir wurden immer mehr. Zu den Alten kamen ständig Neue. Nur langsam und vorsichtig gaben wir Neuen Bescheid. Wir redeten nicht mit Gruppen, die als ganze Zelle der Organisation beitreten wollten, nur mit einzelnen Personen. Wir nahmen jeden Fall vorsichtig unter die Lupe. Zuerst machten wir eine vorsichtige Sicherheitskontrolle. Wir wussten, dass die Geheimdienste wie verrückt nach einem Faden zur bewaffneten Bewegung suchten.

Wir sprachen neue mit einer Legende an: Wir seien eine neue Gruppe, die «mit dem Gedanken spiele, aktiv zu werden...» Wenn der Kandidat einverstanden war, machten wir eine kleine Aktion oder etwas Ähnliches. Sollte er nach der «Feuertaufe» verschwinden, würde er nicht viel wissen.

Nach 2002 hörte ich, dass gesagt wurde, der 17N habe «seine Türen nicht geöffnet». Das war tatsächlich bewusst so entschieden worden: Wir wollten keine massenhaften Anwerbungen. Allerdings gab es einige, die behaupteten, nach uns zu suchen, aber wie in der Fabel des Aesop suchten sie nach der «Fährte des Löwen», hatten aber Angst, den Löwen selbst zu finden. Sobald der Übergang von der Theorie zur Praxis auf den Tisch kam, machten sich in der Regel die bekannten «politischen Unterschiede» bemerkbar...

Manches Mal stießen wir auf Personen oder kleine Gruppierungen, die «zu» revolutionär waren. Sie befassten sich mit unendlichen Theorien, um zu übertünchen, dass sie eine revolutionäre Praxis eigentlich gar nicht wollten. Minimale Praxis und viel revolutionäre Pose. Je weniger sie sich beteiligten, desto größer war ihr Getue. Sobald das Feuer der Praxis auch nur in ihre Nähe kam, löste sich auf einmal ihre Verfügbarkeit in Luft auf. Sie wandten sich heraus und verschwanden, ohne irgendeine Spur in der Geschichte zu hinterlassen. Übrig blieben höchstens ein paar witzige Erzählungen und Anekdoten, die wir uns zur Erheiterung in Momenten großer Anspannung erzählten.

Doch, es kamen neue Mitglieder. Kämpfer, die sich in der geschrumpften traditionellen Linken nicht wiederfinden konnten, auch nicht in der unschlüssigen und vom Schirokko der Integration zunehmend ausgetrockneten radikalen Linken. Der 17N wurde zu Beginn seiner neuen Phase durch die Kraft und Leidenschaft der griechischen Provinz belebt.

Junge Leute aus den Dörfern, die die Städte und deren Reichtum und Macht einkreisen. Junge Leute, die der Erde näherstanden, fester auf dem Boden, aus einer revolutionären Tradition kamen, die vom widerständigen Geist des «Kleftiko» getränkt worden war. Junge Leute, die nicht in der Routine und dem Muff eines Parteibüros verrosteten. Ihre Lebendigkeit, ihr bäuerliches Denken und ihr Verständnis von Arbeit, sie arbeiteten auf dem Land, beeinflusste den 17N. Manche ihrer Ansichten erinnerten an die der Kleftis, und da sie keine lange familiäre Arbeitertradition hatten, fehlte ihnen Arbeiterbewusstsein. «Intellektuelles» sahen sie zugleich zurückhaltend und bewundernd.

Manche ihrer Eigenschaften wirkten zunächst mobilisierend aber später limitierend, die revolutionäre Organisation musste sich dem stellen. Es ging um die Bildung revolutionärer Kader und den Gegensatz von Theorie und Praxis.

Eine revolutionäre Organisation ist keine Armee, die lediglich gut trainierte und entschlossene Soldaten braucht. Sie ist «äußerlich» und auch «innerlich» eine politisch-militante Organisation, in der jedes Mitglied die Einheit von politischer Überzeugung und militanter Praxis repräsentieren muss. Es darf keinen Gegensatz zwischen «politischen» Kadern und «militanten» Mitgliedern geben, auch nicht zwischen «Theoretikern» und «Handwerkern». Die Organisation sorgt für die ständige theoretische und technische Weiterbildung ihrer Mitglieder und für deren vielseitige Entwicklung.

Es ist wahr, dass die meisten Mitglieder bittere Erfahrungen mit rhetorischer Aufgeblasenheit gemacht hatten. Sie hassten diese Pseudo-Intellektualität, mit der politische Untätigkeit entschuldigt wurde. Weil die unmittelbare politische Praxis sie in rasendem Tempo mitriss, fanden sie allerdings auch zu wenig Zeit für politische Diskussionen und Analysen. Darunter litt die politische Bildung der Mitglieder und die ideologische Basis der Organisation wurde immer schmaler.

Die Organisation betrieb keine systematischen theoretischen Schulungen. Natürlich wurde ausgiebig politisch diskutiert in ihren Reihen, aber die Weiterbildung musste individuell erfolgen. In der ersten Zeit des intensiven Wiederaufbaus des 17N hatte ich parallel zur organisatorischen und technischen Arbeit eine Schulungsgruppe zusammengestellt, die meisten waren neue Genossen aus der Fälscherwerkstatt. Ich wusste aus ELA-Zeiten, wie eintönig das stundenlange tägliche Zeichnen der Stempel, der Wasserzeichen und der Kampf mit den Linien und Buchstaben war. Kosmas sagte: «Der Fälscher braucht Gesellschaft, er langweilt sich sonst.»

Während wir die erste Werkstatt aufbauten, oder kurz zuvor, begannen wir mit den Lektionen. Monatelang. Wir fingen mit der «Marxistischen Wirtschaftstheorie» von Ernest Mandel* an und machten mit einer Diskussion über die komplette marxistische Theorie weiter. Ich dachte, dass diese Schulungen organisationsweit werden könnten, auch für andere Gruppen. Stattdessen kam es jedoch zur Auflösung der Schulungsgruppe. Warum? Aus den Gründen, aus denen junge Genossen gehen. Weil sie bemerken, dass der Kampf viele Jahre dauert und Gefahren mit sich bringt. Weil die Freundin sie vor das ewige Dilemma stellt, «entweder ich oder die Organisation». Weil sie bei illegalen Aktionen auffliegen und stillgelegt werden müssen. Weil sie Schwächen bei Aktionen zeigen und dadurch zu einem Risiko für sich selbst und die Organisation werden. Wie auch immer, die anderen zogen mich auf: «Zu viel Theorie ist schädlich.»

Die Abwertung der ideologisch-politischen Ebene einer Organisation ist schon unter normalen politischen Umständen ein Fehler. Unter besonderen Umständen – die für eine illegale Organisation aber völlig normal sind –, wie zum Beispiel nach einer Festnahme oder Massenverhaftungen, können schwache ideologische Grundlagen und fehlende revolutionäre Moral bei einem Frontalangriff des Feindes dazu führen, dass ein Organisationsmitglied zusammenbricht. Zu fehlender Widerstandskraft und Unfähigkeit, das Negative positiv zu wenden, kommt dann die Rückbesinnung auf alte familiäre und urbürgerliche Werte, die stürmisch über die aufrechte Haltung hereinbrechen und die Verwandlung des Kämpfers in sein Gegenteil zur Folge haben. Das ist ein Weg, der nicht vernünftig begründet werden kann, ein Weg, der sowohl für das Individuum als auch für die Sache, für die es bis zu diesem Punkt gekämpft hat, katastrophal endet.

Defizite bei der ideologisch-theoretischen Arbeit prägen übrigens auch die Art und Weise, wie organisationsinterne Widersprüche geklärt werden.

## Kapitel 14
## Einheitlichkeit durch Beschneidung

In dieser Aufrüstungsphase des 17N tauchten Differenzen über seine unter den neuen Bedingungen angestrebte organisatorische Form auf. Eigentlich gab es in diesen Fragen schon immer unterschiedliche Ansichten, doch durch den Zulauf neuer Mitglieder bekamen sie jetzt eine neue Dimension.

Es ging um Sicherheitsfragen. Die Anwerbung neuer Mitglieder lief so, dass einzelne Gruppenmitglieder einen Kandidaten genau unter die Lupe nahmen.

Eine Fraktion, die Mehrheit, meinte, dass die einzelnen Zellen der Organisation nicht allein über neue Mitglieder entscheiden dürften, da jede Sicherheitslücke die ganze Organisation gefährden würde. Deshalb müsse es irgendeine Art Zentrale geben, die Informationen sammelt und verarbeitet. Für die andere Fraktion ging es eher darum, ob man der Erfahrung und dem kritischen Blick der «Anwerber» vertraute. Als die Diskussion Fahrt aufnahm, ging es nicht mehr um organisatorisches, sondern um die politische Funktionsweise des 17N: hier der «historisch und politisch erledigte» demokratische Zentralismus, dort die politische Autonomie dezentraler unabhängiger Zellen.

Die Diskussion verkomplizierte sich durch die Einmischung älterer Genossen der Ursprungszelle des 17N und weil sie «persönlich» wurde. Der 17N war ja ein Beispiel: Als «unabhängige» Zelle des ELA hatte er selbst wie eine «Zentrale» gehandelt, wenn er Entscheidungen traf, die den ganzen ELA betrafen.

Ich sah die Frage als eine, die das Wesen unserer Organisation betraf: Wir führten einen Kampf, der das ganze gesellschaftliche System angriff. Der Feind würde uns mit allen Mitteln bekämpfen, mit aller Kraft, Härte und Hinterhältigkeit. Die Gesetze dieses Krieges zwängten uns ein «Verwaltungszentrum» auf, eine einheitliche Führung, bei der alle Informationen aus der Organisation und ihrem Umfeld zusammenlaufen mussten: Wie stark ist sie tatsächlich, welche Möglichkeiten hat sie, wo ist sie schwach und wo gut? Eine Zentrale, die jederzeit die Organisation und die Stärke und Taktik des Feindes überblickt, könnte zur Not schnell die erforderlichen Entscheidungen treffen.

Die Erfahrung, vor allem der illegalen Praxis, hatte gezeigt, dass so eine Zentrale unverzichtbar war und sowieso entsteht. Aber eine geheime Zentrale ist undemokratisch und kann nicht kontrolliert werden. Deswegen muss sie bewusst gebildet werden und für ihre Entscheidungen verantwortlich sein.

In der Organisation hatte sich bereits ein informelles Zentrum gebildet und im Strudel der praktischen Arbeit entstanden kleine Unterzentren, was zu Durcheinander führte. Zum Beispiel hatten Genossen in zwei Fahrzeugen zu einer realen Aktion angesetzt. Beide Autos waren gestohlen und wir waren bewaffnet. Als es eine Abbruchsituation gab, eine Polizeistreife oder so etwas, glaubten die Genossen in beiden Autos, die «Zentrale» der Aktion zu sein und manövrierten falsch. Es gab dadurch Probleme, weshalb wir ab da einen für die Aktion Verantwortlichen beriefen, sozusagen ein «Verwaltungszentrum» für eventuell schnell erforderliche Entscheidungen. Aller Erfahrung nach war eine suboptimale schnelle Entscheidung, die für alle getroffen wurde, besser als mehrere sich widersprechende Entscheidungen. Der Verantwortliche hatte sich später allerdings der Kritik zu stellen.

Die Bereitschaft für ein so funktionierendes Verwaltungszentrum war in der Organisation mittlerweile vorhanden. Schließlich hatte es ähnliche Organisationsschemata in allen revolutionären Organisationen, allen Volksguerillas in Griechenland und weltweit gegeben. Selbst bei den aktuellen europäischen

Guerillagruppen und dem bewaffneten Widerstand in den Metropolen gab es zentralisierte Verantwortlichkeiten, obwohl sie eine eher «horizontale» Organisationsform befürwortet hatten.

In der Organisation bildeten sich zwei Tendenzen. Die Mehrheit fand ein Verwaltungszentrum notwendig. Eine starke Minderheit war für Dezentralisierung und Autonomie der Zellen. Bald gab es zwei Texte. Der von der Mehrheit sehr eilig verfasste war sehr wichtig. Er akzeptierte den immanenten Widerspruch des Begriffs «demokratischer Zentralismus» und schlug demokratische Veränderungen vor. Als Basis und wichtigste Voraussetzung sah er die «allgemeine demokratische Diskussion». «Kein Ausdruck von Kritik oder Zweifel» dürfe zum Ausschluss oder einer Ausschlussdrohung führen. Wir glaubten, dass diese Diskussionen und eine wirklich demokratische Arbeitsweise der Organisation Bürokratisierung und unverantwortliches Handeln fast unmöglich machen würden. Konkret wurde daher vorgeschlagen, dass alle Delegierten der Zellen und die Mitglieder der Zentrale, eines Exekutivsekretariats, gewählt werden mussten, und jederzeit abgesetzt und verantwortlich gemacht werden konnten.

Der Text der Minderheit war ein theoretischer Text gegen den demokratischen Zentralismus, der historisch zu stalinistischer Bürokratie, übermächtiger Kraft der Partei und Herrschaftswillkür geführt hatte. Er begründete mit einer Rückschau auf die Geschichte der Kommunistischen Partei und der revolutionären Organisationen, warum man gegen die «demokratische Zentralisierung» sei. Die Basis der horizontalen organisatorischen Form sei die Zelle. Die unabhängige Zelle, vielleicht auch die selbstständige Zelle, die über die Mittel, die Anwerbungen und die Aktionen, an denen sie teilnimmt, entscheiden musste. Die Zellen sollten sich untereinander in lockerer Koordination verständigen. So würde man den Gefahren einer «allmächtigen weisen Führung» entgehen, die alles kontrollieren würde und die Demokratie in der Organisation manipulativ unterdrücken würde.

Im letzten Moment wurde ein dritter Text präsentiert. Er gelangte durch den Delegierten einer Zelle kurz vor der Vollversammlung in meine Hände, ich gab ihn an alle weiter. Es war ein wichtiger Text, der wie der Text der Minderheit leider nicht mehr existiert. Sie waren mit der Hand geschrieben – und man wollte sie so lassen – deshalb waren sie bei den ersten, die ich im Sommer 2002 vernichtete. Er begann mit der unausgesprochenen Prämisse, dass Meinungsunterschiede über Organisatorisches nicht nur organisatorische Differenzen seien, sondern tiefere politische Gründe hätten. Der Text wollte Einigkeit und schlug als organisatorischen Kompromiss eine begrenzte Autonomie der Zellen und eine entscheidende Koordination vor. Unter anderen Umständen wäre er eine interessante Diskussionsbasis gewesen. Doch war es sein Schicksal, hinter den zwei vorherrschenden Ansichten zu verschwinden. Tatsächlich hatte sich die interne Diskussion gefährlich polarisiert und war schmerzhaft aus den Fugen geraten. Brüderliche Seitenhiebe waren gang und gäbe. Und sie schmerzten…

Alte Geschichten kamen hoch, frühere Unterschiede und Widersprüche. Ich hatte nicht erwartet, so etwas noch einmal zu erleben. Es ist wahr, dass die Linke zu den glänzendsten Heldentaten fähig ist, aber sie hat auch ihre dunkelsten Seiten voller Groll und Gemeinheiten.

Ich bat einen sehr angesehenen Genossen der Minderheit um ein Treffen. Wir trafen uns irgendwo in Kallithea und liefen durchs ausgetrocknete Flussbett des Ilissos. Wir redeten stundenlang. Ich versuchte auf das Wesentliche zurückzukommen, doch das war schwierig. Wenn ich ihm Fragen zur Kontrolle der Sicherheit der Gesamtorganisation oder der einheitlichen Verwaltung beziehungsweise zur Effektivität des Kampfes stellte, so antwortete er erst abstrakt, aber bevor wir darauf eine Diskussion aufbauen konnten, kam er auf seine persönliche Verantwortung, seine Erfahrung und seine Fähigkeiten, die er mit denen der Genossen der Mehrheitsfraktion verglich. Seine politischen Anklagen gegen eine «weise Führung», die «manipulieren» will und den ganzen Kampf kontrollieren möchte, verflocht er mit Geschichten aus der Vergangenheit, von denen er glaubte, dass sie seine Argumente stützten. Er beharrte darauf, dass seine Worte wahr seien, dass ich noch «sehen würde, dass er Recht hätte».

Wieder war ich in der schwierigen Situation, zu sehen, dass sich meine Wege von denen derer trennten, denen ich emotional, politisch und persönlich am nächsten stand. Weil ich diesem Genossen und auch den anderen der Minderheit gegenüber der «Partei»-Logik treu blieb, erhielt ich den Beinamen «Stalinist» und «Parteianhängsel». Ich schlug nicht zurück, aber widersprach solchen Zuschreibungen, die von «unserer» Seite kamen, auch nicht deutlich genug. Das war mein Fehler.

Die Minderheit kam nicht mehr zum Treffen. Sie trat aus. Die Kompromiss-Fraktion war noch da, trat aber bald darauf auch aus – ohne für ihre Überzeugungen gekämpft zu haben. Das war ihr Fehler.

Bei dieser intensiven Polarisierung liefen die «allgemeine Diskussion» und die «richtige demokratische Funktionsweise» gegen die unerbittlich starre Wand der Eindimensionalität – die zwar für eine schnelle und wirksame Praxis enorm wichtig ist, die aber so viele Nebenwirkungen auf die Strategie des bewaffneten Kampfes in Griechenland hatte. Nebenwirkungen, die zur Krise von 1992 und zum Repressionsschlag von 2002 führen sollten.

Aus diesem Grund will ich noch mehr auf die Art und Weise eingehen, in der Auseinandersetzungen geklärt wurden; hinsichtlich der «Einheit der revolutionären Kräfte», die ich «Kouponia-Sache» genannt habe, und auch organisationsintern.

Das Gemeinsame dieser beiden Situationen war die energische Lösung der verknüpften, vielfältigen und mehrdimensionalen Gegensätze durch einen scharfen Schnitt: Nein zu Weitschweifigkeit und zeitraubender Vielstimmigkeit, ‹besser Wenige und Gute›. Das Volk fordert von uns die revolutionäre Aktion, alle, die sie genauso wollen wie wir, gehen entschlossen nach vorn. Wer uns zu unseren Konditionen folgen möchte, ist willkommen. Alle anderen sollten ihren eigenen Weg gehen, ihn praktisch ausprobieren, doch sie mussten sich auf ihre eigene Kraft stützen, nicht auf unsere. Und vielleicht würden wir uns auf unseren Wegen wiedertreffen…

Damals empfand und interpretierte ich diese Lösung als ehrlich und revolutionär, ich befürwortete und unterstützte sie. Selbst wenn die Organisation dadurch mir nahestehende Kräfte und Überzeugungen verlor: Die Bewegung, die Aktionsvielfalt unterstützte, politische Überzeugungen aufgrund einer gemeinsamen Herkunft und Werten, die sich besonders dem Volk verbunden sahen und menschlich gesehen: Freunde.

Doch Anfang der 1980er Jahre hallte der revolutionäre Ruf des Che in meinen Ohren, «ein, zwei, viele Vietnams…». Ich hatte immer an die Kombination verschiedener Kampfformen geglaubt, doch unter diesen Gegebenheiten des Klassenkampfes hielt ich den bewaffneten Kampf für die Priorität. Das war es, was auch hier versucht werden müsste. Im 17N waren die Kräfte, die ihn verwirklichen wollten. Für mich war es kein Kompromiss, und schon gar kein schmerzvoller – trotz der Bitterkeit, die der Verlust von wichtigen und geliebten Genossen aus dem gemeinsam begonnenen Projekt mit sich brachte. Nein, ich beteiligte mich mit ganzer Seele, mit Enthusiasmus und Energie, ich verpflichtete mich ganz und gar.

So waren auch die neuen Genossen, die in den nächsten Jahren dazukamen. Oft machte ich mich darüber lustig, dass das kleine gallische Dorf, das sich immer und ewig wehrte, viele schwungvolle Obelixe hatte – «Plan? Was für einen Plan? Los geht's…» – aber kritisch wenige Asterixe. «Zehnmal messen und dann erst schneiden…»

Die ausbalancierte Mischung der Kämpfer tat der Organisation unmittelbar und mittelfristig gut. Wir aktionsorientierten Genossen hatten eine gemeinsame «Chemie» und aus der Kombination unserer individuellen Eigenschaften entstand ein schlagkräftiges bewaffnetes Werkzeug. Die Kraft der Organisation rührte nicht von den Taten Einzelner. Im Gegenteil, sie war Resultat des kollektiven Projekts, des Dazutuns aller ihrer Mitglieder.

Mittel- und vor allem langfristig wurde die Organisation durch die Linie der vorsichtigen Erweiterung, und natürlich auch dem Ausschluss von in der Bewegung erprobten und theoretisch fitten Genossen, allerdings ideologisch und politisch geschwächt. Wir zahlten dafür in strategischer und taktischer Hinsicht.

Es ist natürlich wahr, dass so weit auseinanderliegende Ansichten kaum koexistieren können. Doch hätten wir flexibler sein müssen, die «allgemeine Diskussion» hätte geführt werden müssen, die «richtige demokratische Funktionsweise» hätte es geben müssen. Da es mit «nicht wenigen» Genossen eine grundlegende Gemeinsamkeit gab: den bewaffneten Kampf und dessen Bedeutung für die Revolution, die Volksmacht und den antibürokratischen Sozialismus. Weil durch das Zusammenbleiben und eine gemeinsame Praxis Kooperation entstanden wäre und die gegensätzlichen Ansichten sich auf einem gemeinsamen Weg dialektisch entwickelt und zu qualitativen Sprüngen im Bewusstsein geführt hätten. Wenigstens hätten wir die Kommunikation aufrechterhalten sollen.

Den Schnitt mit den gegensätzlichen «organisatorischen» Überzeugungen hätte man in diesen speziellen Rahmenbedingungen anders sehen können. Es ist wahr, dass wir am Anfang einer neuen Phase standen, eines neuen Projekts, von dem wir damals glaubten, dass es entscheidend sein würde für die Entwicklung der revolutionären Bewegung. Wir reagierten einfach so, weil Homogenität des 17N diese neue Phase sehr vereinfachte.

Andererseits waren wir noch keine entwickelte Guerilla, mit ständigen Kämpfen und Konfrontationen, unter Repressions- und Verfolgungsdruck. Den frontalen feindlichen Angriff, den wir als Grund für eine «Zentralisierung» sahen, hatte es noch nicht gegeben. Also auch keinen antagonistischen Widerspruch zwischen den Positionen der Demokratisierung und Zentralisierung. Es gab keine Notsituation, die einer internen Demokratisierung widersprochen hätte. Eine Verzögerung der praktischen Arbeit wäre bald durch einen Ausgleich zwischen den beiden Positionen der demokratischen Zentralisierung ausbalanciert worden. Langfristig hätte das zu einer schnelleren Entwicklung geführt, weil wir einfach zahlreicher gewesen wären und die Organisation sich schneller entwickelt hätte. Eine Bewegung profitiert von internen Widersprüchen, wenn sie in der ideologischen Auseinandersetzung richtig aufgehoben sind. Ohne sich um persönliche «Autorität» oder «Besitzansprüche» auf die Organisation zu scheren.

Tatsächlich ging es bei den organisatorischen Meinungsverschiedenheiten um Widersprüche hinsichtlich der Strategie des bewaffneten Kampfes. Es gab unterschiedliche Ansichten über die Arbeit mit den Massen, über die Organisation als dessen «Ratgeber». Oder Positionen, die am Charakter des abhängigen griechischen Kapitalismus ansetzten, also eine «antikapitalistischere» Praxis befürworteten.

Es stimmt, eine Organisation ist an sich «kein Diskutierklub, sondern eine kämpferische Einheit», doch lehrt uns die Geschichte, dass sich revolutionäre Organisationen durch die Lösung ihrer internen Widersprüche entwickeln. Das hält sie lebendig und fit. Fraktionierungen dürfen nicht negativ gesehen werden, wir müssen uns nicht gegen sie wehren, sie dürfen nicht als Gefahr für die «Autorität» der Führung verstanden werden. Wir dürfen sie nicht als etwas Starres, sondern müssen sie prozesshaft interpretieren und ihre Praxis und ihr politisches Verhalten bewerten. Wir müssen ihre Ursachen studieren, und falls sie nicht antagonistisch sind, den ideologischen Wettkampf mit ihnen fördern, um Gegensätze kreativ aufzulösen.

Die Einstellung zum – historischen – Phänomen der Fraktionierung ist auch ein Test der Einstellungen gegenüber anderen Fraktionen der revolutionären Bewegung. Glaubt man, nur selbst die einzige revolutionäre Wahrheit zu besitzen und nur selbst mutig zu sein?

Viel mehr noch ist diese Einstellung ein Indiz dafür, wie jemand den revolutionären Prozess und die Revolution sieht: Wird sie nur durch dich, deine Partei und deren Führung, deine ausschließlichen Bezugspunkte, gemacht, oder ist sie ein pluralistischer Prozess des Aufbaus und der facettenreichen Praxis des bewaffneten Kampfes? Darin wird dein wahrer Wert an der frischen und klaren Luft der Praxis getestet – nicht an dem Bild, das du selbst von dir hast.

Wie dem auch sei, selbst in unserer «eindimensionalen» Organisation gab es interne Gegensätze. Unterschiedliche politische Ansichten, unterschiedliche Analysen. Es gab politischen Streit, politische Diskussionen, sie liefen demokratisch. Man konnte seine Ansichten in der Organisation schriftlich herumgehen lassen und mit allen Genossen und Zellen diskutieren. Das ließ sich sicherheitstechnisch machen, zum Beispiel, indem man sich vermummte. Die Kommandoerklärungen wurden von der ganzen Organisation besprochen, selbst wenn sie aus politischen Gründen schnell herausgegeben werden mussten. Doch der Irrglaube, dass wir «kein Debattierclub, sondern eine kämpferische Organisation des bewaffneten Kampfes» seien, hielt sich.

Nach dem Austritt der Genossen beriefen wir eine Vollversammlung ein und wählten ein dreiköpfiges Exekutivsekretariat. Nach Meinung der Mehrheitsfraktion, die nun den ganzen 17N bildete, war es das politische «Organ, das die Organisation nach innen und auch nach außen repräsentiert». In den nächsten 20 Jahren bis 2002 fand keine Vollversammlung mehr statt. Die Organisation war homogen, offene Fragen wurden in gemeinsamen Diskussionen schnell geklärt. Ungefähr zweimal im Jahr gab es Treffen, an denen fast alle Genossen, die sich kannten, teilnahmen. Es gab eine politische Diskussion ohne Tagesordnung, bei der Aktionen und allgemeine Interventionen des 17N abgesprochen wurden.

Diese Treffen hatten nicht den Charakter einer Vollversammlung, aber es verlangte auch kein Mitglied eine. Die drei Mitglieder des Sekretariats nahmen meistens vollzählig an diesen Treffen teil. Obwohl sie ihre Funktion nie formell ausübten – die jüngeren Genossen kannten die gar nicht –, erfüllten sie ihre Aufgabe. Sie waren eine «natürlich» akzeptierte Zentrale.

In der Zeit nach der Vollversammlung tagte das Sekretariat regelmäßig im Stadtzentrum. Nach und nach übernahm eine zentrale Gruppe der Organisation, eine Art «erweitertes» Sekretariat, ihre Aufgaben. Diese Gruppe «zentraler» Personen des 17N traf sich beinahe täglich, um ihre Aufgaben zu regeln. Für spezielle Fälle gab es ein Notfalltreffen der drei Exekutivsekretäre. Für sie war es immer eine besondere Ehre, den 17N «sowohl nach innen als auch nach außen» zu repräsentieren. Sie sahen sich gegenüber der Organisation und der revolutionären Bewegung in der Pflicht. Auch fühlten sie sich moralisch, historisch und satzungsmäßig dafür verantwortlich, Rechenschaft abzulegen über ihre politische Aufgabe für die Linie, den Zweck und die Praxis der Organisation.

In der Vollversammlung, in der das Exekutivsekretariat einstimmig gewählt wurde, wurde ebenso einstimmig der Text der früheren Mehrheitsfraktion «Über das Organisatorische» angenommen. Von einem organisatorischen Vorschlag war er zur Satzung der Funktionsweise der Organisation geworden.

## Kapitel 15
## Der Beginn des Jahrzehnts der Aktionen 1983–1992

In der Vollversammlung wurden die Richtlinien für die nächste Phase festgelegt. Zehn Jahre lang, von 1983 bis 1992, würde die Organisation ihnen folgend Aktionen machen. Dieses Jahrzehnt war die Hochphase des 17N.

Mit diesen Beschlüssen trat der 17N in ein neues Entwicklungsstadium ein. Die Infrastruktur wurde wesentlich aufgewertet. Passte früher alles in die eine Schachtel und reichte für die seltenen Aktionen in den Jahren zuvor, konnten wir nun auf eine Infrastruktur zurückgreifen, die die dichte Aktionsfolge des nächsten Jahrzehnts aushalten sollte.

Hauptsächlich aber wurden die menschlichen Ressourcen ausgebildet, Kämpfer, die sich die ganze technische Infrastruktur Schritt für Schritt aneigneten. Ihre einzigen Quellen waren Geduld, Selbstschulung, das Ausprobieren und vor allem ein unendlicher Zeitaufwand. Gleichzeitig bildeten sich diese Rebellen zu Kämpfern aus. Wieder Schritt für Schritt mit der nötigen Selbstüberwindung und dem Kontakt zur «Straße», der sie auf Auseinandersetzungen wie in Sepolia vorbereitete, als sie mit den Besatzungen von drei oder vier Polizeiautos klarkommen mussten. Mit ihrer Erfahrung und antrainierten Ruhe sollten sie solche Konfrontationen aber vor allem vorhersehen und ihnen aus dem Weg gehen. Wie in der Luizis-Riankur-Straße und bei vielen anderen Gelegenheiten…

Auf der Grundlage dieser technischen und personellen Basis wurde eine an die griechischen Tatsachen angepasste «Fokus»-Strategie für das Jahrzehnt der Aktionen von 1983 bis 1992 entwickelt. Wir wählten die Guerilla und deren erste Phase: die bewaffnete Propaganda als Hauptform ihrer Politik. Wir glaubten, dass es angesichts der wachsenden gesellschaftlichen Konformität um die Zuspitzung von Brüchen ging. Wir bezogen uns dabei auf unterschiedliche Ebenen der Massenmilitanz. Die nahm einmal zu und einmal flaute sie ab, wurde aber nie auf Dauer intensiver. Wir verfolgten keine Taktik ansteigender bewaffneter Interventionen, weil es auch keine wachsende Volksbewegung gab.

Unser Aktionsniveau wurde auch nicht durch die Verbesserung unserer technischen oder exekutiven Möglichkeiten bestimmt. Wir wechselten das Niveau andauernd: Oft folgte auf eine «große» Aktion eine Zeitlang Stille oder eine «kleine» Aktion, manchmal auch nur ein Text. Eine Aktion, bei der es um die materielle Desorganisation des Feindes ging und die uns für einen Moment auf die Ebene einer Guerilla als solcher hob, folgten wieder Aktionen der bewaffneten Propaganda. Hätten wir unser Aktionsniveau permanent erhöht, hätten die Herrschenden den Ausnahmezustand ausgerufen und der Staatsapparat hätte einen Frontalangriff gestartet, dem die Bewegung nicht gewachsen gewesen wäre.

Und auf den wir nicht entsprechend hätten antworten können. Wir wollten auf alle Fälle vermeiden, dass eine Konfrontation zwischen zwei Strukturen, Guerilla und Staatsapparat, ausgetragen wurde, bei der aber der große Protagonist fehlte, das bewaffnete und organisierte Volk. Diese Art Konfrontation wurde vom Staat und vor allem den ausländischen Geheimdiensten gesucht. Einige in den griechischen Regierungen jener Zeitspanne suchten sie auch. Nicht selten haben uns Journalisten mit gewissen Beziehungen und Verbindungen dazu «anregen» wollen, härtere Aktionen oder eine Entführung zu starten.

Seit Ende 2001 suchten die Machthabenden die repressive und ideologische Zuspitzung und begannen mit der systematischen Vorbereitung eines totalen Krieges, für den sie alle Kräfte und Reserven des Systems mobilisierten. Die Angriffsspitze war die Kommunikations-Kampfgruppe der «Journalisten», die wir im Sommer 2002 erlebten.

Die von der Vollversammlung beschlossenen Richtlinien spiegelten sich in den Aktionen des folgenden Jahrzehnts. Der 17N definierte sie taktisch und strategisch für die historische, politische und soziale Formation einer griechischen Gesellschaft, in der sich der Kapitalismus weiterentwickelte.

Kapitalismus. Das bedeutet, der Hauptwiderspruch lautet «Lohnarbeit und Kapital» – selbstverständlich mit griechischen Spezifika. Aus historischen Gründen ist der griechische Kapitalismus ein abhängiger Kapitalismus. Es wäre aber eine Verkürzung gewesen, wenn wir ihn als «Bananenrepublik» gesehen hätten. Der 17N sprach von Skandalen, die dem «Typus der Bananenrepublik» ähnelten, aber nie von Griechenland als einer Kolonie. Die Entwicklung des griechischen Kapitalismus wird noch komplexer durch seine Lage an der Peripherie des globalen Kapitalismus, in der er vor allem schwach und abhängig war.

Heute, wo ich diese Zeilen schreibe [2013], werden die – asymmetrische – Abhängigkeit von der imperialistischen Kette und abhängige Stellung des griechischen Kapitalismus dramatisch neu definiert. Es geht um die imperialistische Ausbeutung eines Landes, das auf dem Weg zu einem schwachen Protektorat ist.

Als 17N gingen wir davon aus, dass der antiimperialistische und der antikapitalistische Aspekt des Kampfes zusammengehören. Ein Teil unserer Praxis hat die Vorherrschaft des antikapitalistischen Aspekts vielleicht nicht klar genug gemacht, weil wir vor allem Aktionen gemacht haben, die generelle Fragen betrafen und nicht den «alltäglichen» Klassenkampf an den Arbeitsplätzen, an denen gekämpft wurde. Hätten wir dort interveniert, wäre unsere Prämisse des «Antikapitalismus» deutlicher geworden. Insgesamt gesehen war unsere Praxis vollkommen antikapitalistisch.

Wir glaubten, dass sich wegen der Abhängigkeit Griechenlands die Frage der nationalen Unabhängigkeit auch unter der Herrschaft des Volkes im Sozialismus stellen würde, zumal es auch so dachte und seine langjährigen Kämpfe zugleich antiimperialistisch und antikapitalistisch gewesen waren. Die Hegemonie der USA und ihre noch nicht lange zurückliegenden Verbrechen gegen die Menschen und deren Interessen rückten die Parole «Amis raus!» ganz nach vorne.

Für den 17N war der Sozialismus nichts Abstraktes, man konnte ihn nicht jenseits der griechischen Besonderheiten und ohne die Perspektive einer revolutionären Nation sehen. Wir haben die «nationale Frage» aber nie aus bürgerlicher, nationalistischer Sicht gesehen, genauso wenig wie die Nation für uns ein über der Geschichte stehendes mystisches Phänomen war. Was uns motivierte, war die Geschichte der Klassenkämpfe.

Aus unserer Sicht war «Imperialismus und nationale Unabhängigkeit» nie der Hauptwiderspruch und wir interpretierten die Versuche der reformistischen Linken, ihre Politik einer «nationalen Bourgeoisie» unterzuordnen, nur als eine Strategie, den Kampf in einem systemimmanenten Rahmen zu halten.

Eine konkrete Analyse des griechischen Kapitalismus im jeweiligen Kontext der aktuellen politischen Ziele der Bewegung ist nicht leicht und könnte nur kollektiv gemacht werden. Die ganze Bewegung hat das nie geschafft und auch der 17N war da schwach. Das hatte mit der Art seines Wiederaufbaus und dem Ausscheiden der anderen Fraktionen zu tun, die ich bereits beschrieben habe. Die richtige Wahrnehmung der Realität entsteht eben nur, wenn konträre Ansichten aufeinandertreffen.

Außerdem wollten fast alle radikalen Linken dieses Thema nicht mit uns diskutieren, sie taten uns einfach ab mit Floskeln wie «nationales Denken» oder «bewaffneter Reformismus». Wir haben der Diskussion auch nicht gerade auf die Beine geholfen als wir «emotional» und sicherlich auch unfair mit ähnlichen Bezeichnungen antworteten. Nach diesem Vorlauf – in dem Klassenkampf, der auch inmitten der Linken geführt wird – beharrte die radikale Linke einfach auf ihren Behauptungen und bestärkte dadurch die reaktionärsten Ansichten über uns.

Ende 1983 beschlossen wir, mit einem Anschlag auf die Militärmission der USA, die JUSMAGG, eine neue Phase der bewaffneten Propaganda einzuleiten. Ihr Sitz lag im Zentrum von Athen, in dem Block, den Amerikis-, Panepistimiou-, Voukourestiou- und Stadiou-Straße bilden. Damals gab es noch keine Kameras, trotzdem liefen wir selten durch die Voukourestiou-Straße, in der sie ihre Autos parkten.

Wir beobachteten sie sehr vorsichtig. In der Gegend gab es viel Geheimpolizei, US-amerikanische Agenten und andere. Die bewaffneten Fahrer der JUSMAGG-Vertreter achteten sehr genau darauf, wer durch die Voukourestiou-Straße ging, vor allem, wenn man stehen blieb oder ihre Autos ins Visier nahm.

Bald entdeckten wir den Leiter der JUSMAGG. Damals war Joggen in den USA schwer in Mode und jeder Politiker, der etwas auf sich hielt, joggte in Begleitung seiner nervösen Leibwächter. Der hohe JUSMAGG-Offizier rannte oft in seinen Jogginghosen durch den Nationalgarten hinter dem Parlament: Mit der Hochnäsigkeit eines Militärbefehlshabers der Supermacht vor Ort, der sich zwischen den Eingeborenen bewegte. Er alleine. Ohne Leibwächter. Wir konnten es nicht fassen. Andere Genossen konnten es auch nicht glauben: «Das kann nicht sein! Ihr Chef? Allein?» Als wir endlich alle daran glaubten, joggte er seltener, dann hörte er auf. Vielleicht hatte ihn der Sicherheitsdienst der US-Botschaft überzeugt. Vielleicht wurde er von der griechischen Küche besiegt. Wie auch immer, er hörte auf.

In Observationspausen arbeiteten wir an der Logistik. Wir hatten einen Parkplatz irgendwo in Psiri gefunden. Er war hinten nicht einsehbar, wir mussten über eine Mauer klettern. Wir gingen jeden Tag hin und wenn wir das passende Auto sahen, holten wir die Schlüssel, ließen sie von einem Schlosser nachmachen und brachten sie zurück. Dann versuchten wir dem Auto zu folgen, wenn es der Besitzer nach der Arbeit abholte, um zu sehen, wo er es nachts abstellte. Wir alle hatten kleine Mopeds mit 50er-Hubraum. Wir kämpften, hofften auf Staus in dem 1983 noch dünnen Verkehr von Athen. Einen weißen Peugeot, der in Richtung Vouliagmenis-Straße fuhr, beobachteten wir wochenlang, bis wir ihn schließlich fanden. Wir kamen jedes Mal ein Viertel weiter, verloren ihn aber aus den Augen, sobald er Gas gab. Nachdem wir ihn endlich hatten, benutzten wir ihn lange als zweites Fahrzeug, in das wir von einem anderen umstiegen. Als wir es nicht mehr brauchten, rief ich den Besitzer an und sagte ihm, wo das Auto stand. Anstatt es zu holen, informierte er die Polizei. Seitdem rief ich nie wieder einen Besitzer an.

Später entdeckten wir eine der Hauptpersonen der JUSMAGG. George Tsantes war der Leiter der Marineabteilung, ein Captain der US-Navy. Trotz griechischer Herkunft redete er mit allen Englisch, Griechisch nur ein paar kurze phrasenhafte Sätze. Er war gerade aus Italien gekommen, wo er die Aufstellung von Pershing-Mittelstreckenraketen und Tomahawk-Marschflugkörper auf Sizilien beaufsichtigt hatte. In Italien hatte es riesige Demonstrationen gegeben und bei der Unterdrückung dieser Bewegung wurde der Befehl zur Ermordung des Aktivisten Pio La Torre* in Sizilien gegeben. Tsantes hatte eine führende Position im Operationsstab und war 1983 der wichtigste Geheimdienstagent der USA in Griechenland und der Region.

Nur ein einziger Journalist, Karampelas, traute sich damals zu schreiben, dass Tsantes ein wichtiges CIA-Mitglied war. Und dass sein Leibwächter Veloutsos seit 1952 der für die Sicherheit hoher US-Geheimdienstmitarbeiter zuständige Fahrer war.

Die Aktion sollte in den symbolreichen Jahrestagen des Novemberaufstands laufen, im Athener Vorort Filothei auf der Kifisias-Straße. In der Früh musste der

JUSMAGG-Wagen fast immer an einer bestimmten Ampel halten. Meine Studien der Ampelschaltungen, die mir den Titel eines «Ampelexperten» bescherten, hatten ergeben, dass der Verkehr in Richtung Athen im selben Moment Grün bekam wie der aus Athen kommende Verkehr, der an einer südlicheren Ampel auf Höhe Agia Varvara halten musste. Es gab dadurch eine Lücke von ein paar Sekunden, in der wir mit unseren Motorrädern eine kurze Strecke in Richtung Athen fahren konnten, dann nach links quer über die Kifisias-Straße, um in den Gassen von Chalandri unterzutauchen. Zwischen den Motorrädern und eventuellen Verfolgern würde der dichte Strom der Autos in Richtung Norden liegen. In Chalandri wollten wir in ein Auto Richtung Ellinoroson-Viertel umsteigen.

Diesen Plan verfolgten wir auch bei den Aktionen gegen Mpodosakis-Athanasiasis und Saunders an fast der gleichen Stelle auf der Kifisias-Straße, auch die Auseinandersetzung mit einer Polizeistreife in der Woche vor der Liquidierung von Tsantes fand dort statt. Die griechische Polizei, die US-Geheimdienste und die berühmten englischen kapierten unsere Planung nicht und fanden von allen unseren Fahrzeugen nur die ersten Motorräder, und die auch nur mit Glück und sehr viel später.

Für die Aktion würden wir zwei Motorräder brauchen, ein Auto und einen Kleinlaster. Den Kleinlaster brauchten wir, um die Motorräder aufzuladen. Unsere technischen Kenntnisse waren nicht gut genug, ihn kurzfristig zu klauen. Auch ihn mussten wir bis zum Tag der Aktion verstecken. Damit er nicht gestohlen würde…

Als Erstes holten wir den PKW. Dann einen VW-Bus. Dann ein schweres Motorrad. Wir warteten auf eine kalte und dunkle Nacht, alle kräftigen Genossen wurden dazu geholt, alte oder neue, wir inszenierten eine richtige Veranstaltung, selbst den Verkehr blockierten wir mit anderen Fahrzeugen, um das Motorrad einzuladen. Es war sehr schwer und es passte ganz knapp hinein. Später sollten wir kleinere Motorräder in Laster mit einer größeren Ladefläche laden.

Das ganze Team feierte die erfolgreiche Arbeit. Seit der Früh hatten wir nichts gegessen, und spät am Abend fanden wir nur noch ein offenes Luxusrestaurant in der Gegend.

Der Oberkellner, akkurat gestylt und mit einer Fliege, hob kritisch die Augenbrauen, als er uns sah: Eine Gruppe unterschiedlichen Alters in unterschiedlichen Klamotten – manche hübsch aufgebügelt, andere verdreckt und ein paar mit Öl verschmiert. Wir konnten uns das Lachen gerade noch verkneifen als der an solche Orte nicht gewohnte Genosse aus der Arbeiterklasse bestellte: «Meister, was gibt's zum Essen?»

Eine Woche vor der Aktion führten wir die Generalprobe durch. Am Morgen, zur gleichen Zeit, an der die Aktion stattfinden sollte, am gleichen Ort. Wir brachten den Kleinlaster mit dem geklauten Motorrad, vor ihm fuhren zwei legale Motorräder, um die Strecke auf Polizeikontrollen hin zu checken. Wir luden es an einer ruhigen Stelle in Agia Varvara aus, fuhren ein paar Mal die

Strecke ab, die Kifisias-Straße rauf und runter, wir fuhren den Fluchtweg ab. Ich war der Sozius, wir hatten Helme auf. Auf einer Nebenstraße der Kifisias-Straße, Richtung Athen, direkt dort, wo die Aktion stattfinden sollte, bat ich den Fahrer kurz anzuhalten, damit ich den Verkehr einschätzen konnte. Kaum war ich vom Motorrad abgestiegen, kam aus dem Reichenviertel Filothei ein Polizeiauto um die Ecke. Es hielt zwei, drei Meter hinter uns.

«Jungs, warum habt ihr kein Nummernschild?» «Wir haben doch eins.» «Nein, habt ihr nicht.» Wir hatten keins. Der Genosse Techniker hatte die Schrauben des Nummernschilds in dem engen Kleinlaster nicht richtig festgezogen, und durch die Vibrationen des schweren Motorrads war es heruntergefallen. Ich schimpfte innerlich über ihn und unser Pech und über das Pech der Polizisten.

Ich beobachtete den Beifahrer des Polizeiwagens. Er war nicht ausgestiegen. Ich konnte seine Hände nicht sehen. Der Fahrer war halb ausgestiegen, und halb stehend fragte er unsicher «Woher seid ihr denn?». Wir standen da in Filothei, das Motorrad war teuer, und falls wir behauptet hätten, die Söhne einer reichen Familie zu sein, wären sie vielleicht weitergefahren. Doch unser Fahrer konnte seine Klassenzugehörigkeit nicht verstecken und sagte sehr unpassend, «Wir sind aus Aigaleo», dem Arbeiterviertel. Der Polizist nahm sofort eine Autoritätsrolle an.

Ich flüsterte dem Genossen zu, er solle aufsteigen und das Motorrad anlassen. Der Polizist setzte sich auf den Fahrersitz und bewegte sich in Richtung Lenkrad oder Funkgerät, vielleicht griff er nach seiner Pistole. Ich zog meine Waffe und schoss auf die Windschutzscheibe, in die Mitte zwischen die beiden. Ich wollte sie nicht verletzen, nur das Glas der Scheibe bersten lassen. Ich schoss auch auf das Blaulicht. Ich konnte diese Blaulichter noch nie leiden. Es war das erste Mal, dass ich auf Menschen schoss. Als ich den Griff der Waffe in meinen Händen spürte, fühlte ich mich seltsam. Gemischte Gefühle überwältigten mich. Auch eine undefinierbare Trauer, ein Gefühl der Einsamkeit, eine tiefe Melancholie, als ginge etwas Früheres und Geliebtes verloren.

Wir fragten uns, ob die Aktion aufgeflogen war. Wir fuhren in den nächsten Tagen oft an dem Ort vorbei, an dem die Aktion stattfinden sollte, meist mit dem Bus. Nichts Ungewöhnliches. Sie hatten noch nicht herausgefunden, was wir beobachtet hatten. Sie kamen irgendwann darauf. Viel später schickten sie diese beiden Streifenpolizisten über Monate und Jahre auf öffentliche Plätze, in Cafés und nach Aigaleo, damit sie Fahrer und Beifahrer jenes Motorrads wiedererkennen.

Die Aktion war für den 15. November geplant, der symbolträchtige Tag, an dem sich 1973 die Besetzung des Polytechnikums zugespitzt hatte. Eine zentrale Parole war damals «Amis raus!» Die Aktion lief wie geplant. Seinen Kofferraum aufzumachen war in unserem Zeitplan nicht drin. Wir hatten damals auch nicht die technischen Mittel. Dort befand sich die spezielle Aktentasche des JUSMAGG-Leiters. Sie war so wichtig, dass die griechische Polizei das Auto von Tsantes nur solange sicherte, bis ein Hauptmann der JUSMAGG kam, selbst den Kofferraum öffnete, und die so wichtige Tasche an sich nahm.

Diese Aktion wurde wenig später mit dem Anschlag auf ein weiteres Mitglied der JUSMAGG, den Oberstleutnant der Luftwaffe Robert Chant, vollendet. Sie wurde etwa drei Monate verspätet durchgeführt, sowohl wegen der internen Neuorganisierung als auch aus technischen Gründen. Und es gab politische Gründe: Wir wollten diesen Angriff nicht so schnell eskalieren, das hätte nicht der Lage der Bewegung entsprochen.

Wir mussten zwei neue Motorräder und ein Auto stehlen. Für jedes Fahrzeug mussten wir stundenlang herumlaufen, um unnötigen Begegnungen mit der Polizei aus dem Weg zu gehen. Wir versuchten alles einzukalkulieren.

Außer den Zufällen. Eines Abends holten wir uns nach ermüdenden mehrtägigen Versuchen einen Citroen mit dem modernen hydraulischen Federungssystem. Verglichen mit den bisherigen alten Autos erschien uns dieses wie eine Limousine. Wir hatten ihn in einer Nebenstraße der Stratigou Kalari-Straße in Kato Patisia abgeholt. Der Graf fuhr, ich war Beifahrer, ein Anderer saß hinten. Wir warteten natürlich nicht, bis sich das Auto angehoben hatte und wir fanden auch den Lichtschalter nicht. Wir bogen rechts ab und dann direkt links in die Acharnon-Straße, die Ampel an der Skiathou-Straße schaltete auf Rot. Rechts neben uns hielt langsam ein Streifenwagen. Weniger als einen Meter entfernt beugte sich der Fahrer herüber und versuchte in diesen dunklen Citroen zu schauen, der bereit war, Gas zu geben und nach verbranntem Unterboden roch. Wir starrten mit ernsten Gesichtern ins Leere, zwei Pistolen und eine Maschinenpistole auf ihn gerichtet, natürlich verdeckt. Vielleicht war es unsere Ernsthaftigkeit, vielleicht ihre «kluge» Entscheidung zur Selbsterhaltung, dass es nicht zu einer näheren Bekanntschaft kam. Wir trennten uns ganz ruhig, als Fremde, sie fuhren langsam geradeaus, wir fuhren langsam nach links zu der Stelle, an der wir die Nummernschilder austauschten.

Als wir endlich so weit waren, verschoben wir die Aktion wegen des Besuchs des US-Außenministers in Griechenland. Wir beschlossen, sie während des Besuches zu machen, sie würde dadurch eine andere Bedeutung und Reichweite bekommen. Für damalige Zeiten waren die Sicherheitsvorkehrungen beispiellos. Tausende Polizisten, Geheimagenten, ständig Patrouillen auf allen Straßen, vor allem den Hauptstraßen, plötzliche Straßensperren und flächendeckende Überwachung. Dennoch übten wir an allen Tagen des Staatsbesuchs in Athen die ganze Aktion: Wir starteten unseren kleinen Konvoi aus zwei Motorrädern – eins für die unmittelbare Aktion und eins für die Deckung – und dem Fluchtauto. Noch davor fuhr ein legales Auto, um die Strecke zu checken. Startpunkt war Zografou, wo ich ein illegales Haus unterhielt. Dann Ilisia, Kaisariani, Pagrati, Vironas, Imittos und Dafni. Auf den alten Spuren des ELAS und der OPLA…

In der Vouliagmenis-Straße stellten wir das Auto und die Motorräder ab, lösten die Informationskette aus, wann der Soldat am Syntagma-Platz abfuhr und gingen in Position. Danach bauten wir das ganze Setting wieder ab, rollten alles zurück, um es am nächsten Tag erneut zu versuchen. Doch es ergab sich nichts. Alle Offiziere der JUSMAGG waren in jenen Tagen verschwunden.

Als die Aktion einige Tage später stattfand, gab es ein Problem mit dem Motorrad. Der Genosse, der schießen sollte, der Graf, fuhr es. Der Auspuff war schon immer sehr laut gewesen, wir hatten ihn mit einer Patentlösung gedämpft. Doch die hielt nicht richtig. Zum unpassendsten Zeitpunkt, dem Moment der möglichst lautlosen Annäherung, dröhnte das Motorrad wie ein Hubschrauber. Der US-Soldat mit seinen antrainierten Reflexen hatte das Auto schon in Bewegung gesetzt, bevor der erste Schuss gefallen war. Angeschossen fuhr er quer über eine Verkehrsinsel der Vouliagmenis-Straße in den Gegenverkehr. Wir hörten, dass er in ein Krankenhaus nach Deutschland gebracht worden war. Er überlebte nicht.

Gleich nach der ersten Aktion der Kampagne gegen den hohen Offizier der JUSMAGG und der CIA, Tsantes, gab es wütende Angriffe der amerikanischen Geheimdienste gegen uns. Sie agierten als Herrscher in einem schwachen Protektorat und stellten alle griechischen Dienste unter ihren Befehl. Wir sahen wie ein US-Offizier jeden Tag das Gebäude der Staatspolizei betrat. Ohne sich an irgendwelche Vorschriften zu halten, ganz offen, mit einem Auto der Botschaft, mit Nummernschildern des diplomatischen Dienstes.

Sie lenkten die Ermittlungen der Polizei und ermittelten auch selbst. Entweder mit Spezialeinheiten des FBI und der CIA, die für diesen Sondereinsatz aus dem Ausland kamen, oder mit Gruppen griechischer Polizisten – manchmal auch mit Soldaten unter dem Kommando der CIA. Sie nahmen an Ermittlungen, Observationen und sogar Verhören teil. Sie verfügten über unerschöpfliche Mittel, um Informationen – zusammenfantasierte oder zutreffende – von ihren griechischen Mitarbeitern zu kaufen. Sie planten und steckten Geld in viele Versuche revolutionäre Organisationen zu infiltrieren. Viele griechische Beamte fanden damals Wege, ein Zubrot zu verdienen.

Sie mobilisierten ihre Leute bei der Presse, um Falschmeldungen zu verbreiten. Am Tag nach der Aktion gegen Tsantes wurden die absurdesten Szenarien publiziert. Eines der meistveröffentlichten handelte von «dunkelhäutigen verbrecherischen Killern», die der 17N aus Palästina oder anderen exotischen Ländern, in denen diese Spezies weit verbreitet sei, «angeheuert» hätte. Es ist bemerkenswert, dass auch die Propaganda der reformistischen Linken von «Berufskillern» sprach, die vielleicht keine Ausländer seien, aber «suspekte Personen» und «Agenten» aus Griechenland. Sie ergänzten so die bürgerliche Propaganda.

Die Bezeichnungen «suspekte Personen» und «Agenten», die seitens der KKE und ihrer Abspaltung KKE-Inland kamen, nahmen wir stolz entgegen, da wir so mit den Partisanen Aris Velouchiotis und Nikos Ploumpides in einen Topf geworfen wurden.

Na ja, die Behauptungen der Reformisten und der Bourgeoisie von wegen «Berufskillern» wurden von den Fakten widerlegt: Unser «Berufskiller» konnte Tsantes aus zwei Meter Entfernung nicht richtig treffen. Der 17N hatte zu diesem Zeitpunkt so wenig Munition, dass das Training der Aktionsgruppe nicht mehr als zwei bis drei Schüsse je Person erlaubte.

Natürlich entdeckten die amerikanischen Agenten kurz darauf ihre «importierten Kriminellen»... Die Aktion gegen Tsantes war noch nicht lange her, als in Athen die größte Drecksaktion der CIA gegen Palästinenser stattfand. Ein Team speziell ausgebildeter US-Agenten machte gemeinsam mit ihren griechischen Unteragenten Razzien, Ermittlungen, Festnahmen und Verhöre. Manchmal schossen sie, verletzten und töteten sogar «suspekte» Ausländer.

Diese professionellen Killer der CIA verhielten sich, als sei das Land ihre Kolonie, sie kommandierten auch griechische Staatsangestellte. Die «nationalstolze» Regierung von Andreas Papandreou begnügte sich mit Presseanordnungen, diesen schmutzigen Krieg zu verschweigen, und einer «Ausweisung» des CIA-Repräsentanten. Natürlich war er nach einem kurzen Urlaub wieder auf seinem Posten und machte mit seiner Arbeit weiter.

Ein paar Stunden nach der Aktion gegen Tsantes traf ich einen alten Mitstreiter aus der Studentenbewegung. Er war ganz aufgeregt und fragte mich, ob er als Gast bleiben könne. Er befürchtete die nächtliche Stürmung seines Hauses. Zu dieser Zeit waren solche Razzien, gewaltsame Festnahmen und brutale Verhöre, die bis zu vorgetäuschten Hinrichtungen reichten, an der Tagesordnung.

Natürlich sagte ich zu. Er solle nur kurz warten und einen Kaffee trinken, ich sei gleich zurück. Ich war auf dem Weg zu einem «Sichttreffen», um zu sehen, ob alle Genossen der Aktionsgruppe okay und sicher waren. Danach ging ich mit dem Genossen aus den Zeiten der militanten Massenkämpfe zu mir nach Hause. Da ich mich schon lange aus der Öffentlichkeit zurückgezogen hatte, war ich der Gefahr einer Hausdurchsuchung nicht ausgesetzt. Ermüdet von seiner Aufregung schlief er sofort ein. Ich konnte wegen etwas anderem nicht schlafen. Ich dachte nach und ließ die Aktion Revue passieren. Und begann – mit dem leisen Schnarchen des erschöpften legalen Genossen im Hintergrund – mir Gedanken über die Beziehung der bewaffneten Bewegung zur Massenbewegung zu machen. Genauer gesagt, wie sich die schnelle Eskalation des antiimperialistischen bewaffneten Kampfes auf sie auswirken könnte.

Mit den Gedanken dämmerte der Tag heran. Vor dem Fenster aus der großen Pinie im Hof schickten die Vögel ihren vielstimmigen Morgengruß. Sie sangen nicht zur falschen Zeit, sie grüßten die morgendliche Sonne. Ihr Gesang gab meinen Gedanken einen Rhythmus. Jetzt dachte ich über meine politische Vergangenheit nach und über meine Zukunft. Ich war jetzt politisch erwachsen, «das Sanfte war vorbei, ich hatte den Geschmack des Pulvers kennengelernt», hörte ich die Worte Roque Daltons. Seit den Flammen des ersten US-amerikanischen Autos, das ich angezündet hatte, und damit die Brücken zur Legalität zum ersten Mal angesengt hatte, waren über sieben Jahre vergangen. Seit mehr als der Hälfte dieser Jahre war ich ein Mitglied des 17N. Ich hatte für die Einheit der bewaffneten Organisationen gekämpft und entwarf, soweit es mir zustand, die neue Strategie des 17N. Nun schaute ich in die kommenden Jahre. Wie würde der neue Plan der Stadtguerilla im revolutionären Prozess Griechenlands funktionieren?

Als ich mich am Morgen von dem Genossen M., meinem alten Mitstreiter der jugendlichen Massenkämpfe, verabschiedete, hatten mich meine Gedanken weit getragen. Mit ihm verabschiedete ich auch ein Stück meiner «Bewegungsvergangenheit». Wir sprachen nicht viel. Er schien sich wegen seiner Angst zu schämen und ich wollte nicht, dass die Wohnung als ein Zufluchtsort bekannt wurde.

Die Gedanken, die mich 1983 und schon seit den Kouponia-Treffen plagten, gingen später in eine andere Richtung. Als die «dritte Tendenz» aus der Organisation austrat. Um korrekt zu sein: Als wir sie wegen Abweichungen von der Linie der «Partei» ausschlossen.

Dann und wann bauten wir Brücken zu Kräften, die «verbrannt» waren. Manche waren noch Organisationsmitglieder, manche bewegten sich an ihren Rändern, und manche standen ihr nur politisch nahe. Eine Kette aus organisationsfernen Kontaktpersonen sorgte für diese Brücken in gefährliche Gegenden. Sobald es dort brenzlig wurde, brachen wir die Brücken wieder ab, um die Organisation zu schützen.

Ich war ein solches Brückenende. Bei einem Treffen mit der ersten Kontaktperson einer Kette, einem vertrauenswürdigen Genossen, der dem 17N nur helfen wollte, fielen ein paar Thesen der «dritten Tendenz». Es ging meiner Erinnerung nach um den Charakter des griechischen Kapitalismus, den ich zu jener Zeit mit einem Genossen aus der «dritten» diskutierte. Ich verstand, was abging. Als ich ihn fragte, warum seine Brücke zu zwei Enden führte, sagte er einfach, «das kann in der Politik geschehen». Doch in einer illegalen Organisation darf das nicht geschehen, ihre grundsätzlichen Sicherheitsmaßnahmen dürfen nicht umgangen werden, sie darf keinen Kontakt zu gefährlichen «Ecken» bekommen, die polizeilich überwacht werden.

Der Ausschluss der «Dritten» war unvermeidbar, aber dennoch ein Beispiel für die erwähnte falsche Art und Weise einer Problemlösung. Sie lief unter «Sicherheitsgründen» und «Schwächen in der Praxis». Das spielte auf ein paar zurückliegende Vorkommnisse an, das letzte war der Verlust eines Teils der Infrastruktur, für das die «Dritten» verantwortlich gewesen waren.

Doch verdeckten diese Probleme die inhaltlichen Meinungsverschiedenheiten über Organisatorisches, über die Entwicklung des griechischen Kapitalismus und die antikapitalistische Ausrichtung der Praxis des 17N. Inhaltlich wäre es auch um die Kombination von legaler und illegaler Arbeit gegangen, etwas, was der «Dritten» und mir sehr wichtig war. Der Austritt solcher Genossen nahm mir Mitstreiter und die Organisation verlor ihren Zugang zur Massenbewegung, den die «Dritte» hatte.

Diese Ausschlüsse, auch die der Genossen, die Brücken bauten, ließen mich zunehmend vieles hinterfragen. Ich sah, wie die Organisation immer einseitiger wurde. Wie sie durch das Fehlen anderer Positionen ärmer wurde und wie sie den Zugang zur Massenbewegung verlor. Wie wir insgesamt immer weniger wurden. Sicher auch immer «besser», effektiver, verschworener und kompetenter auf unserem Höhenflug der bewaffneten Praxis.

Es war eine Phase intensiven Nachdenkens und ich stieg eine Woche lang aus der alltäglichen Arbeit aus. Fieberhafte Gedanken füllten schlaflose Nächte und stille Tage. Ich redete mit niemandem. Am Ende merkte ich, dass ich meine Stimme verloren hatte, ich konnte nicht einmal mehr flüstern. Ich sprach nur mit meinem bleibenden Antonis, der mir die Überwindung der geografischen Grenzen zeigte. Antonis, der Internationalist mit seinem Blick auf Orte, die ihn verzauberten. Sein Blick auf die «Barbudos», die Rebellen Lateinamerikas. Diese Häretiker der kommunistischen Dogmen, deren Geist die Erklärungen der Trikontinentale von Havanna erfüllte. Die Priorität des bewaffneten Kampfes…

Nach einer Woche ging ich auf die Straße. Zwei Kinder reparierten die Kette ihres alten Fahrrads. Eine Nachbarin hängte ihre frischgewaschene Kleidung auf. Meine Gedanken hingen in derselben Luft. Das hier war mein Ort. Das war mein Land, mit seinen historischen Erinnerungen, mit seiner Kampftradition, mit seiner Geschichte, die die vielfältigen Klassenkämpfe in Bewegung hielten. Ich kam damals zu dem Schluss, dass der Klassenkampf nicht nur auf eine Art und Weise, den bewaffneten Kampf, seinen Ausdruck finden kann. Doch was blieb, war unsere Idee, den bewaffneten Kampf als Zünder des Klassenkampfs zu verstehen, als eine Brücke zu den Kampferinnerungen, als etwas, was das Bewusstsein bildete, als ein Leuchtfeuer für den revolutionären Horizont. Ich erinnerte mich an Che's Abschiedsbrief an seine Kinder: «Euer Vater war ein Mann, der so handelt, wie er denkt, und seinen Überzeugungen sicher treu geblieben ist.» Meine Eltern hatten mich zur Verantwortung erzogen, ich hatte gelernt, mich meinem Glauben mit ganzer Seele hinzugeben. Als der Einzige in der Organisation, der meine Wohnung kannte, kam, machte ich mit ihm einfach das nächste Treffen aus.

Nachdem unsere beiden Aktionen gegen die JUSMAGG die Geheimdienste der USA in unserem Land aufgescheucht hatten, mussten wir uns dringend um die Sicherheit unserer Organisation kümmern. Die Einmischung der fremden Geheimdienste hatte rapide zugenommen. Bei unseren Observationen sahen wir andauernd Treffen und Besuche ausländischer Spezialisten und beobachteten, dass ihre Fahndungsgruppen rege unterwegs waren. Wir waren uns sicher, dass irgendein Infiltrationsversuch kommen würde.

Gleichzeitig gab es Gerüchte und konkrete Informationen, dass revolutionäre Organisationen oder Gruppen aus dem Ausland den 17N suchten, weil sie uns

Waffen, Munition, neue Sicherheitssysteme, Geld und moderne Kommunikationstechnik geben wollten. Wir gingen nie darauf ein, egal, ob die Infos aus dubiosen oder seriösen «Ecken» kamen, selbst wenn sich zum Beispiel ein Angebot toll anhörte, dass die Organisation XY uns «mit Waffen und allem möglichen anderen überhäufen wolle».

Wir meinten, dass wir selbst unter den Bedingungen unseres Landes und unseres Kampfes die nötige Infrastruktur entwickeln und die erforderlichen Mittel finden müssten.

Wir nahmen auch keinen Kontakt zu europäischen Stadtguerillas auf. Auch nicht, als ab Ende 1983 eine antiimperialistisch ausgerichtete koordinierte Strömung revolutionärer Organisationen entstand, die rein formal «zweite Generation» genannt wird, und in Europa vor allem Anschläge gegen die USA und die NATO verübte. Sie attackierten deren Militärbasen und Soldaten sowie die Niederlassungen von US-Banken und multinationalen Konzernen, die militärisch mit den USA verbunden waren.

Wir verzichteten auf solche Kontakte und Koordination nicht in dem Glauben, dass wir alleine kämpfen und die Revolution oder den Sozialismus ausschließlich in einem Land machen könnten. Wir hielten unseren Kampf für einen Teil der weltweiten Befreiungskämpfe in Europa, Palästina, der «Dritten Welt». Wir hielten den Kampf in unserem Land für den lokalen Ausdruck eines allgemeinen und langfristigen Befreiungsprozesses. Doch glaubten wir auch, dass die beste internationalistische Solidarität die Entwicklung des Kampfes in unserem Land war. Wir sagten, dass Kontakte zu fremden Organisationen zu diesem Zeitpunkt eher Schwächen als Stärken vereinigen und die Gefahr einer feindlichen Infiltration vervielfachen würden.

Das ganze Jahr 1984 über beschäftigten wir uns mit Sicherheitsvorkehrungen. Die Aktivitäten der griechischen Staatspolizei oder der in- und ausländischen Geheimdienste ängstigten uns nicht. Wir konnten uns auf ein sicheres Kommunikationssystem verlassen, dass es uns erlaubte, die «Schotten dicht zu machen», sobald es auch nur kleinste Anzeichen sicherheitsrelevanter Infiltrationsversuche gab.

Wir hatten unter anderem Gegenmaßnahmen gegen überraschende Polizeisperren ergriffen, zum Beispiel durch vorausfahrende legale Fahrzeuge. Ohnehin waren die gegnerischen Reaktionen nach einer Aktion völlig berechenbar, sogar der Einsatz spezieller US-Kommandos, die in Kleinbussen auf den Straßen patrouillierten, von denen sie sich auf dem Papier ausgerechnet hatten, dass wir sie nach politischen oder logistischen Aktionen benutzen würden.

Problematischer waren die verdeckten Infiltrationsversuche der Geheimdienste. Tatsächlich hatten Teile der bewaffneten Szene lockerere Sicherheitsvorstellungen, sie glaubten auch «einfach in Exarchia herumlaufen» zu können. Problematisch schienen uns bestimmte militante Aktionen ohne klares Ziel, Bomben, die ganz eindeutig ohne klares politisches Ziel nur «um ihrer selbst willen» gelegt wurden und nur einen kühnen Auftritt auf der Bühne des bewaffneten Kampfes bezeugen sollten. Wir verschärften unsere Sicherheitsmaßnahmen und checkten jeden Kandidaten äußerst vorsichtig.

Am 20. November 1984, kurz nach dem Jahrestag des Polytechnikums, explodierten sechs Bomben an vielbesuchten Orten Athens. Ohne große Sprengkraft, ohne konkrete politische Ziele, ohne irgendwie politisch miteinander verbunden zu sein. Die Presse berichtete ausführlich, schrieb von einem «Klima der Anarchie und des Terrors». Die rechtsgerichtete *Apogevmatini* spielte die erste Geige.

Wir kamen zu dem Schluss, dass diese sechs Bomben eine Steigerungsform jener bisher seltenen merkwürdigen «ungezielten» und meist gar nicht explodierenden Bomben waren, irgendwie ein Werk der Geheimdienste. Und, weil sogar für technisch simple Bombenanschläge mehr als zwei Leute gebraucht werden, irgendeine bewaffnete Gruppe vielleicht schon infiltriert worden war.

Wir veröffentlichten unsere Schlussfolgerung in der Erklärung zur Aktion gegen den Junta-Minister und Herausgeber der Apogevmatini, Nikos Momferato. Direkt nach seiner Liquidierung und der seines Leibwächters am Abend des 21. Februar 1985 traf Ioannis Skoularikis, damals «Minister für öffentliche Sicherheit und Bürgerschutz» in der Tsakalof-Straße in Kolonaki ein. Anstatt die Polizeiarbeit zu beaufsichtigen, griff er sich eine Erklärung, rannte zu einem Kiosk mit Telefon und las seinem Ministerpräsidenten Andreas Papandreou den Abschnitt vor, in dem stand, dass die sechs Bomben des 20. November von der CIA gelegt worden seien.

Unsere Beschuldigung brachte sie durcheinander. Die Enthüllung, dass der Staat selbst Bomben legt oder wissentlich zuschaut, dass Geheimdienste Bomben in Athen legen, war ein politisches Topthema. Damit wurde ihnen auch klar, dass das Hauptziel dieser Bombenserie – den 17N zu infiltrieren und zu zerschlagen – unrealistisch war. Zwischen der politischen und der Führung der Repressionskräfte kam es zu Widersprüchen, auch zu einem Machtkampf zwischen Staatspolizei, KYP usw. Kurz darauf wurde der nun unbrauchbare Agent Kristallis* festgenommen.

In derselben Erklärung machten wir auch die Ereignisse rund um die Festnahmen von angeblich terroristischen Arabern ein paar Monate zuvor öffentlich. Fakten, die nicht sehr bekannt waren, obwohl die Presse mehr oder weniger Bescheid wusste.

Die Aktion gegen den Zeitungsherausgeber und Junta-Minister Momferato war eine Antwort auf die Rolle der Presse, eine der wichtigsten Säulen, auf denen das Regime des abhängigen griechischen Kapitalismus dieser «lumpenbürgerlichen Klasse» steht. Und es war eine Antwort auf seine Mitwirkung am «Antiterror»-Plan.

Momferatos war ein Mann der USA und er hatte die *Apogevmatini* zum Hauptwerkzeug der Manipulation und Falschinformation gemacht. Innerhalb der Presse war er der wichtigste Unterstützer des Plans, den die CIA nach den Aktionen des 17N gegen die JUSMAGG-Mitglieder ausgearbeitet hatte. Geplant war ein verlogener ideologischer Angriff auf die bewaffnete Szene mit dem schweren Propagandageschoss «Terror». Der Begriff sollte dämonische Monster gegen frühere Volksaufstände heraufbeschwören: «Terrorist» trat an die Stelle des «EAM-Bulgaren», «Bandenangehörigen» oder der alten «Kleftis» und «Chainis»*...

Außerdem sollte die gesamte legale radikale Linke frontal angegriffen werden: Massenfestnahmen, Verhöre, Folter, Prozesse. Ihre Fraktion des militanten Widerstands sollte zerschlagen werden – und man wollte durch diesen Schlag an den 17N herankommen. Die Dämonisierung der außerparlamentarischen Szene übernahm die Presse und wieder spielte Momferatos' *Apogevmatini* eine führende Rolle. Sie sorgte damals mit Schlagzeilen wie «Die Anarchie nimmt zu» oder «Sie wollten Athen niederbrennen» für das passende Repressionsklima.

Die *Apogevmatini* war damals wegen ihrer «Pornoszenen» bekannt, ein skandalöses Boulevardblatt, das die ordinärsten und niedrigsten Instinkte der rückständigsten sozialen Gruppen ansprach. Sie war das passendste Werkzeug der CIA und der für die Gräueltaten der Junta mitverantwortliche Momferatos der beste für diese Rolle.

Wir beschlossen die Aktion in Kolonaki zu machen, in der schmalen Tsakalof-Straße. Ein kleiner Fiat 128 sollte in der Straße abgestellt werden und sie später blockieren. Die Genossen, die schießen sollten, warteten vor Schaufenstern in den Arkaden, sie wurden von den Säulen dort verdeckt.

Die Aktion wurde oft verschoben. An manchen Tagen fuhr Momferatos woanders entlang, an anderen waren zu viele Menschen auf der Straße, dann waren wir uns nicht sicher, ob er allein im Auto saß oder mit seinem Fahrer und Leibwächter. Die Aktionsgruppe wartete immer auf verschiedenen Bänken des dunklen Deksameni-Platzes, verkleidet mit Schnurrbart, Perücke oder Vollbart. Wir waren so oft dort, dass die Fläschchen mit dem schwer zu findendem Kleber der Maskenbildner fast leer waren. Wenn die Aktion verschoben wurde, holten sie den Fiat 128 und die beiden Fluchtmotorräder. Zwei, drei Tage später wurde alles wieder hingestellt. Als die Nachrichtengruppe endlich das Signal «er kommt» gab, konnten sie es kaum fassen. Die Tsakalof-Straße war fast leer. Der Fahrer reagierte genervt auf den Fiat, der ihm den Weg abschnitt, und wollte gerade das Fenster öffnen, um loszuschimpfen. Später konnte er den Polizisten nur noch sagen: «Die Kommunisten haben uns umgebracht. Sie ließen mir keine Zeit, die Pistole zu ziehen.»

Als das Team den kleinen Fiat 128 langsam wegfuhr, setzte sich der schwere Wagen mit an der Fahrer- und Beifahrerseite zerschossenen Scheiben in Bewegung. Die Limousine rollte den Berg hinunter, krachte Ecke Voukourestiou-Straße durch das Schaufenster einer Konditorei und kam halb in ihr zum Stehen. Die beiden Fluchtmotorräder warteten an der Anagnostopoulou-Straße.

Sie standen noch wochenlang dort, wo sie abgestellt wurden. Die Polizei konnte sie nicht finden.

Im Lauf des Jahres 1985 wurde unsere Logistik allmählich besser. Die Druckwerkstatt warf ihre ersten Früchte ab. Noch waren sie unreif und schlicht, doch reichten sie im Moment. Wenn ich diese Periode in zwei Worte fassen müsste, würde ich «ständiges Herumrennen» schreiben. Ich startete morgens: Beobachtungen. Ein Treffen um Zwölf, um die gewonnenen Informationen auszutauschen. Eins um Drei, das nächste um Fünf. Um Sieben traf sich die «zentrale» Gruppe, um den nächsten Tag zu planen und über die politischen Entwicklungen zu sprechen. Später, um halb Neun oder noch später folgten im Schutz der Dunkelheit die Treffen mit «verbrannten» Leuten. Dazwischen ein kurzer Blick in die Werkstatt, um den Fälschern Mut zu machen. Beinahe jeden Tag mussten wir viel marschieren, um die auf irgendwelchen Straßen abgestellten Fahrzeuge zu kontrollieren und ab und zu umzuparken. Wieder nachts herumrennen, andere Fahrzeuge suchen, mit neuen Mitgliedern Nummerntafeln abschrauben, damit sie die Straße und die Nacht kennenlernten. Ständiges herumrennen, ständige Anspannung, ständige Müdigkeit. Mit der Zeit lernt man sich bei jeder Gelegenheit zu entspannen und auszuruhen. Deine unwichtigeren Freunde, die keine Ahnung von deiner illegalen Tätigkeit haben, denken, du hältst nichts mehr aus, bist zu schlapp… Aber besser, sie denken das von dir als was anderes.

Bei diesem ganzen Trubel war es schier unmöglich, Zeit für das eigene persönliche Leben zu finden. Doch genau da schien sich ein neues Kapitel in meinem persönlichen Leben zu öffnen. Ich verliebte mich. Wir passten zueinander. Sobald wir uns gefunden hatten, begannen wir die ersten vagen Zukunftspläne zu machen.

## Kapitel 16
## In das Land der Illegalität

Und dann passierte es. Es sollte nur eine leichte Aktion zum Üben sein. Zwei gar nicht mehr so junge Genossen mit ein paar technischen Fähigkeiten sollten in der Praxis getestet werden. Nichts Kompliziertes, nur eine kleine Bombe. Sie sollten in Ampelokipoi eine Plastikdose voll Dynamit mit Doppelklebeband an die Scheibe der US-amerikanischen Citibank in der Panormou-Straße kleben und die Zündschnur anstecken. Eine Sache von ein paar Sekunden.

Aber nein! Ich spielte ein paar Meter entfernt den Unbeteiligten, ich sollte sie in dem kurzen Moment decken, den sie für das Ankleben der Bombe brauchen würden. Ich traute meinen Augen nicht: Sie standen mit der Bombe in der Hand vor dem Schaufenster, versuchten es wieder und wieder, überlegten, diskutierten, als würden sie ein Laborexperiment machen und hätten alle Zeit der Welt. Auf meine verzweifelten Signale achteten sie gar nicht. Inzwischen wurden Passanten auf die surreale Szene aufmerksam und Anwohner beugten sich über ihre Balkone.

Ich konnte nicht länger so tun als hätte ich nichts damit zu tun und ging zu ihnen. Sie hatten die Bombe endlich festgeklebt und versuchten nun die Zündschnur anzukriegen. Ich machte das schnell und dann gingen wir. In dem Mehrfamilienhaus nebenan wohnten ein berühmter Schauspieler und eine Sängerin. Er hatte mit seinem geübten Auge meine Verkleidung sofort durchschaut und erkannte mich in einem Auto wieder, nachdem ich mich in einer illegalen Wohnung schon umgezogen hatte. Als ordnungsliebender Bürger und Hüter der Gesetze und US-Banken verriet er bei der Polizei das Autokennzeichen.

Sofort ging ich zu dem Genossen, der den Polizeifunk abhörte. Ja, er hatte es gehört. Der Schauspieler hatte ausgesagt und die Polizei suchten nach einem VW-Käfer. Ich brachte den Wagen weg und nahm meine Kleider heraus. Der Käfer war auf meinen Vater angemeldet, ich hatte ihn als «Koffer» für den Fall der Fälle benutzt. Später wollte ich meinem Vater eine Nachricht hinterlassen, wo das Auto jetzt stand.

Beim Treffen der zentralen Gruppe am nächsten Tag meinten alle, dass ich nicht abtauchen müsste: Juristisch könnten sie mir nichts anhaben, ich würde aufgrund so schwacher Indizien nicht verurteilt werden. Ich wäre nur «verbrannt» und hätte ab jetzt eine andere Rolle in der Organisation. Ich war mir unsicher und bat um ein paar Tage, um mich zu entscheiden.

Die Genossen blieben bei ihrer Meinung. Auch frühere ELA-Genossen und die einer anderen illegalen Gruppe rieten mir, nicht unterzutauchen. In den folgenden Tagen machte ich mir viele Gedanken. Einerseits würde mein ganzes Leben über den Haufen geworfen werden, ich müsste plötzlich meine Familie, Freunde und die Frau, in die ich mich Tag für Tag mehr verliebte, verlassen. Andererseits spürte ich, dass eine andere Rolle in der Organisation nichts Halbes und nichts Ganzes wäre. Da ich nach einem jahrelangen Weg überzeugt war, dass unsere Praxis notwendig war, kam ich mir vor, als würde ich meine Entscheidung, meine Ideen und mich selbst verraten, wenn ich den 17N jetzt aufgeben würde. Es widerspräche meiner Lebenseinstellung, konsequent zu sein bis zum Äußersten.

Ruhig und entschlossen ging ich zum nächsten Treffen. Ich überzeugte einen der Älteren, dessen Meinung Gewicht hatte. Da wir beide die Verantwortung für meine Entscheidung übernahmen, blieb dem Rest nichts anderes übrig, als sie zu akzeptieren.

Der schwierige Moment des Abschieds von meinem alten Leben war gekommen. Zuerst von der Geliebten, einer außergewöhnlichen Frau. Ich brachte es nicht über mich, sie zu treffen. Sie suchte nach mir in meiner alten Wohnung und ich schrieb ihr einen Brief, aber was konnte ich ihr sagen? Irgendwann fuhr ich in ihre Stadt, wo wir einen Stützpunkt hatten. Während einer nostalgischen Krise versuchte ich Kontakt zu ihr aufzunehmen, aber ich hörte, dass sie weggezogen sei.

Meine Mutter sah ich ein Jahr später wieder. Meinen Vater und meinen kommunistischen Onkel zwei Jahre später auf einer 1. Mai-Demonstration im Block der KKE. Meine kleine Schwester im selben Jahr auf dem Fest der KKE-Jugend und meine ältere Schwester und meine Eltern 1990, als ich ihnen den neugeborenen Ektoras zeigte. Es dauerte zwölf Jahre, bis ich meine Mutter und Schwestern 2002 das nächste Mal traf.

Meinen Vater sah ich nicht wieder. Nur zufällig erfuhr ich zwei Jahre nach seinem Tod, dass er gestorben war. Ich trauerte und verabschiedete mich von ihm mit zwei Jahren Verspätung... Mein Vater. Ein Kommunist, ein Mann der ELAS, der auf Makroniso in der Verbannung gewesen war. Er verkörperte die Bitterkeit der Niederlage und beherrschte das «natürliche» konspirative Verhalten der Verlierer. Er konnte die Geheimpolizisten hinters Licht führen als sie ihn wegen des VW-Käfers vorluden. Er überzeugte sie. Es dauerte ein paar Jahre, bis sie sich wieder mit mir beschäftigten.

Ernsthaft suchten sie mich das erste Mal Anfang 1990, zu Zeiten der neoliberalen und US-freundlichen Regierung von Konstantinos Mitsotakis. Wir bemerkten damals ihre Beobachtungsversuche am Wohnort meiner Familie, meistens saßen sie in zivilen Pkw. Unter dem Kommando von US-Spezialagenten ermittelte eine Einheit aus Polizisten, Geheimpolizisten, KYP-Agenten und angeheuerten Spitzeln.

Wir stießen zufällig auf sie, als wir uns am Luxushotel Caravel in Pangrati herumtrieben. Wir registrierten merkwürdige Bewegungen in der Dioxarous-Straße, zuerst Autos, von denen wir wussten, dass sie sie benutzten, aber auch Treffen in Cafés auf der Vasileos Alexandrou-Straße gegenüber dem Caravel. Direkt hinter dem Caravel in der Misthou-Straße fielen uns weitere Fahrzeuge auf.

Als Illegaler hielt ich mich fern von ihnen, beobachtete sie aber aus sicherer Entfernung. Sie beschäftigten sich auch später noch mit mir, sprachen entfernte alte Bekannte und frühere Kommilitonen aus dem Jusstudium an und machten ein paar unfeine Versuche, meinen Aufenthaltsort herauszufinden. Doch war es klar, dass es sich um Routineermittlungen handelte. 2002 gaben sie zu, dass weder die an diesen Ermittlungen beteiligten Briten noch die US-Amerikaner mich für ein Mitglied des 17N gehalten haben.

Ich hielt mich von meiner Familie fern, um sie zu schützen. Hätte die Geheimpolizei Treffen bemerkt, hätte sie sie belästigt und observiert. Ich verlor meine Freunde und meine geliebten Genossen aus den legalen Kämpfen. Wenn ich jemanden auf der Straße traf, was selten passierte, erzählte ich eine Geschichte, zum Beispiel, dass ich mich der Einberufung zur Armee entzogen hätte oder dass ich zur See gegangen und viel unterwegs sei. Ich weiß nicht, ob sie mir glaubten. Eine geliebte Genossin aus studentischen Kämpfen war mir im Bus um den Hals gefallen, war gerührt, «was auch immer du brauchst…». Sie hatte ihre Stimme nicht unter Kontrolle und meine fing an zu zittern, die anderen im Bus starrten uns schon an. Gleichzeitig schossen mir die üblichen verrückten emotionslosen Gedanken durch den Kopf: Wusste sie etwas? Spürte sie, was Sache war? Schon einmal, als es bei einer Demonstration zu Kämpfen mit der MAT gekommen war, hatte mich eine Geliebte sehr ernst angesehen: «Solltest du vielleicht besser nicht hier sein?» Ich konnte es nicht fassen. Ich hatte ihr nichts von illegaler Praxis oder irgendetwas erzählt. Wie kam sie darauf? Wie hatte sie es gespürt?

Ich glaube, wir Aktivisten der direkten Aktion neigen dazu, die Menschen um uns herum und sogar unsere Allernächsten zu unterschätzen. Wir merken gar nicht, dass und wie sehr sie uns schützen. So, wie wir auch die Schutzwand unterschätzten, die das Volk um uns zog. Es verstand immer viel mehr, als es zeigte. Und es schützte uns.

Ich könnte unzählige Geschichten erzählen wie uns Menschen aus dem Volk schützten. Einmal waren wir in einem Kafeneion, um mit zwei Genossen zu reden. Mit dem «sechsten Sinn des Illegalen» hatte ich einen Pensionisten bemerkt, der uns scheinbar unbeteiligt beobachtete. Der Besitzer kam in dem Moment grundlos an unseren Tisch – er stellte nur mein Wasserglas etwas anders hin. Im Gehen wandte er sich an den Alten: «Immer zu Diensten, General!» Er schaute dabei zu mir herüber. Wie viel Geschichte, Seele und Überzeugungen des Volkes konnte ich in seinem von der Arbeit gezeichneten Gesicht lesen!

Tendenziell unterschätzten wir diese unglaublich wichtige Kraft des Volkes, wir arbeiteten nicht systematisch in den arbeitenden Klassen, die die illegale Praxis so sehr deckten. Im Jargon gesprochen, waren wir eine politisch-militärische Organisation, die sich nicht genug um ihren politischen Pol kümmerte.

Unseren bewaffneten Apparat fanden wir viel zu wichtig. Wir dachten, wir seien gut, da wir eine gute Logistik hatten – ein Geflecht illegaler Unterkünfte, legal wirkende Fahrzeuge, Dokumente, die jeder Kontrolle standhielten, einträgliche Geldbeschaffungsmethoden usw. Eine Logistik, die wir von oben bis unten kontrollieren konnten. Politisch-militärische Organisationen entwickeln einen unverhältnismäßigen militärischen Pol.

Doch passiert das nicht nur den bewaffneten Organisationen, die sich vielleicht noch mit ihren Sachzwängen entschuldigen können. Es liegt tatsächlich an etwas, was wir oft auf Leitungsebene bei legalen Linken bis hin zur antiautoritär-anarchistischen Szene finden: Ein kleinbürgerliches Denken, das kein Vertrauen in die Kraft, die Initiative, die Kreativität des Volkes hat, weshalb man glaubt, dass die «Massen» von weisen Führern angeleitet werden müssten.

Für kurze Zeit zog ich mich aus der Praxis zurück, bis wir uns sicher waren, dass die Staatspolizei nichts weiter unternehmen würde. Danach arbeitete ich wieder im üblichen Rhythmus, nur noch intensiver, da ich ja jetzt Vollzeitrevolutionär war. Ich versuchte meine Anonymität zu vervollkommnen, also auf passende Kleidung zu achten und die passende Art sich zu bewegen, zu reden, zu handeln…

Ich lief nicht bewaffnet herum. Für mich war ein Illegaler nicht selbstverständlich bewaffnet. Für den «Alten» war es aber so. Bei einem Treffen in einem stickigen Café schaute er verständnisvoll auf meine schwere Jacke. Mehr um ihn zu ärgern, zog ich sie aus. Die ängstliche Überraschung in seinen Augen wich Misstrauen: «Was ist die wichtigste Waffe eines Illegalen?» Die Frage klang nach einem Tadel. «Die Uhr», gab ich zurück. Meistens verspätete er sich nämlich bei unseren Rendezvous.

Für mich war die Waffe eine Verantwortung. Eine schwere. Gegenüber allen, Feinden und Genossen. Selbst gegenüber Freunden. Ich war auf dem Heimweg zu einer illegalen Unterkunft im Vorort Zografou und trug unter meinem Sweatshirt eine kleine Beretta-Pistole im Gürtel. Als ich um die Ecke bog, traf ich einen Anarchisten, einen alten Freund. Er wollte mich begrüßen, so wie es damals üblich war: mit einem Stupser in den Bauch. Er stieß auf das Metall. Später erfuhr ich, dass er in sein Dorf zurückgekehrt war – es gab Menschen, denen die schiere Berührung der bewaffneten Szene reichte, um aus der Bewegung zu verschwinden. Meiner Meinung nach war es für einen Illegalen am wichtigsten Unannehmlichkeiten aus dem Weg zu gehen, also die Orte und Zeiten zu vermeiden, wo es Kontrollen gab. Ein Illegaler sollte sich auch fern der «Szenekreise» bewegen und militante Demonstrationen meiden, insbesondere, wenn sie mit den Repressionskräften zusammenstoßen.

## Kapitel 17
## Die schnelle Aktionsserie

Ich ging 1985 natürlich nicht zu den Kundgebungen am Jahrestag des Polytechnikums. Die anderen Genossen gingen hin und weil sie eventuelle Auseinandersetzungen nicht verpassen wollten, hatten wir unser Treffen auf den Tag danach um elf in Pagrati gelegt. Ich blieb bis spät in der Nacht in der Wohnung in Zografou und versuchte unsere letzten Recherchen zu sortieren.

Eine der bekanntesten Unternehmerfamilien des Landes war meisterhaft im Unterschlagen und Betrügen mit Schifffahrtsdarlehen und ein bedeutender Zementproduzent. Ihr Familienpatriarch war Vizepräsident im Rat der Junta gewesen und nun hatte sie sich unter anderem mit großem Interesse dem Waffenhandel zugewandt. Und wie alle würdigen Waffenhändler dieser Zeit hatte sie auch in die Presse investiert. Ihre Büros lagen in Pagrati.

Damals besuchte ich häufig das Staatsarchiv und versuchte anhand der Firmenregister die labyrinthischen Wege der Waffen nachzuverfolgen. Es gab ein unglaubliches Durcheinander von gerade gegründeten und über Nacht wieder verschwundenen Scheinfirmen mit falschen Adressen und unglaubwürdigen Namen. Doch ein roter Faden waren einige Vorstände dieser kurzlebigen Unternehmen, die in verschiedenen Kombinationen immer wieder auftauchten.

Über diese Arbeit graute der Morgen, ich fiel für zwei, drei Stunden in einen tiefen Schlaf. Die ganze Nacht über hatte ich kein Radio gehört, nicht einmal den Polizeifunk, so sehr hatten mich die ermüdenden Rätsel des Waffenhandels und der Fluss der Bestechungsgelder an politische und militärische Staatsdiener in Beschlag genommen. Kurz bevor ich ging, schaltete ich wie üblich das Radio ein, nicht nur, um mich zu informieren, sondern weil es wichtig für die Sicherheit eines Illegalen sein kann, die Nachrichten mitzubekommen.

Was war los? Bekanntmachungen, Erklärungen und die furchtbare Nachricht: Ein junger Mensch war getötet worden. Durch eine Polizeikugel. Der Graf kam als erster zu dem Treffen in Pagrati. Er hatte die Nacht durchgemacht, die nächtlichen Konfrontationen waren ihm anzusehen, in seinen Augen funkelte Zorn: «Sie haben ein Kind getötet!» Der Kiosk an der Ecke Spirou-Merkouri- und Evtixidou-Straße legte gerade die Mittagszeitungen aus. Die Titelseiten beschrieben verheerend das schreckliche Verbrechen. Nach und nach kamen die Anderen der Zentralgruppe. Wir gingen in das Wäldchen von Pagrati. Eine riesige Wut überkam uns: Wir müssten antworten. Sofort! Vergeltung und Rache nach dem «harten Gesetz des Krieges». Wir wollten dem Staat diesen Schlag heimzahlen.

Grigoris Lambrakis und Sotiris Petroulas* traten einen Schritt zurück in die Geschichte, damit ein neuer Name unserer Toten geschrieben werden konnte: Michalis Kaltezas*, 15 Jahre alt, ermordet von Söldnern des Staats. Ein Kind, das nicht mehr dazu kam, sein Leben zu leben, seinen Idealen einen Namen zu geben und zu einem Demokraten, einem Kommunisten, einem Anarchisten zu werden. Nein, das würde nicht so stehen bleiben.

Es war kein zufälliger Mord irgendeines Staatsorganes gewesen. Der Mord war die «notwendige» unvermeidliche Zuspitzung einer geplanten repressiven Welle, die gegen den militantesten Teil der Bewegung losgelassen worden war.

Ende 1985 hatte sich die politisch und finanziell vor dem Bankrott stehende PASOK-Regierung den Forderungen der Europäischen Wirtschaftsgemeinschaft EWG, des Vorläufers der EU, und der großen Banken unterworfen. Das Land stand unter dem Sternbild unendlicher «Sparmaßnahmen».

Jetzt, da PASOK politisch nicht mehr so integrativ wirken konnte, trug auch die Politik des Sozialkompromisses nicht mehr. Ein ordentlicher Schuss des «letzten Argumentes» jeder Herrschaft war nun erforderlich: öffentliche terrorisierende Gewalt. Die sich entfaltende neue militante Streikbewegung, die den kompromittierten offiziellen Gewerkschaften drohte, sollte schon im Entstehen zerschlagen werden.

Zerschlagen werden sollte auch die radikale Linke, die 1981 unter der anfänglichen Integrationsströmung in die PASOK dramatisch gelitten hatte, aber nun wieder lebendig wurde. Diese Linke entwickelte einen militanten Widerstand gegen die Repression, dessen Höhepunkt Ende 1984 die Großdemonstration war, bei der Tausende gegen den französischen Faschisten Le Pen am Caravel Hotel protestierten.

Zerschlagen werden sollte die antiautoritäre Szene, die sich schnell und militant entwickelte und viele kämpferische unruhige junge Menschen anzog. Dort entstand eine spontane Bewegung aus Arbeitslosen, Ausgeschlossenen und Jugendlichen, die keine Zukunft hatten, für die kein Platz war in der etablierten Gesellschaft.

Diese spontane soziale Bewegung der Jugendlichen wurde von der repressiven Welle getroffen, sie sollte terrorisiert werden. Die MAT schlugen grundlos zu, mit Chemiewaffeneinsätzen wie im Krieg erstickten sie jede kämpferische Demonstration im Tränengas. Generell hatte die Polizeigewalt zugenommen, die Schläge in den Polizeistationen, die Schüsse, die Jugendliche, die nicht an ihren zahlreichen Polizeisperren anhielten, auf den Straßen verletzten oder sogar töteten.

In dieser ungehemmten Repressionsphase musste die Polizeigewalt auch bei einer politischen Kundgebung eskalieren. Die repressive Welle «legalisierte» einen Mörder und Scharfschützen wie Melista, der niederkniete, kühl zielte und dann ein weglaufendes 15-jähriges Kind umbrachte. Danach, im Wissen um die Straffreiheit so vieler seiner Kollegen, erklärte er noch kühler und zynisch, er «habe seine Nerven verloren». Natürlich wurde er nicht bestraft. Vielleicht hat er sogar einen Tapferkeitsorden bekommen, so wie so viele seiner mörderischen Kollegen.

An diesem Morgen beschlossen wir, ihnen diese Nachricht zu senden: Dieser Mord und die Gewalt gegen Demonstranten und streikende Arbeiter wird nicht ohne Strafe bleiben. Die folgenden Tage waren fieberhaft. Kaum Schlaf, viel Stress. Die Aktion sollte in Kaisariani stattfinden, beim Caravel, es gab dort vor der Ampel an der Evfroniou-Straße einen großen Platz, an dem der Sitz der MAT lag. Von dort fuhren die Polizeibusse mit den MAT-Einheiten beim Schichtwechsel los. Bald hatten wir die routinemäßige Fahrtroute jeder einzelnen Einheit herausgefunden. Wir suchten uns eine heraus, die wir mit 20 bis 25 Kilo Dynamit angreifen wollten. Wir nahmen nicht noch mehr, wir wollten keinen tödlichen Anschlag auf die Einheit, die die MAT-Männer selbst die «Wilden» nannten. Die Druckwelle sollte nur in die Richtung dieses einen MAT-Busses gehen, weshalb wir die Dynamitladung mit Zementsäcken gedämmt hatten. Der Sprengstoff würde auf der Ladefläche eines Kleinlasters durch einige Dutzend Meter Kabel gezündet werden.

Kurz zuvor hatten wir einen Kleinlaster stillgelegt, den wir schon seit Jahren hatten. Seine Nummernschilder hatten wir für ein ähnliches Model verwendet, die Batterie war ausgebaut und er wurde seinem Schicksal überlassen. Nun riefen wir ihn zurück und eine dicke Staubschicht wurde für seine letzte Mission entfernt.

Viele praktische Fragen mussten gelöst werden. Die normalen Zünder mussten in elektrische umgebaut werden, und die Zeitverzögerung des Zündfunkens durch den Umbau musste genau gemessen werden. Die Zeitverzögerung zwischen dem Umlegen des Schalters bis zum Moment der Explosion im Verhältnis zur Geschwindigkeit des Busses mussten berechnet werden. Ein passendes langes Kabel musste gefunden werden und eine passende Zündstromquelle usw. Und alles musste ausprobiert werden. Der Graf vollbrachte Wunder mit seinen Ideen und seinem Einfallsreichtum. Er stach aus der Aktionsgruppe heraus, in der jeder bei der Aneignung bis dahin unbekannter Technik Neuland betrat. Binnen weniger Tage stand die Aktion. Wir besorgten ein Fluchtauto.

Am Tag der Aktion sorgten wir durch einen kleinen Eingriff in die Straßenlaternen dafür, dass es rund um den Platz einen Stromausfall gab. Wir verlegten das Kabel und verdeckten es. Wir sicherten den ganzen sowieso ruhigen Platz, um sicherzugehen, dass kein Passant gefährdet würde. Während wir warteten, gingen drei, vier Polizisten Richtung MAT-Sitz. Es war Zeit für den Schichtwechsel. In der Dunkelheit stolperte einer von ihnen über das Kabel.

Kurz vor der Explosion warnte Giannis eine Frau, die aus einem Flüchtlingshaus in der Nachbarschaft kam, in Deckung zu gehen. Obwohl sie über 100 Meter von dem Kleinlaster entfernt war und in der von der Druckwelle abgewandten Richtung stand.

Als wir die Verantwortung für die Aktion übernahmen, schrieben wir einfach: «Auch wir haben die Nerven verloren.»

Mit dieser Aktion am 26. November 1985, dieser kurzen Erklärung und einem ergänzenden Text vom 4. Dezember machte der 17N seine Position gegenüber diesem bewaffneten Staatsapparat klar: Die MAT sind eine bewaffnete Bande im Dienste der Mächtigen und ihre Verbrechen werden nicht ungestraft bleiben.

Hinsichtlich der einfachen Polizisten stellten wir klar, dass diese nicht von vorneherein als Feinde betrachtet würden, es sei denn, sie zögen ihre Pistole und schössen. Diese Warnung wurde von Polizisten sehr ernst genommen, wir haben es des Öfteren erlebt bei Aktionen. Wenn ihnen klar war, dass eine Operation des 17N lief, kamen Polizeiautos und Motorräder mit großer Verspätung oder bogen in die entgegengesetzte Richtung ab. Jedenfalls verfolgten sie uns nicht. Als wir einmal den Ausweis eines Polizisten benötigten, fanden wir unsere Warnung an die Polizei bei seinen Papieren. Sie war säuberlich aus der Zeitung ausgeschnitten und in Plastikfolie eingeschweißt worden.

1986 unterstrich der 17N seine antikapitalistische Praxis mit einer Aktion gegen den Stahlmagnaten Dimitrios Aggelopoulos.

Eine andere Organisation hatte eine Bombe vor dem Haus der Tsatsoi-Familie in Kolonaki gezündet, weshalb die früheren Besitzer des Baukonzerns Aget

Herkules, die nun auch im Waffenhandel tätig waren, ihren Wohnsitz ins Ausland verlegt hatten. Deshalb fiel unsere ursprünglich geplante Aktion aus, wir hatten sie bereits im November verschieben müssen wegen unserer Aktion gegen die MAT. Jetzt nahmen wir mit Aggelopoulos die griechische Lumpenbourgeoisie ins Visier.

Beim griechischen Volk ist die Familie Aggelopoulos nicht wegen ihres «weißen Schafes», dem fortschrittlichen Ökonomen Aggelos Aggelopoulos, bekannt, sondern wegen der ausbeuterischen Arbeitsbedingungen in ihren Stahlwerken mit .45 toten und Hunderten verletzten Arbeitern. Ihre Stahlwerke repräsentierten den Betrug und Raub der griechischen Lumpenbourgeoise, die das Land wie eine Kolonie behandelte, in der sie ungestraft plündern und ihren gestohlenen Reichtum ins Ausland verfrachten konnte. Dort bauten sie sich Burgen und Paläste und zeigten ihren Reichtum wie eingebildete Kolonialherren. Mitverantwortlich für diese Verbrechen war zu allen Zeiten das ganze politische Personal des Landes: in der Nachkriegszeit, unter der Junta, der Nea Dimokratia, auch der PASOK – alle machten sich für den eigenen Profit mitschuldig und alle erleichterten diese Plünderungen.

Dimitrios Aggelopoulos war einer der Gründer der Stahlwerke und Vorstandsvorsitzender des Konzerns, er wohnte in der Koumpari-Straße in Kolonaki. Jeden Morgen fuhr sein Fahrer mit wechselnden Autos vor, oft mit einem Chrysler-Plymouth oder einem Mercedes, auch einmal mit einem Honda oder einem VW-Golf. Gegen neun Uhr fuhr er dann zum Hauptsitz der Stahlwerke. Wir wollten den Fahrer nicht verletzen.

Eines Morgens diskutierte ich in der Kanari-Straße genau darüber mit einem älteren Genossen. Gerade war der Plymouth vorbeigefahren, nur der Fahrer war drinnen gesessen, und ein bekannter Rechtsanwalt war mit einer kleinen Tüte aus einem teuren Supermarkt an uns vorbeigelaufen. Er lenkte uns kurz ab und als wir wieder aufschauten, sahen wir den Grafen, mit seinem bei Aufregungen immer gerötetem Gesicht, und auf der anderen Straßenseite einen jungen Genossen. Beide signalisierten intensiv: «Achtung!», aber auch «wir müssen reden!» Im selben Moment ging Dimitrios Aggelopoulos zu Fuß an uns vorbei.

Die Aktion sollte dort in der Kanari-Straße stattfinden, direkt hinter dem zentralen Platz von Kolonaki, und wir wollten über die Milioni-Straße flüchten. Wir beschlossen ein paar Tage verstreichen zu lassen, da wir durch unsere ständigen Observationen in der Gegend bekannt geworden waren – unsere Wege hatten sich sogar mit denen von KYP-Agenten gekreuzt, die dort Diplomaten aus dem Ostblock überwachten.

Am 8. April 1986 erschoss der 17N Dimitrios Aggelopoulos. Wir stellten fest, dass diese Aktion großen Anklang fand. Es war die erste rein antikapitalistische Aktion des 17N und unsere hierzu veröffentlichte, ausführliche ökonomische Analyse wurde viel diskutiert. Am Tag ihrer Veröffentlichung hatten wir ein Treffen mit zwei Genossen, um über die Aktion zu reden. Wir landeten in einem kleinen Imbiss in der Grigoriou Avxentiou-Straße. Es war zu spät für das Mittag-, aber noch zu früh für das Abendessen. Wir hatten Hunger, doch die Wirtin beachtete uns nicht. Sie las die Zeitung. Kurz darauf kam jemand aus der Küche, vielleicht ihr Mann, er deutete mit den Augen auf uns. «Ich kann jetzt nicht. Lass mich die Erklärung zu Ende lesen!», antwortete sie genervt. Wir ließen diese gute Frau aus dem Volk in Ruhe zu Ende lesen. Als sie endlich kam, um die Bestellung aufzunehmen, konnte ich mich kaum zurückhalten, sie nach ihrer Meinung über den Text, den sie vor einigen Minuten gelesen hatte, zu fragen.

Meinungen und positive Kommentare hörte ich in der nächsten Zeit überall wo ich mich bewegte: auf der Straße, im Bus und in den Kafeneions, diesen alten Volksparlamenten. Sehr viel später mieteten wir in Volos mit gefälschten Papieren ein Auto. Wir hatten noch ein bisschen Zeit, bis es Nacht wurde, und ich fuhr mit zwei jungen Genossen aufs Land nach Pelion zur Hani Zisis-Taverne. Er war fast leer und wir besprachen dort leise die nächtliche Observation eines Munitionsdepots der Armee. An einem anderen Tisch unterhielten sich ebenso leise ein paar Einheimische. Einen Moment lang war es an beiden Tischen still und als ein älterer Mann wieder anfing zu sprechen, hörten wir, dass er unsere Erklärung analysierte.

Mich interessierte sehr, welche Resonanz diese Erklärung einer rein antikapitalistischen und geradlinig klassenbezogenen Aktion hatte. Es war das erste Mal, dass eine revolutionäre Organisation für ein breites Publikum die Ursachen des Elends des Landes thematisierte und auf einen der dafür Verantwortlichen schoss.

Der 17N richtete sich an Erinnerung und Urteilskraft des Volkes, seine Erfahrung und den Klasseninstinkt, an dessen Herz und Vernunft. Der 17N verbündete sich politisch mit dem arbeitenden Volk und schlug Wurzeln in der Gesellschaft – so entstand ein Stück kollektiver Erinnerung.

Der nächste Gedanke war: Wie würde sich diese Verbindung entwickeln, wie könnte sie organisch wachsen? Ganz klar entstand nach und nach eine – beidseitige – politische Beziehung mit den Armen und sozial schwachen Schichten, die sich immer mehr in den Worten und Taten der Organisation repräsentiert fühlten. Doch wie könnte diese Beziehung eine organisatorische Basis bekommen? Wie ließen sich direkte Kommunikationswege und Netzwerke herstellen? 1986 hatte ich darauf keine Antwort, doch glaubte ich immer noch, dass mehr Aktionen und mehr Texte wichtig seien. Das war die klassische Antwort aller Stadtguerillas. Ich werde darauf noch zurückkommen.

Zurück zum Text des 17N vom April 1986: Er erklärte, dass die tiefe Finanzkrise von 1985, die Überschuldung, die laufende Deindustrialisierung und der ökonomische Zerfall nicht nur aus irgendeiner ungünstigen Situation resultierten. Im Gegenteil, sie waren das unausweichliche Ergebnis des Nachkriegs-Produktionsmodells, es lag im Wesen des griechischen Kapitalismus, dass er das

Land nicht eigenständig und ausbalanciert entwickeln konnte. Er war abhängig von ausländischem Kapital und deshalb ein Bananenrepublikkapitalismus.

Dessen führende griechische kapitalistische Klasse – ein «Netz» aus Reedern, Bankern, Industriellen und Großhändlern sowie der höheren Staatsbürokratie und vermögender politisch einflussreicher Familien – sah das Land als eine ausraubbare Kolonie. Sie bereicherte sich an der ungezügelten und brutalen Auspressung der Arbeitskraft: Vergleichbar mit Ländern des Trikont hat Griechenland einen weltweiten Spitzenplatz bei jener Sorte Ermordungen, die «Arbeitsunfälle» genannt werden. Diese Klasse schöpft ihren Reichtum vor allem aus Subventionsbetrug und Schifffahrtsdarlehen, sie ist die Klasse, die wir als die griechische ausbeuterische Bourgeoisie bezeichnen.

Die Voraussagen unseres Textes von 1986 waren nüchtern, wissenschaftlich und erschreckend genau, unglücklicherweise hatten wir völlig Recht. Wir schrieben damals: «Das Land wird mit mathematischer Genauigkeit zum finanziellen Zusammenbruch und einer Katastrophe geführt»; «sein Glück wird nach den Vorgaben der westlichen Banken, der Europäischen Wirtschaftsgemeinschaft und des IWF in deren Hände gelegt»; «wir werden nicht nur Konkurs anmelden und von den westlichen Banken voll abhängig sein», wir würden auch in Richtung einer «harten halbfaschistischen Lösung» mit «einem enorm sinkenden Lebensstandard und einer massiven Arbeitslosigkeit» geführt.

Die ökonomische Geschichte des Landes der vorangegangenen Jahrzehnte durchzog unseren Text. Die Gründe für den Abschwung und die mit Gewissheit kommende Konkursanmeldung wurde durch ein paar bestechende finanzielle Daten klargemacht und die Rolle der Kapitalisten, Politiker, höherer Bürokraten und Journalisten enthüllt. Der Text fand im Volk so viel Anklang, weil dessen Gespür und Erfahrung durch ihn eine Sprache bekamen.

Das System spürte die Bedrohung. Premierminister Andreas Papandreou unterbrach seinen China-Besuch, er sprach davon, dass «Menschen des Geistes», Ökonomen, den Text des 17N geschrieben hätten. Er feuerte den Minister für öffentliche Ordnung und die Führungskräfte des KYP und der Polizei. Außerdem lud er Spezialisten ausländischer Geheimdienste ein.

Konstantinos Mitsotakis von der damals oppositionellen Nea Dimokratia veröffentlichte eine Erklärung – die laut Pressemeldungen eigentlich sein Schwiegersohn Pavlos Bakogiannis geschrieben hatte –, in der er die Zeitungen angriff, die den Skandal um die überhöhten Preise der Stahlindustrie und den illegalen Transfer von Millionen und Abermillionen ins Ausland aufgedeckt hatten. Diese Betrügereien waren tatsächlich von einem Sonderausschuss der UNO aufgedeckt worden. Mit seiner Veröffentlichung wollte er die Journalisten in ihre Grenzen weisen, weitere Öffentlichkeit verhindern und jeden, der etwas über Skandale, Betrügereien und Privilegien der Lumpenbourgeoisie sagen wollte, zum Schweigen bringen. Er war damals bereits in eine höhere Klasse aufgestiegen, auch wenn er sehr arm angefangen hatte.

Gleichzeitig mobilisierten die Zeitungen ihre schwersten Waffen, ihre gewichtigsten Schreiber. Dutzende Artikel voller Pseudo-Analysen erschienen. Irgendein Journalist nahm es auf sich, uns aus «linker», marxistischer Sicht schlecht zu machen. Natürlich hatte ihm unsere Definition der «räuberischen» Lumpenbourgeoisie ideologisch wehgetan. Er behauptete also, wir seien marxistische Analphabeten.

Der Entwurf einer Antwort des 17N auf diesen Text war gut, aber nicht besonders theoretisch begründet. Wir besprachen ihn lange auf ein paar Sitzungen und mich erreichten ständig neue Anregungen: Ein junger Genosse, der als letzter zu unserer Schulungsgruppe hinzugestoßen war, wollte mich dringend sprechen. Wir legten eine Pause ein. Zögernd öffnete der Genosse Karl Marx' *Die Klassenkämpfe in Frankreich*. Wir hatten es zu diesem Zeitpunkt völlig vergessen. Marx scheint in dem Buch von der griechischen Bourgeoisie zu sprechen und ihren Betrügereien, ihrer Manie reich zu werden, aber nicht durch die Produktion von Mehrwert, sondern durch das Einstecken des bereits vorhandenen Reichtums. Marx geißelt nicht nur den Raub des sozialen Reichtums durch die Lumpenbourgeoisie, er sagt auch, dass ihr zusammengestohlener Reichtum seine Bestimmung genau dort findet, wo der Genuss zur Dekadenz wird und Geld, Dreck und Blut verschmelzen. Diese Korruption und dieser Rausch bringen Marx dazu, die Beziehung dieses Teils der bürgerlichen Klasse zur traditionellen bürgerlichen Klasse mit der Beziehung des Lumpenproletariats zum Proletariat zu vergleichen. Marx gibt hier den «Marxisten» eine Antwort. Unser Text *Eine Antwort auf die Verleumdung* bekam durch diese Ergänzung eine andere Wucht. Kein Journalist fand eine Antwort.

Nach den antiimperialistischen und antikapitalistischen Aktionen beschlossen wir auf einer Vollversammlung nun mehr im «sozialen» Bereich aktiv zu werden – mit einer Kombination aus «kleinen, großen und mittleren» Aktionen. Zum Auftakt platzierten wir im Oktober 1986 Bomben an den Finanzämtern von Marousi, Nea Ionia, Mpraxami und Kalamaki. Vier kleinere Bomben direkt nach einer der größten Aktionen des 17N, dem Anschlag auf einen der wichtigsten Vertreter der griechischen Lumpenbourgeoisie. Sie waren ein gutes Beispiel dafür, wie eine von der Organisation gewählte offensive Taktik der bewaffneten Propaganda wieder etwas zurückgenommen wird und verschiedene Interventionsformen miteinander verbunden werden.

Kurz darauf, im Februar 1987, griff der 17N im Rahmen derselben Taktik – eine «soziale» Richtung, aber auch eine Deeskalation – den Chefarzt Kapsalakis und «Verkäufer der Gesundheit», wie er in der Erklärung des 17N genannt wurde, mit Schüssen in die Beine an. Der Besitzer der Privatklinik «Encephalon» sollte leicht verletzt werden. Die Aktion sollte nur eine Warnung an die Großhändler der Gesundheit sein.

1987 gab es einen Sprung in der Infrastruktur und dem Personal der Organisation. Geldbeschaffungsaktionen ermöglichten einen weiteren Ausbau unserer

Infrastruktur. Nach und nach entstand in Athen und anderen großen Städten ein Netzwerk illegaler Wohnungen. Manche Unterkünfte wurden nur zur einmaligen Nutzung gemietet, in bestimmten Gebieten und aus bestimmten Gründen. Einmal mussten Sachen kurz gelagert werden, ein andermal wohnte auch jemand da, solange illegales Material dort lagerte, manchmal für eine bestimmte Aktion oder für bestimmte Treffen usw. Wenn die Unterkunft gut passte, behielten wir sie leer und gesäubert und später benutzten wir sie wieder.

Neue Rekrutierungen stärkten die Organisation politisch, technisch und aktionsmäßig. Ich hörte von einem neuen Mitglied mit sehr klugen Einfällen und vielen Fähigkeiten. Ich traf Savvas sofort und wir wurden unzertrennlich, Freunde und Genossen. Er ist ein Antikonformist im Denken, methodisch und stabil bei Aktionen, sein Wille wird bestimmt von seinen Entscheidungen. Er baute unter anderem auch die technische Werkstatt auf und wir fanden auf allen möglichen Wegen die benötigten Materialien und Werkzeuge. Nun konnten wir immer perfektere Ausweise, Führer- und Fahrzeugscheine und andere Papiere drucken, die sich von den offiziellen in nichts unterschieden. Wir organisierten «Umfragen» in anderen Städten, hauptsächlich in Thessaloniki, um an die Daten realer Personen zu kommen und uns «echte» Totalfälschungen auszustellen. Wir bauten Gussformen und selbstgemachte Druckstöcke für richtige Nummernschilder von allen möglichen Fahrzeugen. Wir besorgten uns die speziellen Plastikfolien, die das Licht reflektieren, wodurch unsere Nummernschilder von den offiziellen nicht mehr zu unterscheiden waren.

Aus irgendeinem Verwaltungsgebäude besorgten wir der Organisation ihren ersten Computer, später kauften wir einen neueren und leistungsfähigeren Rechner. Nach der Explosion in Piräus zerstörte ich 2002 seine beiden Festplatten, auf denen unglaublich viel Informationen gespeichert waren – Informationen, die wir mühsam zusammengetragen hatten, darunter Aufnahmen, die eine an einem Fahrzeug versteckte Kamera gemacht hatte.

Direkte Informanten hatten wir nur sehr wenige. Irgendwann suchte ein angesehener Mensch, der sich in den Kreisen der führenden Klasse bewegen konnte, intensiv nach uns und ich traf ihn dann oft. Seine Informationen waren nicht immer brauchbar, sie waren meist zu umfänglich und eher für eine politische Organisation von Nutzen, für eine Zeitschrift oder Propaganda und Gegeninformation. Doch halfen sie uns den «Gegner zu studieren». Wie denkt der Klassenfeind, wie plant er, was fürchtet er? Wir korrupt ist er?

Unsere Informationen und Observationen bestätigen Marx' Aussagen über die «Prostitution, derselbe schamlose Betrug, dieselbe Sucht, sich zu bereichern», die sich in jedem Moment gegen die bürgerlichen Gesetze selbst wendeten. Nicht selten sahen wir vor unseren Augen die Ausschweifungen, «wo Geld, Dreck und Blut zusammenfließen». Geachtete Familien, herausstechende Prediger der Moral, die sich den krankhaftesten Lastern übergeben hatten, die sie durch die Kraft ihres Geldes und ihrer Macht gekauft hatten. Wir benutzten jedoch nicht alles, was wir herausgefunden hatten. Wir zogen es vor, den Klassenfeind auf einer politischen anstatt einer moralischen Ebene anzugreifen. Allerdings benutzten ein paar geschickte Betrüger aus der Presseszene den Namen des 17N, um sich zu bereichern, sie erpressten reiche Familien der Lumpenbourgeoisie mit der Drohung, deren Geheimnisse zu enthüllen.

Eine der größten Sorgen der Verhörer im Polizeihauptquartier von Attika, war die Frage, ob der 17N jemanden erpresst hatte. Diese Frage kam direkt nach der, wo die alten .45er des 17N versteckt seien. Ich habe sehr verärgert jede Verbindung der Organisation mit solch dreckigen Spielchen, die sich zwischen «denen da» in ihrer ach so engelhaften Welt abspielen, zurückgewiesen.

Doch zurück zu unserem Informanten, ich nannte ihn den «Alten», um ihn etwas zu ärgern. Unsere Beziehung war alles andere als einfach, die Kommunikation wurde durch die Entfernung zweier unterschiedlicher Welten erschwert. Obwohl er ein Abtrünniger seiner Klasse war, obwohl er uns bewunderte und liebte, bewegten wir uns doch in unterschiedlichem Rhythmus. Ich war die direkte Aktion gewohnt, halbe Sätze und schnelle Entschlüsse. Er wollte die Situation immer unter Kontrolle haben. Ich fühlte mich immer bedrängt durch Fragen wie: «Was für Aktionen plant ihr?» Ich gab ausweichende Antworten und erklärte ihm ohne Erfolg, dass ich «aus konspirativen Gründen keine Antworten» geben könne.

Als er einmal sehr hartnäckig nachfragte – später wurde mir klar, dass er nach unseren Plänen fragte, um bei einer Aktion dabei zu sein – wechselte ich das Thema und fragte ihn, warum er uns half. Er wurde auf einmal sehr ernst: «Sieh mal, du kämpfst für die Revolution, den Sozialismus. Ich weiß, dass der vielleicht erst in 100 oder 200 Jahren passieren kann.» «Warum hilfst du uns dann?» «Ich sehe euch, ich brauche euch als Gegengewicht zu diesen elenden Figuren hier. Und ich…», hier funkelten seine Augen und er lächelte verwegen, «… mag es sehr, wenn sie zittern und sich sogar in ihren Villen bei ihren Empfängen nicht ans Fenster trauen».

Er war ein zutiefst höflicher Mensch. Selbst als wir uns zuletzt etwas kühl verabschiedeten. Er bestand bei diesem letzten Treffen darauf, dass ich ihm eine Bombe gebe, er wollte sie in der Villa einer führenden Person platzieren: «Niemand soll verletzt werden, sie sollen nur Angst bekommen.» Ich lehnte ab. Er hätte sich selbst gefährdet und wäre aufgeflogen. Dennoch versicherte er mir, dass seine Häuser und Fahrzeuge immer für die Organisation bereitstehen würden, wann immer sie etwas benötigen würden. Wir haben sie nie benutzt. Ich werde seinen Namen nicht nennen, da ich nicht weiß, ob seine Angehörigen es wollen. Vielleicht werde ich irgendwann mit ihnen über diesen großartigen Menschen sprechen können. Er ging so viele Gefahren ein, und war bereit, noch weiter zu gehen.

Mitten im unerbittlichen Strudel der praktischen Arbeit diskutierten wir damals weiter, wie sich der griechische Kapitalismus entwickelte, gerade was seine Abhängigkeit betraf. Diese Diskussion spiegelte sich in den Texten und den Aktionen des 17N. Die Abhängigkeit von und die Kontrolle des Personals des Landes durch die USA blieben auf politischer, polizeilicher und militärischer Ebene atemraubend. Zudem entstand nach dem Beitritt zur Europäischen Wirtschaftsgemeinschaft EWG im Jahr 1981 und vor allem nach der Krise von 1985 eine neue finanzielle Abhängigkeit von der Europäischen Zentralbank und der EWG, bei der die damalige BRD eine immer größere Rolle spielte. Diese finanzielle Abhängigkeit verdrängte systematisch die US-amerikanische Kontrolle der Presse und der politischen und militärischen Funktionsträger. Langsam aber sicher dehnte die BRD ihre vielseitige Kontrolle über den griechischen Kapitalismus, die Staatsführung und sogar die kulturelle Sphäre aus bis hin zu einem «verdeutschten» sozialen Totalitarismus der Gesellschaft.

Im April 1987 gab es einen Bombenanschlag auf einen Bus mit US-amerikanischen Soldaten der Militärbasen. Im März hatte sich eine erneute Krise mit der türkischen Militärdiktatur zugespitzt und ein militärischer Konflikt erschien tatsächlich möglich. Mitten in dieser Krise wurden im ägäischen Meer patrouillierende griechische Kriegsschiffe durch elektronische Störmanöver außer Gefecht gesetzt. Premierminister Andreas Papandreou schloss daraufhin die US-Navy-Basis in Nea Makri, wodurch er indirekt die Rolle der Militärbasen und des US-Militärs enthüllte, die er früher selbst als «Besatzungsmacht» bezeichnet hatte.

In dem vom 17N angegriffenen Bus saßen Kampfpiloten, die unlängst die libysche Hauptstadt Tripolis bombardiert und unbewaffnete Einwohner getötet und verstümmelt hatten. Sie kamen nun von der US-Air-Force-Basis in Elefsina, um sich in unserem Land zu erholen. Das Gleiche geschah drei Monate später noch einmal, als wir am 11. August 1987 in Kavouri einen Anschlag auf einen der Busse mit Kampfbomberpiloten der USA durchführten, die zum Baden und Spaß haben nach Griechenland gekommen waren.

Diese beiden Angriffe waren Aktionen der internationalen Solidarität. Wir sandten einen brüderlichen Gruß an alle Völker, die gegen den Imperialismus in ihrer Region kämpften. An das brüderliche Volk der Türkei. An die Kurden. An die revolutionären Bewegungen des Mittleren Ostens. An die bewaffneten Organisationen und die massenhaften antiimperialistischen Bewegungen in Europa.

Die erste Aktion fand am 24. April 1987 am Flussbett des Kifissos auf der Straßenseite Richtung Piräus statt. Die Bombe lag in einer aufgeschnittenen Gasflasche, damit die Hauptwucht der Druckwelle in Richtung des Busses mit den Militärs ging. Am Abend zuvor legte eine Arbeitsgruppe das mehrere hundert Meter lange Kabel. Es begann dort, wo die Bombe gelegt werden sollte, danach verlief es im teils zementierten Flussbett, versteckt unter trockenen Ästen und Müll. Es unterquerte in Richtung Piräus eine Brücke, trat in ein Abwasserrohr ein und kam auf der gegenüberliegenden Seite an der Agias Annis-Straße zwischen ein paar Büschen wieder heraus. Dort sollte es mit einer starken Batterie verbunden werden, sobald unser vorausfahrendes Motorrad signalisierte, dass der Militärbus kam. 16 US-Militärs wurden verletzt.

Ungefähr drei Monate später, am 11. August, erfolgte die zweite Aktion gegen einen Bus mit Kampfpiloten. Dieses Mal in Kavouri in der Nähe des Strandes, an dem sie baden gingen. Im Juli waren wir als vermeintliche Badegäste oft in der Gegend. Manchmal mitten zwischen den US-Soldaten. Wir mussten den Ort kennenlernen, ihre Sicherheitsvorkehrungen, und den Verkehr an dem Punkt, an dem wir die Autobombe abstellen wollten, beobachten.

Die Aktion sollte eigentlich ein paar Tage vorher stattfinden. Doch als ich in Glyfada an einer Haltestelle der Poseidonos-Straße «auf den Bus wartete», verlor ein blöder Fahrer die Kontrolle über sein Fahrzeug, weil er sich mit seiner jungen Beifahrerin beschäftigte. Er geriet auf den Gehsteig und fuhr mir mit einem Rad über die Füße. Ich musste trotz der Schmerzen den Unbeteiligten spielen – «ist doch gar nichts passiert» – und den wütenden Genossen zurückhalten, der dem unwissenden Fahrer mit dem – illegalen – Motorrad hinterherjagen wollte, um ihn zu fragen, was das denn sollte. Ich blieb ein paar Tage lang bandagiert in der illegalen Wohnung in Ampelokipoi.

Die Zündung sollte ferngesteuert ausgelöst werden. An der Autobombe waren die gelben AM-Nummernschilder einer ausländischen Botschaft, die zur Gegend passten. Sie waren Handarbeit, ein Kunstwerk aus harter Pappe. Hinkend und mit der Erinnerung an den schlechten jungen Fahrer in meinen Füßen musste ich ein Stück mit der fertigen Bombe im Kofferraum fahren. Auf der Hauptstraße von Kavouri fuhr ich langsam über eine gerade rot gewordene Ampel. Ich hatte zwar den Verkehrspolizisten bemerkt, der dort entgegen den beobachteten Gewohnheiten stand, doch wie hätte ich mit 25 Kilo Dynamit und drei bereits angebrachten Zündern anhalten können? Der Verkehrspolizist schaute streng in meine Richtung und wollte sich schon in Bewegung setzen, aber sobald er die gelben Nummernschilder und die kühle Miene des «Diplomaten», die ich für diese Situation aufgesetzt hatte, sah, grüßte er unterwürfig.

Als wir darauf warteten, dass der Bus mit den US-Militärs um die Ecke kam und an der Autobombe vorbeifuhr, sahen wir eine Frau auf der Straße. Sie gehörte auch zum Militär, wir hatten sie schon früher gesehen. Wir wollten aber nicht, dass sie sich verletzte. Wir mussten ihre relative Laufgeschwindigkeit mit der Stärke der Bombe und der Geschwindigkeit des Busses, der nun um die Ecke kam, in Relation setzen. Sie blieb außerhalb des Explosionsradius.

Wir hatten die Explosion erwartet, jedoch wurden wir von ihrer Gewalt überrascht. Vom Boden des Neubaus erhob sich eine dichte Wolke aus Staub und Zement, die uns einhüllte und graugrün färbte. Als wir auf das Motorrad stiegen sah die Hauptstraße von Kavouri wie ein großer Parkplatz aus. Alle Fahrzeuge standen und die Fahrer und Passagiere waren ausgestiegen, um nachzuschauen, was passiert war. In diesem Stillleben war unser Motorrad das einzige, was sich bewegte und die haltenden Fahrzeuge umfuhr. Ein verstaubtes

Motorrad mit zwei verstaubten Männern, die unbeobachtet wegkommen wollten und zudem zum Motorrad gehinkt waren. Ich wegen des Autounfalls und der andere wegen einer Risswunde am Bein. Ihn hatte ein Eisenteil der Baustelle getroffen, das von der Druckwelle herumgeschleudert worden war. Ein Stück weiter, kurz bevor wir uns in Badegäste verwandelten und als solche entfernten, versuchte ein anderer Genosse uns mit Gesten zu befragen. Das kalte Wasser, das er wegen der großen Hitze und seinem Stress beim Warten getrunken hatte, hatte ihm die Stimme geraubt.

In der Erklärung hätten wir von der Erniedrigung der «stolzen nationalen» Regierung Andreas Papandreous durch die USA sprechen sollen. Sie zwangen sie, die Statue von Truman* wiederaufzustellen, die vor Jahren durch einen Bombenanschlag zerstört worden war. Die Statue desjenigen, der mit den Atombomben auf Hiroshima und Nagasaki eines der größten Verbrechen der Menschheitsgeschichte angeordnet hatte, obwohl der Zweite Weltkrieg bereits entschieden war. Zur völligen Erniedrigung Papandreous ließen sie diese verhasste Statue genau am Jahrestag von Hiroshima und der Ermordung von Zehntausenden Menschen am 6. August neu aufstellen.

Die beiden Anschläge gegen das US-Militär ließen die US-amerikanischen Geheimdienste wieder aktiv werden. Sie verfolgten denselben Plan wie 1983 bis 1984 nach dem doppelten Anschlag auf die US-Abgesandten der JUSMAGG: systematische Zurichtung der öffentlichen Meinung durch ihre Leute in den Zeitungen. Dazu massenhafte Verhaftungen, eine nochmalige Durchsicht aller Akten, Spuren und Informationen, die sie seit 1974 gesammelt hatten. So hofften sie an den 17N heranzukommen. Ihr Plan funktionierte aber nicht so ganz. Zum einen gab es noch starke gesellschaftliche Widerstände und eine starke Bewegung. Aber auch, weil zufällig die Sache mit Prekas geschah.

Die Polizei ermordete unter der vollkommenen Kontrolle der CIA Michalis Prekas* und die Medien deckten das bei ihren Direktübertragungen im Fernsehen und Radio absolut nach der US-amerikanischen Logik «schaltet den Terroristen aus». Das war der Ethik und Logik der griechischen Gesellschaft völlig fremd. Diese Ermordung und die Schläge auf die jungen Verhafteten in aller Öffentlichkeit, die unfaire Inhaftierung der Genossin von Prekas und ihrer Kleinkinder erzeugten anständige gesellschaftliche Reaktionen, die verhinderten, dass der Geheimdienstplan komplett umgesetzt werden konnte. Der Mörder von Prekas, der ihn 1987 mit seinen Kugeln durchsiebte, wurde – offensichtlich wegen seiner tollen Dienste – zur Leibwache von Mitsotakis versetzt. 1991 flog er aber doch noch auf, als die Presse herausfand, dass er an einem Waffenschmuggel beteiligt war. Erwähnenswert ist, dass er wegen der Ermordung von Prekas angeklagt wurde, während er einer der Leibwächter von Mitsotakis war. Er wurde im Jänner 1992 freigesprochen. Später kam noch etwas ans Licht: Er war der Anführer einer Mafiabande, die von Geschäften in Evoia Schutzgeld erpresste.

Damals versuchte der «1. Mai», eine Organisation mit rein antikapitalistischer Ausrichtung, den bekannten «Arbeitervater» und Vorsitzenden der kompromisslerischen GSEE-Gewerkschaftsbundes* Giorgios Raftopoulos hinzurichten. Die Aktion und die Erklärung ließen auf eine bemerkenswerte Klarheit und Infrastruktur schließen, die zu einer ernsthaften Organisation einfacher Kämpfer aus dem Volk passten. Trotzdem folgten wir der alten Taktik des 17N und suchten keinen Kontakt zu dieser Organisation. Später sollte sie sich mit ELA zusammenschließen.

Was damals von der sogenannten demokratischen Presse über den «1. Mai» geschrieben wurde, war klassische Fehlinformation. Er wurde als «suspekt», als «ein Hebel der CIA zur Destabilisierung der demokratischen Regierung» usw. beschrieben. Der 17N unterstützte in zwei seiner Texte vom 14. Oktober 1987 bzw. 14. März 1988 den «1. Mai», indem er die Behauptungen der Presse und der reformistischen Parteien mit der gesellschaftlichen Wahrnehmung dieser Aktion kontrastierte. Eine Umfrage bestätigte, dass 30 Prozent der Befragten – von denen 40 Prozent Jugendliche waren – glaubten, dass die Wirtschaftspolitik der Regierung und deren Unterstützung durch Raftopoulos und der GSEE die Motive für die Aktion waren.

Der 17N sprach von einer ganzen Strömung außerparlamentarischer illegaler Aktionen, die die Kontinuität des Volkswiderstandes aufrecht hielt. Es handelte sich um einen essentiellen, wichtigen Widerstand gegen das Regime der zunehmenden Korruption, die das gesellschaftliche Netz zerstörte und Werte und Prinzipien beschmutzte. In diesem gesellschaftlichen Widerstand des Volkes spielten die vielen Gruppen und Organisationen der revolutionären Linken eine wichtige Rolle.

Der 17N positionierte sich selbst in dieser Strömung und er gab es schriftlich, dass er sich nicht als ein Zentrum, das nach der Führung strebt, sah. Sowieso hatte diese Szene keine Führung nötig und auch kein Gehirn, das ihre politischen Aktivitäten anleitete.

Ende 1987 bemerkten wir, dass die ständig schlechter werdende ökonomische Situation und die andauernd erforderlichen Staatsanleihen auf der einen, wie auch der Konflikt mit der türkischen Militärdiktatur auf der anderen Seite im März die Fesseln der Abhängigkeit noch verstärkt hatten. Die Polizei und die griechischen Geheimdienste befanden sich praktisch in den Händen der US-Geheimdienste. Ihre Offiziere gingen in den griechischen Ämtern ein und aus, als wären sie dort zuhause.

Schnell sichteten wir einen von ihnen. Er hieß Karos und lebte, wie wir beobachten konnten, in einem Haus in Filothei. Meist benutzte er einen hellen gepanzerten Mercedes mit griechischen Nummernschildern. Er sollte mit einer Bombe angegriffen werden, die wir, sobald die Aktionsgruppe das Signal bekam, dass er in Filothei ankam, neben seinem Hauseingang platzieren wollten. Gezündet werden sollte sie über eine Fernsteuerung.

Am Tag der Aktion, dem 22. Jänner 1988, war das Aktionsteam vor Ort, doch Karos hatte sich verspätet und kam erst, als es längst dunkel war. Diese Gegend war damals nicht so dicht bewohnt, es gab kaum Passanten. Schräg gegenüber der Villa von Karos war ein Wäldchen, in dem die Aktionsgruppe wartete. Sie glaubte, dass sie bemerkt worden war, als sie die Bombe deponiert hatte. Wir wussten, dass es in der Nähe ein Hochhaus gab, in dem Diplomaten aus den Ländern des Ostblocks wohnten, die ständig von KYP-Agenten oder Geheimpolizisten beschattet wurden. Deshalb wurde die Aktion abgebrochen ohne die Bombe zurückzuholen. Wir informierten sofort telefonisch die Presse und beschrieben genau, wo sie sich befand, damit ihre etwaige «Benutzung» durch US-Dienste unmöglich wurde.

Ungefähr einen Monat später setzten wir die rein «antikapitalistische» Praxis des 17N fort. In dem ersten Karton des 17N wartete eine alte Erklärung darauf benutzt zu werden... Sie war bereits auf eine Matrize des Vervielfältigers gedruckt worden und trug den Titel «Athanasiadis-Mpodosakis. Ein Mörder der Arbeiterklasse weniger». Die älteren Genossen hatten die Aktion in der Zeit der großen Arbeiterkämpfe in den zwölf Mantemochoria-Bergbaudörfern* vorbereitet. Damals hatte ich mich selbst gewundert: «Wo bleibt denn der 17N?» Zu dem Zeitpunkt hatten die Genossen die Aktion nicht machen können. Nun wurde sie in die neuen Pläne der Organisation aufgenommen.

Athanasiadis-Mpodosakis persönlich leitete die Mantemochoria-Minen, wo auf 100 Drachmen Arbeiterlohn 526 Drachmen Gewinn kamen. Kolossale Mehrwertraten. Alle, die die monatelangen Streiks der Bergarbeiter erlebt hatten, konnten sich gut daran erinnern, wie er seinen Gewinn machte. In nur zwei der Mantemochoria-Minen und nur während 1970er starben – eher gesagt: wurden ermordet – 110 Bergarbeiter. Wie sollte man die lebenden Toten zählen, die zu Hunderten mit einer durch die Arbeit in den unterirdischen Gängen verbrannten Kalklunge langsam starben? Ohne irgendwelche Schutzausrüstung, die den hohen Gewinn minimal geschmälert hätte. Man kann nur von einer wirklichen Versklavung sprechen.

Athanasiadis-Mpodosakis trug immer eine Waffe. An jenem Morgen in der Kifisias-Straße griff er nach einer Pistole, die zwischen seinen Beinen auf dem Sitz lag, doch er kam nicht mehr dazu, zu schießen. In diesem sozialen Krieg war beiden Gegnern genau bewusst, welche Rolle sie hatten. Sie hatten sie sich bewusst ausgesucht, ohne Illusionen, ohne Selbsttäuschungen.

Die Aktion fand an derselben Ampel der Kifisias-Straße statt, wo auch der Anschlag auf den US-Agenten George Tsantes stattgefunden hatte, und wo später der britische Militärattaché Stephen Saunders erschossen wurde. Die Aktion hätte an sich in Kolonaki stattfinden sollen, in der Dinokratous-Straße, doch die Aktionsgruppe sah dort unüberwindbare Schwierigkeiten.

Wir vertrauten unserem Genossen, der die Aktionshindernisse analysiert hatte. Auch, als er einige Tage zuvor erklärte, warum der Anschlag auf Karos fehlgeschlagen war. Doch nun wählten wir eine andere Aktionsgruppe und auch einen anderen Ort aus. Einige Monate später sollte sich herausstellen, dass dieser Mann bereits in einem Entfremdungsprozess steckte. Als er bei der Besetzung der 17. Polizeistation, nicht nur nicht sagte, dass das Waffendepot der Polizeistation nicht da war, wo wir es erwartet hatten und wo er scheinbar nachgeschaut hatte, sondern mir auch noch erzählte, er hätte die Munitionskisten bereits geholt, weshalb wir nun gehen könnten…

Wenn schon der innere Prozess, der einen Kämpfer zur bewaffneten Organisation führt, oft langwierig und schmerzvoll ist, so ist der Entfremdungsprozess eines Mitglieds oftmals noch viel langwieriger und schmerzerfüllter. Wie soll man gegenüber seinen Genossen, gegenüber sich selbst, zugeben, dass man anfing Angst zu haben? Dass man sich nicht mehr traute? Manchmal ist es einem selbst noch nicht einmal bewusst. Manchmal dienen große Worte, eine entschlossene Miene und eine revolutionäre Haltung als Verweigerungstaktik. Doch schließlich gibt es den Prüfstein der Aktion. Die Krise bei der Praxis, die enthüllt, ob das innere Gerüst verrostet oder gebrochen ist. Es kann auch sein, dass die Zeichen der Entfremdung falsch interpretiert werden, gerade wenn ein Kämpfer früher Stabilität und Konsequenz gezeigt hat. Es konnte noch schlimmer kommen, wenn man zum Beispiel einen älteren führenden Genossen voller Respekt vor seiner langjährigen Laufbahn sogar dazu drängte, bei Aktionen nicht mitzumachen und sich aus dem alltäglichen Kampf zurückzuziehen, damit er sich nicht unnötig in Gefahr begebe, es gebe doch jüngere Genossen. Und das obwohl wir das Prinzip des «Schutzes der Führung» theoretisch ablehnten und wir die Furcht hegten, der ältere Genosse könne durch die jahrelange Praxislosigkeit entfremdet werden. Irgendwann kommt dann der Moment der «Feuerprobe», nur damit man verbittert, sehr verbittert bemerkt, dass das innere Metall, welches doch so glänzend und hart zu sein schien, bereits verrostet oder zerbröselt war.

Die Erklärung zu Athanasiadis-Mpodosakis war wie so oft von Überlegungen aus unseren Diskussionen durchsetzt und reagierte auf diffamierende Kritik. In der Erklärung vom 22. Februar 1988 wird der Sozialismus, für den der 17N kämpfte, definiert. Die unseres Erachtens notwendigen Elemente: Die Leitung der Produktionsstätten müssten Arbeitergremien übernehmen, die direkt von der Basis gewählt werden, von Generalversammlungen der Arbeiter: Gewählte und jederzeit abwählbare Arbeitergremien, die regelmäßig bei Vollversammlungen der Basis Rechenschaft ablegen müssten. Gremien, die nicht aus irgendwelchen Spezialisten bestehen, sondern aus Arbeitern in der Produktion.

Solche Verantwortlichkeiten und diese direkte Basisdemokratie sollten nicht nur im Produktionsbereich gelten, sondern generell das gesellschaftliche Handeln bestimmen, fügten wir hinzu. Nur so könne der Kontrolle durch eine Bürokraten- und Technokratenschicht entgangen werden. Aus weltweiten Erfahrungen ist ja bekannt, dass sich eine bürokratische Schicht nicht nur von oben, sondern auch von unten bilden kann.

Im nächsten Text des 17N wurde einige Tage später, am 12. März 1988, nochmals «das bewaffnete Volk» mit Bezug auf die Pariser Commune definiert. Eine Definition, die direkte Demokratie und Dezentralisierung als notwendige Voraussetzungen gegen die Entstehung einer solchen Bürokratenschicht benennt.

In diesem Text werden die politischen Kräfte nach den Klassen, die sie repräsentieren, benannt: die Nea Dimokratia vertritt die Lumpenbourgeoisie, PASOK auch, und zudem die Mittelschicht. Die KKE die Arbeiteraristokratie und die kleinbürgerlichen Schichten. Die bewaffnete revolutionäre Strömung vertritt die Interessen der arbeitslosen und proletarisierten Jugend und die der Armen. Im Text wird nochmals betont, dass ein neuer politischer Akteur notwendig sei, der diese Jugend und die armen Arbeiter vertritt, und als eine «neue Vermittlung der proletarisierten Arbeiterklasse» beschrieben wird.

Sehr wichtig ist, dass sich der 17N nur als ein Teil der politischen Strömung der bewaffneten revolutionären Aktion sieht, der diese arbeitslose und proletarisierte Jugend und die armen Arbeiter vertritt und aus ihnen besteht. Der 17N denkt überhaupt nicht «eine leitende oder avantgardistische Organisation» zu sein. Der 17N war nur eine der Kräfte in der bewaffneten revolutionären Strömung.

Hier möchte ich, jetzt nur ganz kurz und fast phrasenhaft, zwei Widersprüche zwischen Theorie und Praxis und ein theoretisches Versäumnis erwähnen: zunächst den Widerspruch, das Fehlen eines politischen Subjekts zwar als großes Problem zu sehen, aber das durch die Praxis entstandene politische Kapital nicht für die Problemlösung einzusetzen.

Noch ein Widerspruch war es, die Rolle einer Avantgarde abgelehnt zu haben, aber doch so zu agieren als wäre man eine. Avantgarde ist etwas vollkommen bürgerliches, sie will beherrschen, ein Verlangen, das dem Wesen der persönlichen und kollektiven Emanzipation widerspricht. Der Versuch, die eigene Meinung aufzuzwingen – ob in der Organisation oder in der Bewegung – kann als schleichende elitäre Selbstwahrnehmung begriffen werden, als Hegemoniestreben, als Versuch, derjenigen mit der «richtigen» Position, eine führende Rolle einzunehmen. Im Inneren der damals noch aktiven Organisation konnte sich eine solche Auffassung nicht nur nicht durchsetzen, sie konnte nicht einmal formuliert werden. Das wäre unmöglich gewesen unter gleichberechtigten Genossen, die zusammen handelten und sich der Gefahr aussetzten, alles zu verlieren. Genossen, die selbstbestimmt kämpfen, kann niemand benutzen.

Ein theoretisches Versäumnis, das zu einem ernsthaften theoretischen Fehler wurde, betraf die Rolle der armen Bauern – und das in einer Organisation, in der die Mehrheit der Mitglieder einen bäuerlichen Hintergrund hatte. In einem Land, in dem die Kämpfe der Bauern eine besondere und herausragende Rolle spielten. Seit der Revolution von 1821, den antifeudalen Kämpfen, dem entscheidenden Beitrag zur ELAS, der beinahe alleinigen Bildung des DSE, hatten die Bauern ihre revolutionäre Dynamik gezeigt. Aber auch international wurden die antikolonialen Revolutionen, die chinesische, die vietnamesische, die kubanische, und auch die lateinamerikanischen Guerillas vor allem von dem lebenspendenden Aufstand der Bauern genährt. Natürlich handelt es sich für Revolutionäre um ein altes theoretisches Thema, was auch mit den Bedingungen, unter denen die Texte von Marx und die marxistische Theorie entstanden sind, verknüpft ist. Ein gigantisches Thema, zu groß, es hier auch nur anzudeuten.

Jedenfalls realisierte der 17N, eine revolutionäre Organisation, die die Revolution auf «griechische» Art machen wollte, die Rolle des Bauerntums weder theoretisch noch praktisch. Nicht einmal die spezifische Zusammensetzung einer Arbeiterklasse ohne ausgeprägte Klassengeschichte, deren Mehrheit eine noch nicht lange zurückliegende bäuerliche Herkunft hatte. In den 1970er- und 1980er-Jahren gehörte nur ein geringer Prozentsatz der Arbeiter seit mehr als zwei Generationen der Arbeiterklasse an. Doch auch das kann im Rahmen dieses Buches nicht weiter analysiert werden.

Eine der Fragen, die der 17N vom ersten Moment an in seinen Texten, aber auch in bewaffneten Aktionen gestellt hat, war die zypriotische. Für eine griechische revolutionäre Organisation hätte es gar nicht anders sein können, denn der Imperialismus ist kein nebulöses abstraktes antirevolutionäres Phänomen. In Zypern organisierte er 1974 ein ganz besonderes blutiges Verbrechen: eine Invasion, eine Besatzung, eine ethnische Säuberung, einen Schlag gegen den Selbstbestimmungswillen eines Volkes.

Schon 1974 während meiner ersten politischen Schritte sah ich schmerzvoll den Putsch des griechischen Faschismus auf Zypern und kurz darauf die Invasion des türkischen Faschismus. Unmittelbar danach die Wiederherstellung der parlamentarischen Demokratie und die nächste Attacke des türkischen Faschismus, die Ausrufung der Türkischen Republik Nordzypern 1983. Als hätten diejenigen, die auf der anderen Seite des Atlantischen Ozeans die Figuren auf ihrem geopolitischen Schachbrett bewegten, gewollt, dass sich die gesamte griechische politische Klasse an diesem Verbrechen beteiligt und es niemanden gäbe, der an dem Blutvergießen unschuldig sei.

1974 spürte ich diese Stimmung im Volk, eine unterschwellige Strömung mit der unaufhaltsamen Kraft von Naturphänomenen. Historisch bewusst verstehen sollte ich erst später, was die Schwingungen weit entfernter großer oder kleiner Beben in Griechenlands Inneren auslösten.

Es war eines der Ereignisse, die die politische Kindheit prägten. Diese Schwarzweißbilder im Fernsehen, in den Zeitungen, auf den Plakaten erzeugten stillen Zorn: bombardierte Dörfer, Gewalt, Vergewaltigungen, Tote. 2.000 Vermisste, 200.000 Flüchtlinge. Würde dieses Verbrechen so stehen bleiben?

Die Antwort der griechischen politischen Klasse stellte mich gar nicht zufrieden, nur leere Worte ohne reale Konsequenzen. Später sollte ich erfahren, dass das seit Jahrzehnten so war, seit dem Aufstand der griechischen Zyprioten gegen die britischen Kolonialherren 1931. Große Reden über Solidarität, aber eine Praxis des Verrats.

Diese politische Haltung entspringt dem abhängigen Charakter des griechischen Kapitalismus, der die Nebenwidersprüche dominiert, sowohl innerhalb des Systems als auch gegenüber seinen jeweiligen «Kolonialmächten», ob nun Briten oder US-Amerikaner.

Und es kommt ihm nicht einmal in den Sinn, eine «nationale» Planung zu fördern, die sich den geopolitischen Plänen und den Prioritäten der Engländer oder der US-Amerikaner widersetzen würde. Ganz egal, wer gerade das politische Personal stellt, ob es der konservativen ERE* von Karamanlis angehörte, der Junta, oder den Metapolitefsi-Parteien.

Eine nicht unwichtige geschichtliche Feinheit sind die speziellen Abhängigkeiten wichtiger griechischer Politiker. Führende Vertreter der USA sprachen mit der ihnen eigenen Unverblümtheit von zwei Agenten auf höchster politischer Ebene. Wie dem auch sei, jedenfalls wurde Karamanlis 1955 aus dem Nichts kommend Präsident, genau dann als auf Zypern der bewaffnete Kampf für eine Vereinigung mit Griechenland begann. Er hatte vorab versprochen, die 1959 realisierten Zürcher und Londoner Abkommen zu unterschreiben, die das Verlangen des zypriotischen Volkes nach Selbstbestimmung zu Grabe trugen. So kam es zur neokolonialen Republik Zypern unter türkischer Schirmherrschaft. Bekannt ist auch, dass sich der ERE-Politiker Evangelos Averoff zu Zeiten der Junta in Griechenland und Italien mit Obristen und NATO-Offizieren traf, nur um den «Zypernkonflikt» zu besprechen.

Der 17N kämpfte seit seiner ersten Aktion im Jahr 1975 gegen den Hauptverantwortlichen der zypriotischen Tragödie – den US-Imperialismus. Am 23. März 1988 machte der 17N den ersten Anschlag auf Repräsentanten des faschistischen türkischen Regimes, das «gewaltsam zypriotischen Boden besetzt,» […] «damit das zypriotische Volk frei und unbeeinflusst über seine Zukunft entscheiden kann.»

An diesem Tag haben wir die Fahrzeuge von Diplomaten des türkischen faschistischen Regimes in die Luft gesprengt. Wir hatten sie mit einfachen Methoden schon Monate vorher aufgespürt, als wir die Wohnungen von Diplomaten kartierten. Wir hatten zum Beispiel die Fahrzeuge des MIT beobachtet, die bei Sicherheitskontrollen vor jedem Haus, in dem Diplomaten wohnten, anhielten.

Wir hatten genau das erwartet, was nach dieser Aktion passierte: Der Vorwurf, den Marxismus aufgegeben zu haben und in Richtung Nationalismus abgerutscht zu sein. Aus diesem Grund hatten wir in der Erklärung daran erinnert, dass der Marxismus vom Recht auf Selbstbestimmung der Völker und der Nationen spricht. Auch erinnerten wir an das, was unsere Klassiker über das Recht auf Selbstverteidigung gegen imperialistische Offensiven und Annexionen gesagt haben. Wir betonten, dass sich unsere Aktion nicht gegen das brüderliche Volk der Türkei richtete. Wir sandten kämpferische Grüße an dieses heroische Volk, das gegen den bestialischen türkischen Kapitalismus kämpfte. Tausende waren gefallen, Tausende waren in den vergangenen Jahren hingerichtet worden und dennoch würde der Kampf weiter gehen. Im vergangenen Jahrhundert gab es dort schmerzliche, aber auch glorreiche Kämpfe wie die Hungerstreiks in den faschistischen türkischen Gefängnissen, wo Hunderte türkische und kurdische revolutionäre Männer und Frauen ihr Leben gelassen haben. Auch heute, 2013, da ich diese Zeilen schreibe, sind wir mit dem Herz bei den Revolutionären der Türkei und unsere Verliese werden durch die wunderbaren Worte einer Demonstrantin erhellt: «Das, was heute in der Türkei geschieht, ist ein Aufstand des Menschen.» Unsere Aktionen gegen Funktionäre des türkischen kapitalistischen politisch-militärischen Komplexes waren Aktionen der Solidarität.

Im Juni 1988 ergänzte die Liquidierung des US-Militärattachés William Nordeen die Bombenanschläge auf die Diplomaten des faschistischen türkischen Regimes. Er war ein wichtiger Funktionär, der einen Regierungsposten in den USA bekommen sollte. Wie wir später erfuhren, hatte man ihn sogar als mögliches Entführungsopfer eingestuft und ihm deshalb einen Peilsender implantiert.

Die Aktion sollte in Kifissia stattfinden, einem Athener Reichenviertel, in dem die wirtschaftliche und politische Elite lebte, Diplomaten und hohe Agenten. Wir mussten unsere Kleidung und Bewegungen denen der örtlichen Einwohner anpassen. Und trotzdem war es schwer inmitten so vieler Geheimpolizisten, Wachschützer, Leibwächter und Sicherheitsdienste der verschiedenen Konsulate.

Endlich fanden wir zwei unbewohnte Villen in der Nachbarschaft und am Weg des Militärattachés günstig gelegen. In die, die auf die Diligianni-Straße schaute, kam man nachts durch die Gärten von hinten hinein. Von dort wurde auch die Autobombe ferngezündet.

Wie immer gab es viele Aktionsversuche. Das bedeutete viele Transporte über möglichst sichere Wege, eine ständige Observierung des Areals und ständigen Stress wegen unerwünschter Begegnungen. Bei jedem Versuch musste das Auto mit den 20 Kilo Dynamit in einem durch Zementsäcke geformten «U» geschützt werden. Der Zündmechanismus musste jedes Mal getestet, mit der Sprengladung verbunden und das Auto mit der scharfen Bombe zu seiner Endposition gefahren werden.

Das Funksignal war kodiert, doch um sicher zu gehen, dass speziell in dieser Gegend kein anderes Signal stören oder gar die Zündung auslösen würde, mussten wir unendlich viele Versuche durchführen, die letzten unter realen Bedingungen mit demselben Mechanismus in dem Kofferraum desselben Autos, zur Tageszeit der geplanten Aktion.

Bei einem der letzten Versuche stand ich als Deckung neben dem offenen Kofferraum und achtete auf die anliegenden Villen. Ich bekam dieses merkwürdige

Gefühl, das ein Illegaler oft verspürt, wenn er beobachtet wird. Die Straßen waren menschenleer, die anliegenden Häuser wirkten verlassen. Doch das unfehlbare Gefühl blieb und wurde intensiver. Endlich fand ich seine Quelle: Zwei, drei Häuser weiter sah ich in einer Villa mit einem riesigen Fenster ein paar Kinder mit einem großen Fernrohr, das genau auf uns gerichtet war. Wir wussten nicht, was sie gesehen oder kapiert hatten. Wir mussten die Aktion aber ein paar Tage verschieben und überprüfen, ob es nun verdächtige Bewegungen gab.

Das Schwierigste bei solchen Aktionen ist das Warten. Die Genossen in der Villa waren, was dies anging, in einer vorteilhaften Situation. Sie mussten nur vor der Morgendämmerung drinnen sein, ohne dass sie ein Nachbar bemerkte und die Polizei rief. Doch was wäre, falls sie jemand beim letzten Verlassen der Villa gesehen hatte und man ihnen eine Falle stellte? Sie mussten ständig die Passanten, die Streifgänge der Sicherheitsdienste und die mit ihren Hunden Gassi gehenden Nachbarn kontrollieren. Sie mussten auch sicherstellen, dass bei der Explosion keinem Unbeteiligten etwas geschah. Und sie durften sich keine Gedanken darüber machen, dass sie selbst nur ein paar Meter entfernt von der Autobombe waren. Genau in der Druckwelle der Explosion.

Nicht selten wurden Genossen bei einer Aktion verletzt. Leicht von einem Fensterladen und Deckenteilen in Kifissia. Ziemlich schwer bei dem Anschlag auf den US-Militärbus in Kavouri. Um ein Haar entkommen dem heißen Rückstrahl der Bazookas gegen die MAT und das Haus des deutschen Botschafters. Alle Verletzungen konnten geheilt werden. Es gab weitere Beispiele.

Doch das Schlimmste waren die langen Stunden des Wartens. Die unendlichen Minuten, Sekunden, die von Gesprächsfetzen der Passanten durchbrochen wurden oder durch ein plötzliches Hupen – genau vor, genau neben, unmittelbar bei der Autobombe. Das Kommen und Gehen der Ratten, der Kakerlaken, der Ameisenstraßen. Der kalte routinierte Humor im Polizeifunk. Eine überraschte Katze, die keine uneingeladenen Leute an ihrem Platz erwartet. Diese sich hinziehende Zeit, in der man verliert, falls man an etwas anderes als den Aktionsplan, den Fluchtweg, alle Eventualitäten denkt, falls die Gedanken entfliehen, man unkonzentriert wird und an geliebte Personen denkt. Man verliert für Momente die Konzentration und stellt voller Entsetzen fest, dass es eine Lücke gegeben hat, einen Blackout, während man nach draußen schaute, ohne wirklich hinzusehen: Ist womöglich etwas passiert, während man «abwesend» war?

Doch fühlte man keinen Stress. Man kontrollierte die Dinge, war Teil von ihrem Fluss. Stress und Sorgen hatten die, die absicherten, die einen erwarteten, und die Genossen, die am Polizeifunk die Notrufe abhörten. Dann, plötzlich, taucht in der Entfernung die kugelsichere schwere Limousine auf. Sie bewegt sich langsam auf den Punkt zu, wo sie ihrem Schicksal begegnen wird. Das Schicksal derer, die sich im Krieg befinden. Darauf hatte man so viele Tage lang gewartet, das war es, was man so lange geplant hatte und nun wirkte es unwirklich. Du konzentriertest dich auf das rechte Vorderrad. Du gabst das erste Signal: Bereit! Alles passierte mechanisch, nach Plan. Nun war es, als gäbe es ringsherum plötzlich eine völlige Stille. Und, da, weit entfernt hörte man einen Vogel zwitschern. Ein Teil des Gehirns folgte dem Gesang. Es war nicht möglich… eine Nachtigall? War es vielleicht wieder dieses Gefühl der Nostalgie?

Die Explosion war ohrenbetäubend. Die Fenster wurden herausgerissen, der Putz fiel von der Decke. Die Druckwelle rüttelte an den Wänden, Splitter wurden in die gegenüberliegende Wand geschleudert. Man fragte gleichzeitig nach den gleichen Sachen. Die Ohren waren taub von der Explosion, doch man kannte die Frage und gleichzeitig signalisiertet ihr dasselbe Zeichen: «Okay, mir geht es gut!»

Das war am 29. Juni 1988. Die Regierung der USA verlor einen militärischen Kader mit einer Zukunft im Verteidigungsministerium. Er konnte nun keine Militäreinsätze, Luftangriffe, Blockaden zur See und in der Luft oder Flächenbombardements und die Ermordungen von Unbewaffneten mehr planen. Nun, wenn man seinen Wert in Geld messen will, hatte sein Tod die auf den 17N ausgesetzte Belohnung um eine halbe Million US-Dollar erhöht. (Ende Juni 2000 sollte die Belohnung für Informationen über den 17N die 3,5 Milliarden Drachmen-Grenze erreichen, über zehn Millionen US-Dollar.) Alle, die ein Mitglied des 17N kannten, wussten, wie viel ihr Geheimnis der Regierung der USA wert war. Wie viel Geld sie einem «Informanten» zahlen würde. Einem Verräter, wie wir solche Figuren nennen. Niemand im Umfeld des 17N hat dieses Geld in den 27 Jahren seiner Geschichte je haben wollen.

Die US-Botschaft setzte als Einladung an Verräter eine Anzeige in die Zeitungen, sie hatte einen Rahmen wie die Steckbriefe im Wilden Westen. Eine Einladung zur Ermordung der Erinnerungen und der Werte. Der Text, der auch an alle verteilt wurde, die ein Visa für die USA beantragten, begann so: «Die Regierung der USA bietet zwei Millionen Drachmen für Informationen, die die terroristische Organisation 17N angehen. Die Identität der Person, die diese Information gibt, wird nicht öffentlich gemacht, und sie kann mit ihrer Familie in die USA einwandern.»

Die USA sind ein Land ohne Geschichte, ein Land, das es erst seit zwei Jahrhunderten gibt. Die Geschichte ihres Kapitalismus ist die Geschichte des Genozids an den Ureinwohnern, der ständigen militärischen Eingriffe, bei denen das Blut in Geld gerechnet wurde. Die Geschichte ihres Kapitalismus ist auch die Geschichte der Entwurzelung von Werten, wodurch alles in einem bodenlosen Konsum versinkt. Der höchste Wert für diesen Kapitalismus ist das Geld. Er glaubt mit Geld alles kaufen zu können. An zweiter Stelle kommt der – angeblich – unsterbliche Traum aller, «in die USA einzuwandern.»

Sie haben sich immer gefragt, warum der Steckbrief in unserem Land keinen Erfolg brachte. Sie konnten nicht glauben, dass es höhere Werte gab, die in dem

Verrat das Schlimmste eines Menschen sahen. Ein Verräter gilt als Allerschlechtester. Deshalb kämpfte die US-Regierung gegen diese für sie unverständlichen Werte eines Landes, das eine andere Kultur hatte, welche die Antigone gebar.

Am 15. August 1988, am Vortag des hohen Feiertages der Himmelsfahrt Muttergottes, drangen wir in das 19. Polizeirevier in der Athener Vorstadt Vyronas ein. Wir brauchten Waffen, Polizeiuniformen und -mützen, Stempel, und vor allem Blankoausweise. Wir suchten schon lange nach einem passenden Polizeirevier, und dieses lag günstig, wir kannten die Gegend und hatten bereits eine illegale Unterkunft in der Nähe. Vielleicht spielte auch eine Rolle, dass dieselbe Polizeistation schon vom ELAS für einen Überfall auserwählt worden war und dass es sich um eine Nachbarschaft mit einer kämpferischen Geschichte und revolutionärer Tradition handelte.

Wir begannen mit systematischen Observationen: Die Anzahl der stationierten Polizisten musste herausgefunden werden, der Verkehr, die Angewohnheiten der Besatzung, das Kommen und Gehen der Polizeiautos. Das Restaurant neben dem Revier hatte ständig Gäste: Arbeiter von einer nicht vorhandenen Baustelle, Beamte, Studenten und andere entdeckten plötzlich sein leckeres Essen. Und alle setzten sich immer an den gleichen Tisch mit der tollen Sicht.

Auch die Straße vor dem Revier füllte sich mit Passanten, die weniger wurden, je näher der 15. August rückte. Die letzten Beobachtungen wurden aus einem Kleinlaster gemacht. Wir parkten ihn direkt davor, gegenüber vom Haupteingang, mit «legalen» Nummernschildern, Fahrzeugpapieren und Führerschein. Ich wollte nicht, dass jemand anderes drinnen saß. Unter der Augustsonne dehydriert man in dem glühenden Blech und bekommt einen Sonnenstich in verschiedenen Graden. Dort drinnen bekam ich zum ersten Mal ein Magengeschwür.

Es würde eine schwierige und komplizierte Aktion werden. Wir sollten bewaffneten Menschen auf ihrem Terrain entgegentreten. Auch konnte jeden Moment ein Polizeiauto vorfahren. Wir rechneten damit, längere Zeit drinnen zu bleiben. Wir hörten ständig die Funkkommunikation zwischen Polizei und Staatspolizei ab und kannten ihre Codes und Sprechweisen. Sie brachten auch Bemerkungen zustande wie: «Der Kollege kam nur wegen des stählernen Klangs seiner Stimme ins Fernsehen.» Das war trotz der irren Hitze ziemlich blöd.

An der Aktion nahmen viele von uns teil. Gut gekleidet, in Anzügen oder hochwertiger sportlicher Kleidung. Da drunter trugen die meisten kurze Hosen und sommerliche T- Shirts. Im Fluchtauto lagen Taschen, aus denen Strandmatten, Handtücher und Schnorchel herausschauten, die die Genossen in Sonnenanbeter verwandeln würden, die auf den Bus in Richtung Strand warteten. Wir mieteten in der Nähe als Zwischenlager für die sperrigen G3-Sturmgewehre, die wir uns holen wollten, einen kleinen Laden zur «einmaligen Benutzung». Wir begannen ihn zu streichen, ihn herzurichten, wir bedeckten die Vitrinen mit Zeitungen. Später verließen wir ihn wieder: «Sie wissen ja... die Krise...» Der Vermieter kannte das.

Zuerst ging einer von uns, verkleidet als Polizist, der einen Gefangenen eskortierte, rein. Der Gefangene hatte sich lässig eine Jacke über die Schulter geworfen, die die automatische Waffe bedeckte. Der Wächter hatte wegen der Hitze den äußeren Wachposten verlassen und stand in der Vorhalle. Als unser «Polizist» sich zu erkennen gab, murrte er: «Lass den Schwachsinn sein, Kollege. Hast du in der Mittagshitze Lust dazu?» Die Pistole des «Polizisten» und die automatische Waffe des Gefangenen überzeugten ihn auch nicht. Nicht mal die Waffen der nächsten beiden von uns. Sein Gehirn konnte es nicht akzeptieren. Er gab seine Waffe einfach nicht her. Wir verloren Zeit und nahmen ihm seine Pistole mit Gewalt ab, aber immer noch schaute er uns verloren an, er konnte es nicht fassen.

Wer es noch viel weniger glauben konnte, war der Staatspolizist. In seinem Königreich, auf seinem Terrain, wo die Bürger angsterfüllt reinkamen, musste er nun auf knappe Befehle hören und zu einem Gefangenen mutieren. Seine Augen funkelten so hasserfüllt, wie ich es noch nie zuvor gesehen hatte. «Die Polizeistation wurde erniedrigt», sollte er später sagen.

Der Rest war schockiert, aber kooperativ. Die Polizeimeisterin zeigte einen plötzlichen Sinnesumschwung, hinter der autoritären Pose der Macht und ihrer höheren Position kam ein unsicheres ängstliches Wesen an die Oberfläche. Savvas, der auf sie aufpasste, versuchte sie zu beruhigen, zu trösten. Später versuchte sie ihren Zusammenbruch mit der Behauptung zu erklären, wir hätten sie geohrfeigt. Ihre Lügen waren uns egal.

Ein anderer Geheimpolizist verhielt sich passend zu seinem Charakter: Er versuchte kriechend zu entkommen und wollte sich hinter ein paar Möbeln verstecken. Einer von uns kam ihm zuvor: «Hey, wo willst denn du hin? Schön hiergeblieben.» Und er blieb sehr ruhig. Im Großen und Ganzen waren alle zur Mitarbeit bereit. Sie hörten bereitwillig auf die Befehle und gingen ruhig in die Zellen. Als wir gingen, waren bereits ihre ersten Rufe zu vernehmen. «Hilfe!», «Schnell, Nachbarn!», riefen sie. Irgendwann merkten sie, dass sie sich lächerlich machten und hörten auf damit. Nach einer halben Stunde kam ein Streifenwagen und die Besatzung suchte nach ihnen. Sie saßen hinter einem Vorhängeschloss in den Zellen und konnten die Türe nicht öffnen. «Sucht einen Stein, um es aufzubrechen», riefen ihnen die Eingeschlossenen zu.

Später verschickten wir ein Foto von dem, was wir mitgenommen hatten. Die Kriegsbeute aus Waffen, Uniformen, Papieren, Stempeln usw. ausgebreitet unter einem roten Stern und im Blick von Marx, Che und Aris. Es war der erste bewaffnete Überfall auf eine Polizeistation seit den Zeiten des ELAS und des DSE. Wir bekamen viele positive Kommentare von Polizisten, weil wir niemandem etwas zuleide getan hatten, weil wir uns die Polizeistation genau angeschaut und berichtet hatten, dass es sich um eine schmutzige Ruine, eine Bruchbude handelte. Dass wir nicht von ein paar peinlichen, doch menschlichen Reaktionen der Polizisten berichtet hatten, war in ihren Augen wichtig.

Ihnen war nun sehr klar geworden, dass wir sie in Ruhe lassen würden, solange sie nicht versuchten uns anzugreifen.

Die Waffen aus der Polizeistation verbesserten unser Waffendepot. Speziell die G3-Sturmgewehre. Ab da gewannen die Polizeihubschrauber an Höhe, sie flogen nun außerhalb der Reichweite dieser großkalibrigen Waffen. Die Stempel und die Blankopapiere gaben der Arbeit der Fälscherwerkstatt neue Impulse.

Später holten wir uns noch eine Menge Sprengstoff aus einem Steinbruch in der Präfektur Fokida. Dazu viele Zünder und eine ganze Rolle langsam brennender Zündschnur. Wir verpackten alles gut, damit es nicht feucht wurde, und vergruben es an verschiedenen Stellen. Die Rosinante jener Zeit war ein heldenhafter silberner Kleinlaster, den wir legal passend verkleideten. Er brachte uns durch ganz Griechenland auf zehntausenden Kilometern meist nicht geteerter Straßen und Nebenstraßen.

Das Jahr 1988 war in vielerlei Hinsicht wichtig. Ich lernte die Genossin meines Lebens kennen, wir reisten zum ersten Mal zusammen im August auf die kretische Insel Gavdos. Nun haben wir bereits 25 gemeinsame Jahre hinter uns – die Hälfte «draußen», die Hälfte «drinnen», wo wir uns länger als ein Jahr in benachbarten Zellen befanden, mit einer hohen Metallwand zwischen uns – und die Reise geht weiter. Wir lebten beide in unserem gemeinsamen Leben, so gut es ging, unsere besten Jahre.

Ungefähr so hatte ich mir die kommenden Jahre vorgestellt, als ich mich an einen steilen Felsen über der Ortschaft Potamos auf Gavdos klammerte. Als die Sonne unterging, war ich dabei zu fallen. Es war im August 1988. Ich wusste, dass ich die Genossin meines Lebens gefunden hatte. Verliebtheit, Liebe voller Zärtlichkeit, zum ersten Mal fühlte ich eine solche Verbundenheit in Gedanken, im Herzen, in der Lebenseinstellung. Aggeliki. Ich hatte sie jahrelang gesucht.

An jenem Morgen war ich früh aufgestanden. Die Vernunft versuchte den Gefühlen Herr zu werden. Sie forderte ihre Rechte. Sie plagte mich die ganze Nacht. Hatte ich, ein Illegaler, der es sich ausgesucht hatte, bewaffnet zu leben, mit der voraussehbaren Folge – vielleicht schon übermorgen –, «unter die Erde zu kommen oder ins Gefängnis», das Recht zu lieben, mir ein Leben an der Seite der Geliebten zu erträumen, zusammen das Kind großzuziehen, welches wir beide so gern wollten?

Diese Gedanken lähmten mich. Es war die Angst um die Zukunft der Geliebten, die mich paralysierte. Und dann kamen die Gedanken durcheinander, die Vernunft kämpfte mit den Gefühlen, ein Feuer loderte auf, die Widersprüche in mir wurden gigantisch, ich war dabei zu explodieren.

Ich weckte sie sanft. «Ich mache einen Spaziergang, einen langen Spaziergang, ich gehe um die Insel, und komme in der Nacht wieder.» Mit einem tiefen Blick verstand sie. «Nimm Wasser mit», sagte sie einfach. Das war alles, nimm Wasser mit. Es war in der Hitze auf Gavdos nützlich, noch mehr für die Glut, die im Herzen brannte. Wie mich diese Wörter erfrischten... Wie diese Liebe erfrischte.

Von Ai Gianni aus stieg ich hoch hinauf, ging schnell über den Hügel von Sarakiniko. Korfos, Tripiti, Vatsiana, über Aspes, nahm den alten römischen Pfad, dann nach Ampelos und stieg hinunter in Richtung Potamos. Ich ging und ließ den Krieg in mir zu, die Kämpfe stattfinden.

Von Potamos aus nahm ich nicht den Pfad nach Pyrgos. Ich ging zu dem steilen Felsen, kletterte ihn hinauf. Das war der letzte Test, der den Kampf in meinem Inneren entscheiden sollte. Auf halber Höhe wurde der Felsen immer verwitterter. Ich klammerte mich an ihn, verteilte mein Gewicht auf Hände und Füße. Der erste Vorsprung unter mir begann nachzugeben, dann der zweite, langsam rutschte ich ab. Ich drehte mich um, um die Sonne zu grüßen, die im Meer verschwand. Auf Wiedersehen, rotes Pferd, dass du dem Westen entgegen galoppierst. Ich falle, ein Lebensweg geht zu Ende. Nun, da ich die Liebe gefunden hatte? Der Gedanke kam klar an die Oberfläche: Ja, am Ende dieses Tages war das die Antwort auf die Frage aller Tage. Ich lachte, dachte daran, wie sie sich wundern würden, mich lachend zu finden. Doch der immerwährende Begleiter hatte andere Pläne für mich. Wir sollten an diesem Abend noch nicht unsere letzte Partie Schach spielen.

Mitten in der Nacht purzelte ich immer noch lachend von der Kapelle von Ai Giannis aus herunter zu unserer Zeder. Vielleicht lief ich über den kleinen vergrabenen marmornen Löwen, der unter dem Staub der Jahrhunderte auf die Hände von Aggeliki gewartet hatte, ans Licht gehoben und von ihr ins örtliche Museum gebracht zu werden? Was für eine Bürde würde meine Genossin all die Jahre tragen müssen? Wie würde sie diese Bürde aushalten und aufrecht bleiben trotz all der Probleme, die ich sah, die wir sahen, die wir erlebten, die kommen würden? Aggeliki wartete lächelnd auf mich. Sie wusste, auf was für einen Verrückten sie sich eingelassen hatte. Sie sah nach meinen Kratzern und Schürfwunden.

Jahre später, 26 Jahre später, wird sie während eines Gefängnisbesuches zu mir sagen: «Wir haben unser Kind hinter Gittern aufgezogen.» Einen Moment lang war Stille. «Doch wir haben das Richtige getan», rettete sie den Satz.

## Kapitel 18
## Ein Wechsel in der politischen Landschaft

Damals veränderte ein zufälliges Ereignis die politische Szenerie. Andreas Papandreou, der Politiker, der die Metapolitefsi geprägt hatte und in den 1980er Jahren regierte, erkrankte und wurde im Ausland am Herz operiert. Nach sechs Wochen kam er körperlich und politisch geschwächt zurück. Sein unerwarteter Ausfall wirkte wie ein Katalysator. Fragile Gleichgewichte gingen verloren und konträre Kräfte, die er bisher ausmanövriert hatte bzw. durch seine persönliche

Bedeutung zusammenhielt, begannen nun abgründige Kämpfe. Widersprüche, die er noch hatte kontrollieren können, traten an die Oberfläche. Die sich schon lange hinziehende vielschichtige und tiefe strukturelle Krise explodierte und riss alles mit sich.

Die PASOK wurde nun mit den Auswirkungen ihrer grundlegenden Entscheidungen konfrontiert. Sie hatte die Abhängigkeit des griechischen Wachstumsprozesses nie thematisiert. Sie hatte die Produktionsstrukturen und das Rechtssystems nicht wirklich verändert, denn sie wollte keinen Bruch mit dem ausländischen Kapital und der griechischen Lumpenbourgeoisie. Im Gegenteil, sie hatte den gesetzlichen und politischen Rahmen konserviert, der zum griechischen Parasitenkapitalismus und dem Diebstahl öffentlichen Reichtums passte.

Die PASOK verriet ihr eigenes Programm, sie verriet das Vertrauen der großen Mehrheit der Gesellschaft, die den finanziellen, sozialen und politischen Wechsel gewählt hatte. Generell gesehen, bewegte sich die PASOK auf der Linie des abhängigen Nachkriegswachstumsmodels, was auch zum heutigen Desaster führte.

Nun, im Jahr 1988 erschütterte eine neue Krise dieses Model und dessen politisch-institutionellen Rahmen. Bereits 1985 hatte eine Krise zur Austeritätspolitik geführt und 1987 stieg die Inflation.

Die Krise von 1988 war anhaltend und umfassend. Die Enthüllung der Betrügereien des Bankiers George Koskotas* zeigte die schmutzige Wäsche des Systems. Die Machenschaften des griechischen (Finanz-)Kapitalismus kamen ans Licht, wenn auch nur für einen Moment und bruchstückhaft: Rücktritte von Ministern, ein übergangenes Parlament, ein Rechtssystem, das den Mächtigen dient, eine Presse voller Falschmeldungen und korrumpierter Journalisten. Ende 1988 verschickte der 17N einen von vielen Kriseninterventionstexten der nächsten zwei, drei Jahre.

Wir schrieben, dass die Krise nicht nur eine Koskotas-Krise sei. Es sei eine Krise aller «Koskotas», der ganzen Lumpenbourgeoisie, und eine Krise des mitverantwortlichen politischen Personals, das mit gestohlenen öffentlichen Geldern, zum Beispiel den Spareinlagen bei den Banken und den Reserven der Versicherungskassen, korrumpiert worden war. Es sei die Krise des Rechtssystems, das die herausragenden Mitglieder der Lumpenbourgeoisie freigesprochen hatte. Figuren wie die Tsatsoi-Familie der AGET Herkules, die der Finanzminister persönlich vor Gericht bringen musste, oder die Aggelopoulois der Stahlindustrie, deren Betrügereien erst von einer Untersuchungskommission der Vereinten Nationen aufgedeckt wurden.

Der Text deutete damit die nächsten Aktionen des 17N gegen Staatsanwälte und Politiker an. Und er enthielt eine unserer wesentlichen Thesen: Der Weg aus der Krise kann nur ein rein revolutionärer sein und er kann nur in der Praxis verwirklicht werden, sowohl der bewaffneten, wie auch der massenhaften autonomen, die sich außerhalb der staatstragenden Kräfte bewegt.

Es gab in der Organisation bereits Stimmen für eine Öffnung zur massenhaften autonomen Richtung. Und – trotz der Bedenken und der Probleme, die wir hatten – sollte es in den folgenden zwei Jahren weitere Versuche geben. Es gab Treffen von Genossen aus dem Zentrum der Organisation mit Genossen aus der Massenbewegung, mit Sicherheits- und Vorsichtsmaßnahmen wie vermummten Gesichtern. Es gab Erkundungen und Kartierungen der politischen Orte und die Genossen aus der Massenbewegung machten ein paar Kontaktanfragen für uns. Der eine Versuch schien Ergebnisse zu bringen, doch gab es in letzter Minute einen Rückzieher, nicht von unserer Seite. Der zweite Versuch blieb bei einer Anfrage stecken, da der Name unserer Organisation die Angesprochenen zu erschrecken schien. Beide Versuche richteten sich nicht an einfache Kämpfer von der Basis der Massenkämpfe.

Ein paar Tage später wurden am Jahrestag des Polytechnikums Tausende Flugblätter mit der Unterschrift des 17N in Athen und Thessaloniki auf die Straßen geworfen. Arbeitsgruppen der Organisation schrieben Parolen an die Wände der Arbeiterviertel von Athen. Im Morgengrauen, unter den verdutzten Blicken der Arbeiter und Arbeiterinnen. Für die Kundgebung und die Demonstration des Polytechnikums hatten wir eine Flugblattverteilung geplant, doch war die Teilnahme an der Kundgebung 1988 ziemlich gering und die Demonstration spärlich besucht. Als die Jugendlichen, die wir mit dieser Aktion beauftragt hatten, am Polytechnikum ankamen, hatte sich die Demonstration bereits entfernt. Sie verteilten die Flugblätter daher an Passanten und ein paar sehr enthusiastische rannten los und erreichten noch das Ende der Demonstration.

Währenddessen bereiteten wir Aktionen gegen zwei Staatsanwälte vor. Die Organisation wollte ihnen mit einer 38er in die Beine schießen, also keiner besonders durchschlagskräftigen Waffe.

Die erste Aktion gegen den Staatsanwalt Androulakis fand am 22. Dezember 1988 statt. Er hatte während der Gerichtsverhandlung Freispruch für die Tsatsoi-Familie gefordert, obwohl sie wegen verbrecherischen Betruges angeklagt worden war, nachdem der Finanzminister persönlich eine gerichtliche Untersuchung gegen sie angeordnet hatte. Ihre Betrügereien hatten ihnen mehr als 100 Millionen Dollar eingebracht – nur in diesem einen Fall.

Der Staatsanwalt wurde an den Beinen verletzt, aber im privaten Evangelismos-Krankenhaus nicht richtig versorgt, so dass er nach einem Monat starb. Seine Familie verklagte das Krankenhaus und bekam 70 Millionen Drachme (etwa eine Million Euro) Entschädigung. Der 17N hatte ihn nur verletzen wollen, so wie zuvor den Klinikbesitzer Kapsalakis und wie später den Staatsanwalt Tarasouleas.

Tarasouleas wurde am 18. Jänner 1989 an den Beinen verletzt. Er hatte vor dem höchsten Gericht, dem Arios Pagos*, Freispruch für den Großindustriellen Andreadis gefordert, dem Betrügereien in der Werftindustrie durch überhöhte oder auch nicht kostendeckende Rechnungen und erfundene Lohnauszahlungen usw. vorgeworfen wurden. Andreadis hatte so ein paar Millionen Dollar gestohlen.

Es sei hier gesagt, dass diese beiden Staatsanwälte sorgfältig ausgewählt wurden, und außer ihrer Mitschuld an den Betrügereien der Lumpenbourgeoisie spielte auch ihre Vorgeschichte eine Rolle. Der eine, Tarasouleas, hatte als Staatsanwalt zu Zeiten der Junta im westgriechischen Preveza große Härte gezeigt. Giannis Makrigiannis, der mich mit seiner Anwesenheit bei der Gerichtsverhandlung als Zeuge der Verteidigung ehrte, sprach von ihm als dem «Henker von Preveza», der ganze Familien von Linken ausgerottet und dutzende Kämpfer ins Gefängnis oder ins Exil geschickt hatte.

Zur Vorbereitung dieser Aktionen hatten wir viele Stunden vor dem Gericht verbracht und dabei das Drama der Armen beobachtet, die Tragödie der Justiz. Den Zynismus der Richter gegen die Kleinkriminellen aus Not und die andere Seite der Medaille, ihre Unterwürfigkeit und Dienstbeflissenheit gegenüber den Staranwälten, die meistens große Drogenhändler und ab und zu auch die Reichen verteidigten.

Ein Anwalt der Nebenklage fragte mich irgendwann während des Prozesses, ob die Organisation auch ihn beobachtet hätte. Ich antwortete ihm wahrheitsgemäß, «früher bewegten wir uns an denselben Orten».

Nach den beiden Anschlägen sah sich beinahe das ganze Rechtssystems veranlasst, sich zu verteidigen. Evtixios Palaiokastritis, Sekretär der Vereinigung der Richter- und Staatsanwälte, gab zu, dass es «Nachlässigkeiten» seiner Kollegen gegeben habe. Er gab zu, dass es Kräfte gäbe, die «das Rechtssystem kontrollieren und in eine ihnen passende Richtung leiten können. Wenn sie an Fällen große Interessen haben, setzen sie die Abhängigkeitsmechanismen im Rechtssystem in Gang.»

Zwischen dem Anschlag auf den Staatsanwalt Androulidakis und der Aktion gegen Tarasouleas lag ungefähr ein Monat. In dieser Zeitspanne, und bevor die Erklärung des 17N versandt wurde, kreierten die Geheimdienste – da sie glaubten, die Aktion käme aus der kriminellen Szene – auf die Schnelle eine Organisation namens «Volksgruppen der Antiautorität – Aktionszellen», die sich zur Aktion bekannte. Es war offensichtlich, dass sie sich unter diesem Namen in der antiautoritären Szene bewegen wollten, um dort nach Kontakten zu den bewaffneten Gruppen zu fischen.

Die häufigen Aktionen des 17N vor dem Hintergrund der generellen Krise steigerten den Anklang, den er fand. In den ständigen Umfragen zeigte sich eine stabile Basis von 20 Prozent Zustimmung zum 17N, die zeitweise sogar 30 bis 40 Prozent erreichte.

In dieser Phase wurde der 17N mit der vollen Gewalt glatter Lügen vom ganzen Pressespektrum angegriffen. Wir beschlossen zu antworten, jedoch nicht auf die übliche Art mit einem Text voller Argumente. Wir trieben ein paar

Seiten aus Balzacs Roman *Verlorene Illusionen* auf, die wie für die Presse Griechenlands geschrieben zu sein schienen. Dieser große Schriftsteller bezeichnete die Zeitungen als Gräber des Denkens und Giftspeicher und er sagte, dass die Willkür, der Zynismus, die Lügen und die Bösartigkeit der bezahlten Journalisten den Gewalttätigkeiten, Plünderungen, Brandstiftungen und dem Verrat in einem Krieg gleichkämen.

Unser Text war auch ein kleines internes Abenteuer. Die Idee wurde zunächst selbst von der erweiterten Zentralgruppe mit Skepsis betrachtet. Später, als ich abends einem Arbeiter, dem Delegierten einer Zelle, nach seinem Achtstundentag plus Überstunden den Text vorlas, benötigte es ein langes Gespräch, um ihn zu überzeugen, dass eine revolutionäre Organisation einen berühmten Schriftsteller wie Balzac anführen konnte. Ganz überzeugt war er nicht. Er musste selbst erleben, was für eine positive Resonanz die zeitgemäße, spitze Sprache des französischen Schriftstellers fand, den Marx so sehr bewundert hatte. Ich kann mich daran erinnern, dass der Journalist Kostas Stamatiou enthusiastisch schrieb, der 17N solle das ganze Buch übersetzen. Letztlich wurde die Nachfrage nach dem Buch so groß, dass ein Verlag es bald veröffentlichte.

Die Krise wurde immer grundsätzlicher und breitete sich weiter aus. Die Ansicht des Volkes über die Schuld der Politiker war allgegenwärtig und überall konnte man sie hören: Sie haben sich verkauft, sie sind korrupt, sie sind schmutzig.

In der Organisation kam damals die Meinung auf, man müsse das politische System angreifen. Der Vorschlag war konkret: Wir sollten auf sehr hoher Ebene die beiden mächtigen Parteien angreifen. Es gab zwei Aktionspläne, einen für jede Partei. Technisch gesehen waren sie realisierbar. Doch politisch wurden sie abgelehnt. Der Vorschlag fand wenige, wenn auch enthusiastische Unterstützer, wurde also nur von einer Minderheit vertreten. Ich kann mich an die Diskussionen jener Zeit erinnern, ich war auch gegen die Logik, nun einen «Angriff auf das Herz des Staates», also dessen politische Repräsentanten, durchzuführen. So ein Angriff passte nicht zu der Ebene, auf der sich der Klassenkampf bewegte.

Solange der Dialog im Inneren der Organisation weiterging, so lange ging auch der Dialog mit der Gesellschaft weiter. Im Strudel der Skandale der Lumpenbourgeoisie hörte man von astronomischen Summen, Milliarden Drachmen, die zwischen Kapitalisten und Politikern hin und her geschoben worden waren. Zur selben Zeit hatten andere Leute ernsthafte Wohnungsprobleme. Entweder wurde ihnen mit Rauswurf gedroht, oder sie mussten gigantische Mieten zahlen, da einige tausend Besitzer die Mieten auf einem zu hohen Niveau hielten.

Deshalb legten wir am 23. Februar 1989 drei Bomben. An zwei Häusern, deren Besitzer zu hohe Mieten verlangten, und an einem leer stehenden Apartment, das dem Kapitalisten Katsampas gehörte. In der Erklärung luden wir die Obdachlosen ein, sich selbst zu organisieren und das Grundrecht auf Unterkunft einzufordern.

Schließlich wurde doch der Vorschlag eines Angriffs gegen das politische Personal angenommen und konkretisiert, jedoch nicht auf der höchstmöglichen Ebene. Es sollte eine doppelte Aktion gegen hochrangige Kader von PASOK und Nea Dimokratia werden, die direkt in den Koskotas-Skandal – dem aktuellsten all der «Koskotas» des griechischen Kapitalismus – verwickelt waren.

Von der PASOK sollte es Giorgos Petsos treffen. Der «Archetyp» eines jungen, überehrgeizigen und zugleich abenteuerlustigen Politikers, der in das Spiel um Reichtum und Macht eintritt und ohne zu zögern bereit ist, mit allen Mitteln den Mächtigen zu dienen, also der betrügerischen griechischen Lumpenbourgeoisie. Er war laut Presseberichten einer derjenigen, die Geld von Koskotas annahmen, er war ein Beauftragter der Direktoren der öffentlichen Unternehmen und Organisationen, die von Koskotas aufgefordert worden waren, öffentliche Gelder in seine «Bank von Kreta» zu stecken. Den «Mann mit der Tasche» nannten ihn die Zeitungen damals. Die «unabhängige Justiz» und seine Parlamentskollegen hatten ihn straflos davonkommen lassen und überdies wurde er von seiner Partei belohnt, indem er für die nächsten Wahlen nochmals als Kandidat aufgestellt wurde.

Die Aktion sollte im Athener Vorort Filothei stattfinden, nicht weit weg von Petsos' Haus. Die Bombe mit ungefähr 15 Kilo Dynamit lag im Kofferraum eines Autos, das wir von einem Polizisten enteignet hatten. Wieder lagen an drei Seiten Säcke mit Zement, um die Druckwelle auszurichten. Das Dynamit befand sich wieder in einer aufgeschnittenen Gasflasche und die Zündung sollte ferngesteuert von einem anderen Auto aus erfolgen. Es gab mehrere Versuche, weil das Auto von Petsos seine Route änderte oder weil manchmal, wenn er an der Autobombe vorbeifuhr, weit entfernt – aber mit einem Restrisiko, sie zu gefährden – ein oder zwei Passanten oder ein Gärtner vorbeigingen.

Am Tag der Aktion hatte sich anscheinend die Gasflasche mit dem Dynamit verschoben, ihre Ausrichtung hatte sich verändert – nach oben. Es gab noch andere Faktoren, die dazu führten, dass Petsos nicht ernsthaft verletzt wurde. So befanden sich die Autobombe und das Auto, aus dem die Zündung ausgelöst wurde, beinahe auf einer Linie, was zu einer leicht eingeschränkten Sicht und einer Verzögerung von einer Zehntelsekunde bei der Zündung der Bombe führte – was über einen Meter Bewegung des Autos bedeutete. Körperlich wurde er zwar kaum verletzt, aber nach dem Anschlag wurde er ins politische Abseits gestellt und verschwand von der politischen Landkarte des Landes.

Die Zeitspanne zwischen dem Anschlag auf Petsos am 8. Mai 1989 und der Aktion gegen Pavlos Bakogiannis am 26. September 1989 war eine sehr intensive politische Zeit. Die Wahlen führten am 3. Juli zu einer Koalitionsregierung zwischen Charilaos Florakis, Leonidas Kyrkos und Konstantinos Mitsotakis*. In dieser Phase gab es auch dicht aufeinanderfolgende politische Interventionen des 17N. Unsere Texte, die nicht mit Aktionen einhergingen, begannen mit einem Aufruf zum Wahlboykott. Zur gleichen Zeit warfen wir Flugblätter auf die Straßen, platzierten vor allem in den Arbeitervierteln von Athen und Thessaloniki viele Aufkleber und sprühten wieder Parolen.

Während dieser Periode übten wir eine intensive Kritik an der reformistischen Linken, angefangen mit ihrer Verstrickung in den Koskotas-Skandal: Die KKE hatte Gelder bei seiner Bank angelegt, die Griechische Linke EAR* hatte Darlehen von ihm bekommen. Auch sahen wir voraus, was damals unvorstellbar schien: die Bildung einer Regierung mit Mitsotakis.

Parallel dazu schlugen wir etwas damals möglich Erscheinendes vor: eine andere, sich unterscheidende Linke, eine kämpferische Linke und keine das Regime unterstützende. Wir unterstrichen, dass eine solche Linke das Wichtigste sei nach dem politischen Betrug der Führung des Wahlbündnisses SYN*, dem Verrat an 850.000 Wählern und dem absoluten Niedergang der KKE und der EAR unter Charilaos Florakis und Leonidas Kyrkos. Genau zu dieser Zeit suchte der 17N nach einem politischen Ausdruck in der Massenbewegung.

Die Entscheidung der Führung der Linken – um es genauer zu sagen, der Verrat der Führung an der Linken – in einer Koalitionsregierung unter Mitsotakis zusammenzuarbeiten, im Grunde den griechischen Kapitalismus zu unterstützen, indem sie ihm half, die Krise zu überwinden, war kein Blitz aus heiterem Himmel. Natürlich war es auch nicht das Ergebnis von einer Initiative ein paar «aufgeweckter Persönlichkeiten», die Linke näher an die Rechte heran zu bringen. Die Entscheidung war die logische Zuspitzung (richtiger: der logische Niedergang) eines jahrzehntelangen und noch aktuellen Weges der Kompromisse und des Klassenverrats. Schon 1944 hatte sich der antirevolutionäre Teil der Führung durchgesetzt und die großartige Volksrevolution gebremst bis er sie ganz verriet. Einen Wendepunkt gab es 1956, als ganz offiziell die Linie des friedlichen Übergangs zum Sozialismus angenommen wurde, das heißt die Ablehnung der revolutionären Gegengewalt und das Primat der friedlichen Klassenkoexistenz. Die Regierungskoalition mit der Rechten war nur noch die offizielle Bestätigung dieses Weges.

Bakogiannis war nicht der Architekt des «griechischen historischen Kompromisses», als den man ihn darstellen wollte. Mitsotakis war in dieser Hinsicht beständiger, er hatte schon vor der Diktatur Brücken zur Führung der traditionellen Linken gebaut. Der ganze Kreis um Mitsotakis hatte vorzügliche Beziehungen zu Führungspersonen der Linken oder deren Nachkommen. Selbst als «Verkuppler» mit den reformistischen Kadern stand Bakogiannis an zweiter Stelle. Zum Beispiel organisierte der ehemals progressive Journalist Voultepsis, der seit Jahren ein enger Mitarbeiter von Mitsotakis war, die berühmten «Abendessen mit Meerbrassen» in einem luxuriösen Athener Fischrestaurant. Bakogiannis war der vertrauenswürdige Verbindungsmann zur Synaspismos-Führung beim Aushandeln des «Nehmens und Gebens» in einer Koalition von Rechten und Linken. Als Anschlagsziel war Bakogiannis eine Wahl, von der der 17N wusste, dass sie sehr große Konsequenzen haben würde und eine explosive

Reaktion in allen Fraktionen des herrschenden politischen Systems hervorrufen würde. Das war vorhersehbar. Er nahm nun eine zentrale Stellung im politischen Machtsystem ein, selbst wenn seine Rolle nicht besonders bekannt war. In politischer Hinsicht war er zum Beispiel der Redenschreiber der brisantesten Aussagen von Mitsotakis und er hatte auch keine Skrupel, den Interessen des schmarotzerhaften griechischen Kapitalismus zu dienen.

Natürlich förderte Bakogiannis durch seine Beziehungen zu Journalisten das Profil eines gemäßigten Politikers. Ein Bild, das leicht durchzusetzen war, da er sich meist hinter den Kulissen bewegte und keiner Abnutzung durch Regierungsposten ausgesetzt war. Sein Bild wurde durch die Pinselstriche «Gegner der Junta» oder «Mitarbeiter der Deutschen Welle» aufgehübscht, obwohl er in Wirklichkeit für den Bayrischen Rundfunk gearbeitet hatte, der etwas ganz anderes war.

Das Wichtigste war aber bereits offiziell bekannt geworden durch die Schlussfolgerung des Generalstaatsanwalts Evthimiadis: Bakogiannis hatte sich an dem von Koskotas verübten Raub beteiligt, er war ein Hehler der gestohlenen Gelder der «Bank von Kreta». Bakogiannis behauptete, das Geld, mit dem von Koskotas der Grammi-Verlag* gegründet worden war, gehöre ihm. Evthimiadis sagte über dieses Geld: «Das erste Gründungskapital [war] stammte aus einem Verbrechen.»

Bakogiannis war mitschuldig am Raub der ersten 60 Millionen des Startkapitals und der folgenden Hunderten Millionen Drachmen der aufeinanderfolgenden Erhöhungen des Aktienkapitals. Damals war Koskotas nur ein einfacher Bankangestellter und er betrog offensichtlich für Bakogiannis. Sein Schwiegervater Mitsotakis, ein guter Kenner der Sachlage, hat relativierend von einer «sehr niedrigen Ebene des Betruges» seitens Koskotas gesprochen. Bakogiannis deckte ihn gegen Bezahlung, wie Staatsanwalt Evthimiadis schlussfolgerte, sodass er sich zuerst in einen Verleger und danach in einen Bankier verwandeln konnte. Koskotas zahlte auf das Grammi-Konto von Bakogiannis Hunderte Millionen des gestohlenen Geldes der «Bank von Kreta» ein. Mit diesem Geld kaufte er später die gleiche Bank.

Bakogiannis stellte das Fundament für den allmächtigen Pressekonzern von Koskotas, der sechs Magazine, drei Tageszeitungen und einen Radiosender umfasste – eine starke politische Waffe des Kreises um Mitsotakis. Es begann mit der Zeitschrift *Ena*, die Bakogiannis von 1982 bis 1985 leitete. *Ena* ist als die «Zeitschrift von Mitsotakis» charakterisiert worden und machte alle politischen Spielchen, innerparteiliche und andere auf die spezielle Familienart mit. Als Koskotas jedoch 1985 mit der PASOK anbändelte, zog sich Bakogiannis zurück.

Die Aktion gegen Bakogiannis fand vor seinem politischen Büro in der Omirou-Straße fast an der Ecke Solonos-Straße statt. Er wurde auf den wenigen Metern, die er zu dem mehrstöckigen Haus gehen musste, in dem sich sein Büro befand, von einer Wache aus seinem Auto heraus beobachtet. Danach bog der Fahrer links in die Omirou-Straße ein, brachte das Auto in die Garage, und ging mit Zeitungen, der Aktentasche oder anderen Sachen beladen zum Büro.

An diesem Morgen des 26. September 1989 stieg aus dem Auto von Bakogiannis zuerst eine Frau aus, sie trug einen roten Pullover. Ein paar Schritte hinter ihr ging Bakogiannis. Der Fahrer wartete dieses Mal gar nicht. Eilig bog er mit dem Auto in die Omirou-Straße ab.

Der Hausmeister kannte die Frau. Er hielt sie nicht an, was er bei anderen machte, die das Haus betraten. Zwei vom 17N folgten dem Plan: In gutsitzenden Anzügen und einen sehr großen Umschlag haltend traten sie genau in dem Moment, in dem das Auto von Bakogiannis um die Ecke kam, durch den Eingang des Hauses. Der Hausmeister, voll auf der Hut, verfolgte sie und wollte hinter ihnen her, sah dann jedoch die Frau und Bakogiannis. Er grüßte beide diensteifrig.

Als Bakogiannis eilig das Haus betrat, folgten ihm die beiden schnell, die Frau hielt Bakogiannis schon die Aufzugstür offen und lächelte ihn an. «Herr Bakogiannis?» Er drehte sich genervt um. Die Frau bewegte sich nicht. Dann ließ sie die Tür zufallen.

Die drei vom 17N gingen langsam die Omirou-Straße hoch bis zur Ecke Skoufa-Straße, wo ein gelbes Auto auf sie wartete – um die Hubschrauber zu verwirren, bei so vielen gelben Taxis auf den Straßen. Diese paar Dutzend Schritte waren unendlich. Der Hausmeister rief «Haltet sie!» Die Passanten starrten die drei an, ohne dass jemand reagiert hätte. Außer einem Mann von der Müllabfuhr, der sich verdächtig näherte. Der erste Genosse öffnete nur die nicht zugeknöpfte Jacke mit der linken Hand und zeigte mit dem rechten Zeigefinger auf die .45er. Der Müllwerker blieb wie vom Blitz getroffen stehen und schaute in den Himmel, sein Mut verließ ihn. Der Fluchtweg verlief über die Dimokritou-Straße. An der Ecke Stratiotikou-Syndesmou-Straße ein Abbremsen, ein kurzer Halt, um sich von möglichen Verfolgern zu «säubern». Nichts. Verlassenheit.

Die Genossen, die in einer gewissen Entfernung warteten, sagten, dass ein oder zwei Polizeiautos und Polizeimotorräder, sobald sie den Notruf empfangen hatten – mehr oder weniger schnell oder langsam – losfuhren. Aber sie entfernten sich vom Ort der Aktion, statt sich ihm zu nähern. So wie bei vielen anderen Aktionen auch gewann ihre Furcht vor dem 17N die Oberhand.

Am Abend nach der Aktion gab es eine Parlamentsdebatte über den Fall Koskotas und die Überstellung von Andreas Papandreou an das zuständige Gericht. Die ganze Argumentation der PASOK ruhte auf einer Hauptschuld von Bakogiannis und dessen entscheidendem Beitrag zum Reich von Koskotas – das natürlich von der Partei und einzelnen PASOK-Mitgliedern genutzt wurde.

Der Hauptredner von PASOK las verlegen ein paar Zeilen aus seiner Rede vor, dann stockte er, ließ ein paar Seiten aus, las irgendwo anders weiter, ließ die nächsten Seiten wieder ausfallen – er war schier verzweifelt. Die Rede basierte offensichtlich auf der Entscheidung von Efthimiadis, der Bakogiannis die Schuld für den Aufstieg von Koskotas gab. Der Redner war dabei zusammenzubrechen. So wie auch die Behauptungen zusammenbrachen, dass PASOK ein Nutznießer der Aktion gewesen sei oder dass die Nea Dimokratia profitierte. Es gab keine ernste Steigerung ihrer Prozentzahlen. Weder zentral, noch lokal, trotz der erkennbaren Stärkung des ND*-Abgeordneten in der Präfektur Euritanien durch die Wahltaktik der Linkskoalition Synaspismos.

Die ganzen Behauptungen, die Propaganda und die ausgestreuten Gerüchte einer unglaublichen Medienkampagne halten einer Überprüfung durch die Geschichte nicht stand. Angesichts der Überzeugungen des Volkes über die Schuldigen des korrupten politischen Systems – gerade 1989, als täglich Skandale hochkamen – profitierte keine der herrschenden politischen Parteien von solchen Aktionen.

Auch die Lügen der KKE- und ERA-Führungen, dass der 17N von Geheimdiensten gesteuert würde, haben keinen geschichtlichen Bestand. Diese Lügen erinnerten an düsterste Zeiten der Linken, als eine Führungsebene alle, die mit ihrer Parteilinie nicht einverstanden waren, als Agenten verleumdete.

Die Wahltaktik der Synaspismos-Führung, 1989 den ND-Kandidaten Mitsotakis zu unterstützen und so das von Skandalen erschütterte politische System zu stützen, also dem griechischen Kapitalismus zu helfen, die Regierungskrise zu überwinden, war für die Bewegung eine Katastrophe.

Den Menschen aus dem Volk «fiel der Himmel auf den Kopf» und die Seele des einfachen Kämpfers wurde zerstört. Die radikale Strömung, die sich gebildet hatte und PASOK verließ, wurde eingefangen und die Lust an einer kämpferischen Reaktion ging verloren. Das Bild der Linken und ihrer Ideale wurden befleckt, da Synaspismos für viele die Linke repräsentierte.

Die Koalition von 1989 zwischen der Rechten und der Linken trug entscheidend zu den Brüchen in der Kontinuität der Kampfgeschichte bei, der kollektiven Erinnerung und der revolutionären Tradition, die in den 1990ern und 2000ern zum Tragen kamen. Und in nur drei Monaten traf diese Koalitionsregierung folgenreiche Entscheidungen: Skandalöse Auftragserteilungen für IT-Dienstleistungen und Produktionsstätten an Siemens, Geschenke öffentlichen Reichtums – wozu auch TV-Frequenzen gehörten – an den griechischen Kapitalismus und vieles mehr.

Als wenige Monate später die Berliner Mauer fiel, wurde der einfache griechische Linke, der einfache fortschrittliche Mensch, von der griechischen Linken mit noch etwas Unvorstellbarem konfrontiert: Linke Minister in einer Regierung Mitsotakis', eines Dieners der Korruption, und wie sie den Interessen der griechischen Lumpenbourgeoisie und des ausländischen Kapitals dienten. Wir nannten die KKE- und ERA-Führung damals «die Totengräber der Volks- und Arbeiterbewegung». Es war wirklich ein Verrat von historischer Größe, der die Bewegung tief verletzte. Und von dem sich die KKE nie wieder erholte.

Etwas, was den 17N dauernd beschäftigte, waren Waffen. Wir mussten sie auftreiben, um den bewaffneten Kampf fortzuführen. Hilfe Dritter hatten wir abgelehnt, da sie immer Sicherheitsrisiken mit sich brachte, uns blieb nur die klassische Quelle der Bewaffnung aller Guerillas: der Feind. Genauer gesagt, vom wichtigsten Lieferanten, den bewaffneten staatlichen Institutionen. Schon seit 1981 erforschten wir die Möglichkeiten, die Polizeistationen, Hafenamt oder Militärdepots boten und beobachteten Waffengeschäfte und Rüstungsfirmen. Sobald wir das Problem der persönlichen Waffen überwiegend gelöst hatten, überlegten wir, was wir gegen die ständig zunehmenden gepanzerten Limousinen der Mächtigen unternehmen könnten.

Anfänglich arbeiteten wir mit ein paar Notizen über Sprengsätze, die vor allem von lateinamerikanischen Guerillas kamen: Hohlladungen, die die Kraft einer kleinen explosiven Ladung derart in einem Punkt bündeln, dass eine kugelsichere Scheibe durchschlagen wird. Aber weil wir mögliche Pannen mit selbstgebauten Ladungen vermeiden wollten, entschieden wir uns für professionelle Waffen, was uns auf Militärdepots brachte. Unser erster logischer Gedanke waren die Inseln an der Grenze. Dort, so glaubten wir, könnte man einen Angriff mit gepanzerten Fahrzeugen erwarten, also müsste es dort auch Abwehrwaffen geben. Wir irrten uns.

Seit 1986 erforschten wir systematisch Militärdepots, vor allem die im Hinterland. Dann und wann fuhren kleine Gruppen der Organisation aufs Land und machten ein paar erste Beobachtungen. Falls sie interessant wirkten, organisierten wir Einbrüche in Militärdepots, eines gehörte den Spezialeinheiten der Armee. Doch einmal war es zu schwierig, dort einzubrechen, ein andermal enthielten sie nicht das, was wir suchten. Die Parole jener Epoche war «keine 105er mehr!». Andauernd fanden wir Artilleriegranaten verschiedenster Kaliber, meistens waren es 105mm-Granaten.

Einmal kam einer der enthusiastischen jungen Genossen mit einer unglaublichen Information zurück: Bei Larissa, in der Nähe von Sykourio, gäbe es drei Armeekasernen, in die man einfach einbrechen könne. Vor allem in zwei Militärdepots dort. Er war ganz in die Nähe des einen gekommen: «Ich stieg über den Zaun ein, es gab keinen Soldaten in dem Wachturm!». Es klang fast zu gut, um wahr zu sein.

Bei der ersten Gelegenheit fuhren ich, der Genosse und seine komplette Zelle nach Volos. Diese Stadt sollte nochmals der Ausgangspunkt für Aktionen sein. Die Papiere zum Anmieten der Autos waren dieses Mal perfekt. Wir waren so selbstsicher, dass wir in dem kleinen offenen Fiat Panda des Autoverleihs einem großen Laster in einer engen Gasse signalisierten: «Fahr rückwärts. Wir kommen!».

Zuerst fuhren wir an Sykourio vorbei, um ein Gefühl für die Gegend zu bekommen. Ich, der ich immer den Klang der Geschichte und die Geographie des Widerstands suchte, erinnerte mich an das Dorf: Hier hatte es Anfang 1942 eines der ersten tödlichen Gefechte des Widerstandskampfes gegeben, der Anführer einer ELAS-Partisanengruppe war hier gefallen. Von hier aus hatte der bewaffnete Widerstand das ganze Land umarmt.

In der Abenddämmerung konnten wir durch das starke Fernglas gerade noch die drei Armeelager sehen. Tatsächlich sahen sie zugänglich aus. Das erste interessierte uns nicht. Das zweite hatte Lagerräume, wir würden es später genauer überprüfen. Im letzten Tageslicht näherten wir uns dem dritten Lager. Der Panda fuhr weg, nachdem wir ausgemacht hatten, dass er nach drei Stunden alle halbe Stunde eine Seitenstraße entlangfahren solle, um uns nach der Observation einzusammeln.

Langsam kletterten wir von Busch zu Busch einen Hügel hoch. Ich kontrollierte vorsichtig die Umgebung, mit und ohne Fernglas. Der junge Genosse, der schon einmal hier gewesen war, war überzeugt, dass alles sehr ruhig war. Verlassen. Dass der zweistöckige Wachturm, dessen Dach gerade noch zwischen den letzten Büschen sichtbar wurde, leer war. Wir lagen still hinter dem letzten Busch und beobachteten den dunklen Wachturm, der uns den Weg abschnitt. Links war noch einer, weiter weg, bedrohlich dunkel. Wir schauten und warteten auf ein Geräusch, ein Hüsteln. Ein Zigarettenglimmern. Nichts. Später ging in der Dunkelheit des Lagers eine Patrouille vorbei. Junge Männer, sie sprachen laut, um die Angst in der dunklen Nacht zu vertreiben. Sie klopften grobe Witze, aber von den Wachtürmen kam keine Antwort. Ich konnte es nicht fassen: Sie waren leer!

Wir gingen weiter. Durch die Umzäunung erreichten wir kriechend den ersten Lagerraum. Ruhig, als sei er leer. Doch nein, an der Vorderseite deutete die gepflegte Tür darauf hin, dass er voll war. In dem spärlichen Licht konnten wir noch mehr Lagerräume ausmachen. Wir zählten ungefähr 20. Tiefer im Lager entdeckten wir noch einen Wachturm, er war höher, man musste viele Treppen steigen. Später, als wir uns mit der Umgebung vertraut gemacht hatten und das Lager häufiger besuchten, kletterten wir hoch. Man konnte von dort aus alles gut beobachten.

In der folgenden Zeit trat der heldenhafte Kleinlaster in Aktion. Bei jeder Gelegenheit fuhren wir mittags in Athen los in Richtung Sykourio. Die Fahrzeugpapiere waren perfekt und konnten wie die Nummernschilder jeder Kontrolle standhalten, aber trotzdem nahmen wir lieber nicht die Autobahn. Meistens hielten wir an einem Gasthaus in Bralos, grüßten den hohen Kallidromon, und erreichten am frühen Abend den Hügel am Lager. Der Kleinlaster wurde getarnt und wir kletterten bis zur Umzäunung, wo wir uns unter den Büschen versteckten. Wir kontrollierten, ob alles so war, wie wir es kannten, danach schlichen wir zu den Lagerräumen. Jedes Mal untersuchten wir einen anderen. Wir drangen mit einer Patentlösung von Savvas ein: Ein paar Dachziegel abheben und einsteigen. Den Lagerbestand kontrollierten und notierten wir. Bereits in den ersten Stauräumen fanden wir, was wir suchten: Panzerabwehrwaffen, 2,36- und 3,5-Inch-Bazookas.

Modernere fanden wir nicht, nur ein paar deutsche Cobra-Panzerabwehrraketen aus den 1950er-Jahren. Obwohl wir sie nicht brauchen konnten, nahmen wir eine der riesigen Kisten mit, um sie zu untersuchen. In den restlichen Lagern waren wieder nur die langweiligen 105mm-Artilleriegranaten.

Wir gewöhnten uns langsam an den Lebensrhythmus des Lagers. Die Patrouille machte immer viel Krach. Wir unterbrachen dann unsere Arbeit. Gefährlich war nur ein Soldat, der sich wie ein Gespenst bewegte. Er ging leise vorbei, er stieß an nicht einen Stein, kein Zweiglein zerbrach unter seinen Füßen. In einer Nacht ging er nur zwei Schritte an dem Gestrüpp vorbei, in dem ich mich versteckte. Ein Schatten, nur ein Umriss, als würde er nicht existieren, als hätte er keinen Körper. Doch er blieb auf den Wegen und der Straße, die von Lagerhalle zu Lagerhalle führte.

Wir bewegten uns von Busch zu Busch, von Graben zu Graben – noch leiser als er sich bewegte, um die Nachtvögel nicht aufzuschrecken oder die kleinen Nagetiere, die im Unterholz Zuflucht gesucht hatten. Wenn wir die leere Straße überqueren mussten, stellten wir wie vorher genau geplant Posten auf.

Nach Athen kamen wir spät nachts zurück. Die Standardentschuldigung derer, die an der nächtlichen Exkursion teilnahmen, war «ein Ausflug unter Männern». Das ist das Hauptproblem des Illegalen: Wie soll er seine «andere» Aktivität decken, das andere Gesicht verbergen? Jeden Tag ging er über die Grenze in das Land der Illegalen, wo andere Regeln galten, eine andere Aufmerksamkeit erforderlich war, andere Abläufe existierten, die Zeit sich verdichtete. Er balancierte auf den sozialen Rändern, wo zwei Gesellschaften zusammenstoßen, auf der Grenzlinie des Klassenkampfes. Danach öffnete er wieder die Tür zur Legalität und kehrte zu dem Kompromiss zurück, der ihm, dem Radikalen, die soziale Deckung gab, die er sich ausgesucht hatte.

Ich folgte dem Prinzip, so wenig wie möglich zu lügen, schon aus Gründen der persönlichen Ethik, aber auch aus praktischen Gründen. Wenn man mit dem Lügen beginnt, muss man auch damit weitermachen, bis man sich in einem unechten Universum wiederfindet, in einem virtuellen Gebäude mit zerbrechlichem Fundament. Wo man außerdem ein sehr gutes Erinnerungsvermögen haben muss, um sich an die unendlichen erlogenen Einzelheiten zu erinnern. Ich benötigte mein Erinnerungsvermögen für andere Sachen.

Gegenüber meinen Angehörigen und mir nahestehenden Menschen benutzte ich die Erklärung, dass ich aufpassen müsste, weil ich mich der Einberufung zur Armee entzogen hätte und deshalb gesucht würde. Für meine Freunde und Bekannten war ich ein normaler Linker und ich gab Kindern Mathematikunterricht. Vor allem, wenn ich das mit den Kindern von Freunden oder Nachbarn machte, wurde meine alte Lust des Lehrers neu geweckt: Kindern das Denken nahe zu bringen.

Ich übte mich in der Kunst der «Unsichtbarkeit» und bewegte mich möglichst ohne Aufmerksamkeit zu erregen. Auch politisch. Einem politisierten Menschen fällt es sehr schwer, sich selbst zu zensieren, sich genau an dem Punkt abzubremsen, wo die Unterhaltung lebendiger wird und an den sozialen und politischen Kern der Dinge gelangt, wo die sensiblen Themen der Militanz und – speziell – des bewaffneten Kampfes aufkommen.

Wie schon gesagt, ein alter Spruch der Illegalität besagt, dass «man sein Recht erst bekommt, sobald man scheitert», also wenn man festgenommen wird, wenn man «verbrennt». Mir war mein Recht zu bekommen nicht wichtig. Meine Vorbilder waren immer die bescheidenen unbekannten Kämpfer, die sich zu ihrer Zeit mit der Geschichte anlegten, und später als Veteranen den Wein mit ein paar wenigen alten Freunden genossen.

Manchmal vergaß ich mich. Nicht oft. Ich wurde von einer leidenschaftlichen Unterhaltung mitgerissen, befürwortete militante Aktionen, sprach über spezielle Probleme, sie zu organisieren. Nur einen Moment lang. Normalerweise brachte mich die Überraschung in den Augen des Gegenübers zurück in die Rolle des gemäßigten Linken.

Einmal, sehr viel früher, musste ich den bewaffneten Kampf kritisieren. Aus Sicherheitsgründen. Ein Freund, der nichts mit der Organisation zu tun hatte, begann, um eine Frau zu beeindrucken, Märchen über bewaffnete Organisationen zu erzählen. Mit der Leichtigkeit des Unbeteiligten. Die Frau gab den Gesprächsinhalt jedoch an ihren Parteiführer weiter, einen älteren Trotzkisten, der anfing, mich, und nicht meinen Freund, schräg anzusehen. Ich musste eine ganze Unterhaltung mit ihm anzetteln und mit ihm in seiner Sprache über «individuelle Gewalt» reden – nicht in Griechenland, sondern in Italien. Er war leicht zu überzeugen und sein Verdacht verflog. Doch als ich sein Haus verließ, fühlte ich mich schrecklich. Für mich war es ein sehr hoher ethischer Preis, aber es war für die Sicherheit der Organisation.

Auch die eigenen Fähigkeiten und praktischen Kenntnisse über technische Sachen «verdächtiger Art» sollten unbekannt bleiben. Einmal musste ich in der Einöde von Gavdos einen Kleinlaster kurzschließen. Es ging nicht anders. Ich dachte mir, dass Christos und Sofia letzten Endes doch Freunde sind, die im schlimmsten Fall nur denken würden, dass ich eine kriminelle Jugend hinter mir hätte.

Mit der Zeit wurde meine illegale Identität vielfältiger. Zu den Nachhilfestunden kam die Bienenzucht. Für mich war sie anfänglich eher eine Deckung. Für die Freunde und Nachbarn war sie der Grund, warum ich nächtelang und zu unpassenden Zeiten nicht da war. Außerdem trug sie, speziell für Aggeliki, zum Lebensunterhalt bei, erforderte aber auch viel Einsatz. Wir machten einen Honig, von dem uns dauernd gesagt wurde, dass er «an den Honig erinnerte, den wir als Kinder aßen».

Gleichzeitig zur Vorbereitung der Aktion im Armeedepot von Sykourio schritt auch die Schwangerschaft meiner Genossin voran. Auch wenn solche Gedanken für einen Guerillero gefährlich sein können, da sie ihn ablenken, kamen sie, sobald ich eins mit der Erde wurde und darauf wartete, dass ein Soldat vorbeiging oder die Patrouille sich entfernte. Diese Gedanken kamen uneingeladen, wie die abendlichen Wellen der Dunkelheit, die durch die Bäume und das Gestrüpp anrollen, oder sie durchdrangen mich wie Wellen nächtlichen Nebels. Grenzüberschreitungen muss man nicht nur zu Beginn machen, sie gibt es jeden Tag. Durch sie wird die Verbundenheit mit dem Kampf tiefer. Und die Verantwortung wiegt schwerer. Und obwohl mir absolut klar war, dass ich die Verantwortung für alle Kinder der Welt hatte, so fühlte ich doch diese einzigartige Verantwortung gegenüber dem Kind, das kommen würde…

Die Aktion lief wie geplant zu Weihnachten 1986. Die Gegebenheiten hätten nicht besser sein können. Wir kamen früh an, vor der Dämmerung. In der Abendröte warteten wir verdeckt von Gräsern, Kermes-Eichen und anderen Pflanzen. Das schwindende Licht malte die letzten Farbtöne in grün, rot, gelb, braun – den Farben der Erde. «Ein Zauber ist die Natur und ein Traum» aus Solomos' Gedicht fiel mir ein… Weit entfernt hörte, oder besser gesagt: erriet man die letzten Geräusche aus dem Dorf. Eine letzte Kontrolle der Waffen, des Werkzeugs, der Vorräte. Sobald wir den Kleinlaster am Fuß des Hügels getarnt hatten, hießen uns die ersten Wellen des Nebels willkommen. Die Schwaden wurden dichter, als wir den Hügel erklommen. Der Nebel durchdrang alles und kroch bis auf die Knochen. Doch bedeckte er uns auch, er war unser Freund. Die Gegend bekam ein neues Aussehen, die Körper wurden entmaterialisiert, die Umrisse hatten nun eine sonderbare Form. Die Geräusche änderten sich, sie wurden ertränkt oder kamen aus einer undefinierbaren Richtung.

Wir öffneten die Lagertüren, hinter denen die 2,36- und 3,5-Inch-Bazookageschosse lagerten. Wir packten uns die Holzkisten mit speziellen Tragegurten auf den Rücken und gingen in einer Reihe bergauf. «Wie die Partisanenfrauen von Epirus in den 40er Jahren», flüsterte jemand. Das wurde der Witz jener Nacht.

Ein paar von uns waren in der Umgebung postiert und deckten unsere kleine Kolonne. Wir stiegen auf den Hügel und auf der anderen Seite wieder herunter, beluden den Laster. Wir gingen zurück, beluden erneut.

In dieser Nacht kamen wir mit den schweren, unbequemen Holzkisten auf dem Rücken an die Grenze der Erschöpfung. Bergauf stolperten wir über Steine, die unter unseren Schritten nachgaben, wir erhoben uns wieder, rutschten aus, stürzten erneut. In dem Nebel, der alles durcheinanderbrachte, alles traumhaft machte, ärgerten und täuschten uns selbst die Büsche und Bäume, die all die Monate zuvor unsere Genossen gewesen waren. Aber sie schützten uns auch vor Schritten, von denen wir nicht wussten, ob sie unsere eigenen oder fremde waren.

Natürlich verloren wir einander aus den Augen. Die Nachhut sammelte in den Büschen die Langsamen ein und diejenigen, die sich im Nebel verirrt hatten. Die letzten zwei fanden wir erst kurz vor der Abfahrt, sie hatten sich wegen zweier gelber Straßenlichter verirrt und gingen in eine falsche Richtung.

Im Morgengrauen erreichten wir absolut fertig Thessaloniki. Die geliebte Stadt umarmte uns. Wir tarnten die Kisten und brachten sie in das Haus, das wir dort in einer Seitenstraße der Egnatia-Straße, in der Nähe der Agias Sofias-Kirche hatten. Der Raum füllte sich. Ein jeder ließ sich fallen, wo noch Platz war, auf die Stühle, den Boden. Wir schauten die Kisten an und lachten voller Freude. Dann sagte einer: «Gehen wir gleich heute noch einmal!»

Warum nicht? Wir hatten die Lagerräume wieder geschlossen, unsere Spuren beseitigt. Wir schauten uns an. Ja, wir würden nochmal gehen! Doch am folgenden Abend war das Lager ein anderer Ort. Der Nebel der vergangenen Nacht hatte die Luft gereinigt. Alles um uns leuchtete und das Licht der spärlichen Lampen glänzte. Selbst in der Dunkelheit war die Sicht gut. Und woher kamen plötzlich so viele Hunde?

Der Lagerraum, den wir öffnen wollten, lag in der Mitte des Lagers. Die in der ersten Nacht geöffneten hatten auf der ersten kleinen Wiese des Lagers gelegen. Nun gingen wir geduckt von Busch zu Busch mit Hunden, die um uns herum wie wahnsinnig bellten. Unter uns war auch einer, der große Angst vor ihnen hatte: «Ein Kindheitstrauma», sagte er.

In der Nähe des Lagerraumes stand ein Wachturm. Wir hörten Stimmen. Sie tranken, hatten Spaß. Wahrscheinlich waren es Reservisten aus der Nachbarschaft, die für einen Notwachdienst eingeteilt worden waren. Wir beschlossen, so viele Dinge zu nehmen, wie wir tragen konnten. Wir würden nur einmal gehen. Ich blieb als Wache draußen. Wir wurden gierig. Eine Kiste mit .45er-Munition wog 25 Kilo. Viele luden sich gleich zwei auf! 50 Kilo auf dem Rücken, fertig von der Anstrengung der vorherigen Nacht, mit Hunden, die wie verrückt bellten.

Die Wächter kamen trotz allen Schnapses letztendlich aus dem Wachturm heraus. Sie richteten ihre Scheinwerfer auf uns. Wir taten als seien wir Steine. Unbeweglich. Zum Glück waren die meisten von uns bereits auf dem Hügel, das Gestrüpp verdeckte sie. Der junge Genosse, der das Lager zuerst beobachtet hatte, und ich waren die beiden letzten, die Nachhut. Wir hatten uns in einen Graben geworfen, um dem Lichtstrahl auszuweichen, den sie aus 15 bis 20 Meter Entfernung auf uns richteten. Er hatte sich schwer beladen beim Sturz schwer verletzt. Ich schlug ihm vor, die Kisten liegen zu lassen, so dass er laufen könne. Er wollte sie nicht zurücklassen und ich riss sie ihm aus den Händen. Er ließ aber nur eine fallen. Als wir endlich oben ankamen, zeigte er mir gewitzt die Kiste, die er an seiner Brust versteckt hatte. Es waren elektrische Zünder. Sehr wertvoll.

Das leere Zimmer in Thessaloniki wirkte wie ein Lazarett. Kratzer, Schürfwunden, offene Wunden, blaue Flecken. Der Geruch nach Jod. Wir hatten nicht einmal mehr die Kraft zu feiern. Wir organisierten einen Transport und ein Versteck und fuhren nach Athen. Das allgemeine Schnarchen hielt mich während der stundenlangen Fahrt wach. Und der unerschöpfliche Humor des jungen Genossen und seine Lebhaftigkeit. Und die wenigen, aber treffenden Sätze von

Savvas. Als wir die Hälfte der Fahrt hinter uns hatten, wollte er das Steuer übernehmen. Ich ließ ihn nicht. Er hatte sich am meisten von uns allen verausgabt.

Doch fehlte noch eine Aktion, um das Bild mit der Kriegsbeute unter der roten Flagge und dem Blick von Marx, Che und Aris zu vervollständigen. Die zwei Bazookas, eine 2,36-Inch und eine 3,5-Inch, die uns im Kriegsmuseum in der Vasilisis Sofias-Straße im Zentrum von Athen erwarteten.

Aus Sykourio hatten wir Munition jeglichen Kalibers für Pistolen, Revolver und Gewehre mitgenommen. Und Kisten mit Handgranaten, elektrische Zünder und viele Dutzend 2,36- und 3,5-Inch-Geschosse. Doch die Abschussrohre selbst, die Bazookas, fehlten. Anstatt sie in irgendeinem Militärlager zu enteignen, wählten wir das Kriegsmuseum. Wir hatten gesehen, dass die Abzugsmechanismen noch funktionstüchtig waren.

Am 3. Februar 1990, es war ein Samstagmorgen, setzten fünf gut bekleidete Besucher ohne viel Lärm und Gewalt die Wächter im Erdgeschoss und im ersten Stock fest, griffen sich die beiden Bazookas und drängten sich in den weißen Toyota, der draußen auf sie wartete. Alle Wächter waren kooperativ, außer dem Kauz im ersten Stock, der erst zwei Pistolen sehen musste, um sich wieder ruhig auf seinen Stuhl zu setzen. Die wenigen Besucher sahen mit Interesse dem Abbau der Bazookas zu. Eine junge Mutter machte sich Sorgen um ihren Sohn, ich beruhigte sie und der Kleine schien Spaß zu haben. Später erzählte sie der Presse gute Sachen über uns. Danke schön. Auch wenn wir uns darüber stritten, wen von uns sie als hübsch bezeichnet hatte.

Die Abschussrohre funktionierten normal. Im Februar ist es am Strand von Sesi in Attika sehr leer und das Bersten der Wellen überdeckte die Explosionen von zwei Raketen, einer 2,36er und einer 3,5er, die gegen einen Felsen flogen. Wir testeten unsere neuen Waffen, lernten ihre Reichweite und ihre Flugbahn auszurechnen. Zunächst mussten wir herausbekommen, wie die Raketen gezündet wurden. Die kleinen Raketen ließen sich mittels eines einfachen Stromkreises, der von einer 9-Volt Batterie gespeist wurde, abschießen. Für die großen, die 3,5er, mussten wir aus der Zündspule eines Mopeds ein Patent entwickeln. Unser Kleinlaster bekam noch einen Auftrag. Wir kauften irgendwo in Rendis ein paar Dutzend Rohre für den Abschuss der Raketen, aus Aluminium für die 2,36er und aus Kunststoff für die 3,5er.

Die politische Krise wollte nicht enden. Wiederholte Wahlen, viele Manöver und Manipulationen, die der darauf spezialisierte Mitsotakis inszenierte, waren erforderlich, bis sich eine stabile und völlig von ihm kontrollierte Regierung bildete. Bei diesem Prozess wurde viel politisches Kapital verbraucht, und das politische Personal, das Jahre gebraucht hatte, um ein seriöses Bild von sich aufzubauen, verlor an Ansehen.

Große Verluste erlitt der Reformismus in seiner ganzen Spannweite: KKE, EAR, alternative Ökologen und unabhängige Persönlichkeiten wirkten als eine Reserve für die Stabilisierung des Systems. Sie erreichten einen solchen Punkt der Selbsterniedrigung, dass sie nun eine Koalitionsregierung unter Führung der PASOK unterstützten, die sie selbst angeklagt und an die Justiz weitergereicht hatten. Gleichzeitig waren sie Teil einer Regierung, die eine neoliberale Politik verfolgte, die das griechische und ausländische Kapital skandalös begünstigte, vor allem das deutsche Kapital mit den bekannten Schmiergeld-Verträgen wie bei Siemens. Eine Regierung, die mit der neoliberalen Politik der Steuersenkungen für das Kapital und die Reichen weitermachte.

Die Erklärung zur Aktion am 16. Mai 1990 in Ekali kritisierte diese Politik der Steuersenkungen. Die Daten aus einer Studie des Nationalen Zentrum für Soziale Untersuchungen EKKE bestätigten, dass die griechischen Reichen keine Einkommensteuer, Vermögenssteuer oder Kapitalertragsteuer zahlten. Das Volk wird durch die Steuern beraubt, auf das Volk werden die Defizite und riesigen öffentlichen Schulden abgeladen. Defizite, an denen vor allem die Steuerfreiheit der Lumpenbourgeoisie schuld ist, und die ihren Raub am öffentlichen Reichtum vervollständigen.

In jener Mainacht wurde die Front des sozialen Krieges für ein paar Momente nach Ekali verlegt, in die Hauptstadt des Heimatlandes des Reichtums. Bei den anmaßenden Villen, die mit dem Blut und Schweiß der Armen gebaut wurden, verstreute ein gestohlener Kleinlaster 28 Bomben. Sie detonierten zwischen den gigantischen pharaonischen Gebäuden der Lumpenbourgeoisie, der Reederfamilie Vardinogianni und ihresgleichen.

Zeitgleich hatte eine andere Gruppe des 17N eine Bombe an einem Strommast gelegt und genau in dem Moment, in dem die Bomben zu explodieren begannen, fiel der Strom in der Gegend aus. Es ist unmöglich den Schrecken der Reichen zu beschreiben, die wie wahnsinnig mit Pistolen in der Hand in der Dunkelheit umherrannten, beleuchtet von den Flammen der aufeinanderfolgenden Explosionen. Ihre hochnäsige Überheblichkeit zerbarst und die Sicherheit ihrer uneinnehmbaren Burgen zerbröselte. Sie waren in Panik, sie zitterten. In jener Nacht bescherten wir ihnen einen authentischen Moment für die Rache der Armen.

Damals hatten wir als Taktik Bombenanschläge auf luxuriöse, sehr teure Autos in Filothei, Psixiko und anderswo eingeführt. Wir übernahmen dafür keine Verantwortung und benutzten ein wenig abgewandelte Zeitzünder, da neue Mitglieder teilnahmen, die auf die Probe gestellt werden sollten. Außerdem wollten wir, dass sich solche Aktionen verbreiterten, was in einem gewissen Ausmaß auch geschah.

Eine dieser explosiven Aktionen hörte man bis zu dem Geburtshaus, in dem das rundliche Baby mit der abstehenden Punkfrisur schlief. Ich hatte seine ernsten Augen erst ein paar Tage zuvor zum ersten Mal gesehen, mittags um zehn vor zwei. Seither war ich mit einem dümmlichen Lächeln auf dem Gesicht unterwegs.

Dieser Tag war einer von denen, die man nie vergisst. Von denen man sich an jeden Moment erinnern kann. So wie auch an den Samstag, den 29. Juni

2002, nach der Explosion in Piräus, als ich in die riesigen Augen meines Sohnes schaute und wusste, dass es vielleicht das letzte Mal sein würde. Wie oft hätte es schon vorher passieren können, wegen wie vielen tausendstel Metern, wegen wie vielen tausendstel Sekunden, wegen welcher Zufälle hätte ich sie womöglich nie mehr sehen können?

Wenn, zum Beispiel, in jener Nacht des 20. November 1991 bei dem Kampf mit den Polizisten im Athener Viertel Sepolia der Cowboy-Polizist, der mit seinem Revolver auf meinen Kopf gezielt und geschossen hat, durchschlagskräftigere Munition in seiner Waffe gehabt hätte… Ich war neben dem Laster, den wir stehlen wollten in Deckung gegangen. (Savvas bestand bei dem Treffen im Gefängniskrankenhaus darauf, dass es ein anderer Kleinlaster gewesen war. Ich denke, er hat Recht.) Ich ging geduckt bis zum Beifahrerfenster und hob den Kopf, um die Situation einzuschätzen. Ich sah den Polizisten, wie er auf mich wartete, in seiner Cowboyaufmachung und wie er zielte, drei, vier Meter von der Windschutzscheibe entfernt. Ich «sah», wie die Kugel zuerst die Windschutzscheibe durchbohrte und sich dann in Richtung meines Kopfes bewegte, aber an dem Beifahrerfenster stolperte, nur ein paar Millimeter von mir entfernt. Es kann sein – uns ist es auch schon passiert –, dass die Kugeln eines .38er-Revolvers, wenn sie länger in der Trommel steckten, durch Feuchtigkeit und Schweiß an Kraft verlieren. Es hätte auch sein können, dass der andere Polizist ein wenig später besser gezielt hätte. Von hinten, als wir mit einem Taxi wegfuhren. Seine Kugel bohrte sich in das Amateurbrett zwischen mich und meinen Beifahrer Savvas.

In jener Nacht in Sepolia gab es viele Missgeschicke. Wir waren zu viert, wir hatten einen größeren Laster gesichtet. In der Avlonos-Straße, als wir von der Rodou-Straße abbogen. Treffenderweise in Thimarakia, was umgangssprachlich für Friedhof steht. Savvas brauchte zu lange für das Lenkradschloss. Ich hätte das Signal zum «Abhauen» früher geben sollen, aber mich überzeugte sein «nur noch kurz». Und die ideale Größe des Lasters.

Die beiden Polizeiautos waren von der Rodou-Straße gekommen. Der erste fuhr an der Avlonos-Straße vorbei, doch der Polizist legte den Rückwärtsgang ein. Einer schnellte aus dem Auto, der Cowboy. Mit dem Revolver in der Hand und voll hochnäsiger Autorität befahl er: «Hände hoch». Er hatte aber an der falschen Tür geklopft. Wir tauchten hinter den geparkten Autos ab. Wir hatten uns gerade zu viert auf dem Gehsteig hinter den Autos versammelt, der Cowboy hatte sich in Richtung Straßenmitte bewegt. Kurz davor hatte ich Savvas aufgefordert, auszusteigen.

Schüsse fielen. Der Cowboy ging in Deckung. Ich glaube, er wurde von einer Kugel gestreift. Später, nach seinen Schüssen auf mich. Die anderen waren auch in Deckung gegangen, vor den beiden Polizeiautos, die aus der Rodou-Straße kamen. Wir schossen spärlich – wir hatten nicht genügend Munition. Ein Schuss nach dem anderen, um sie festzunageln, während wir uns zurückzogen. Ein Genosse leerte seinen Revolver und ging zu dem, der die .45er hatte und nahm sie ihm aus der Hand. Er schoss auf den Fahrer des Polizeiautos, der in der Avlonos-Straße in Deckung gegangen war. Ich schimpfte: «Schieß nicht auf ihn, er macht doch gar nichts». Vielleicht hatte er aber auch Recht, es hätte sein können, dass der Fahrer den Unbeteiligten spielte und dann rücklings auf uns geschossen hätte.

Wir zogen uns in die Avlonos-Straße zurück. Ich ging zu dem ersten Besitzer der .45er und nahm eine Handgranate. Ich warf sie hinter die in Deckung gegangenen Polizisten. Gerade als sie mutiger geworden waren, und ihr Schneckenhaus verlassen wollten. Sie gingen wieder in Deckung. Einer von ihnen war mit der Pistole in der Hand mitten auf die Straße gegangen, bereit zu schießen. Er hätte uns getroffen, er hätte auch die versammelte Menschenmenge hinter uns getroffen. Ich warf die Handgranate so, dass er in Deckung gehen musste. Zwischen sie. Dort gab es keine Passanten, niemand war gefährdet, nur die Polizisten wurden verletzt, erschraken, versteckten sich. Wir gingen rückwärts die Avlonos-Straße entlang, in Richtung Athen.

Viele Autos hatten angehalten und versperrten uns den Weg. Vorne war ein altes Taxi. Wir holten den Fahrgast raus. Wir holten den Taxifahrer raus. «Moment, lasst mich die Einnahmen mitnehmen», «okay, nimm sie». Der absolute Surrealismus. Schüsse fielen, Handgranaten explodierten, und er dachte an seine Einnahmen. Ein Geldgieriger. Im Prozess stellte sich heraus, dass er später zu einem Geldempfänger der Staatspolizei wurde: Er ging hin, wo auch immer man ihn hinschickte, und behaupte, jeden den man ihm zeigte, zu erkennen.

Die Polizisten aus der Rodou-Straße wagten sich hervor. Ich rief ihnen zu, «ich werfe noch eine Handgranate». Sie gingen wieder in Deckung. Als erster der mit der Pistole. Das Taxi hatte einen Dieselmotor und reagierte langsam auf das Gaspedal. Ich fand den Kupplungspunkt, brachte den Motor auf Touren, endlich fuhr es an. Das dritte oder vierte Polizeiauto fuhr in die Avlonos-Straße aus Richtung Athen. Es wurde von den anhaltenden Autos blockiert, aber sie stiegen aus und schossen aus zwei bis drei Meter Entfernung von hinten auf uns. Wir schossen zurück.

Ein zeitlicher Vorgriff: Gegen Mitternacht des 25. Juli 2013 wurde ich auf die Krankenstation des Gefängnisses gebracht. Es konnte die akute Infektion nicht behandeln und ich wurde in das Evagelismos-Krankenhaus eingewiesen. Während ich auf meinen Transport wartete, steckte man mich in die Zelle, in der sich auch Savvas befand. Wir hatten uns seit Monaten nicht gesehen. Wir sprachen über seine Gesundheit, über Vieles. Wir sprachen auch über Sepolia. Savvas hatte eine künstlerische Erinnerung, ein filmtreues Auge. Er erinnerte sich an die Szene, wie ich mich im Licht der Scheinwerfer, mit dem linken Arm mein Gesicht bedeckend, so dass es die Anwohner von den Balkonen nicht erkennen können, mit dem Revolver in der Hand, dem Taxi näherte. Ich war als Nachhut geblieben, um den Rückzug zu decken. Er erinnerte sich an mein «Versteckspiel» mit dem lebhaften Polizisten. Ich erreichte das Taxi in dem Moment, in dem er den Taxifahrer herausholte. Die anderen beiden hatten davor schon einen Mini-Cooper angehalten, dessen Fahrer aber aufs Gas trat und wegfuhr.

Die Szene mit den Einnahmen folgte, mit dem Taxifahrer, der sich aufs Handschuhfach warf, um sie an sich zu nehmen. In dasselbe Handschuhfach sollte kurz darauf eine Kugel prallen, die von dem Polizisten aus dem hinteren Polizeiauto kam, das aus Richtung Athen gekommen war. In diesem Moment hatte Savvas die Beifahrertür geöffnet und wollte sich mit Anlauf fallen lassen. Nur eine Sekunde ehe er in die Laufbahn der Kugel geraten wäre. «Vielleicht wäre es damals schon mit mir zu Ende gegangen, dann wäre ich jetzt nicht hier», sagte er auf die einfache Art, in der er immer das Wichtigste sagte. Das «Hier» war eine Minizelle zwischen zwei anderen, am Ende des Korridors, hinter den Untersuchungsräumen der Krankenstation. In dem isolierten speziellen «kleinen Flügel», den man 2002 extra für die Gefangenen des 17N eilig gebaut hatte. Nun lagen in den anderen beiden Zellen zwei Tuberkulosekranke. Im Hintergrund unseres einstündigen Gespräches hörten wir das Geräusch des Wassers, das von Zeit zu Zeit durch ein Abwasserrohr direkt vor der Zelle lief. In den letzten Jahren sehe ich, wie Savvas langsam schmilzt. Bei unserer Abschiedsumarmung fasste ich keine Muskeln, er bestand nur aus Knochen und «sackartigem Fleisch mit Knoten», wie er sagte.

Der Polizeiminister brauchte zwei Stunden, um meinen Transport in das Evaggelismos-Krankenhaus generalstabsmäßig zu organisieren, da er dutzende Polizisten verschiedener Abteilungen koordinieren musste. Koridallos-Evaggelismos in sechs Minuten auf freien Straßen mit dem Sirenengeheul der Polizeiautos und der -motorräder. Zum gleichen Evagelismos-Krankenhaus, in dem man das Gehirn meines Genossen im Jahr 2002 auseinandergenommen hatte. Vor Schmerzen zusammengekrümmt, dachte ich in der stählernen «Telefonzelle» des Polizeitransporters an jene Kugel, die zwischen uns vorbeiging und sich in das Handschuhfach gebohrt hatte, ganz knapp, bevor Savvas sich in ihrer Laufbahn befunden hätte. «Damals hätte für mich alles geendet», hatte er mit einem schiefen Lächeln gesagt.

Langsam fuhr ich los und bog links in die Christomanou-Straße ein, nochmals links in die Dirraxiou-Straße, wieder links erreichte ich die Agiou Meletiou-Straße. Wir hörten die Sirenen hinter uns. Ich sagte, man solle Handgranaten werfen, aber sie jagten uns nicht. Sie transportierten ihre Verletzten. Als sie die Explosionen hörten, verschwanden sie mit schwindelerregender Geschwindigkeit.

Ich parkte hinter den Bahngeleisen. Wir hatten dort in der Nähe ein illegales Haus. Im Vorbeigehen sah ich mir das schwere gelbe Fahrzeug an, es hatte sehr viele Löcher, war durchsiebt vom Kugel- und Splitterhagel. Ich schlug vor, in dem Haus zu bleiben, bis die morgendlichen Arbeiter unterwegs sein würden. Das Zimmer roch nach Pulver. Wir warteten still, während wir die naheliegenden Sirenen hörten. Im Morgengrauen gingen wir auseinander. Ich nahm ein

Taxi in Richtung Zentrum. Wechselte es, nahm ein anderes Taxi. Zu Fuß ging ich heim. Ich umarmte Aggeliki und unser Baby in seinem Bettchen. Wie sollte ich ihr sagen, dass ich sie fast nie wiedergesehen hätte? Auch nicht unseren Sohn? Wir lebten in einer geliehenen Zeit, aber nicht in einer gestohlenen.

Die Regierung von Mitsotakis hatte politische Zeit gewonnen und begann nun auf ihre bekannte «professionelle» Art mit dem Ausverkauf Griechenlands. Die Regierung von Mitsotakis und die führende Klasse in ihrer rohsten und härtesten Ausgabe. Die Personifizierung der griechischen Lumpenbourgeoisie. Die drei Jahre der Regierung von Mitsotakis waren ein Vorgeschmack auf die heutige Zeit der Politik der «Memoranden». Eine unverhohlene Darbietung des Weges, den der Kapitalismus geht, um seine Krisen zu überwinden: Er legt die Bürden auf die Rücken der Schwächeren. Durch wilde Ausbeutung der Lohnarbeit mit der Perspektive Sklavenhaltung, Leibeigenschaft, ursprüngliche Kapitalakkumulation und den Diebstahl des öffentlichen Reichtums.

Zwei Monate nach der Regierungsbildung von Mitsotakis probierte der 17N die 2,36-Inch-Raketen unter realen Bedingungen aus. Am 11. Juni 1990 gegen den US-amerikanischen multinationalen Konzern Procter & Gamble in der Syggrou-Straße auf Höhe von Kallithea. Er hatte zum Spottpreis das Unternehmen «Koupas» aufgekauft, nur die Höhe des Bestechungsgeldes an Politiker und Bürokraten, die den Ausverkauf so steuerten, dass kein griechisches Staatsunternehmen «Koupas» aufkaufen konnte, war unbekannt.

Der Tanz um den Ausverkauf und die Vergötterung von Bestechungsgeldern hatte begonnen. Jeder Verkauf eines Unternehmens unter staatlicher Aufsicht erfolgte zu einem lächerlichen Preis, während sich die höheren Staatsangestellten und das politische Personal bereicherten. Profitable Unternehmen mit wertvollen stabilen Einrichtungen wurden regelrecht verschenkt, für Preise, die oftmals nicht einmal dem Wert des Grundstückes, auf dem sie standen, entsprachen.

Der Anschlag auf Procter & Gamble wurde mit der Bazooka aus dem Kriegsmuseum von der anderen Straßenseite der Syggrou aus durchgeführt. Die Entfernung war so groß, dass die Rakete um etwa 50 Zentimeter zu niedrig einschlug, weshalb sie nicht in den Büros, sondern auf einer Markise landete. Doch die Botschaft war klar.

Die Warnung des 17N, dass «das griechische Volk es nicht zulassen wird, dass der soziale Reichtum ausverkauft wird», nahmen viele der am Ausverkauf Beteiligten ernst. Unter ihnen war der Leiter der National-Bank, Dimitrios Germidis, der, der Presse zufolge, bereits bei vielen Ausverkaufsskandalen mitgewirkt hatte, etwa beim Verschenken einiger Milliarden Drachmen an das französische Kapital durch den Ausverkauf des Zementunternehmens «Chalips». Er ging ins Ausland. Sein Nachfolger Michalis Vranopoulos, eine der Hauptpersonen beim Ausverkauf des Zementunternehmens «AGET Herkules», folgte seinem Beispiel nicht.

Die Regierung Mitsotakis entwickelte vom ersten Tag an unter der Aufsicht ihrer Freunde in den Polizeidiensten eigene Mechanismen. Auch die Justiz wurde unter anderem wegen des Abhörens politischer Gegner und «Freunde» eingeschaltet, was aber von Andreas Papandreou 1995 durch eine Amnestie beendet wurde.

Eine der hellsten Ideen jener Regierung war in Zusammenarbeit mit den US-Geheimdiensten des ideologischen Verwandten Bush sen. das Auftauchen eines falschen 17N, einer Scheinorganisation. Sie tauchte zum ersten Mal Anfang Oktober 1990 mit einer Erklärung in der Zeitung *Epikerotita* auf. Die Fälschung war so offensichtlich, dass sich die Zeitung weigerte sie zu veröffentlichen. Erst nach einem nachdrücklichen «Verweis» veröffentlichte sie die Erklärung einige Tage später mit dem Hinweis, dass ihre Authentizität fraglich sei.

Nach unserem Dementi vom 18. Oktober 1990, in dem wir die Echtheit der Erklärung verneinten, beschäftigten wir uns nicht weiter mit der Sache. Sie machten von Reinfall zu Reinfall weiter, bis sie sich komplett lächerlich gemacht hatten und sich gezwungen sahen, damit aufzuhören – ohne irgendein für sie positives Resultat.

Damals begannen wir mit der Vorbereitung der Aktion gegen Vardis Vardinogiannis, einem der wichtigsten Kapitalisten der griechischen Lumpenbourgeoisie. Er traf sehr große Sicherheitsvorkehrungen, da er sich seiner sozialen Rolle voll bewusst war. Unter anderem benutzte er einen schweren gepanzerten Mercedes mit einem Fahrer und einem Leibwächter, dem ein BMW voller Leibwächter folgte. Er wechselte ständig seine Route und auch die Zeiten, in denen er unterwegs war. Deshalb dauerte die Vorbereitung der Aktion sehr lang.

Zwischenzeitlich mussten wir eine Selbstfinanzierungsaktion machen. Nach der ersten illegalen Zeit war nun klar geworden, dass die bewaffnete Praxis und ihre Sachzwänge nicht durch Spenden von Freunden, die «Besteuerung» der Familien und «rote Tageslöhne» gedeckt werden konnten. Anfangs ging es noch so, aber es konnte nicht auf ewig so weitergehen.

Die finanzielle Unabhängigkeit einer revolutionären Organisation ist von strategischer Bedeutung, denn die Entwicklung ihrer Praxis basiert auf ihrer Finanzierung. Seit jeher ist es ein festes Prinzip der militanten Bewegungen, die notwendigen Mittel und Finanzen vom Klassenfeind zu entwenden. Selbstverständlich mit Ausnahme der Spenden von Mitstreitern und der solidarischen Hilfe revolutionärer Gruppen und Organisationen.

Parallel zur Praxis des 17N wurden diese erforderlichen Selbstfinanzierungsaktionen durchgeführt. Anfänglich war das für uns unbekanntes Terrain. Die Stürmung einer Bank, die für andere Guerillagruppen fast alltäglich war, gehörte nicht zur Taktik der neueren griechischen bewaffneten Gruppen. Wir mussten das völlig neu entdecken und wir machten Fehler, manchmal große.

Wir standen auch vor moralischen Fragen. Die Notwendigkeiten des Kampfes entschuldigten solche Aktionen zwar, doch lösten wir sie im Grunde nie ganz.

Vielleicht waren unsere unbewussten Hemmungen auch der Grund dafür, weshalb wir solche Aktionen nie richtig planten. Die Folge war, dass wir mit ihrer Vorbereitung erst begannen, wenn die finanziellen Mittel der Organisation in den roten Bereich absackten oder völlig zur Neige gegangen waren.

1990 machten wir eine große Geldbeschaffungsaktion, die die Organisation jahrelang versorgen sollte. Es ging um die Post von Egaleo, auf der Thivon-Straße in Richtung Piräus, kurz vor der Iera-Odos-Straße. Die Observation dauerte etwas, war aber bequem. Genau gegenüber gab es eine Bushaltestelle, die immer voller Menschen war. Wir, die wir «aus Egaleo» kamen, wie der Genosse 1983 bei dem Treffen mit dem Polizeiauto auf der Kifisias-Straße spontan gesagt hatte, fühlten uns dort zuhause. Wie ein Fisch im Wasser zwischen den arbeitenden Leuten und den einfachen Menschen, die an der Bushaltestelle warteten.

Kurz vor der Aktion mieteten wir in der Gegend zwei «Ex und Hopp»-Wohnungen und holten zwei PKW und zwei Kleinlaster. An der Aktion sollten auf die eine oder auf die andere Art sehr viele teilnehmen, das würde eine Premiere. Am Aktionstag bildeten wir eine Autokolonne mit Begleitwagen und allem Drum und Dran. Ein Zwischenfall wäre zu diesem Zeitpunkt von strategischer Bedeutung für den 17N gewesen, und prompt passierte er. Aber es war nur ein leichter Auffahrunfall auf der Kifisos-Straße. Ein Auto bremste plötzlich und die Stoßstange unseres ersten Autos stieß gegen die seine. Zwei Nummernschilder – ein gefälschtes und ein echtes – prallten ohne Gewinner aufeinander. Die Sache wurde auf die griechische Art erledigt: «Wie viel kostet die Reparatur, Freund, wir müssen doch nicht zu den Versicherungen rennen…»

Die Aktion selbst war ein Rummel. In dem engen Vorraum der Post drängelten sich ein paar Kunden und ein paar von uns. Der Geldtransporter war gerade weggefahren und das Geld lag in Bündeln auf dem Boden des Hinterzimmers. In dem Durcheinander hatten wir die Taschen vergessen, ich bat einen jungen Genossen – es war seine erste Aktion –, sie aus einem draußen parkenden Kleinlaster zu holen. Die vollen Taschen waren schwer. In den Krimis sehe ich, wie sie mit vollen Geldsäcken herumrennen, als wären sie federleicht. Tatsächlich wog jede Tasche ungefähr 30, 40 Kilo.

Die Leute draußen kapierten allmählich, was sich da abspielte, obwohl wir einen von uns als Polizisten verkleidet hatten. Er war in voller Uniform, mit einer Polizeimütze, einer Nummer auf den Schulterklappen, einem Revolver am Gürtel und einer Maschinenpistole in der Hand. Draußen hatten sich einige versammelt und schauten interessiert zu. Aber leider muss sich ja immer irgendwer dumm anstellen, in diesem Fall zog es dieser eine vor, die Live-Show zu verpassen und zur Iera-Odos-Straße zum Motorradpolizisten rennen, der dort den Verkehr regelte.

Der Polizist stieg auf sein Motorrad, fuhr in die Thivonstraße Richtung Athen, hielt kurz gegenüber der Post, schaute herein, fuhr weiter, kehrte an der Verkehrsinsel um, fuhr wieder in unsere Richtung und hielt sein schweres Motorrad in der Mitte der Straße, um den Verkehr aufzuhalten. Ungefähr 15 Meter von der Post entfernt stieg er ab, mit der ganzen Arroganz und dem Gehabe der Macht. Hinter ihm hatte ein LKW gehalten. Gut! Der Fahrer saß hoch oben, er würde nicht von Kugeln getroffen werden.

Ich wartete auf die Schüsse. Ich sah schräg durch die Glastür der Post und wartete darauf, dass unser Mann schoss. Das war sein Job. Ein älterer, respektierter und erfahrener 17N-Genosse lag in dem zweiten Kleinlaster, er hatte sich bereit erklärt, mit einer schweren automatischen Waffe die Thivon-Straße gegen Polizeiautos und -motorräder zu decken. Doch nichts passierte. Der Polizist bewegte sich ein wenig in Richtung Funkgerät oder um in Deckung zu gehen. Beides wäre katastrophal gewesen, es roch ernsthaft nach Pulver.

Unser eigener «Polizist» bewegte sich schneller. Er ging mit der Maschinenpistole in der Hand auf die Straße. Zwei Polizisten standen sich gegenüber, schauten sich eisig an. Es war wie eine Szene aus einem Western, ein Duell in El Paso. Unserer gab zwei kurze Feuerstöße ab, jeweils drei, vier Schuss. Flach. Eine streifte den echten Polizisten am Fuß. Die Maschinenpistole, die wir in der Polizeiwache in Vironas «geerntet» hatten, schoss geradeaus und hatte wenig Rückstoß.

Die Fortsetzung war filmisch gesprochen eher die Parodie eines Westerns in Richtung Mel Brooks. Die ganze Arroganz des korpulenten Polizisten löste sich binnen Sekunden in Luft auf. Er vergaß, dass er auch eine Waffe hatte, und rannte weg. Anwohner beschrieben später, wie er drei, vier Wohnblocks weiter, keuchend die Klingeln der Wohnhäuser drückte: «Hilfe, ihr Christenmenschen…»

Unser Polizist lief ihm ein bisschen nach, um sicher zu gehen, dass sich sein «Kollege» nicht hinter der nächsten Hausecke versteckt hatte. Er sah ihn nirgends. Am hingeschmissenen Motorrad zertrümmerte er dessen Funkgerät – er konnte diese Geräte einfach nicht leiden.

Die Aktion lief sonst wie geplant. Die Polizei hatte vielleicht etwas von «Salven aus Maschinenpistolen» gehört und bemühte sich sehr langsam zu sein. Unsere Genossen verteilten sich auf Bushaltestellen und entfernten sich wie vorher abgesprochen. Alle agierten sehr gut, speziell die Neueren. Doch hatte der Ältere mich enttäuscht, was aber sehr schnell von dem vorhandenen Respekt und dem großen Vertrauen überdeckt wurde. Auch die Freude über den Erfolg ließ keinen Platz für die nötige Kritik. Es war ein Fehler. Ein Fehler der Organisation und mein persönlicher Fehler, da ich sein Verhalten nur für ein «Einrosten» durch Inaktivität gehalten hatte. Er sollte nie mehr an einer Aktion teilnehmen, obwohl er Mitglied der Organisation blieb: «Soll ich nach so vielen Jahren Nummernschilder abschrauben?» Als ich ihn später unter vier Augen fragte, warum er nicht geschossen hatte, lachte er. Er sei sich sicher gewesen, dass ich herauskommen und schießen würde, dass er mir vertraue und so weiter.

Die Aktion hob die Infrastruktur der Organisation auf eine andere Ebene. Wir kauften alles Mögliche, erweiterten das Netz unserer Häuser und Wohnungen, konnten uns nun ohne finanzielle Schwierigkeiten bewegen, bauten stabilere Organisationsstützpunkte in anderen Städten auf usw. Ein paar Jahre lang brauchten wir keine Selbstfinanzierungsaktion mehr zu machen.

Ich werde hier nicht auf alle Enteignungsaktionen der Organisation eingehen. Es reicht zu sagen, dass immer ausreichend Geld besorgt wurde, um den Finanzbedarf des 17N abzudecken.

Die Vorbereitungen für die Aktion gegen den Reeder Vardis Vardinogiannis dauerten an. Viele Probleme, auch technische, mussten gelöst werden. Zum Beispiel, wie der schwere gepanzerte Mercedes angegriffen werden sollte: Mit der großen 3,5-Inch-Bazooka oder mit drei kleinen der 2,36er? Die zweite Lösung wurde gewählt. Drei Abschussrohre sollten in einem PKW eingebaut werden. Eins im Kofferraum, eins auf dem Rücksitz und eins auf Höhe des Lenkrads. An beiden Seiten des Wagens sollten sechs Öffnungen für die Rohre in die Karosserie gebohrt und mit Papier in der Farbe des Autos bedeckt werden.

Die Techniker der Organisation erledigten diese Schwerstarbeit in einer… spezialisierten Werkstatt: In einer Einöde über einem Strand zwischen Sesi und Varnavas. In der Deckungsgruppe war auch ein Guerillababy. An diesem Tag Anfang November musste Aggeliki dringend zum Arzt und ich konnte das Baby bei niemandem lassen, es war fünf Monate alt. So saß es ernst in seinem Sitz in einem roten Lada, der vorausfuhr und kontrollierte, ob die Route frei war, zwischen Windeln und Fläschchen. Später sollte ich es auf einem Beobachtungsposten über der Stelle, an dem unsere Techniker arbeiteten, in den Schlaf wiegen.

Ein anderes Problem war, ob die Raketen in einer Schussweite von nur einem Meter zünden würden. Wir beschlossen den heldenhaften Kleinlaster zu opfern, den unermüdlichen Transporter unserer kleinen Guerilla. Der Versuchsaufbau sah die Zündung einer 2,36er-Rakete in einem Aluminiumrohr vor, das auf eine dicke quadratmetergroße Metallplatte gerichtet war. Gezündet werden sollte sie im Kleinlaster, dessen Türen der Ladefläche offenstanden.

Die Rakete zündete und die Explosion hallte in den Bergen Kithaironas, aber der Kleinlaster sah nun schrecklich aus. Wir fuhren ihn zum Schrottsammler, eine milde Gabe.

Doch war sein Opfer umsonst. Aus dem Versuch hatten wir geschlossen, dass die 2,36er-Raketen funktionieren würden. Sie taten es aber nicht. Sie schlugen in den gepanzerten Mercedes, explodierten aber nicht. Vardinogiannis sollte später in der Fußballersprache sagen: «Saravakos bekam einen Elfer, doch er schoss den Ball an die Latte.» Und sehr viel später, während der Verhandlung, wird er wie ein Gangster formulieren: «Ich habe fremde Spezialisten geholt und ließ die Attentäter suchen. Unglücklicherweise habe ich sie nicht gefunden.»

«Spezialisten irgendeiner Wohltätigkeitsinstitution – so wie der CIA – oder eines Syndikats wie der Mafia?», fragte ich zurück.

Wir sorgten dafür, dass das umgerüstete Auto mit den drei Raketen den Fahrzeugen des Staatssicherheitsamtes ähnelte. Es stand an der Route von Vardis Vardinogiannis, nahe seiner Villa in Ekali nördlich von Athen. Wir hatten eine kleine Straße im Vorort Nea Erythrea gewählt, die einen großen Namen trug: den von Kostas Varnalis, dem marxistischen Dichter.

Die Zündung erfolgte ferngesteuert von einem Kleinlaster aus. Direkt nach den drei Raketen sollte eine kleine Bombe im Kofferraum desselben Wagens zünden und eine Menge Rauch erzeugen, um die Leibwächter in dem Wagen von Vardinogiannis und seinem Begleitwagen durcheinander zu bringen. Die Bombe explodierte allerdings gleichzeitig mit den Raketen. Egal, ein zusätzliches Durcheinander wäre nicht nötig gewesen. Die Leibwächter waren so perplex, dass sie den Kleinlaster gar nicht bemerkten, der weniger als zehn Schritte von ihnen entfernt langsam anfuhr.

Am Abend vor der Aktion hatten wir alle Aktions-Fahrzeuge nach Nea Erythrea gebracht. Einer der Taxifahrer bei der Rückfahrt war ein früherer Arbeiter der Reederei. Ich fragte ihn, für wen er zur See gefahren wäre. Er fing an, auf die Familie Vardinogianni zu schimpfen: hart, knausrig. «Überleg mal, wir mussten eine Papierserviette vierteln und zwischen vier Personen teilen.» Ich sagte nichts und versuchte meinen Revolver zurechtzurücken, der in den scharfen Kurven des zornigen Ex-Reedereiarbeiters verrutscht war. Savvas lächelte schief.

Der Taxifahrer gab den Anstoß für unsere Idee, die Aktion dem unbekannten Reedereiarbeiter zu widmen, der «gelitten, gefoltert, geschlagen, gemordet wurde, damit gewisse Mafiamitglieder, die sich selbst Reeder nannten, zu enormem Reichtum gelangten und das Land beherrschen können».

Während der Verhandlung holte ich die Gesichter der beiden Metallarbeiter aus der Anonymität, die an Bord des Tankers «Kriti Si» der Vardinogiannis-Reederei ums Leben gekommen waren. Die Reeder hatten wie üblich die leicht entflammbaren Stoffe und Gase nicht entfernt. Damit sich ihr Gewinn nicht um ein paar Münzen verringerte, trugen zwei weitere Arbeiterfamilien Schwarz. Das geschah im Februar 1990.

Während der Verhandlung holte ich auch den am Montag vor Ostern ermordeten kämpfenden Gemeindevorsteher von Pigadakia in Kalous Limenes, Giannis Koutsakis, aus der Anonymität, der gegen die Pläne der Familie Vardinogiannis kämpfte, die Einwohner aus der Gegend zu vertreiben und ihre Felder zu enteignen, um eine Versorgungsstation zu bauen.

Einen Monat später, am 19. Dezember 1990, griffen wir in Athen mit zwei 3,5-Inch-Raketen die zentralen Büros der Europäischen Wirtschaftsgemeinschaft EWG auf der Vasilisis Sofias-Straße an. Zehn Jahre waren seit dem Eintritt in die EWG vergangen und schon waren die gigantischen Folgen dieser katastrophalen Wahl des griechischen Kapitalismus sichtbar geworden: eine

Katastrophe für die Landwirtschaft, die schwache Industrie war weggefegt, die Auslandsverschuldung ging in die Höhe. Dennoch schaffte es die systematische Gehirnwäsche der von der Lumpenbourgeoisie kontrollierten Massenmedien, zusammen mit der neoliberal gewordenen Linken alles zu verheimlichen und die Tatsachen zu verdrehen: Die Umfragen ergaben hohe Prozentzahlen für die Befürworter eines Beitritts zur EWG.

Mit unserer Aktion gegen die EWG bestätigten wir, was der 17N im April 1986 gesagt hatte, dass die nüchterne Sicht der Daten der Produktion, der Ökonomie und der öffentlichen Finanzwirtschaft ganz klar ergab: Wir wurden in den Bankrott, die finanzielle Verelendung, und eine totale Abhängigkeit von westlichen Banken und der EWG, in der nun Deutschland das Sagen hatte, geführt.

Während dieser Periode hatte der westliche Kapitalismus – vor allem der deutsche und die griechische Lumpenbourgeoisie – die abhängig und betrügerisch war, wie der 17N schon immer gesagt hatte – das ideale politische Personal gefunden: Mitsotakis und seinen Hofstaat. Skrupellos förderte er den Ausverkauf des ganzen Landes, die Zerlegung des öffentlichen Sektors, den Kahlschlag der Produktionsbasis des Landes, die Umstrukturierung der Arbeitsverhältnisse, den Abbau politischer und sozialer Rechte. Er übergab per Gesetz 20 Prozent der Rücklagen der Versicherungskassen an die Lumpenbourgeoisie. Die öffentlichen Schulden verdreifachen sich: von 23 Milliarden Euro im Jahr 1989 auf 69 im Jahr 1993. Das entsprach 99 Prozent des Bruttoinlandsprodukts.

Mitsotakis und seine Mitarbeiter vollzogen mit unglaublicher Geschwindigkeit die harten Sparmaßnahmen und erzwangen ein Regime des parlamentarischen Faschismus, was der Politik der deutschen EWG entsprach. In diesem Sinne waren sie «ihrer Zeit voraus»: Beim Zusammenbruch des Ostblocks auf internationaler Ebene und mit der lähmenden Koalitionsregierung mit der Linken boten sie bereits ein «Bild der Zukunft». Von einer damals finster wirkenden Zukunft und des heutigen Albtraums der Memoranden. Selbst ihre damalige Argumentation entsprach der heutigen Sprachregelung: Wir müssen die harten Sparmaßnahmen der EWG verwirklichen und die deutsche Bevormundung akzeptieren, denn nur dann «werden sie uns das Darlehen über zwei Milliarden ECU geben», ohne das «wir keine Löhne und Renten zahlen können».

Genau gegenüber vom Gebäude mit den EWG-Büros hatten wir ein luxuriöses Appartement gesichtet, das gerade renoviert wurde. Unter dem Vorwand, es mieten zu wollen, bekamen zwei gut gekleidete Genossen die Schlüssel. Sie kopierten sie und brachten die Originale zurück, während Arbeiter dort die Wände strichen. Nach einigen Tagen gingen ein paar «Handwerker» von uns hin, stellten zwei Fotostative mit den Abschussrohren für zwei große Raketen auf und verbanden die – doppelten – Zeitzünder. Der Raum war sehr groß, es würde kein Problem durch den Rückstrahl der Raketen geben.

Ich selbst rief bei der Zeitung *Eleftherotypia* an, fragte nach einem politischen Redakteur und erklärte ihm, wie wichtig es sei, die Polizei zu informieren. Die hatte jedoch Befehle der politischen Führung, nichts zu unternehmen. Der Journalist musste vom Büro der Zeitung in der Kolokotroni-Straße herüberrennen und anstelle der Polizei den Verkehr unterbrechen. Die Polizei tat absichtlich nichts.

So explosiv endete das Jahr 1990, ein Jahr der verdichteten Praxis, sowohl was die politischen Aktionen betraf, als auch die Infrastrukturarbeit. 1991 sollte ein Jahr der noch weiter verdichteten Praxis werden. Die Organisation arbeitete mit aufreibender Geschwindigkeit.

Die Regierung Mitsotakis, ihre Repressionskräfte, ausländische Privatpersonen, Counter-Guerilla-Spezialisten und ausländische Geheimdienste begannen uns auf die übliche Art zu jagen: Ein neues «Antiterrorgesetz», ein Verbot Erklärungen zu veröffentlichen, ein Versuch aus Parteien, Massenmedien und bereitwilligen «fortschrittlichen» Persönlichkeiten eine «Antiterrorfront» zu bilden. Dazu Provokationen, wie der Aufbau eines Fake-17N, oft plumpe Versuche, bewaffnete Gruppen zu infiltrieren und vom Himmel fallende Angebote für Waffen – die von Geheimdiensten kamen.

Es wurden auch neue polizeiliche Methoden eingeführt: Hunderte Geheimpolizisten und Mitglieder der Antiterroreinheit wurden mobilisiert, um Telefonzellen zu beobachten, die wir womöglich benutzen könnten, um die Verantwortung für eine Aktion zu übernehmen.

Diese raffinierte Jagdmethode wurde von ausländischen Spezialisten koordiniert. Aber wir bemerkten sofort, dass scheinbar Unbeteiligte vor Telefonzellen herumhingen. Wir riefen nun einfach von Kiosken aus an.

Die Spezialisten der US-Geheimdienste drängten auf andere Methoden. Ihren Handbüchern zu Folge müssen Antiguerillakräfte wie Guerillas agieren. Sie mieteten also «geheime Wohnungen» und veranstalteten Treffen, allerdings in teuren Cafés und Luxushotels. Sie mussten auch zu Fuß die zentralen Straßenachsen entlanggehen, zum Beispiel die Kifisias-Straße, wo sie leicht erkennbar waren. Wir fragten uns: Kapieren die nicht, dass sie ihre Leute den wirklichen Guerillas auf dem Präsentierteller anbieten?

Zu ihrem Repertoire gehörten sogar direkte Drohungen ihrer unterschiedlichen «Dienststellen» an bekannte Kämpfer im Stil von: «Sag deinen Leuten, dass wir sie kennen, und dass sie sich in Acht nehmen sollen, denn wir werden ihnen die Knochen brechen», und andere komische Sachen. Das alles amüsierte uns, weil es zeigte, dass sie absolut nichts gegen uns in der Hand hatten.

Das Jahr 1991 begann mit dem völkerrechtswidrigen Angriff der USA und ihrer westlichen Alliierten auf den Irak. Die USA als nun einzige globale Supermacht plante gemeinsam mit der lokalen Supermacht Israel das «neue amerikanische Jahrhundert». Beim Neuentwurf der Region ging es um die Plünderung der Öl- und Gasvorkommen – des Reichtums der Völker, die dort leben – und die Zerschlagung aller Versuche, die westliche Bevormundung in Frage zu stellen.

Die westlichen Flugzeuge griffen die irakische Zivilbevölkerung an, zerstörten die Infrastruktur des Landes und jahrhundertealtes kulturelles Erbe, vergifteten den Boden, das Grundwasser und die Luft mit uranhaltiger Munition. Heute hat jedes zweite Kind im Irak ernsthafte Gesundheitsprobleme. 20.000 Luftangriffe binnen zehn Tagen schickten ihre blutige Terrornachricht an die ganze «Dritte Welt».

Wir organisierten eine kleine Widerstandsnachricht gegen den barbarischen faschistischen Angriff. Am 24. Jänner 1991 erinnerte eine Bombe der Organisation am Büro des französischen Militärattachés daran, dass Athen kein so sicheres Hinterland war. In derselben Nacht markierten drei Bomben in Xalandri, Marousi und Agia Paraskevi gegen die dortigen britischen und US-Banken diejenigen, die sich am Krieg bereicherten.

Am Abend des 28. Jänner montierten wir ein 3,5er-Abschussrohr an der Statue der Athene auf der Panepistimiou-Straße. Die Göttin der Weisheit zielte richtig und traf das Gebäude der American Express-Bank genau gegenüber.

Montagnacht, am 29. Jänner, bestückten wir ein Gebäude gegenüber des britischen Ölkonzerns BP: Eine 3,5er-Rakete zielte auf die Profiteure der schon vorbereiteten Plünderung des Iraks.

Während der Tage jenes Gemetzels griff der 17N am 13. März 1991 den US-Militärapparat in Griechenland an. Eine ferngezündete Bombe traf einen ihrer Söldner, den US-Offizier Ronald Stewart.

1991 war voller 17N-Aktionen. Im März machten wir auch eine kleine Aktion, die aber politisch wichtig war. Damals verschenkte die Mitsotakis-Regierung alle profitablen Unternehmen an Privatpersonen und zerlegte die kommunalen Verkehrsbetriebe. Sie setzte Tausende Arbeiter auf die Straße, die sich aber militant mit Demonstrationen und Aktionen gegen Polizei und Streikbrecher wehrten. Private Reiseunternehmen hatten Tourismusbusse für den öffentlichen Verkehr bereitgestellt. In einer Nacht sprengten wir fünf von ihnen in die Luft. Sie ließen es von da an sein.

Doch wir unterließen danach diese Art der Intervention. Die Sprengung der fünf Busse war eine beispielhafte Kombination von legaler und illegaler Aktion, friedlicher und militanter, sie trug zum Sieg der Arbeiter bei, propagierte die Möglichkeit einer Volksgegengewalt und gliederte sich so in den Werkzeugkasten der Kampfmethoden ein.

Nur einmal noch, am 25. April, machten wir eine ähnliche Aktion. Damals gab es einen Streik der Hafenschlepper in Piräus. Der Reeder Karapiperis hatte eine Streikbrecher-Flotte organisiert, deren Besatzung unter anderen aus seinen Verwandten bestand. Eines Abends fanden wir am Kai von Perama, der sogenannten Deutschen Anlegestelle, die «Karapiperis 6», eines der Streikbrecher-Boote. Nachdem wir uns vergewissert hatten, dass niemand an Bord war, legten wir eine große Bombe im Maschinenraum. Durch die Explosion kenterte der Schlepper und sank. Während der Verhandlung beschwerte sich Karapiperis, er hätte 200 Millionen Drachmen Verlust erlitten. Dann drehte er dem Richter den Rücken zu und beschwerte sich bei mir: «Warum ich?» Ich antwortete ihm mit seinen eigenen Worten aus dem April 1991: «Ich war ein Streikbrecher», hatte er während des 57-tägigen Streiks gesagt.

Einige Tage später, am 2. Mai 1991, beschossen wir mit einer 2,36er-Rakete die Büros der staatlichen Stromgesellschaft D.E.I. in Agioi Anargiroi. Die Regierung hatte zum zweiten Mal innerhalb eines Jahres die Strompreise erhöht, aber von den Kapitalisten nicht verlangt, ihre übermäßigen Schulden bei der D.E.I. zu bezahlen.

Am 15. Mai fuhren wir nachts nach Aspropirgos und richteten zwei 3,5er-Raketen auf den Speichersilo der Zementfirma «Xalip». Einer der ersten Skandale der Mitsotakis-Regierung war ihr Verkauf an das französische Kapital, die Ciment Français. Wir wussten inzwischen, dass die Polizei den Befehl hatte, Arbeiter nicht zu evakuieren, damit es Opfer gäbe. Deshalb riefen wir außer den Zeitungen auch die Fabrik an und sagten den Arbeitern selbst, dass sie sich entfernen sollten. Und wir zielten dorthin, wo es ausgeschlossen war, sie zu gefährden.

Einige Wochen zuvor, am 31. März, hatten wir das Hotel Pentelikon in Kefalari von einer verlassenen Villa aus mit einer Rakete beschossen. Im Hotel gingen viele ausländische Agenten und griechische Reiche ein und aus. Die Aktion sollte «den Krieg in die Viertel der Reichen bringen». Das Hotel war ein «Nest» der Mächtigen jeder Art. Trotzdem hatten wir dafür gesorgt, dass es eine symbolische Aktion wurde und das Hotel selbst nicht getroffen wurde. Wir hatten uns auch penibel darum gekümmert, dass das Hotel evakuiert wurde. Dennoch gab es dieses kriminelle Verhalten der Besitzer, die Politikern wie Souflias und den Reichen zuflüsterten, dass Hotel zu verlassen, während sie die Angestellten und andere im Gebäude ließen. Die Zeitungen berichteten das tags darauf.

Im Mai 1991 griffen wir das deutsche Kapital an. Zunächst am 7. Mai die Siemens-Fabrik in Marousi. Wir zündeten zwei 3,5er-Raketen von einer mehrere hundert Meter entfernten Baustelle. Wir hatten die Flugbahn genau berechnet, so dass sie am gewählten Punkt einschlugen. Obwohl wir rechtzeitig anriefen, informierte die Polizei die privaten Sicherheitsposten wieder nicht.

Am Abschussort, einem Rohbau, sprühten wir mit roter Farbe Parolen mit dem Namen und dem Stern des 17N an die Wand. Um die Sprühdose auszuprobieren, drückte irgendein Genosse versuchshalber drauf. Die Folge war, dass ein riesiges Theater daraus gemacht wurde: «Was bedeuten diese roten Punkte? Auf was deuten sie hin?» Sie fanden auch eine Zigarettenschachtel der alten Marke «Pallas». Noch mehr tiefsinnige Analysen in der Presse, über den «Retrostil» der Mitglieder der 17N, die «Pallas» rauchten usw. Über alles andere verloren sie kein Wort. Weder über die fehlenden deutschen Kriegsentschädigungen, noch über die Bestechungsgelder von Siemens, noch über die geheimen Zahlungen deutscher Unternehmen an Politiker und Staatsbeamte.

Einige Tage später organisierte die Familie Mitsotakis auf Kreta ein großes Festessen, an dem deutsche Politiker mit Kanzler Kohl als Hauptperson und ausgewählte Manager des deutschen Kapitals teilnahmen. Da waren natürlich auch so unvermeidliche Typen wie Michael Christoforakos, der damals als Siemens-Vertreter in Griechenland mittels systematischer Bestechungen die neue deutsche Vorherrschaft organisierte. Jahre später sollte das US-Kapital einen Gegenangriff durchführen, weil ihm klar wurde, dass es vom Ausverkauf des griechischen Staats ausgeschlossen wurde. Ein geringer Teil der Korruption und der Bestechungsgelder von Siemens an Politiker, Beamte und Journalisten wurde dadurch bekannt. Eine herausragende Stellung auf der berühmten «Liste von Christoforakos» hatten wieder einmal solche Korruptionsexperten wie die Mitglieder der Familie Mitsotakis. Siemens, so stand es damals in der Presse, hatte ihre Wahlausgaben beglichen, ihre Bestechungsgelder übernommen, ihre Feste und Kindstaufen bezahlt. Der Sohn von Mitsotakis hatte sogar Kleinkram wie Telefongeräte verlangt und die Tochter einen Wäschetrockner für ihr Ferienhaus in Karpenisi.

Es war ein wahrlicher Festschmaus, den die Lumpenbourgeoisie mit dem elenden Körper Griechenlands veranstaltete. Bei anderen Festessen im Mai 1991 in Arkadi auf Kreta, aber auch in Kandanos, einem Ort der Nazigräuel, fielen zwischen Birnen und Käse auch ein paar heuchlerische Worte gegen den Nationalsozialismus. In Wirklichkeit organisierten sie eine neue Besatzung und die finanzielle Zerstörung des Landes. Am 4. Juni 1991 sagten wir voraus: «In zehn Jahren werden wir in unserem Land als Angestellte für die deutschen Chefs arbeiten.» Eine tatsächliche Verurteilung der Nazibesatzung hätte damals darin bestanden, Kriegsentschädigungen zu bezahlen und die unter der Besatzung aufgezwungene Zwangsanleihe Griechenlands von 476 Millionen Reichsmark zurückzuzahlen. Der 17N thematisierte das 1990, als nach der Wiedervereinigung durch den Zwei-plus-Vier-Vertrag die völkerrechtlichen Vorbehalte für eine faire Entschädigung des griechischen Volkes für das Blutvergießen und die gigantischen Zerstörungen durch die teutonische Grausamkeit entfielen.

Einige Tage später, am 28. Mai 1991 schossen wir zwei 3,5er-Raketen auf die deutsche Löwenbräu bei Atalandi. Wir befestigten die Abschussrohre an einem alten Olivenbaum und inspiriert von Atalante, der mythischen Begleiterin der Jagdgöttin, trafen wir die riesigen Kessel und das Bier düngte die umliegenden Felder. Wieder einmal informierte die Polizei die Fabrik nicht, obwohl sie eine halbe Stunde vorher Bescheid wusste.

Danach mussten wir die 150 Kilometer nach Athen schnell hinter uns bringen, aber auf der Asphaltstraße zur Fabrik hatten wir noch Parolen und einen riesigen roten Stern gesprüht. Wir hätten noch ein paar rote Punkte machen sollen, dann hätten sie wieder etwas gehabt, mit dem sie sich hätten beschäftigen können…

Bei dieser Gelegenheit sollte man erwähnen, dass ein Kapitel der «Untersuchungen ausländischer Geheimdienste gegen den 17N» relativ unbekannt ist, und zwar die Intervention der deutschen Geheimdienste. Vielleicht, weil ihre vollkommene Unfähigkeit die berühmte deutsche systematische Arbeit und Effektivität blamierte. Tatsächlich haben sie aber Spezialisten oder Fahndungsgruppen nach Griechenland geschickt und auch langfristig durch die entsprechende Besetzung der Posten von «Sicherheitsbeauftragten» in deutschen Unternehmen, Ermittlungen, Observationen und sogar «Annäherungsversuche» veranstaltet, um Fäden aufzurollen, die zum 17N führen könnten.

Der Höhepunkt des Jahrzehnts der verdichteten Praxis des 17N zwischen 1983 und 1992 fällt nicht zufällig in die Zeit der Mitsotakis-Regierung. Eines der wichtigsten politischen Ziele des 17N war es damals, den Ausverkauf zu verhindern, sowohl durch Aktionen als auch durch schriftliche Erklärungen, in denen der 17N ständig wiederholte: Wir werden immer wieder angreifen, solange sie durch diesen Ausverkauf das Volk ausrauben.

Diese 17N-Politik zeigte Resultate. Alle an solchen schmutzigen räuberischen Transaktionen Beteiligten kalkulierten den 17N und dessen mögliche Antwort ein. Das wissen alle, die das Klima jener Zeit miterlebt haben. Wir bemerkten es durch offizielle und inoffizielle Äußerungen von Politikern und Unternehmern, sogar an diplomatischen Reaktionen, aber auch an den Sicherheitsmaßnahmen, die bei den Mitwirkenden sehr verschärft wurden. Manche verlegten ihren Wohnort in andere Landesteile oder sogar ins Ausland. Unsere Observationen und unsere Informationen zeigten das alles ganz deutlich.

Wer zum Beispiel ins Ausland ging, war der Großindustrielle Nikolaos Stasinopoulos, Chef des Viohalco-Konzerns. Nach einer Aktion gegen die Büros des Unternehmens am 8. Dezember 1991 verlegte er seinen Wohnsitz dauerhaft in die Schweiz. Er selbst und sein Hofstaat zeichnen ihn gerne als «geheimnisvollen Millionär». Doch da gibt es nichts Mysteriöses an seinem riesigen Reichtum. Wie sehr man auch versucht die Geschichte seines Reichtums zu verdecken, es ist bekannt, dass sein Ursprung in der Metaxas-Diktatur und unter der deutschen Besatzung zu verorten ist. Mit der antikommunistischen Truman-Doktrin und dem Marshallplan und dessen gigantischen Schifffahrtsdarlehen explodierte sein Vermögen schon vor dem Ende des Bürgerkrieges. Seine ganze Karriere lässt sich mit ein paar Worten beschreiben: Schifffahrtsdarlehen, Beziehungen – die zu Konstantinos Karamanlis waren zum Beispiel sehr eng –, und eine brutale Ausnutzung der Arbeitskräfte. Ende 2013 verlegte er plötzlich den Viohalco-Sitz nach Brüssel. Dadurch stellte er seinen alten Freund und Helfer Präsident Samaras skrupellos bloß und hinterließ Schulden von 1,5 Milliarden Euro.

Kein Monat verging, in dem wir nicht von einem Unfall in einem seiner Unternehmen hörten. Es folgten nur Scheininspektionen und winzige Geldbußen: eine Handvoll Drachmen nach einer Verletzung, ein paar Tausend nach einem Todesfall – der Ermordung eines Arbeiters. In den 27 Jahren des 17N wurden in seinen Fabriken und schwimmenden Särgen mehr als 3500 Arbeiter ermordet. Allein bei einer Explosion in der Viohalco-Röhrenfabrik in Korinth gab es sechs Tote und drei Verletzte. Der Grund? Fehlende billige Sicherheitsventile an den Sauerstoffflaschen der Schweißgeräte. Man hatte ausgerechnet, dass mögliche Bußgelder günstiger sein würden als solche Ventile. Der Tod von Arbeitern spielte beim einkalkulierten Höchstgewinn keine Rolle.

Die Viohalco-Büros erstreckten sich in einer Seitenstraße der Kifisias-Straße bis hin zur Louizis Riankour-Straße. Sie wirkten anonym, es gab nicht einmal ein Schild. Der Anschlag mit zwei 2,36er-Raketen aus der Original-Bazooka fand spät in der Nacht statt. An jenem Dezembertag lag viel Schnee in Athen und die Straßen waren vereist, man rutschte leicht aus und unser Auto fuhr Slalom. Am nächsten Tag titelte eine Zeitung: «17N: eine Organisation für jedes Wetter».

Mitte 1991 gab es neue Diskussionen über Zypern. Die USA und ihre beflissenen Mitstreiter trieben nach dem Irakkrieg die Neuordnung des Nahen Ostens voran. Zypern und dessen Schlüsselposition auf dem geopolitischen Schachbrett war ein Spitzenthema dieser Agenda, insbesondere, weil Griechenland von einem skrupellosen und zu allem bereiten Ministerpräsidenten regiert wurde.

Angesichts dieser Lage beschloss der 17N eine doppelte Intervention, um klar zu machen, dass es keine Lösung der Zypernfrage geben könne ohne den Abzug der türkischen Besatzungsarmee und ohne die Rückkehr der griechisch-zypriotischen Flüchtlinge in ihre Häuser.

Am 16. Juli 1991 wurde das Auto des türkischen Botschafters angegriffen. Er selbst war nicht da, aber sein Stellvertreter Deniz Bulukbasi, einer der wichtigsten Kader des faschistischen politisch-militärischen Komplexes der Türkei und einer von denen, die die Politik der griechisch-türkischen Beziehungen planten.

Bulukbasi musste diese Politik danach mit den Narben, die die Explosion der Autobombe in Psychiko auf seinem Gesicht hinterlassen hatte, weiter planen. Für den Genossen, der die Zündung auslöste, war es am wichtigsten, keinen unbeteiligten Passanten zu gefährden. Wir hatten den Autoverkehr zwar gestoppt – Augenzeugen bestätigten das später im Prozess – aber zufällig näherte sich ein Fußgänger. Wir zündeten die Bombe lieber etwas zu früh und setzten den Erfolg der Aktion aufs Spiel, statt Unbeteiligte zu verletzen.

Am 7. Oktober 1991 folgte in Pagrati das Attentat auf Çetin Görgü, den Presseattaché der türkischen Botschaft. Benutzt wurde die alte .45er des 17N. Jahre später, im Prozess gegen den 17N im Jahr 2003, las ein Staatsanwalt einen Brief seiner Mutter vor. Selbstverständlich respektieren wir die Mutter eines Feindes. Das spiegelt sich zum Beispiel in dem Volkslied der 1821er-Revolution wider, in dem die Sängerin den Schmerz des Feindes verstehen kann: «Es weint auch eine Türkin um den Herrn Kamil…». Doch wenn dieser Schmerz politisch ausgebeutet wird und von den Mächtigen ideologisch benutzt wird, dann muss ich auf derselben politisch-ideologischen Ebene antworten. Deshalb sprach ich vom Schmerz der griechischen Mütter auf Zypern, von den 2.000 Müttern der

Vermissten, die nicht wissen, wo ihre Kinder ermordet wurden und wo ihre Knochen begraben liegen.

Çetin Görgü führte Krieg, so wie Bulukbasi. Sie waren Spitzenkader des türkischen politisch-militärischen Komplexes, der für die Verbrechen gegen das zypriotische Volk verantwortlich ist, für die Verbrechen gegen das kurdische und auch gegen das türkische Volk.

Der 17N griff Spitzen des faschistischen und expansiven türkischen Staats an, das Zentrum der Macht, die Verbrechen gegen die Völker der Region organisierten und immer noch organisieren. Das sei denen gesagt, die uns als «Nationalisten» kennzeichnen wollten. Der 17N verübte keinen einzigen Anschlag auf irgendeinen Türken, ganz im Gegenteil, er griff den aggressiven türkischen Kapitalismus an, zu dessen Opfern auch das türkische Volk selbst zählt.

Einen Monat später feuerte der 17N in der Athener Xarilaou Trikoupi-Straße eine 3,5er-Rakete auf einen Polizeibus der MAT – eine Antwort auf die eskalierende brutale Gewalt der berüchtigten Polizeieinheit.

Der räuberische Ansturm der Mitsotakis-Regierung auf die Lohnabhängigen war eskaliert. In der heutigen Sprache würde man von «Memoranden» sprechen. Der Ausverkauf des öffentlichen Reichtums, die Zerstörung des Bildungs- und Gesundheitssystems sowie der Sozialprogramme erfordern Repression: die Gasgranaten und Schläge der MAT genau wie den Terror faschistischer Gruppen und parastaatlicher Organisationen.

Kampagnen, Streiks, Kundgebungen und Demonstrationen wurden damals von den MAT skrupellos zerschlagen, in Kooperation mit parastaatlichen Gruppen, die sich als «empörte Bürger» tarnten. Bei einer der großen Schülerdemonstrationen wurde am 8. Jänner 1992 in Patras Nikos Temponeras* von faschistischen «Zentauren» und «Rangern»* umgebracht. Sie drangen in die besetzte Schule ein, in der er als Lehrer arbeitete, und erschlugen ihn.

Bei der Niederschlagung der riesigen Schülerdemonstrationen verbrannten am 9. Jänner 1991 vier Einwohner Athens bei lebendigem Leibe in dem Einkaufszentrum Kappa Marousi, der Brand war durch einen Gasgranatenangriff der MAT ausgelöst worden. Bei jeder Demonstration wurden wir angegriffen und hatten Verletzte. «Ihr seid der Staat» – mit dieser öffentlichen Ansage hatte Mitsotakis ihnen freie Hand gegeben.

Wir beschlossen auf die eskalierende Repression zu reagieren. Wir suchten eine der brutalsten Einheiten aus, die in Exarchia patrouillierte. In der Nacht vom 3. November 1991 parkte ein Bus dieser MAT-Einheit auf dem Parkplatz an der Harilaou Trikoupi-Straße. Sie stand jeden Abend woanders, aber wir hatten für alle Positionen geplant.

Geschossen wurde vom Rand des Parkplatzes in Richtung Zoodochou Pigis-Straße. Gezielt wurde schräg unter das Dach der Wanne, damit die Rakete in ihrem Innern explodierte. Eine Handgranate flog, um den Rückzug der Gruppe zu decken.

Im letzten Absatz der Erklärung betonten wir noch einmal, dass der 17N nur die spezialisierten bewaffneten Repressionskräfte angreifen würde, die Verbrechen gegen das kämpfende Volk begingen. Nur die Prätorianer der Macht. Die einfachen Polizisten mussten keine Angst haben, solange sie nicht zur Waffe griffen. Das wussten sie, und nicht selten, gerade nach Aktionen, waren wir auf einfache Polizisten gestoßen und jeder war seines Weges gegangen.

Einmal stieß nach einer Aktion ein von der Zentrale informierter bewaffneter Bereitschaftspolizist auf uns. Er bog in dem Moment um die Ecke, in dem Savvas und ich das zweite Fluchtauto aufschlossen. Er hielt an und beobachtete uns interessiert. Ich fuhr langsam los und er folgte uns. Savvas zog die Waffe und zielte auf ihn. Ich bremste langsam, mitten auf der Straße. Der Polizist fuhr ohne Eile vorbei, schaute demonstrativ in den Himmel. Er bog an der nächsten Kreuzung ab und wir sahen, wie er in aller Ruhe davonfuhr, ohne nach seinem Funkgerät oder seiner Waffe zu greifen.

Solche Begegnungen erlebten wir noch mehrmals, meist bei der alltäglichen Organisationsarbeit, oft bei der Enteignung von Fahrzeugen. Wir bemerkten die Polizisten fast immer zuerst und versuchten ihnen aus dem Wege zu gehen.

Wenn wir ein Aufeinandertreffen nicht vermeiden konnten, versuchten wir zumindest nicht zu schießen. Einmal hatten wir gerade einen Toyota enteignet. Die Schlösser der Toyotas waren simpel, wir hatten einen Schlüssel, der eines von drei Autos, bei denen wir es versuchten, öffnete. Die Nummernschilder waren noch nicht ausgetauscht und wir fuhren in Richtung einer Baustelle, um ein paar Säcke Zement zu holen, die der Druckwelle der Bombe, die wir im Kofferraum platzieren wollten, eine bestimmte Richtung geben sollten. Wir verspäteten uns ein wenig beim Einladen, zwei Polizisten in Zivil sahen uns und beeilten sich die «Diebe» zu verhaften. Sobald der erste näherkam und uns sah, drei ernste Typen in dem Toyota, spürte er, dass etwas nicht stimmte. Er hielt an und rief dem anderen zu, auch anzuhalten. Der zweite war korpulent, und wohl mit zu vielen amerikanischen Filmen aufgewachsen, in denen sich der Held in voller Fahrt auf dem Autodach festhält und durch nichts abgeschüttelt werden kann. Er sprang wie Rambo auf die Motorhaube des langsam davon rollenden Toyotas. Der Fahrer ging nur leicht auf die Bremse und «Rambo» wurde mit der unerbittlichen Gültigkeit der Naturgesetze konfrontiert, die in der Filmwelt nicht vorkommt. Wir drehten eine kleine Kurve, um ihn nicht zu überfahren.

Unser berühmtestes Treffen mit den Repressionsmächten fand Ende März 1992 in der Louiza Riankour-Straße im Athener Viertel Ambelokipi statt. Über dieses Treffen wurde viel Absurdes und Monströses geschrieben. So unglaublich wie die Höhe der Bestechungsgelder für die Amtsinhaber, Politiker und Polizisten waren, so unglaublich waren die falschen Informationen.

Mitte Dezember 2003 erklärte der vom FBI mit einem Orden dekorierte Polizeiminister Chrisochoides während des Prozesses gegen den 17N den Journalisten, dass es seines Wissens nach Ermittlungen wegen des Raubes öffentlicher

Gelder für die Bezahlung der sogenannten Informanten im Fall Riankour gegeben hätte. Doch wisse er nicht, ob diese Ermittlungen ein Ergebnis gehabt hätten.

Zwei Jahre später, im September 2005, gab der nächste Polizeiminister, Voulgarakis, während eines Gesprächs mit Journalisten zu, dass viele Beweise in dem Fall «verloren» gegangen seien. Daher konnte die Verteilung der Schwarzgelder nicht aufgeklärt werden. Es sei daran erinnert, dass auch 1991 die Regierung von Mitsotakis – unter anderem – wegen der Unterschlagung von Schwarzgeldern ungeschoren davonkam.

Im Juni 2005 hatte schon ein anderer Ex-Polizeiminister, Manikas, zugegeben, dass alle Hinweise der Informanten verloren gegangen waren und dass ganze Seiten im Bericht des damaligen Chefs der Antiterroreinheit über die «Planung» des Riankour-Falls fehlten und dieses Verschwinden nie untersucht worden sei.

Die «Amnesie» von Chrisochoides, dem Auserwählten der US-Amerikaner, ist leicht zu erklären: Wenn er sich an die Skandale seiner Vorgänger erinnert hätte, hätten die sich auch an seine erinnert. Zum Beispiel hatte Chrisochoides für genau dieselben «Informanten» im Falle Riankour Schwarzgelder in Höhe von einer Milliarde Drachme bewilligt. Und das war nicht alles, was damals ausgegeben wurde…

Zum Freitag, den 27. März 1992. In einem Text, den wir später herausgaben, schrieben wir, dass wir schon zwei Mal an der Stelle gewesen waren: zuvor am Donnerstag, den 26. März und am Dienstag, den 24. März. Tatsächlich waren wir seit Februar mehr als zehn Mal an der gleichen Stelle gewesen, nur konnten wir damals aus Sicherheitsgründen nicht schreiben, dass wir so sehr auf einer Stelle beharrten, um eine Aktion durchzuführen. Aber weil wir so oft dort gewesen waren, hatte uns irgendjemand trotz aller Vorsichtsmaßnahmen bemerkt. Bei der Besprechung der Aktion kamen wir zu dem Schluss, dass es der ältere Mann war, der auch in unserer Erklärung beschrieben wurde. Natürlich ging es um eine wichtige politische Aktion, doch unsere Beharrlichkeit grenzte an Besessenheit. Ein Fehler, den wir bald darauf bitter bezahlen sollten, als wir uns auf die Aktion gegen Palaiokrassas versteiften, anstatt sie abzublasen oder zumindest den Plan zu ändern.

An jenem Tag hatte ich zu Fuß die ganze Straße kontrolliert, die Seitenstraßen, auch die ganze Umgebung. Vor allem interessierte mich die Stelle, an der wir den Kleinlaster abstellen wollten. Wir parkten dort ein anderes Auto, weil es dort morgens sonst keinen freien Parkplatz gegeben hätte. Dieses Auto blieb unbemerkt, was nicht passiert wäre, wenn es das gegeben hätte, was die Polizei später als «Hinterhalt» bezeichnete.

Die gleiche Kontrolle führte unabhängig von mir noch ein alteingesessener erfahrener Genosse durch. Vor der Aktion trafen wir uns, auch er sagte, dass alles okay sei, und wir begannen wie geplant. Der Kleinlaster kam, wartete, ein Genosse fuhr das geparkte Auto weg, der Fahrer des Kleinlasters stieg aus und setzte sich auf eine nahe Bank. Wir warteten im Laderaum des Lasters und sahen durch den Vorhang an der Heckscheibe einen Fiat der Staatspolizei mit drei daneben stehenden typischen Geheimpolizisten. Sie tranken ihren Kaffee aus diesen ewig gleichen Plastikbechern.

Dann lief der eine mit seinem Plastikbecher in der Hand langsam und gelangweilt in Richtung Kleinlaster. Im selben Moment zeigte einer der beiden anderen mit den Augen auf unseren Fahrer auf der Bank. Der erste Geheimpolizist war schon bei uns angekommen, er drückte sein Gesicht an die Heckscheibe und versuchte hineinzuschauen. Er war um die Vierzig und füllig, er sah nicht so aus, als gehöre er zu einem trainierten Einsatzkommando. Er wusste es nicht, doch der Lauf einer geladenen, entsicherten Maschinenpistole mit zwei Magazinen berührte die Heckscheibe auf unserer Seite. Eine weitere Maschinenpistole zielte ruhig auf die anderen beiden Geheimpolizisten. Der erste sah sich nun das Nummernschild des Kleinlasters an und ging zum Kiosk an der Ecke, wo er telefonierte, um herauszubekommen, ob die Nummer sie «beschäftigte», wie sie es nannten. Sie beschäftigte!

Gleichzeitig kam der Genosse an, der das erste Auto umgeparkt hatte. Er sah das Geheimpolizeiauto und dessen Besatzung sofort und gab das Signal «Gefahr!» Er stieg hinten in den Kleinlaster ein, legte seinen Revolver neben sich und griff sich eine automatische Waffe. Ich stieg hinten aus und rannte nach vorn, um dem Fahrer zu sagen, dass er unauffällig losfahren solle. Hinter uns stiegen die drei Geheimpolizisten in den Fiat und folgten uns. Vielleicht bemerkten sie, wie ernst die Situation war, und blieben deshalb in sicherer Entfernung. Zwei automatische Waffen visierten sie an und drei Handgranaten waren bereit.

Ich sagte dem Fahrer, dass er sich nicht beeilen solle, als wir am Ende der Louizis Riankour-Straße ankamen, gegenüber der Mauer des Altenheims. Er solle auf den Verkehr warten, der auf der Lampsa-Straße von der Kifisias-Straße her kommen würde, um ein paar Fahrzeuge zwischen uns und das Polizeiauto bringen. So geschah es auch. Als wir drei Straßen später links von der Lampsa-Straße abbogen, war das Polizeiauto immer noch nicht in die Straße eingebogen.

Niemand verfolgte uns. Die angeblichen «60 Autos und 120 Männer», die in den Polizeiberichten erwähnt wurden, haben wir nicht gesehen. Wir warteten kurz, um sicherzugehen, dass wir sie abgehängt hatten, dann parkten wir, nahmen das zweite Auto. Ich ließ die Genossen bei einem Haus, das wir nahebei hatten, aussteigen und fuhr dann nach Erythros, wo ich das Auto in der Nähe der Grundschule abstellte. Während dieser ganzen Fahrt gab es überhaupt rein gar nichts, keine Geheimpolizei- oder Streifenwagen. Ein paar Minuten später informierte die Zentrale der Überfallseinheit die Polizeiautos in der Gegend, dass ein Kleinlaster mit dem genannten Nummernschild «beschäftigte». Sie sollten ihn ausfindig machen, aber nichts unternehmen, nur die Zentrale informieren. Die Geheimpolizisten hatten ihn also nicht gefunden und die Einsatzpolizei um Hilfe gebeten. Wären sie so viele gewesen, wie sie später behaupteten, mit so vielen Autos, hätten sie die Gegend gescannt und das große Fahrzeug, das sich sichtlich von den anderen geparkten Autos abhob, leicht gefunden. Tatsächlich waren es zwei Streifenwagen der Einsatzpolizei, die es schnell fanden.

Zu spät, während wir unsere Ausrüstung zählten, bemerkten wir, dass ein Revolver fehlte. Es war einer von denen aus der Polizeistation von Vyronas. Wir überlegten uns, ob wir ihn noch holen sollten, doch hörten wir im Funkgerät, dass der Kleinlaster gefunden worden sei. Wir fuhren über die Riankour-Straße weg. Nichts, keine verdächtigen Bewegungen. Nur weit weg in einer Parallelstraße patrouillierte ein Streifenwagen.

Das war am Freitag. Das ganze Wochenende über geschah nichts. Am Montag früh um sechs machten sie mobil wie noch nie zuvor: Autos der Geheimpolizei und Motorräder, Fußgänger, die die Unbeteiligten spielten. Wir gingen zwischen ihnen umher, sahen die neuen Automodelle, die neuen Tarnungen der Zivilpolizisten und der Geheimdienste. Wir machten eine gute Bestandsaufnahme.

Sie brauchten einen Monat, um eine provokante Geschichte zu erfinden, und selbst dann war sie noch sehr dürftig. Sie sagten, dass sie seriöse Informationen «aus dem Inneren» der Organisation hätten und einen Hinterhalt gelegt und Kameras aufgestellt hätten, die trotz Gegenlicht etwas aufgenommen hätten und der Film nun in den USA bearbeitet werden würde. Sie ließen auch «Informationen» durchsickern. Einmal war auf den «unscharfen» Fotos angeblich irgendwer zu sehen, das andere Mal irgendwer anderes… Lächerlich.

Der Einzige, der für alles bezahlen musste, war der Anführer der drei Geheimpolizisten. Er wurde suspendiert, da er nicht auf uns geschossen hatte. Heute ist er Pensionist. Lebendiger Pensionist! Hätte er es getan, hätten die drei im Fiat eingezwängten Geheimpolizisten unter den Läufen zweier Maschinenpistolen Pech gehabt.

Für uns waren die enteigneten auf der Straße stehenden Autos ein potenzieller «Berührungspunkt» mit dem Gegner. Sie waren sehr gefährdete materielle Anhaltspunkte der illegalen Aktion. Würden sie entdeckt, würde man einen Hinterhalt legen und wir bekämen es mit zahlenmäßig überlegenen und besser ausgebildeten Spezialkräften zu tun. Weil wir solche unnötigen Auseinandersetzungen vermeiden wollten, gingen wir sehr auf Nummer sicher. Diese Fahrzeuge wurden gleich so getarnt, dass sie nicht auffielen, sie wurden aus dem gleichen Grund ständig bewegt und andauernd kontrolliert, um sicher zu gehen, dass sie nicht «verbrannt», also nicht entdeckt worden waren.

Die Art der Tarnung ergab sich aus vorsichtigen Nachforschungen und gewonnenen Erfahrungen. Wir benutzten keine Garagen oder geschlossene Parkplätze. Wir ließen Fahrzeuge auf der Straße in der Anonymität gut besuchter Orte, wo aber nicht viele Fahrzeuge vorbeifuhren. Wir mussten darauf achten, dass sie niemanden störten, wir studierten die Angewohnheiten der Nachbarn. In

Petralona machte eine ältere Frau einmal eine Bemerkung: «Stellt es nicht hierhin, da parkt immer mein Schwager.» Mit der Zeit wurden wir zu einem Teil der Nachbarschaft, die Leute gewöhnten sich an uns, passten auf die Fahrzeuge auf, beschützten sie selbst vor… Dieben.

Andauernd stellten wir um, es kam vor, dass wir den Abstellort täglich wechselten. Gewöhnlich fanden wir drei bis vier gute Stellen in einer Nachbarschaft, die wir abwechselnd nutzten. Jedes Umsetzen war ein ganzes Unternehmen, da es eine Auseinandersetzung bedeuten konnte.

Wir vermieden das durch eine permanente Kontrolle der Umgebung, wir latschten also ständig herum. Da gab es kein Faulenzen. Der passende alte Witz lautete: «Je mehr man läuft, desto länger lebt man.» Wir gingen durch die ganze Gegend. Durch die Straße, in der das Fahrzeug geparkt war, durch die Straßen, die diese kreuzten, die Parallelstraßen, zu den Stellen, wo man die Gegend verlassen könnte. Wir kannten die Autos der Nachbarn, so dass jedes neue Auto kontrolliert werden konnte. Die erste Kontrolle machten immer erfahrene, aber unbewaffnete Genossen.

Wir kannten die Autos der Geheimpolizei. In den ersten Jahren war es einfach: Sie benutzten Autos, mit der kleinen Antenne der Geheimpolizei und Nummernschilder, die hundertmal gelöchert waren – da sie die Nummernschilder bei verschiedenen Autos benutzten, machten sie oft neue Löcher. Auch strahlten sie die Anonymität eines Autos aus, das keinen Besitzer hat. Es lag nichts Persönliches drin, kein Foto, keine Nippes, keine Kleidung.

Mit der Zeit wurden sie vorsichtiger und schlauer. Doch beobachteten und erfassten wir sie ständig: Die neuen Automarken, die neuen Überwachungstechniken. Bereits in der Zeit des 17N überwachten sie Fahrzeuge mit elektronischen Mitteln wie Sendern und Kameras, doch kann man damit relativ leicht umgehen, wenn man ein bisschen mehr physische und kognitive Arbeit investiert. Manchmal rettete uns auch der sechste Sinn des Illegalen. Ein Sinn, der sich entwickelt und ständig wach hält, der dich warnt, dass etwas nicht okay läuft. Ich ging auf der Straße und hatte plötzlich dieses Gefühl. Ich weiß nicht, was es war. Es mag sein, dass es die ungewöhnliche Bewegung eines Nachbarn war, eine Spannung im Blick von jemandem, der Gang des Geheimpolizisten, der weiß, dass er kein «normaler» Mensch ist und das in seiner Körpersprache zum Ausdruck bringt.

An einem Morgen kontrollierten wir ein Auto in einer Kokkinia, einer der «roten» Nachbarschaften von Athen, in denen es während des Bürgerkriegs viele Kommunisten gegeben hatte. Wir hatten es ein bisschen eilig, wir mussten es abholen, da die Vorbereitung einer Aktion bereits begonnen hatte. Alles wirkte ruhig, nichts Beunruhigendes. Ein Nachbar hatte einen Schlauch aus dem Hof eines Hauses gezogen und wusch sein Auto. Er hatte keinen direkten Kontakt zu unserem Auto, doch müssten wir mit dem Fahrzeug an ihm vorbeifahren. Etwas gefiel mir nicht, ich konnte nicht sagen, was. Unter allgemeinem

Nörgeln beschloss ich, die Abholung auf nachmittags zu verschieben. Als ich ein paar Stunden später vorbeiging, saß er zusammen mit einer Frau in dem Auto. Sie plauderten fröhlich miteinander. Eine Stunde später plauderten sie immer noch. Und am nächsten Tag standen zwei weitere Autos in den Parallelstraßen.

Nach der ersten Kontrolle holten wir die Fahrzeuge bewaffnet ab. Wir hatten Handschuhe an, weiße Stoffhandschuhe, die wir in Tee getränkt hatten, so dass sie die Farbe der Haut annahmen. Früher hatten wir unsere Finger mit Leukoplast umwickelt, speziell im Sommer. Bis eines Nachmittags zwei fünf- oder sechsjährige Kinder über uns sprachen: «Sieh mal, der hat sich wohl an allen Fingern verletzt?»

Jedenfalls musste ich sehr lachen, als ich später die Polizeiakten mit einer Skizze der Umgebung der Louizis Riankour-Straße an jenem Freitag sah, wo dort und in den angrenzenden Straßen eine große Anzahl von Geheimpolizisten zu Fuß oder in Fahrzeugen eingezeichnet waren. Laut Skizze gab es damals alle 20 bis 30 Meter je zwei Geheimpolizisten zu Fuß oder in einem Fahrzeug.

Die Aktion, die der 17N damals vorbereitete, war eine kleinere Aktion gegen einen Beamten des Finanzministeriums, der für den Endentwurf der Steuerpolitik der Regierung verantwortlich zeichnete. Dann aber kam in der Organisation ein anderer Vorschlag auf: Warum nicht den Finanzminister Ioannis Palaiokrassas selbst ins Visier nehmen? Das wäre eine wichtige Aktion, das wäre die Spitzenaktion eines Jahrzehnts der verdichten Praxis des 17N.

Der Vorschlag wurde einstimmig angenommen. Palaiokrassas war der verhassteste Finanzminister der letzten Jahre. Er war der Architekt des «Memorandums» der Mitsotakis-Regierung. Er war mitverantwortlich für den Ausverkauf des öffentlichen Reichtums, für alle Skandale bei der Übergabe von Staatsunternehmen an Privatpersonen. Er war der Architekt der Steuerpolitik, die die Reichen provozierend entlastete und alle Steuerbürden den sozial Schwächeren auferlegte. Er war mitverantwortlich dafür, dass die Auslandsschulden in die Höhe schossen. Schließlich landete er im September 1994 wegen der Bestechung durch italienische Mafiosi, die die AGET Herkules aufgekauft hatten, vor dem Sondergericht, zusammen mit Mitsotakis. Er wurde nur deshalb nicht verurteilt, weil Papandreou im Jänner 1995 alle Gerichtsverhandlungen gegen Politiker einstellte.

Während diese Zeilen geschrieben wurden, erschien ein Buch von Mitsotakis und Palaiokrassas mit dem passenden Titel: *Ihrer Zeit voraus – die Regierung der Nea Dimokratia von 1990–1993*. Es versucht im Wesentlichen eine Verteidigung der schweren Verbrechen von 1990–1993 vor dem unerbittlichen Urteil der Geschichte. Die Zentralidee des Buches ist, dass die heutige Zerstörung des Landes vermieden worden wäre, wenn wir hingenommen hätten, dass es damals zerstört wurde…

Obwohl der Vorschlag als solcher angenommen wurde, traf der Aktionsplan – eine Rakete auf das Finanzministerium abzufeuern – auf viele Vorbehalte. Ein anderer Ort und ein anderer Aktionsablauf wurden vorgeschlagen: In der Junihitze würde es in der Vouli-Straße, wo die Aktion stattfinden sollte, nach halb Vier ruhig sein.

Die ganze Zentralgruppe besichtigte den Ort Anfang Juni. Am Nachmittag, als das gepanzerte Auto von Palaiokrassas aus dem Ministerium über die Karageorgi Servias-Straße losfuhr und dann in die Vouli-Straße einbog, war die Gegend verlassen. Fast keine Fußgänger, sehr wenige bis gar keine Fahrzeuge.

Schließlich erklärten wir uns alle mit der Aktion einverstanden. An der Ecke Vouli-Straße und Karageorgi Servias-Straße gab es ein großes leerstehendes Geschäft mit einem Schaufenster, von wo aus man den Eingang des Ministeriums beobachten konnte. Wir knackten die Ladentür und gingen hinein, wann immer wir wollten. Dort würden wir die Stative mit einem auf die Ecke der Vouli-Straße gerichteten Anschlussrohr aufbauen, dort würde wurde auch die Aktionsgruppe warten. Schon vor der Aktion sollte es eine Deckungsgruppe davor geben, die zu Fuß die Garageorgi Servias-Straße kontrollieren sollte, und auch deren Fortsetzung, die Perikleous-Straße, um bei womöglich auftauchenden Fußgängern die Aktion abzubrechen.

Der Plan deckte an sich alle Eventualitäten ab, aber er hielt der Realität nicht stand. Einen ganzen Monat lang wurde die Aktion fast täglich vorbereitet. Die Gruppe ging in das Geschäft, platzierte die Stative, befestigte das Abschussrohr mit der Rakete und die Deckungsgruppe nahm ihre Position ein. Doch immer ging etwas schief. Mal nahm Palaiokrassas in seinem Mercedes Freunde mit, mal seine Frau. Dann ging zum kritischen Zeitpunkt ein Fußgänger vorbei. Einmal kam der Sänger Manolis Rasoulis aus dem Geschäft gegenüber. Dann bog der Mercedes mal nicht in die Vouli-Straße ein, sondern fuhr geradeaus weiter. Einmal brannte es sogar neben dem Geschäft. Die Aktionsgruppe kam durch den Qualm heraus und musste später zurück, um die Bazooka einzusammeln.

Die Nerven aller waren zum Zerreißen angespannt. An einem Vorabend der Aktion geschah, was wir befürchtet hatten: Die Geheimpolizisten, die das Ministerium bewachten, sichteten die Deckungsgruppe, die die Fußgänger auf der Lekka-Straße und der Perikleous-Straße kontrollierte. Wir mussten die Gruppe abziehen. Die Aufgabe der Deckungsgruppe, eventuelle Fußgänger zu schützen, sollte nun einem der Aktionsgruppe zufallen, der in der kurzen Zeit aus dem Geschäft gehen sollte, in der das gepanzerte Fahrzeug die wenigen Meter zur Vouli-Straße fuhr. So schnell könnte eigentlich kein Fußgänger dort auftauchen.

An jenem Tag der Aktion lief alles schief: Palaiokrassas beschloss das schwere Auto selbst zu fahren. Als ungeübter Fahrer nahm er die Kurve in die Vouli-Straße nicht richtig und bremste im allerletzten Moment ab. Die Rakete streifte den Mercedes und explodierte direkt neben ihm. Palaiokrassas wurde nur verletzt, aber die Druckwelle der Explosion traf einen Fußgänger, der genau während des blinden Punkts der Überwachung gekommen war.

Ein unschuldiger Mensch, Thanos Achsarlian, einer von uns, einer von denen, für die wir kämpften, damit sie eine bessere Zukunft hätten, verlor seine Zukunft. Unser Schmerz war groß, mein eigener unerträglich. Ich rief sofort an und drückte die Trauer des 17N aus. Es mag sein, dass auch die Polizei verantwortlich war, weil sie etwa eine halbe Stunde den Krankenwagen blockierte. Doch trugen wir die Hauptverantwortung. Jahre später im Prozess bat ich um Verzeihung. Ich sagte, dass die Wahl des Ortes und die Aktionsmethode falsch gewesen seien. Es gab Fehler bei der Durchführung der Aktion und falsch war es auch, die Aktion unbedingt an dieser Stelle durchzuführen. Tragische Fehler.

Es war der einzige Fehler dieser Art, der dem 17N unterlief. Nach so vielen Jahren Praxis, nach dutzenden Sprengstoffanschlägen aller Art, Autobomben, nach so vielen abgefeuerten Raketen, Schießereien, Handgranatenwürfen usw. Immer stand für uns die Sicherheit unschuldiger Menschen an erster Stelle. Wir sagten eine Aktion lieber ab, nahmen es lieber in Kauf, uns selbst in Gefahr zu bringen, und verstießen dafür sogar gegen die elementarsten persönlichen Sicherheitsvorschriften.

## Kapitel 19
## Eine notwendige Bilanz

Ein Jahrzehnt voller Aktionen der Organisation neigte sich dem Ende zu. Die Strategie, die diese Art zu agieren definiert hatte, erreichte ihre Grenzen. War es an der Zeit, eine Bilanz zu ziehen?

Was für eine Frage... Noch bevor ich erstmals eine Waffe in die Hand nahm, schon bei der ersten illegalen militanten Aktion, war jeder Moment ein Moment der Rechenschaft. Der bewaffnete Kämpfer ist sich bewusst, dass er sich da bewegt, wo die antagonistischen Klasseninteressen wie tektonische Platten aufeinanderprallen. Dort balanciert er auf der gefährlichen Grenzlinie der Illegalität, der verdeckten Praxis. Er weiß, dass es jederzeit zu einem «Unfall» im Klassenkampf kommen kann, wenn der Zufall mit der unaufhaltbaren Macht der Notwendigkeit zuschlägt.

Ich war mir dessen immer bewusst: Wenn ich eine Waffe in die Hand nahm, wenn ich ein illegales Haus betrat, wenn wir ein Auto knackten, auf einen Hügel kletterten, um in einen Steinbruch oder ein Waffendepot einzudringen, oder eine Straße in Athen, Piräus, Thessaloniki oder Volos bewaffnet entlangliefen.

Nicht bei einer Aktion. Da war man absolut konzentriert. Erst danach, wenn der Puls sich normalisierte und die Anspannung nachließ, wenn mitunter ein Gefühl von Müdigkeit oder Sinnlosigkeit aufkam. Dann begann die Bilanzierung wieder.

Jedes Mal, wenn ich mich von Gavdos verabschiedete bis die Insel am Horizont verschwand, mit der Gischt im Gesicht, mit dem Wissen, dass es das letzte Mal gewesen sein könnte. Jedes Mal, wenn ich von den Tannen der Kaliakouda bergab ging. Jedes Mal, wenn ich die Hand meiner Genossin drückte und in Ektoras Augen schaute. Ja, Bilanz wurde in jeder Sekunde, jedem Bruchteil einer Sekunde gezogen. Immer die unerbittliche Frage: Lohnt es sich?

Niemals verurteilte ich einen Genossen, der zu gehen beschloss. Ich respektierte seinen Entschluss und konnte sogar über die «politischen Differenzen» hinwegsehen, solange er ehrlich war.

Damals, im Sommer 1992, musste ich mir die Frage beantworten: Lohnt es sich diese Art Praxis mit dieser Strategie fortzusetzen? Seit meinem Eintritt in den 17N und besonders nach 2002 sagten alle über mich, dass «die Organisation für ihn über allem steht». Dem war nicht so. Die Organisation war einfach mein Leben, da ich sie, was mich betraf, für den passendsten Weg zur Revolution und sozialer Befreiung hielt.

Als ELA auseinanderging, hörte ich, wie bis zum geht nicht mehr verzweifelte Genossen sagten: «Alles ist verloren!» Ich konnte es niemals so sehen: Die Organisation hat zwar ihr Ende erreicht, aber es lebe die revolutionäre Bewegung!

Nach einem Jahrzehnt voller Aktionen und nach zehn Jahren bewaffneter Propaganda, war es an der Zeit Bilanz zu ziehen. Zehn Jahre sind aus geschichtlicher Sicht zwar nur ein Wimpernschlag, aber es machte keinen Sinn, wie besessen auf einer immer gleichen Interventionsart zu beharren, wenn diese keine Früchte trug. Die Versuche einer «massenhaften» organisatorischen Erweiterung waren erfolglos geblieben und auch der Versuch, die Organisation durch neue Mitglieder zu verstärken, ergab eine negative Bilanz. Es war klar: die Strategie der «Bildung des Bewusstseins und einer Organisation» funktionierte nicht. Zumindest nicht, soweit es die Organisation selbst betraf.

Hinsichtlich der gesellschaftlichen Akzeptanz unserer Praxis waren die Resultate wirklich eindrucksvoll. Die Aktionen des 17N erreichten jeden Winkel des Landes. Sie konnten nicht verheimlicht werden, es war schwer sie zu verdrehen. In alle Richtungen sandten sie die Botschaft des Widerstandes, der Sinnhaftigkeit des Kampfes, ein Signal des Ungehorsams. Und sie hatten ein besonderes Gewicht, weil sie von Leuten gemacht wurden, die alles aufs Spiel setzten. Die Ärmeren erkannten, dass die Organisation das Recht sprach, das sie wollten, dass die Praxis ihren Interessen diente. Mit der Zeit entstand eine Art politische Repräsentation, die ihren Ausdruck auch in den Meinungsumfragen fand, sowohl in den wenigen veröffentlichten, wie auch in den vielen, die verheimlicht wurden, aber zu denen wir einige Einblicke bekamen. Es gab etwa 20 Prozent Zustimmung für uns, mit einem noch höheren Prozentsatz bei Jugendlichen. Diese Zustimmung gab es zu jedem Zeitpunkt, bemerkenswert unabhängig von den Phasen der bewaffneten Praxis, unabhängig von bestimmten Aktionen.

Aber warum wurde die Praxis der Organisation nicht von einer entsprechend großen oder auch nur kleineren Massenbewegung begleitet? Weil in Wahrheit diese Art der politischen Repräsentation nicht weit entfernt von einer politischen Stellvertreterpolitik war.

Der 17N konnte aus seiner Akzeptanz und stabilen Sympathie bei den Ärmeren und Jugendlichen kein politisches oder organisatorisches Kapital schlagen. Natürlich nicht im Sinne einer massenhaften Eingliederung in die Organisation, aber auch nicht hinsichtlich eines Umfelds aus verschiedenen Unterstützungskreisen. Vor allem entwickelten sich keine «Massen-Ebenen», die das jeweilige revolutionäre Bewusstsein der Ärmeren abbilden würden. Das war das kritische Problem des 17N, auf das wir keine Antwort finden konnten.

Dieses ungelöste Problem, über das unsere ganze Strategie stolperte, bevor wir es aus der «Binnensicht» der Organisation untersuchten – also das spezifische Model der Stadtguerilla, das die Organisation gewählt und praktiziert hatte –, konnte nicht ohne das finanzielle-soziale-politische-ideologische Umfeld, in dem es agierte, beziehungsweise unabhängig von den internationalen und griechischen Bedingungen sowie der Entwicklung des weltweiten und griechischen Kapitalismus gesehen werden.

International versuchte das Kapital durch Umstrukturierungen aus der strukturellen Krise, die Mitte der 1970er Jahre ausgebrochen war und 30 glorreiche Nachkriegsjahre ungebremster Akkumulation beendet hatte, zu entkommen. Die neoliberalen Rezepte für eine Globalisierung des Kapitals begannen Wirkung zu zeigen.

Was folgte, war die Politik der «Entwicklung durch Verschuldung». Sie stützte die Akkumulation, verteilte den Reichtum neu und übertrug politische Entscheidungsmacht an die «Märkte». Die Globalisierung als eine neue Form der Herrschaft des Finanzkapitals bezauberte die herrschende Klasse wieder einmal – wie Marx es schon im *Kapital* beschrieb – von der «Chimäre», Gewinn außerhalb der Produktionssphäre zu erzielen. Das fiktive Kapital sammelte sich in einer riesigen irgendwann platzenden Blase, die einer Überakkumulationskrise folgt.

Der neoliberale Kapitalismus fegte seit Anfang der 1980er Jahre auf politischer, finanzieller, sozialer und ideologischer Ebene über alles hinweg: «Liberalisierung» des Kapitals, Neuanpassung der Arbeitsverhältnisse, Privatisierung der öffentlichen Aufgaben, Maximierung der sozialen Spaltung, Stärkung des autoritären Staates, Aufhebung der bürgerlichen Demokratie und methodische Zerstörung jeder Kollektivität.

Die Zeit des Egoismus mit dem Triumph des Persönlichen brach an. Die Bewegung sollte ideologisch entwaffnet und die Gesellschaft von kämpferischen Erinnerungen und revolutionären Traditionen getrennt werden. Die schwere Artillerie der Massenmedien förderte in fast schon Goebbels-Manier Individualität, Konsum und Lifestyle.

Mit dem neoliberalen Kapitalismus einher ging in Griechenland die «sozialistische» Phase der Modernisierung des griechischen Kapitalismus. 1981 wollten 63 Prozent der Wähler – 48 Prozent wählten PASOK und 15 Prozent linke Parteien –, eine politische, soziale und finanzielle Veränderung. Für das Volk schien PASOK mit seinem radikalen Programm – Antiimperialismus, soziale Gerechtigkeit, finanziell unabhängige Entwicklung –, der Träger einer tatsächlichen Veränderung zu sein.

In Wirklichkeit beschränkten sich die Veränderungen durch die PASOK auf die Ebene der politischen Freiheiten und sozialen Rechte, zum Beispiel die Anerkennung des Nationalen Widerstandes, die Abschaffung von Junta-Gesetzen, die Anerkennung der standesamtlichen Heirat und die Bildung des Nationalen Gesundheitssystems. Auch bekamen die «nicht Privilegierten», wie PASOK sie nannte, höhere Pensionen, mehr Sozialhilfe und weitere finanzielle Unterstützung. Allerdings wurden diese Maßnahmen nicht durch eine Besteuerung des großen Reichtums des griechischen und ausländischen Kapitals finanziert, sondern durch eine weitere Staatsverschuldung. Diese Verschiebung finanzieller Ressourcen hatte zur Konsequenz, dass die politische Macht des inländischen Kapitals und die Abhängigkeit vom ausländischen Finanzkapital zunahmen.

PASOK führte die in ihrem Programm angekündigte produktive Umstrukturierung der staatlichen Investitionen, Vertikalisierung des Verarbeitungssektors und die Umstrukturierung des landwirtschaftlichen Sektors nicht durch. PASOK vermied jegliche Konfrontation mit dem griechischen und ausländischen Kapital, indem sie in Wirklichkeit das «Nachkriegsentwicklungsmodell» der abhängigen griechischen Dienstleistungsökonomie fortführte, und nur den Konsumsektor durch weitere Anleihen stärkte.

In dieselbe Zeit fiel der zerstörerische Beitritt in die immer deutscher werdende Europäische Wirtschaftsgemeinschaft EWG. Das Ergebnis war eine Werteübertragung von der Peripherie in Richtung Zentrum, eine Verwandlung der griechischen Defizite in deutsche Überschüsse. Mit dem Beitritt zur EWG, und später zur EU, wurde selbst der winzigste existierende Verarbeitungssektor des Landes abgewickelt und die Zerstörung des Agrarsektors eingeleitet. Die Außenhandelsbilanz verschlechterte sich, die Defizite mussten durch immer größere Darlehen gedeckt werden und die Abhängigkeit nahm zu. Die deutsche Vorherrschaft verdrängte immer mehr die US-amerikanische. Die USA sollten jedoch auf finanzieller und politischer Ebene viel Macht behalten, sowieso via NATO und CIA bei den bewaffneten Staatsorganen. Die USA behielten ihre Militärbasen, insbesondere Souda auf Kreta, ihre größte im Mittelmeer, die eine Schlüsselstellung bei den US-Plänen für die ganze Region einnimmt.

Die ständig wachsenden Staatsschulden wurden vom deutschen und US-Kapital als Druckmittel gegen die griechischen Regierungen benutzt. Sie förderten bereits 1985 die Austeritätspolitik von Ministerpräsident Konstantinos Simitis, einem Mann der deutschen EWG. Unter demselben Druck änderte sich auch die griechische Außenpolitik, die 1988 einer Lösung der regionalen NATO-Probleme mit der Türkei auf Kosten Griechenlands zustimmen musste.

Die Fortsetzung des finanziellen Nachkriegsmodels durch die PASOK führte zur ständigen Ausweitung des Dienstleistungssektors und zur Vergrößerung der Mittelschicht. Die Zerstörung des sekundären Sektors und die Abwertung der landwirtschaftlichen Produktion führte als Konsequenz des Beitritts zur EWG zu einem erheblichen Anstieg der Arbeitslosigkeit. Die PASOK-Regierungen nutzten den Staatsapparat, um die Arbeitslosigkeit aufzufangen, wodurch die Mittelschicht noch mehr wuchs.

PASOK benutzte den Staat für ihre Wahlklientel, ihren Parteiapparat, ihre Nomenklatur höherer Staatsbeamter und mittlerer Bürokraten, ihre ausgehaltenen Intellektuellen, ihre subventionierten Universitätsangestellten, ihre Arbeiteraristokratie in den öffentlichen Unternehmen und Organisationen, ihre Beamten in den bewaffneten Institutionen, die ihren Anteil an den Bestechungsgeldern und Vorteile bei der Postenverteilung bekamen: Mittelschichten, die mit Privilegien und Korruption für ihre Unterstützung der Partei bezahlt wurden.

Von ihrer Klassenlage her waren es die immer größer werdenden Mittelschichten, die die radikalen sozialen Konfrontationen absorbierten, die die sozialen Reaktionen in institutionelle Kanäle und in erlaubte und erträgliche Bahnen leiteten. Aus dieser sozialen Basis kam auch die große Mehrheit der politischen und gewerkschaftlichen PASOK-Funktionäre, die entsprechend ihrer Klasseninteressen den Kampf auf eine politische Auseinandersetzung begrenzen und keinen radikalen Umsturz wollten.

Die prozentual zunehmende Mittelschicht bestimmte die Klassenzusammensetzung der Bevölkerung durch ihre speziellen politischen, sozialen und ideologischen Charaktermerkmale. Dies führte zu einem immer niedrigeren Niveau des Klassenkampfes in Griechenland.

In der griechischen Gesellschaft herrscht der Individualismus, der Hunger zu konsumieren, der Eigennutz, die Anbetung aller etablierten Werte der kapitalistischen Gesellschaft. Eine weltbürgerliche Einstellung, die den Angriff auf die Volkskultur, die kämpferischen Traditionen und die kollektiven Erinnerungen einfacher macht. Hier wurde der Lifestyle groß, hier gewannen das Protzen mit Konsum und Reichtum, die Scheinbedürfnisse und das hohle Vorsichhinleben Oberhand. Diese Gesellschaft trug zur Entfremdung und zum Kleinbürgertum der Arbeiter bei und verdarb sie moralisch.

Oft reden meine Genossin und ich über diese Vergötterung des Konsums, das Vorzeigen des Reichtums in den Mittelschichten, selbst bei manchen Kinderpartys von Mitschülern meines Sohnes, ihr Mitleid, wenn wir an Ektoras Geburtstag selbstgemachten Saft und offenen Retsina anboten, das halbe Lächeln über unseren alten roten Lada, der uns doch heldenhaft über alle staubigen Straßen Griechenlands gebracht hatte.

Auf der einen Seite die Zerstörung des sekundären Sektors durch den Beitritt zur EWG, auf der anderen Seite der griechische parasitäre Kapitalismus, der das Wachstum des tertiären Sektors förderte – beides trug in gleichem Maße zum drastischen Rückgang der Arbeiterklasse bei.

Es traf also besonders die Sektoren, die das Klassenbewusstsein fördern. Und das in einem Land, das keine weit zurückreichenden Wurzeln im Arbeitermilieu hat, da die meisten Arbeiter aus der Landwirtschaft kommen, und wo es aufgrund der Entwicklungsgeschichte des griechischen Kapitalismus viele kleine und mittlere Unternehmen gibt, was Konsequenzen für die Entstehung und das Wachstum des Klassenbewusstseins hat.

Die Klassenstruktur des Landes veränderte sich also – besonders seit Anfang der 1990er Jahre – durch eine lange Periode der Inkorporation des Kleinbürgertums und der Entfremdung. Mit der kapitalistischen Strategie «Entwicklung durch Darlehen» ergab sich eine zunehmende Reproduktionsbasis und Inkorporation der Mittelschichten, aber auch der Arbeiterklasse und des Bauerntums. Das billige – geliehene – Geld floss in Strömen, die Korruption wurde allgegenwärtig und viele Arbeiter wollten sogar auf dem niedrigsten Korruptionsniveau profitieren. Der Preis dafür war Entfremdung. Die Massenmedien trugen entscheidend zu der ideologischen Manipulation und der kulturellen Beliebigkeit bei, sie schlugen Risse in die kollektive Erinnerung.

Der Neoliberalismus triumphierte: Anfang der 1990er Jahre war die Berliner Mauer gerade erst gefallen, der Ostblock und die Sowjetunion sollten bald darauf zusammenbrechen. Der Kapitalismus wurde zügellos. «Das Ende der Geschichte», jubelten seine Befürworter. Ideologisch scheint die neoliberale Denkweise auf jeder Ebene zu herrschen.

Ohne eine verräterische neoliberalisierte Linke hätte diese Herrschaft nicht die Oberhand gewinnen können. Nachdem die Linke bis zur letzten Konsequenz das Prinzip der friedlichen (Klassen-)Koexistenz verfolgt hatte, gab sie nun jede Vorstellung von Befreiung auf und pries den «demokratischen» Kapitalismus. Sie stellte das kapitalistische System nicht mehr in Frage und manipulierte oder verleumdete jede spontane oder organisierte konfrontative Bewegung. Im Endeffekt stabilisierte sie den Staat und zeigte ihr systemimmanentes Wesen.

Noch vor dem Fall der Berliner Mauer hatte die griechische Parteilinke die Mauer zwischen sich und der Rechten eingerissen. Die Koalition mit ihrem skrupellosesten Gesicht, Mitsotakis, säte Chaos im Volk und traf dessen Seele. Der Zusammenbruch des Ostblocks brachte das Volk ans Ende seiner Kräfte, da es von vielen als Niederlage und Misserfolg des Sozialismus verstanden wurde.

Die Parteilinke stellte dem ideologischen Angriff des neoliberalen Kapitalismus keine ernsten Hindernisse in den Weg. Ihre «kommunistische», «sozialistische» und «ökologische» Führung trivialisierte so weit wie möglich den Sinn von Kommunismus, Sozialismus und Ökologie. Wir erlebten einen noch nie gesehenen Rückzug der Sinnhaftigkeit und der Ideen. Ich kann den Hohn jener Zeit nicht vergessen, wenn ich Marx oder Lenin auch nur zitierte: «Wie altmodisch!»

Finanziell schien der Kapitalismus wieder aufzublühen. Die neoliberalen Rezepte beschleunigten im europäischen Zentrum, vor allem in Deutschland, die Akkumulation und den Konzentrationsprozess des Kapitals, aber auch in griechischen Schlüsselunternehmen wie den Reedereien, Banken, Baufirmen, die sich auf die Nachbarländer ausdehnten. Die Politik des billigen Lebens auf Pump erzeugte ein Klima scheinbaren Wohlergehens mit einem glitzernden Lifestyle und ungezügelter Lässigkeit. Bilder, die an Pompeji erinnern. Im selben Moment, in dem die Produktionsbasis des Landes methodisch und geplant schrumpft, nimmt der Konsum pervers zu.

Moralisch gesehen ist diese in den 1990er Jahren beginnende Periode die vielleicht schlimmste in der neueren Geschichte Griechenlands. Die Schwindeleien und Betrügereien, die allgemeine Korruption, der moralische Absturz der staatlichen Funktionäre, der Führungsschicht der Gewerkschaften und kommunalen Selbstverwaltungen sowie der schamlose Raub des öffentlichen Reichtums erhoben sich unter der Mitsotakis-Regierung in höchste Sphären. Die «Modernisierung» durch Konstantinos Simitis konnte da leicht anknüpfen.

Für die Bewegung gehörten die 1990er zu den härtesten Jahren. Die legalen politischen Kräfte schrumpften, die illegalen verschwanden. Hohe Wellen ideologischer Abwertung, Entpolitisierung, Opportunismus und Einverleibung schlugen über kleine Inseln der Kritik und des Widerstands zusammen.

In die Krise von 1989 bis 1990 und den ersten Jahren der 1990er, in den Triumph des Neoliberalismus, fiel zwischen 1983 und 1992 der Höhepunkt der verdichteten Praxis der Revolutionären Organisation 17N. Damals wurde die Strategie der bewaffneten Propaganda erprobt: die «Bewusstseinsbildung durch die Praxis und die Mobilisierung des Volkes». Die Ziele dieser Strategie rückten aber nicht näher, insbesondere die damals noch naheliegenden Versuche eine «offene» Struktur aufzubauen, die aus der realen Akzeptanz der Organisation durch einen wichtigen progressiven und militanten Teil des Volks Kapital schlagen sollte.

## Kapitel 20
## Die Flamme erhalten

Die Versuchung ist groß, einfach zu behaupten, dass die Strategie des 17N nicht den erwarteten Erfolg hatte, weil der gar nicht möglich war angesichts des ungünstigen finanziellen, soziopolitischen und ideologischen Umfelds nach dem Verrat der Parteilinken und dem Ende des «real existierenden Sozialismus».

Während es in jener Zeit weltweit unerbittliche und einzigartige Rückschritte gab, konnte in Griechenland keine vielfältige bewaffnete und massenhafte Bewegung entstehen. Der 17N konnte diese Verhältnisse nicht überwinden. Ich könnte sagen: «Die ganze griechische – und nicht nur die griechische – Bewegung hat versagt, wie hätte der 17N eine Ausnahme sein können?» Ich könnte sagen, dass objektiv gesehen, die Organisation gemacht hat, was sie hat machen können.

Das stimmt in hohem Maße. Doch dann müsste ich dieses Kapitel schließen und dieser Versuch sich unserer Geschichte zu nähern, würde als eine Heldengeschichte vertrocknen. Als eine selbstgerechte gar, weil wir die heutigen katastrophalen Entwicklungen vorhergesehen haben und so gut wie möglich gekämpft haben, um sie nicht Wirklichkeit werden zu lassen.

Aber das wäre ein unfertiges Buch. Es würde unsere Strategie nicht richtig erklären, es würde die Zuspitzung unserer Praxis bis 1992 einseitig und den Schlag gegen uns im Jahr 2002 mangelhaft erklären. Das Buch wäre ohne unsere Selbstkritik unvollendet, und ich meine eine ehrliche, umfassende, objektive Selbstkritik. Eine, die die internen Gegensätze unserer Organisation enthüllt, ihre Dynamik, aber auch ihre Grenzen, die Hauptfehler, die ihre Entwicklung besiegelten. Ohne Selbstkritik würden wir den üblichen Weg einer heldenhaften offiziellen Parteigeschichte beschreiten: «Alles wurde richtig gemacht, aber die objektiven Bedingungen, die persönlichen Fehler…»

Ich werde versuchen die ganze Wahrheit, von der man heute berichten kann, aufzuschreiben – weil die Wahrheit revolutionär ist. Auch wenn es nötig ist, Wunden zu berühren und schmerzhaft «eigene Fehler» zu betasten. Aber so wird bei uns die Geschichte geschrieben und so werden diese Zeilen für diejenigen, die wieder neue Wege und neue Antworten auf die alten gleichen Fragen suchen, nützlicher sein. Ich hoffe, dass auf dieses Buch weitere von denen folgen, die die gleiche Geschichte erlebt haben. Dass sie die Geschichte aus ihrer Perspektive erzählen, so, wie sie sie erlebt haben, damit wir gemeinsam das Wesen der Geschichte erkennen können. Ich hoffe, dass dies mit der gleichen Sorgfalt geschehen wird, die wir hatten, als wir kämpften, nicht für uns selbst, sondern für die riesige Aufgabe der Befreiung des Menschen.

Und noch etwas – wie die alten Fußnoten in unseren Erklärungen –: Ich kann nicht aufhören, der zu sein, der ich bin. Ich kann meine Geschichte nicht verleugnen. Ich habe es nicht während des Prozesses getan, als ich sie am meisten habe vertreten und würdigen müssen. Ich habe mir nicht gewünscht – ganz und gar nicht – als einziger Vertreter der Organisation gegen ihre Verleumdung und Niederlage aufzutreten. Wir hätten gemeinsam dem ideologischen Angriff auf unsere alten Werte, Werte, für die so viele im Lauf der Jahre gekämpft haben, entgegentreten müssen – im Einklang mit den nach wie vor gültigen Prinzipien der griechischen und weltweiten revolutionären Bewegung.

Vor kurzer Zeit las ich einen Beitrag des Historikers Mark Mazower über den 17N im britischen *Guardian*, der ihn als die «furchterregendste» Organisation in

Europa bezeichnete. Zur Zeit des 17N hatte die US-Botschaft in Athen die höchsten Kosten für Sicherheitsmaßnahmen im Vergleich zu allen Vertretungen der USA weltweit. In unserem kleinen Land war der 17N ein spitzer Stein im Stiefel von Uncle Sam, dem schießenden Cowboy.

Als die Organisation im Sommer 2002 zerschlagen wurde, war man sehr erleichtert auf der anderen Seite des Atlantiks und beim einheimischen Bürgertum, beim griechischen Kapital und seinem politischen Personal. Sie alle jubelten hasserfüllt und voller Rachegelüste.

Der 17N erlitt seine Niederlagen nicht wegen eines Zufalls – der immer seine Rolle in der Geschichte spielt. Nicht aufgrund einer Übermacht des Feindes – der war jahrelang zu schwach gewesen, uns zu fassen. Der 17N wurde von seinen internen Gegensätzen geschlagen, von seinen grundlegenden Entscheidungen, von den Fehlern, die er machte, und die seine Entwicklung bis 1992 und die Niederlage 2002 determinierten.

Der 17N sah sich in seinen Veröffentlichungen immer als eine Organisation der bewaffneten Propaganda mit der Perspektive des «bewaffneten Volkes». Im Gegensatz zu dieser deklarierten Strategie, die die organisierten Massen als eine notwendige Bedingung für eine Revolution sieht, wurde schließlich eine eindimensionale Linie des bewaffneten «Fokus» verfolgt. Es fehlte die strategisch geplante geduldige und langfristige politische Arbeit in den Massen.

Unsere Antwort auf die Komplexität des revolutionären Prozesses und die Vielgestaltigkeit der Bewegung, die man taktisch differenziert behandeln muss, war lediglich der bewaffnete Fokus. Er sollte durch seine ständig quantitativ und qualitativ wachsende Praxis Bewusstsein schaffen und organisieren. Sein Hauptziel war die Entwicklung und Sicherung des Kerns selbst, der die Hauptform des Kampfes, den bewaffneten, führte. Der 17N sollte nach dem Willen der meisten Mitglieder eine mehr oder weniger homogene bewaffnete Organisation sein, die durch ihre Geschlossenheit eine flexible und effektive Praxis gewährleistete. Er sollte keine komplexe politisch-militärische Organisation mit inneren Tendenzen und internen ideologischen Kampf sein.

Diese grundsätzlichen Entscheidungen waren die primären strategischen Fehler der Organisation. Sie begrenzten die Reichweite der politischen Interventionen des 17N und limitierten auch die politische Bandbreite der Organisation selbst. Diese doppelte Beschränkung war in der Zeit der verdichteten Praxis tatsächlich positiv für die Politik der Organisation, da sie deren Effektivität steigerte. Die ganze Kraft ihrer Mitglieder konzentrierte sich auf den Aufbau des bewaffneten Apparats, und dessen Homogenität ermöglichte zeitnahe entscheidende Aktionen. Doch mittel- und langfristig wirkte diese doppelte Beschränkung negativ.

Obwohl unsere Praxis revolutionäres Bewusstsein erzeugte und die Sympathien für und die Akzeptanz der Organisation ständig wuchsen, konnten wir daraus kein organisatorisches Kapital schlagen. Es ist wahr, dass wir zeitweise versucht haben, so etwas wie einen massenhaften politischen Ausdruck unserer Praxis herzustellen. Doch damals geschah im «legalen» radikalen Raum genau das, was der 17N schon für den bewaffneten Kampf gezeigt hatte: Diejenigen, die auf irgendeinen «großen Tag» warten, ohne sich auf ihn «hier und heute» vorzubereiten, sind, wenn dieser gesegnete Moment kommt, nicht auf dieses gigantische Werk vorbereitet.

Die Massenarbeit hat ihre eigenen Regeln, kann nicht mit «Befehlen» auf die militärische Weise erledigt werden. Sie braucht Planung, Geduld und wirft erst langfristig Früchte ab. Sie braucht eine eigene Annäherungsart, je nach sozialem Ort und je nach Bewusstseinsgrad. Das, was wir «Ameisenarbeit» nennen, ermöglicht erst die komplizierten Vertrauensbeziehungen zu den bewussten Kämpfern, Offenheit und Vertrauen auf den Erfindungsreichtum des Volkes, das uns immer mit originellen organisatorischen Formen überrascht hat.

Ich verstehe die politische Arbeit mit den Massen so, wie ich sie sah, als ich in den Massenorten arbeitete: als Arbeit für die autonome, militante und selbstorganisierte Entwicklung der Bewegung. In diesem Prozess entstehen auch die Kämpfer für die illegale bewaffnete Praxis und dadurch würde sich eine politische Nähe der Organisation in eine organisatorische Verwurzelung verwandeln, was riesige qualitative Auswirkungen auf die illegale Organisation haben würde.

Ich las vor kurzem – noch einmal – das Buch *Die tote Division* des Partisanenkapitans Belas über die Demokratische Armee Griechenlands (DSE). Als es dort keinerlei Verbindung zu den Dörfern und nicht einmal die elementarsten politischen Organisationen gab, mussten die wenigen Kämpfer im Menalo-Gebirge leiden. «Blind» waren sie, ohne Informationen, ohne Verpflegung, ohne neue Kämpfer. Wie am Ende des Kampfes im Jahr 1949. Die letzten Partisanen verschwanden in dem Rhythmus, in dem sie die Unterstützung des organisierten Volkes verloren, so, wie auch die «Kleftes» 1805 verschwanden, als auch sie nicht mehr durch das Volk unterstützt wurden. Ich will keine unvergleichbaren Situationen gleichsetzen, aber es ist unbestreitbar, dass die Erfahrungen früherer Revolutionen die beste revolutionäre Theorie sind.

Eine direkte Konfrontation zwischen einer bewaffneten revolutionären Organisation und der konterrevolutionären staatlichen Repression ist nicht nur ein politischer Fehler, sondern auch der Untergang einer Guerilla. Die bewaffneten Organisationen fühlen sich sicher, wenn sie eine «perfekte» illegale Struktur haben, die sie völlig kontrollieren. Sie sind stolz auf sie, haben sie unter oft schwierigen Bedingungen Stück für Stück aufgebaut, sie ist die Basis ihrer Praxis. Wir hatten die Tendenz, uns abzuschotten und die illegale Organisation nicht mit dem Volk selbst aufzubauen. Wir lernten nichts von der revolutionären Theorie im Sinne der Erfahrungen früherer Revolutionen, auch nicht von der damals noch revolutionären illegalen KKE, die mit «nicht verbrannten» Kämpfern konzentrische Unterstützerkreise organisierte.

Ebenso falsch war es, interne Widersprüche dadurch zu «lösen», dass nicht einverstandene Genossen entfernt wurden, also das als Problem empfunden wurde, was in Wirklichkeit die innere Dynamik einer Organisation sein sollte.

Die grundsätzliche Grenze des 17N wurde bei der Diskussion der Organisationsfrage um das Jahr 1983 und noch einmal 1984 beim Ausschluss der «dritten Position» klar. Unmittelbar hatte der 17N dadurch hinsichtlich einer effektiveren Praxis gewonnen, aber langfristig erlitten wir dadurch großen Schaden. Es mag sein, dass wir den theoretischen Diskussionen für kurze Zeit entgingen, aber wir verloren auch einen Teil der Theorie.

Eine permanente Diskussion und die Kritik unter Genossen samt ehrlicher Selbstkritik sollte für revolutionäre Organisationen die richtige Lösungsform interner Meinungsverschiedenheiten sein.

1983, 1984 verloren wir vieles: Zugänge zu und Erfahrungen der Massenbewegung, auch einige soziale Orte. Theoretische Reflexionen. Sogar Klassenlage. Die Abgänge von 1983 und 1984 kosteten uns viel, was die dauerhafte theoretische Diskussion und Suche anging. Zum Beispiel verspätete sich unsere Vorhersage der Klassenentwicklung durch zunehmende Inkorporierung von Teilen der Arbeiterklasse während der ganzen 1980er Jahre, was erkennbare Konsequenzen für unsere Strategie hatte.

Unsere Auffassung, die zur einseitigen Entwicklung des bewaffneten Aspekts und zur einseitigen Entwicklung der Organisation geführt hatte, war in Wirklichkeit das Resultat verschiedener Ansichten und Wünsche. Ich habe meine kurz erklärt: In jener Situation gab es eine Priorität der bewaffneten Praxis und die Gesamtheit des revolutionären Prozesses wurde nur bruchstückhaft analysiert, die bewaffnete Praxis prägte die Konfrontation und sollte die Besiegbarkeit des Systems vor Augen führen. Sie sollte Bewusstsein und Organisation auf einer höheren Ebene als ein Ganzes zusammenfügen. Eine Rolle spielten auch die jungen Kämpfer, die von steriler Theorie genug hatten, und die direkte revolutionäre Aktion suchten.

Hinzu kamen noch die Positionen der älteren Kräfte im 17N, die bei der Auflösung des Vereinigungsversuchs in Kouponia zum Tragen kamen und sich vor allem in der Forderung nach einer «Zentrale» in der organisatorischen Form des 17N ausgedrückt hatte: einer zentralen Organisation, aber auch einer Zentrale für die breitere Bewegung.

An dieser Linie hatten manche Genossen 1982, 1983 Kritik geübt. Obwohl sie im Großen und Ganzen mit dem Kritiktext des 17N an den Brandstiftungen übereinstimmten. Die Kritik richtete sich gegen eine einseitige bewaffnete Praxis, die sich organisatorisch von der Massenaktion abschirmt, denn dadurch würde der einheitliche politisch-militärische Charakter der Organisation und auch des Kampfes gespalten. Die Genossen hielten das für einen Verstoß gegen die Strategie des bewaffneten organisierten Volkes. Mit dieser Spaltung, so sagten sie, würde diese spezifische Organisation eine bewegungsexterne Struktur.

Außerdem würde sie die ganze Bewegung in der Rolle eines Entscheidungszentrums kontrollieren, dirigieren und leiten wollen. Diese Kritiker haben aber keine alternative politische Lösung angeboten, die alle Kampfformen kombiniert hätte und in der Praxis hätte ausprobiert werden können. Der 17N hat hingegen mit seiner Taktik und Strategie jene politischen Ergebnisse erzielt, die zum Beispiel den Historiker Mazower zu seiner bereits erwähnten Beurteilung brachten.

Als ich 1992 auf die vergangenen Jahre zurückblickte, sah ich sie so: Seit Ende 1988 steckte das Land in einer allgemeinen Krise. Einer Finanzkrise, einer sozialen Krise, einer Krise der Werte. Eine Krise, die anscheinend den Charakter einer institutionellen, einer Staatskrise bekam.

Genau in dieser Zeit war der 17N in seiner besten Entwicklungsphase, was die Form der Stadtguerilla betraf, die er sich ausgesucht hatte. Er hatte einen zuverlässigen bewaffneten Apparat aufgebaut mitsamt einer stabilen Infrastruktur. Er hatte die Größe erreicht, die er wollte, hatte Aktionsbasen in Athen und anderen großen Städten. Er hatte Mitglieder, die für seine Art des Kampfes gut trainiert waren. Auch sicherheitstechnisch war er, würde ich sagen, ideal aufgestellt. Er war absolut abgeschottet, und bei Polizei, griechischen Geheimdiensten und den besten ausländischen Geheimdiensten herrschte buchstäblich tiefste Finsternis. Sie wussten nichts über die Mitglieder, Möglichkeiten und Arbeitsweisen des 17N. Im Gegensatz dazu hatten wir ein sehr gutes Bild von der Repression, wir sammelten die Informationen, die wir brauchten, und beobachteten unsere Gegner. Wir berührten sie fast! Subjektiv betrachtet, hatte die Organisation eine ideale Größe und ideale Bedingungen hinsichtlich ihrer Planungen und Absichten.

Gleichzeitig agierte der 17N unter der Rahmenbedingung, dass die politischen Parteien und Kräfte abgewirtschaftet hatten, die Presse als unzuverlässig erkannt worden war, und die Lumpenbourgeoisie ihren diebischen Charakter preisgegeben hatte. Das andauernde Geschwätz des Bürgertums und der Reformisten über «suspekte Figuren» und «dunkle Kreise der Anomalität» riefen nur allgemeine Heiterkeit hervor.

Unter diesen Gegebenheiten konnten Leute in kürzester Zeit alles lernen, was sie jahrelang nicht lernen konnten. Der Vorhang zu den Kulissen der Macht war gelüftet worden und der 17N war auf dem Höhepunkt seiner stärksten Praxis. In den zwei, drei Jahren der Krise fanden die relativ meisten Aktionen statt und wurden mehr Texte veröffentlicht als je zuvor.

Damals wurden das Modell Stadtguerilla, die «Bildung von Bewusstsein und Organisation über den bewaffneten Kampf», erprobt und es stieß an seine Grenzen, die Organisation wirkte wie in einer Strategiekrise. Sie spiegelte sich in dem Text von 1992, der zum Jahrestag des Polytechnikums herausgegeben wurde schon vom Titel her. Er wurde zwar «Manifest '92» genannt, doch enthalten die vielen Seiten nur zwei Absätze zur Strategie der Organisation: Dem

17N «gelang es mit seiner konsequenten Praxis während all dieser Jahre eine wichtige illegale revolutionäre politische Kraft aufzubauen, die fern der legalen politischen Szene sein mag, doch dem realen politischen Leben nah ist, da sie von einem großen Teil der Arbeiter anerkannt wird. Sein Erfolg liegt in seiner Existenz als solcher, da er das Regime in allen seinen Facetten in Frage stellt.»

«Gleichzeitig ist der 17N als eine solche vom Regime nicht kontrollierte Kraft eine Chance für die Zukunft. In einer großen Krise, könnte er dem Regime ernste Probleme bereiten und dessen Versuche, die Arbeiter irrezuführen und zu manipulieren, behindern. Er könnte die Arbeiter dazu einladen, völlig anders zu kämpfen.»

Der erste Absatz beschreibt einfache Tatsachen. Der 17N war tief im Volk verwurzelt. Seine Aktionen sprachen die alte Sprache des Widerstands. Das Volk erkannte sie und konnte den alten Klang der Berge heraushören und von den Stimmen der Ebenen, die es nur in einen unterwerfenden Schlaf wiegen wollten, unterscheiden. Der 17N war eine Ausprägung der alten revolutionären Kontinuität, ein paar neue Hände, die den alten roten Faden des Widerstandes gegen die Macht wieder aufnahmen.

Viele erkannten sich im 17N wieder, er erinnerte sie an ihre eigenen revolutionären Traditionen. Die politische Verbindung zwischen der Organisation und dem Volk war tatsächlich viel mehr: Es war die alte Verbundenheit des Volkes mit seinen eigenen kämpferischen Werten, mit seiner Widerstandstradition.

Wie oft hörten wir doch als ein Teil des Volkes diesen tiefen Seufzer im Moment der Erleichterung, der die Seele entlastete und aus der Tiefe seines Bewusstseins kam. Was zeigten diese Seufzer? So viele nicht erfüllte Erwartungen, verratene Befreiungsträume, so viele nationale und lokale, familiäre und persönliche Erniedrigungen. So viel soziales Unrecht. So viel Gewalt – staatliche, polizeiliche, finanzielle. So viel Straffreiheit für die skrupellosen Mächtigen. Fand all dies nicht eine Antwort durch einen Tropfen Gerechtigkeit?

Es war eine tiefe und unmessbare Verbindung. Allerdings maß die Macht mit der Umsicht jahrhundertelanger Erfahrungen das Ausmaß der Anerkennung der Gegengewalt. Ich muss hier anmerken, geduldiger Leser, dass ich zwar über den 17N schreibe, weil ich ein Teil seiner Geschichte bin. Doch ich erinnere auch indirekt an ganz andere Strömungen mit so vielen einfachen Kämpfern aus dem Volk, die so viele Organisationen der Volksgegengewalt gebildet haben. Die Mächtigen zählten und zählten, doch das Resultat war immer das Gleiche, die Umfragewerte veränderten sich nicht, nicht einmal nach ein paar weniger erfolgreichen Aktionen. Nicht einmal nach dem tragischen Verlust auf dem Syntagma-Platz.

Noch 2013 kamen Umfragen ans Licht, nach denen 20 bis 30 Prozent der Befragten die Wiederentstehung des 17N befürworteten! In den Jahren der Junta trafen die Bomben des Widerstandes oft nicht, vier Menschen haben ihr

Leben verloren, dutzende wurden verletzt. Das griechische Volk wusste, dass es tragische Unfälle waren und sie schmerzten die revolutionäre Bewegung sehr. Sie trauerte zusammen mit der Familie um den Verlust des unglücklichen Mädchens, das im November 1971 starb, als an der Ecke der Piräus- und Zinonos-Straße die Bombe vor dem Justizministerium explodierte. Sie trocknete ihre bitteren Tränen und beschritt noch vorsichtiger und sorgfältiger den Weg, der so viele Tränen, Gefängnis und Blut für die Kämpfer selbst bereithielt.

Dennoch endete dieser erste Absatz 1992 eigentlich mit einem Abschied von der Strategie, die der Praxis der vergangenen zehn Jahre ihren Höhenflug beschert hatte. Der 17N sah nun seine reine Existenz schon als «Erfolg». Im Satz wurde ergänzt, er sei eine «Chance für die Zukunft», und «in einer großen Krise» könnte die Organisation die Arbeiter dazu aufrufen, für etwas ganz anderes zu kämpfen.

Wenn man sich im Strudel einer Krise befindet, die man als solche benannt und analysiert hat, wenn man im Strudel fieberhafter Praxis lebt, um genau auf diese Krise zu antworten, hat man nicht die Weitsichtigkeit, die nach einiger Zeit entsteht. In der Zeit selbst sieht man nicht den Widerspruch, eine kommende «große Krise» als Ziel seiner Interventionen zu definieren, obwohl das System sich gerade von einer «großen Krise» erholt. Und man sieht nicht, dass der Aufruf an die Arbeiter, für etwas ganz anderes zu kämpfen, trotz einer gerade «idealen» Situation nicht das erwartete Ergebnis hat.

Es war also klar, dass das Modell Stadtguerilla unzureichend war. Und natürlich war das Umfeld alles andere als günstig: Der neoliberale Kapitalismus schritt voran, der «reale Sozialismus» war zusammengebrochen, die Linke verhielt sich verräterisch und die Arbeiter wurden assimiliert. Das waren die entscheidenden Parameter, die man bei einer Strategieanpassung berücksichtigen müsste.

Ein Weg, der uns offenstand, war die Fortsetzung der gleichen Strategie mit einer weiteren Steigerung unserer Praxis. Eine Wahl, die andere Stadtguerillaorganisationen in einer ähnlichen Situation getroffen haben. Unsere Verfolger erwarteten so etwas von uns. Aber diesen Weg lehnten wir ab. Ein anderer – persönlicher – Ausweg war der des «Ruhestandes» und Rückzugs, den einige von uns einschlugen.

Der richtige Weg musste sich aus der Bewertung der bisherigen Reise ergeben und unser wesentliches Defizit erkannt werden. Dieses Defizit war, dass zwar 20 bis 25 Prozent die Praxis des 17N befürworteten, was uns selbst unsere ärgsten Feinde anrechneten, aber doch Zuschauer blieben. Apropos ärgste Feinde: G. Marinos schrieb am 28. April 2002 in der Zeitung *To Vima*: «23,7 Prozent der Befragten, also hochgerechnet fast zweieinhalb Millionen griechische Mitbürger, sind mit den ideologischen Thesen des 17N einverstanden, sie sympathisieren also mit dessen «Kämpfern» und sie heißen deren mörderisches und terroristisches Werk gut oder nehmen es zumindest hin.» Die Organisation hatte also objektiv gesehen die notwendige Verbundenheit erreicht. Aber organisatorisch hatte sie sich nicht im Volk verankert, hatte dort keine gewachsenen Verbindungen, weil sie nicht methodisch und geduldig genug gearbeitet hatte, um Zustimmung in Organisation und mehr Bewusstsein zu verwandeln. Das hatte Folgen.

Eine tapfere Selbstkritik stand an, die Einsicht in das Defizit des eigenen Plans. Der Geist der Organisation musste geändert werden, das Wort «Fehler» musste ausgesprochen werden können, wenn es notwendig war, und eine grundlegende Neuplanung erfolgen. Wir mussten einsehen, dass, wie im griechischen Sprichwort, «nicht nur der Horizont schief war, sondern auch wir schief segelten».

Tatsächlich war der Horizont objektiv sehr schief. In den 1990ern bekam der Kapitalismus immer mehr Wind in seine Segel. Die 1990er Jahre waren hart für die Bewegung, die revolutionären Inseln schrumpften im dicken Brei des Durcheinanders und durch die Vereinnahmung durch das System. Mit ihnen schrumpfte auch der 17N, aus einer Organisation wurde eine Gruppe. Sie schrumpfte wegen des Rückzuges von Kämpfern, aber auch durch den «natürlichen» Verschleiß illegaler Organisationen: Manche rauchten sich an den Reibungspunkten der sozialen Sphären auf, manche wurden den Repressionsorganen bekannt und mussten sich zurückziehen. Aber wenn eine Organisation vollkommen abgeschottet ist und nicht an sozialen Orten arbeitet, werden entstehende Lücken nicht mehr gefüllt – oder es werden Personen rekrutiert, die politisch gesehen nicht die beste Wahl sind.

Wir standen mit unserer subjektiven Wahrnehmung vor einem ziemlichen Widerspruch: auf der einen Seite der Ausfall von Mitgliedern, auf der anderen Seite die Legitimation unserer Praxis durch die steigende soziale Akzeptanz. Bei unseren Entscheidungen spielte diese Legitimation eine sehr wichtige Rolle.

Während die Bewegung in jenem Jahrzehnt immer mehr austrocknete, wuchs unser Gefühl, verantwortlich für die Quellen der revolutionären Tradition zu sein, und unser Wille, die Wurzeln des Widerstands lebendig zu halten. Nein, die Geschichte war noch nicht zu Ende, was uns anging, so würde sie nicht enden. Der soziale Krieg ging weiter, der soziale Feind griff auf allen Fronten an und siegte erdrückend. Wir wenigen noch Übriggebliebenen entschlossen uns, ihren Krieg nicht unbeantwortet zu lassen. Wir beschlossen, es ihnen mit ein paar Momenten der Volksgerechtigkeit und -rache heimzuzahlen. Wir wollten zeigen, dass Widerstand und immer noch Möglichkeiten und Hoffnung existierten. Eine Flamme sollte den umstürzlerischen Horizont und die Perspektive Befreiung wenigstens punktuell beleuchten.

Wir erhielten den erinnernden Charakter des bewaffneten Kampfes. Die politische Verbindung der Organisation zum Volk blieb so stabil wie das politische Geben und Nehmen und die Repräsentation der Volksinteressen.

Selbst wenn wir aus Gründen, die ich jetzt nicht völlig erklären werde, den notwendigen kompletten Wiederaufbau und die Neuorganisation versäumt haben, so veränderten wir uns doch so, wie es die Bedingungen erforderten. Wir änderten nicht die Strategie, sondern eher die Taktik. Das war eine Anpassung an die neuen Fakten der objektiven Realität in Übereinstimmung mit den Absichten des Volkes, wie sie sich in seiner kämpferischen Bewegung widerspiegelten.

Wir reduzierten die Frequenz der Aktionen. Das hatte nichts mit den Aktionsmöglichkeiten und der Infrastruktur der Organisation zu tun, denn tatsächlich war der bewaffnete Apparat des 17N Ende 1992 und in den folgenden Jahren zu mehreren aufwändigen Aktionen in der Lage. Mitglieder verließen den 17N erst nach und nach und ihr Verlust wirkte sich erst nach Jahren auf die Aktionsmöglichkeiten der Organisation aus.

Im Herbst 1992 und im ganzen Jahr 1993 startete der 17N eine bescheidene Bombenkampagne gegen Steuerbehörden und die Fahrzeuge von deren Direktoren. Die Analytiker der ausländischen Geheimdienste hatten eine Aktionssteigerung der Organisation vorausgesehen, Entführungen und schwerste Anschläge. Sie hatten Pläne und Fallen ausgetüftelt, um auf diese Erwartung zu antworten – so wie es ihre Handbücher, die die Prototypen der Stadtguerillaorganisationen beschrieben, prophezeiten.

Sie mussten sich allerdings damit begnügen, die Reste von Zeitzündern vor Finanzämtern aufzusammeln. Einmal legten wir auf einer Baustelle in Moschator eine große Bombe an der Wand zur Steuerbehörde, die immense Schäden in den Büros anrichtete. Dann in Marousi oder Chalandri und in Petroupoli, wo wir auf einen Balkon der Steuerbehörde kletterten. Ein anderes Mal in Peristeri. Wir zerstörten die Autos der Direktoren in Ilisia, Pagrati, Agia Paraskevi und Galatsi. In Patisia gab es zwei Aktionen. Vor den Steuerbehörden von Nea Filadelfeia und Kaminia platzierten wir Stative mit Abschussrohren für die kleinen 2,36er-Raketen, immer mit doppelten Zündschaltkreisen, immer mit den zuverlässigen großen chinesischen Weckern.

Parallel begannen wir mit den Vorbereitungen für eine militante Aktion gegen den Ausverkauf der griechischen AGET Herkules an den italienischen Mafiakonzern Ferruzzi-Calcestruzzi. Es war ein finanzielles Verbrechen. Die bis zu diesem Zeitpunkt mächtige griechische Zementindustrie wurde aufgelöst, um die Pläne des westeuropäischen Zementkartells zu verwirklichen. Die Mitsotakis-Regierung verkaufte die AGET Herkules im März 1992 mit Hilfe des Leiters der National-Bank Vranopoulos. Es ging um einen riesigen Industriezweig mit einer entscheidenden Rolle für die finanzielle Infrastruktur des Landes.

Es war ein Ausverkauf mit Bestechung. Kurz darauf wurde offiziell das enthüllt, was längst ein offenes Geheimnis war: Durch die Ermittlungen des italienischen Staatsanwalts Di Petro wurde klar, dass der Ferruzzi-Calcestruzzi-Konzern griechische Amtsinhaber mit drei Milliarden Drachme bestochen hatte. Diese Bestechungsgelder wurden von den internationalen Wirtschaftsprüfern von Price Waterhouse bestätigt, die ihre Bestätigung der Bilanzen des italienischen Konzerns zurücknahmen, als klar wurde, dass griechische Amtsinhaber diese Milliarden bekommen hatten, auch wenn es dafür natürlich keine Quittungen gab.

Alles deutete auf das Umfeld von Mitsotakis hin. «Zufällige» Reisen von Parteimitgliedern an den fraglichen Tagen nach Italien und in die Schweiz wurden enthüllt. Die Schlinge um ihn zog sich zu. Politiker wie Samaras verlangten theatralisch, der Familie Mitsotakis zu verbieten, das Land zu verlassen. Im März 1993 wurde eine Untersuchungskommission gebildet, ihr Bericht wurde jedoch nie veröffentlicht. Eine Verschwörung des Schweigens! Schließlich wurden im September 1994 die Fälle Mitsotakis, Palaiokrassas und Andrianopoulos wegen Bestechung an ein Sondergericht für Politiker, die an sich Immunität genossen, übergeben. Aber Papandreou verlangte im Jänner 1995 vom Parlament alle Strafverfahren gegen Politiker einzustellen. Außerdem wurde das Verfahren gegen die Familie Mitsotakis, Vater und Tochter, wegen des Abhörens von Telefonaten eingestellt. Damit erledigte Papandreou auch seine eigene «dreckige Wäsche» wegen illegalen Abhörens: die uralte Geschichte griechischer Politiker, sich gegenseitig zu entlasten.

Während der Gerichtsverhandlung 2003 habe ich diese Permanenz beschrieben: Von der Amnestie, die die Regierung Papandreou trotz der riesigen Finanzskandale der ERE von Karamanlis noch vor der Diktatur erließ, der Amnestie für die Junta-Mitglieder durch die Regierung Karamanlis 1974, der Amnestie, die Papandreou 1981 Karamanlis schenkte, die Mitsotakis an Papandreou gab und die Papandreou an Mitsotakis erteilte bis hin zur Amnestie Papandreous', die ihm der jüngste Karamanlis gewährte… Dieser endlose Kreislauf gegenseitiger Amnestien dauert an. Auch wenn heutzutage in der außergewöhnlichen strukturellen Krise die allgemeine Korruption nicht mehr verdeckt werden kann, da der Gestank der Skandale aus allen Poren des herrschenden politischen Körpers sickert. Jetzt «opfern» sie ein paar ihrer Leute. Doch letztlich trifft es nur wenige, die die Rolle des Sündenbocks spielen müssen, und eigentlich sind es auch nicht ihre «Opfer», denn die Politiker und Unternehmer, die ins «Fegefeuer» geworfen werden, sind in den wütenden Wettkampf zwischen zum Beispiel US- und deutsche Interessen geraten. Viel seltener stolpern sie über einheimische politische oder geschäftliche Streitigkeiten.

Für das griechische Volk sind alle des Landesverrats schuldig, die am ungezügelten Ausverkauf teilnahmen, die die neue Besatzung vorbereitet haben und die letztlich die Memoranden unterschrieben haben. Auf ihren Namen liegt der ewige Fluch der Geschichte. Ihre Bestrafung gehört zur Lösung der griechischen Tragödie, der rettenden Katharsis. Verantwortlich für diesen Ausverkauf war neben Mitsotakis und Palaiokrassas auch der Leiter der griechischen National-Bank. Das sagte sogar Volonakis als Staatsanwalt des Arios Pagos.

Jahre später beim Prozess hat die Gegenseite nicht einmal versucht die Schuld Vranopoulos' zu leugnen, sie hat auch nicht die Informationen des 17N über die Höhe der Bestechungsgelder und den Ablauf des Ausverkaufs und die Darlehensgewährung der National-Bank an den Calcestruzzi-Konzern dementiert. Sie fragte nur: «Und woher wisst ihr das alles?»

Später sollten «Experten» diese Frage in der Presse erneut stellen. Es ging um die «Enthüllungen in den Erklärungen des 17N in den Fällen Vranopoulos, Peratikos und Mpakogiannis.» «Wer hat die Informationen über die finanziellen Machenschaften dieser Personen an den 17N weitergegeben?» Der ehemalige Chef der National-Bank Dimitrios Germidis behauptete, dass ein Bankinsider die «vertraulichen Informationen» über die Tsatsoi-Familie und andere, die in den Erklärungen des 17N genannt wurden, weitergegeben hätte.

So wurde alles bestätigt, was die Organisation gesagt hatte. Was die Polizei interessierte, war: «Wer hat ihnen die Informationen gegeben?» Die Antwort ist ganz einfach: Die Informationen wurden mühsam zusammengetragen. Viel aus Zeitungen und Fachzeitschriften. Viel Rennerei auf der Straße, viele Beobachtungen. Viele Recherchen in öffentlichen Archiven und viel Einfallsreichtum, um in die nicht-öffentlichen hineinzukommen. Außerdem bewegten sich die Mitglieder des 17N im Volk, sie hörten auf die einfachen Menschen, die einfachen Arbeiter, die über ihre Probleme sprachen, ihre Hoffnungen, ihre Sorgen. Wir waren auch nur einfache Menschen, einfache Kämpfer, wir schrieben in ihrer Sprache und hörten mit den Ohren der einfachen Menschen. Sie wurden zu unseren Ohren und wir gaben ihnen ihre Stimme.

Vor der Aktion gegen Vranopoulos wollte der 17N zeigen, dass die Verantwortung für den Ausverkauf der AGET-Herkules bei den ND-Abgeordneten lag, die den Fall unter den Teppich kehren wollten. Zum Beispiel kam der Parlamentsausschuss, der eigentlich solche Ausverkäufe untersuchen sollte, nie zustande. Der Verantwortliche seitens der ND war der Abgeordnete Lefteris Papadimitriou, den die Organisation am 21. Dezember 1992 leicht an den Beinen verletzte.

Beim Prozess wollte der Abgeordnete seinen Namen «reinwaschen». Er hatte zur großen Entrüstung des Gerichts ihm den Rücken zugewandt und sich direkt an mich gewendet. Tatsächlich hatte es nach unseren seinerzeitigen Recherchen nicht so ausgesehen, als hätte Papadimitriou finanziellen Gewinn aus diesem Skandal geschlagen. Seine Verantwortung war eine politische und genau das habe ich dann auch erklärt.

Die Aktion gegen Vranopoulos war schwierig. Er hatte ein gepanzertes Auto und Leibwächter, speziell trainierte Motorradfahrer begleiteten ihn. Sein Sicherheitsplan sah nach britischem Vorbild unregelmäßige Abfahrten, wechselnde Routen und auch hohes Tempo usw. vor. Natürlich gab es dennoch große Sicherheitslücken, zum Beispiel in den Gassen an der Agia Eleousa-Kirche in meiner alten Nachbarschaft Gyzi. Dort wäre ein Anschlag mit einer Rakete oder einer Autobombe einfach gewesen. Wir hatten aber beschlossen, diese Anschlagsmethoden nicht mehr in Wohngebieten inmitten von Menschen anzuwenden.

Deshalb lief die Aktion am 24. Jänner 1994 auf der Solonos-Straße. Er war gerade aus seinem Auto ausgestiegen und wurde von seinem Leibwächter Nikolaos Grispos begleitet. Den wollten wir nicht verletzen, sondern nur bedrohen, damit er sich nicht einmischte. Er griff aber nach unserer .45er und bekam deshalb eine gut gezielte und ihn nur leicht verletzende Kugel ab.

Für die Flucht wurde ein kleines Moped benutzt, gegen die Einbahnstraßen über die Massalias-Straße bis zum Wäldchen von Agios Nikolas. Schon an der Solonos-Straße nahm ein Typ auf einem großen Motorrad die Verfolgung auf. Er wollte der Hauptdarsteller in einem Hollywoodfilm sein, allerdings sind die Kugeln da nur Schreckschüsse. Er wurde zweimal bedroht, zweimal war er mit fast durchgezogenem Abzug genau im Visier. Und er machte weiter. Was für ein Idiot und Hilfspolizist muss jemand sein, um so mit seinem Leben zu spielen? Endlich, beim absolut kritischen dritten Mal, gab er auf, das war schon kurz vor dem Umstieg in ein Auto auf der Oktavios Merlie-Straße neben der Mauer zum Wäldchen. Die Intelligenz dieses Typen, seine Selbstsicherheit und sein mieses Verhalten wurden während des Prozesses auf die Probe gestellt. Er hatte Zeugenschutz, seine Aussage war anonymisiert worden. Als wie üblich die Liste der Belastungszeugen vorgelesen wurde, verriet er sich selbst, weil er laut «Anwesend!» rief, als seine Nummer fiel. Später sollte er behaupten, dass er die Schüsse mitgezählt hätte und die .45er leer gewesen sei. Den Wechsel des Magazins hatte er allerdings nicht mitbekommen…

Damals zeichnete der westliche Imperialismus eine neue Landkarte des Balkans. Serbien wurde mit einem Wirtschaftsembargo und Kampfflugzeugen angegriffen. Kanonenbootpolitik mitten in Europa. Der Balkan wurde erneut balkanisiert. Nationalismus wurde geschürt und Völkermord gefördert, bis der Imperialismus die Gegend blutig in viele, sich gegenseitig hassende kleine Länder trennen konnte.

Am 11. April 1994 lief der britische Flugzeugträger «HMS Ark Royal» im Hafen von Piräus ein. Er kam aus der Adria, wo er mit Feuer und Eisen die neue «Teile und Herrsche»-Politik umgesetzt hatte. Die «Ark Royal» lag mit ihren Kampfhubschraubern provokativ einige Meter entfernt von der Akti Ksaveriou-Straße, damit die griechischen «Eingeborenen» sie gut sehen konnten.

Wir beschlossen einen symbolischen Angriff und bauten noch am selben Abend zwei 3,5-Inch-Raketen in einem Haus in Piräus zusammen. An jede brachten wir doppelte Zeitzünder an. Schon am Nachmittag hatten wir ein altes leerstehendes Haus gesichtet, eines von denen, die dort wie ein Amphitheater den Hügel hinauf genau neben dem Flugzeugträger standen.

Wir waren bei dieser Aktion zu viert, da diese Gegend in der Nacht sehr ruhig ist und die Platzierung und Ausrichtung sowie der Zündmechanismus der Bazookas wenig Zeit brauchten. Bevor wir ins Haus gingen, sahen wir auf der Parallelstraße zur Akti Ksaveriou einen neuen weißen Kleinlaster. Er fuhr langsam bis zu dem Ende der Straße und wieder zurück. Außer dem Fahrer war niemand zu sehen. Aber er gefiel uns nicht.

Als wir fertig waren und jeweils zu zweit aus dem Haus in der Gasse zu dieser Parallelstraße kamen, stießen wir auf ihn. Er bremste an der Ecke, sobald er die beiden ersten von uns sah. In dem Moment verließen die anderen beiden das Haus. Das Gesicht und die Körperhaltung des Fahrers verrieten alles. Sein Militär- oder Polizeiausweis hätten dem nichts mehr hinzugefügt.

Wir hatten nicht genug Zeit, um wieder hineinzugehen, die Raketen sofort zu zünden und dann noch sicher zu entkommen. Wir deckten unseren Rückzug, erreichten das Auto und verließen die Szene, bevor sie alles dicht machen konnten.

Sie verschwiegen das Ganze. Es war klar, dass sie die Zeitzünder neutralisiert hatten, aber sonst alles in der Erwartung vor Ort ließen, dass wir es abholen würden. Der Flugzeugträger selbst lichtete wie ein aufgescheuchtes Huhn – sofern dieser Vergleich statthaft ist – mitten in der Nacht die Anker. Nichts wie weg von dieser gefährlichen Küste und den Schleudern der Eingeborenen! Schade! Denn wir hatten auf die beiden Kampfhubschrauber an Deck der «Ark Royal» gezielt. Später sollte irgendein britisch erzogener Experte «Planungsschwächen» der Organisation behaupten…

In jenen Tagen griffen wir mit Sprengsätzen und Raketen auch deutsche, US-amerikanische und niederländische Unternehmen aus den imperialistischen Staaten an, die gerade Serbien bombardierten: Die Nationale-Nederlanden-Bank, den US-Agrarkonzern Alico, Miele und IBM.

Vor dem finanziellen Embargo zur Erdrosselung der Serben und vor den Luftangriffen hatte es schon mediale Bombardements gegeben. Die westlichen Massenmedien hatten den Boden bereitet, indem sie die Serben für den Völkermord an den Muslimen in Ex-Jugoslawien verantwortlich machten. Dieselben Medien hatten die an den Serben verübten Verbrechen von Kroaten oder Muslimen nicht gesehen. Sie hatten nichts gehört vom Völkermord des türkischen faschistischen politisch-militärischen Systems an den Griechen auf Zypern – und weggesehen beim Völkermord an den Kurden.

Am 20. März 1994 ermordeten MIT-Agenten Theofilos Georgiades* vor seinem Haus in Zypern. Er war bekannt für seine politische und materielle Hilfe für kurdische Widerstandskämpfer.

Am 4. Juli 1994 liquidierten wir auf der Küstenstraße des Athener Viertels Palaio Faliro Ömer Haluk Sipahioğlu, er war ein wichtiger türkischer Geheimdienstler. Sipahioğlu hatte den Mord an Theofilos Georgiadis organisiert, er war mitschuldig am laufenden Völkermord an Griechen und Kurden.

Im März 1995 feuerte der 17N in Paiania, östlich von Athen, zwei Raketen auf den Sender MEGA-TV. Sie waren auf die Rückseite des Gebäudes gerichtet, damit keine Arbeiter verletzt wurden. Die Gruppe, die die Raketen aufgestellt hatte, rief 20 Minuten vor der Zündung wie immer bei der Zeitung *Eleftherotypia* an und warnte vor der Explosion. Dieses Warnsystem funktionierte immer. Ich weiß nicht, was damals passierte, nachdem der Telefonist die Warnung entgegengenommen hatte, jedenfalls erreichte sie MEGA-TV nicht. Etwa eine Stunde nach der Explosion fuhr ein kleiner Van mit amerikanischen Marineinfanteristen die Kifisias-Straße Richtung Kifisia. Als ob sie patrouillierten…

In der Anschlagserklärung gab es zwei Punkte, die ich hervorheben möchte. Die Andreas Papandreou-Regierung war an ihre natürlichen Schranken gestoßen, sie hatte sich der «Antiterrorpolitik» der USA unterworfen. Nach den antiimperialistischen 17N-Aktionen des Jahres 1994 und den Antirepressionsaktionen der fusionierten ELA/1. Mai-Gruppe im selben Jahr, waren neue Gerüchte über angebliche kommende Verhaftungswellen aufgrund von Stasi-Akten gestreut worden. Der 17N beschrieb diese Gerüchte und machte sich über sie lustig.

Der zweite Punkt steht im letzten Satz des Textes. Der 17N versicherte, dass er seine Praxis nicht einstellen werde, und forderte zudem dazu auf, «ein, zwei, drei, viele 17N» zu bilden.

Im Trockental der 1990er Jahre wurde die Organisation noch mehr mit ihrem Widerspruch konfrontiert: Einerseits schrumpfte sie, andererseits nahm ihre Akzeptanz im Volk zu. Auch die Zentralgruppe der Organisation war zusammengeschmolzen und es gab weniger Treffen. Das Feuer in den Augen der Genossen war zu einem Funken geworden, der aufflammte, wenn wir über frühere Aktionen sprachen oder wenn es Ideen für neue Aktionen gab. Ich verstand mich gut mit einem Genossen, den ich in einem Kafeneion im Vorort Agia Varvara nach seiner Arbeit traf. Wir unterhielten uns angeregt, doch manchmal sprachen wir wie Veteranen. Unsere Genossenschaft und unsere Freundschaft sollten in diesem Sommer 2002 auf die Probe gestellt werden…

Andere Freundschaften, die nichts mit der Organisation zu tun hatten, hielten dem Schirokko des Sommers 2002 stand. Ich denke an Kiriakos, einen Freund, seit wir in seine Nachbarschaft gezogen waren. Kiriakos hatte Angst vor der Macht, ich hatte geglaubt, dass er, sobald er vom 17N erfahren würde, den Riegel vor seine Haustür schieben würde. Aber dieser Mensch ehrte im Sommer 2002 unsere Freundschaft und stellte sich neben den Verfolgten. Als damals «die Wölfe zusammen mit den Hunden heulten» brachte er die Kraft auf, sich neben Aggeliki und Ektoras zu stellen, ohne an die Kosten zu denken. Und manch andere alte Freunde halfen, so gut sie konnten…

Dieser Sommer war für viele ein Prüfstein. Die Ausdauer vieler wurde auf die Probe gestellt, es war der Zeitpunkt, an dem die großen Worte sich in Rauch auflösten. Oder sie leuchteten inmitten der allgemeinen Finsternis und Niederträchtigkeit.

Doch wir befinden uns noch im Jahr 1996, in dem die bürgerliche Politik in vielerlei Hinsicht herausgefordert wurde. Kostas Simitis war Präsident und nie zuvor in der neueren Geschichte war ein Präsident so sehr von den großen Medien unterstützt worden. Vielleicht, weil nie zuvor jemand so willig und skrupellos die Interessen des griechischen Kapitalismus und dessen mächtigen internationalen Partnern gedient hat. In dieser Hinsicht übertraf er sogar Mitsotakis. Bereits am ersten Tag seiner Regierung beendete er den Souveränitätsstreit mit der Türkei über die Imia-Inselchen. Er gab sofort allen Forderungen nach und dankte im Parlament den USA ganz offiziell und unterwürfig für deren «Vermittlung». Entwürdigend und erniedrigend. Ein unwichtiger Buchhalter im Vorzimmer zur Macht, der alles ihm Mögliche tat, um eine Zukunft dieser Inseln zu untergraben. In den nächsten Jahren und den noch kommenden sollte und wird noch sichtbar werden, was dieser Zerstörer des Landes hinterlassen hat. Nebenbei: Den 17N hat er im Sommer 2002 «Schwarzfahrer der Linken» genannt. Es war uns eine Ehre, aus einem so verlogenen Mund beschimpft zu werden. Er wollte sogar noch, dass man ihn für einen Linken hielt…

Einige Tage nach den offiziellen Danksagungen an die US-Regierung schossen wir am 15. Februar 1996 eine 3,5-Inch-Rakete auf die Botschaft der USA. Wir benutzten die echte Bazooka, die die Amerikaner im Korea-Krieg den griechischen Truppen gegeben hatten. Es war Weiberfastnacht und wir wollten betonen, dass es außer unterwürfigen Faschingsprinzen und armen Sklaven auch noch Widerstandsgeist an diesem Ort gab.

Einer der größten Skandale in den 1990er Jahren war die Abtretung der Werft von Elefsina an die Peratikos-Reederei. Die Peratikos-Familie verkörperte die schlimmsten Traditionen der griechischen Reeder und gehörte zu den angesehensten Mitgliedern der Bilderberg-Konferenz*, zusammen mit Mitsotakis und wenigen anderen Auserwählten wie Papahelas, Pagkalos, Samaras und Giorgos «Giorgakis» Papandreou trafen sie die mächtigen Herren der Welt.

Der 17N belegte in einem Text, dass die Werft in Wirklichkeit an die Peratikos-Familie verschenkt wurde und staatliche Finanzierungen und Subventionen noch draufgepackt wurden. Als die Peratikos-Familie drei Jahre später die Werft überraschend schloss, hinterließen sie verbrannte Erde, Arbeitslosigkeit und laut Medienberichten 18 Milliarden Drachme Schulden beim Staat, bei den Versicherungskassen, den Arbeitern, den Lieferanten, bei allen.

Diesen Fall von Privatisierungsbetrug verfolgte der 17N drei Jahre lang. Die Beweise, die er sammelte, stellte niemand in Frage, gefragt wurde nur: «Und woher wisst ihr das?». Die Familie Peratikos und das bekannt «vaterlandsliebende» Greek Shipping Cooperation Committee in London waren Piraten, wie ich auch vor Gericht erklärte, die für die Zerstörung eines der wichtigsten und strategischsten Zweige der griechischen Industrie im westdeutschen Interesse mitverantwortlich waren – und riesigen Gewinn machten sie auch noch.

Die Aktion gegen Constantinos Peratikos sollte zunächst im Juni 1995 stattfinden und dann im Mai 1996. Da er mit einem gepanzerten Fahrzeug, Leibwächtern und speziell trainiertem Begleitschutz auf Motorrädern unterwegs war, hätten wir eine Autobombe oder eine Rakete benutzen müssen. Entweder 1995 auf dem Weg nach Elefsina oder 1996 auf dem Weg zu seinen Büros in Piräus. Weil der 17N Autobomben und Raketen nur noch sehr vorsichtig einsetzen wollte, wurde die Aktion zweimal verschoben. Hinzu kamen die häufigen Aufenthalte Peratikos' in London und seine vorsichtige Art, sich zu bewegen.

Schließlich fand die Aktion am 28. Mai 1997 vor dem Konzern in Piräus statt. Die dreiköpfige Gruppe wartete in einem geschlossenen Kleinlaster. Während der langen Wartezeit leerte das selbstgebastelte Zündschloss die Batterie, so dass die Gruppe den Wagen nicht starten konnte und durch die versammelte Menge laufen musste. Sie zwang einen Taxifahrer und dessen Fahrgast zum Aussteigen und wechselte ein paar Schüsse mit einigen Polizisten, um sie fern zu halten. Sie steuerten dann das Taxi trotz schlecht eingestellten Dieselmotors und ausgeleierter Pedale bis zu einer naheliegenden Unterkunft der Organisation.

Im April 1998 verantwortete der 17N Bombenanschläge auf US-Konzerne wie General Motors, Chrysler und Opel sowie McDonald's Filialen und einen Raketenanschlag auf die Citibank. Die Aktionen liefen im Fahrwasser des «Waterloos» von Imia und richteten sich gegen die Einmischung des US-amerikanischen und westeuropäischen Imperialismus in der Ägäis und auf Zypern.

Es war das Zeitalter der Globalisierung und der vollen Blüte der Möchte-Gern-Ideologien vom «Global Village» und der Abschaffung der Staaten/Nationen, einer Sicht auf die Welt, die besonders in der reformistischen linken Szene Anklang fand. Für den 17N ist die Globalisierung eine Globalisierung der Ausbeutung. Die großen westlichen Staaten blieben die mächtigen nationalen Fundamente des Kapitals und der westliche Großmachtsnationalismus, besonders jener der USA, wütete weiterhin um das globale geopolitische Schachbrett nach seinen Interessen zu gestalten. Ihr Rassismus spiegelte sich in ihrer propagandistischen Sprache von den «Pariastaaten» und dem – für sie – selbstverständlichen Recht militärisch zu intervenieren.

Die Regierung Simitis, nun ein Diener zweier Herren – der USA und der BRD –, und Repräsentant eines griechischen Kapitalismus, der an einem dauerhaften «realistischen» Rückzug in der Ägäis interessiert war, beeilte sich, jedem Wunsch der westlichen Imperialismen zuvorzukommen. Ob es sich dabei um die Einigung von Madrid* handelte oder um den Druck auf die zypriotische Regierung, ihr sehr effektives russisches Flugabwehrsystem S 300 abzubauen und es irgendwo auf Kreta zu stationieren – beständig ging sie den Weg der Teilung Zyperns und der Ägäis.

Die Regierung Simitis lieferte auch den PKK-Vorsitzenden Abdullah Öcalan aus, der als Asylsuchender nach Griechenland gekommen war. Ihn auszuschalten war wichtig für die Neuordnung der Region. Verantwortlich für die Falle, die Öcalan gestellt wurde, wie auch für die folgende Auslieferung an seine Henker, waren Simitis, Pagkalos und «Giorgakis» Papandreou. Das Stigma des Verrats hätte für diese drei Marionettenpolitiker des Westens das Ende ihrer politischen Karriere bedeuten müssen. Doch 1999 wurde schon klar, dass die Entfremdung der griechischen Bevölkerung von den traditionellen linken Werten bereits lief. Die Massenmedien konnten daher diese drei Politiker sogar bis in die Linke hinein rehabilitieren.

Der 17N schickte am 8. März 1999 ein Solidaritätsschreiben an Öcalan, an die Kämpfer der PKK und an das kurdische Volk, in dem er seine Trauer ausdrückte und den Verrat verurteilte.

Kurz darauf gipfelte die westliche Neuordnung des Balkans in den NATO-Luftangriffen auf Serbien und der Gründung des Kosovo. 78 Tage lang zerstörten ununterbrochene Bombenangriffe das Land. Die Infrastruktur, die industrielle Basis, die Transportmittel, die Kommunikation, die Elektrizitätsnetze und die Wasserversorgung wurden ebenso wie Brücken, Krankenhäuser und Schulen zerstört. Tausende Unbewaffnete wurden ermordet, ein Land wurde systematisch zerstört.

Die PASOK-Regierung beteiligte sich aktiv an diesem faschistischen Verbrechen am jugoslawischen Volk. Sie gab die frühere Position der griechischen Außenpolitik auf, wonach die Grenzen in der Region unantastbar waren und Griechenland ein friedliebendes, internationales Recht respektierendes Land. Von griechischem Boden aus drangen NATO-Truppen über Thessaloniki in den Kosovo ein und besetzten ihn. Der Kosovo war strategisch wichtig für die Kontrolle Südosteuropas und ist reich an Bodenschätzen. Im Kosovo entstand mit Camp Bondsteel eine der größten Militärbasen der USA.

Damals fuhren wir nach Thessaloniki, wo wir aus früheren Zeiten noch eine illegale Unterkunft hatten. Mit Savvas haben wir die Strecke Athen-Thessaloniki in einem Tempo gemacht, als seien wir von Piräus nach Athen gefahren. Einmal bin ich ohne Pause zweimal hintereinander gefahren, es waren über 2000 Kilometer.

Wir verfolgten die Route der NATO-Truppen vom Hafen bis an die Grenze. Wir suchten eine Stelle, an der wir viel Sprengstoff vergraben und fernzünden könnten, wenn ausländische Truppen vorbeikämen. Während der Luftangriffe auf Jugoslawien liefen wir zwischen allen möglichen imperialistischen Truppenkonvois herum und wir konnten den Verrat der PASOK-Regierung sehen: Griechischer Boden und staatliche Infrastruktur waren diesen Eindringlingen übergeben worden. Polizisten, Geheimdienstler, Agenten des KYP und sogar die griechische Militärpolizei überwachten die ganze Strecke. An den unglaublichsten Stellen, mitten in den Feldern, sahen wir tagsüber und auch in der Nacht Fahrzeuge, in denen merkwürdige Typen herumlungerten.

Parallel dazu bereiteten wir eine Aktion gegen die höchsten Militärs des Westens in Athen vor: die Militärattachés der USA oder Großbritanniens, weil sie die Angriffe auf das jugoslawische Volk organisierten.

Zeitgleich folgten Aktionen mit Bomben und Raketen gegen die PASOK, die wir als die «aktuelle Rechte» bezeichneten. Am 31. März 1999 feuerten wir eine Rakete auf die PASOK-Zentrale in der Xarilaou Trikoupi-Straße und am 3. April legten wir eine Bombe in ihren Büros in der Galatsiou-Straße.

Einen Monat später, am 5. Mai 1999, bauten wir auf dem Dachgepäckträger eines Autos eine kleine «Stalinorgel» auf: Drei Rohre, aus denen binnen weniger

Minuten 2,36-Inch-Raketen auf drei Bankfilialen in Piräus abgefeuert wurden. Das Fahrzeug hielt zuerst vor der Chase Manhattan Bank, dann vor der britischen Midland Bank und zuletzt vor der französischen BNP-Bank. Wir zündeten die Raketen jeweils durch Knopfdruck aus dem Wageninneren und fuhren weiter. Diese Aktion war auch ein Test: Wir wollten mit einer großen «Stalinorgel» aus einem LKW heraus die US-Botschaft angreifen. Es wäre eine sehr schwierige und gefährliche Aktion geworden, aber wir setzten auf das Überraschungsmoment und das Durcheinander, das die aufeinanderfolgenden Explosionen hervorrufen würden. Und natürlich wäre so eine Aktion das Risiko wert gewesen. Die US-Amerikaner verboten damals jedoch jeglichen Autoverkehr auf den Seitenstraßen der Botschaft und führten auch am Wohnhaus des Botschafters so viele Sicherheitsmaßnahmen ein, dass die ganze Gegend zu einem toten Areal wurde und jede Aktion ein Selbstmordversuch gewesen wäre.

Drei Tage später, am 8. Mai, zogen wir unsere besten Anzüge an und legten eine Bombe an der niederländischen Botschaft auf der Likeiou-Straße, mitten im Wespennest zwischen dem Präsidentenpalast und der Rigilis-Straße.

Am 16. Mai beschossen wir mit einer Rakete das Wohnhaus des deutschen Botschafters in Chalandri. Wir wollten ihm, so wie eine Woche zuvor seinem niederländischen Kollegen, einen Eindruck von dem Krieg verschaffen, in dem seine Regierung gerade Tausende jugoslawische Zivilisten ermordete.

Alle Polizeibehörden und Geheimdienste waren in Aufruhr, weshalb wir unsere Aktionsweise geändert hatten. Wir hatten ein Auto im Blick, das wir erst ein paar Minuten vor der Aktion stahlen. In Chalandri zielten wir absichtlich nur auf das hohe Ziegeldach, so dass niemand verletzt wurde. Der einzige Verletzte war der Genosse, der die Rakete zündete. Er wurde von Splittern des Plastikabschussrohrs getroffen und wir stoppten die Blutung, so gut es ging. In dem illegalen Haus in Ampelokipoi setzten wir dann die ausgefeilte medizinische Technik des 17N ein – wir klebten die aufgerissene Haut mit Sekundenkleber…

Ein Jahr später, am 8. Juni 2000, wurde auf der Kifisias-Straße im Vorort Filothei einer der wichtigsten britischen Militärs, Colonel Stephen Saunders, hingerichtet. Er hatte eine lange Vorgeschichte bei allen Militäreinsätzen der vergangenen Jahre: in Nordirland, auf den Malediven, im Irak und in Kuwait. Er war auf Zypern in den großen britischen Spionagestationen stationiert gewesen und hatte sich am Waffenhandel beteiligt. Seine letzte Station war das Land Sierra Leone gewesen. Dort kämpfte damals die Rebellenarmee «Revolutionäre Vereinigte Front» und Großbritannien war gerade dabei militärisch auf Seiten der Regierung zu intervenieren. Aus Sierra Leone war Saunders einige Tage vor dem 8. Juni zurückgekommen. Saunders war auch an den Angriffsplänen auf Ex-Jugoslawien und am Export britischer Waffen beteiligt. Im Juni sollte ein von Saunders ausgearbeitetes Abkommen über den Ankauf von Waffensystemen durch Griechenland unterzeichnet werden.

Den Briten sollten in den ersten Stunden nach der Aktion ein paar Wahrheiten herausrutschen, die die wirkliche Rolle Saunders' bestätigten, aber bald lief ihre Propaganda an und sie zeichneten den Militärattaché als einen Mann des Friedens. Es sollte sich sogar ein britischer Staatsrepräsentant finden, der – trotz der britischen Besatzung Griechenlands von 1828 bis 1947! – betroffen äußerte, dass Saunders der erste dort gefallene britische Soldat seit 1945 gewesen sei…

In den nächsten Tagen sollte das Land die Zeiten des britischen Protektorats wiedererleben. Die Ermittlungen wurden von den Briten übernommen und nachgeordnete Scotland Yard-Beamte befehligten voller Hochmut griechische Polizeichefs und Minister. Die Presseerklärungen kamen in London und nicht in Athen heraus und alle Beweismittel wurden in Containern nach England verfrachtet.

Natürlich gab es nicht viele Beweise. Die vielversprechenden Sherlock Holmes der britischen Geheimdienste, die die Aktion untersuchten, fanden nicht einmal alle Fahrzeuge, die wir benutzt hatten. Herausragend waren sie nur bei den Falschinformationen. Aus dem Colonel Saunders mit Militäreinsätzen auf der ganzen Welt und dem britischen Waffenhändler wurde ein einfacher kleiner Diplomat. Und liquidiert hatten ihn ausländische Berufskiller, Araber, Ex-Agenten des Ostblocks, italienische Mafiosi…

Ich las das und musste an unser Aktionsfahrzeug denken, das kleine Moped mit den beiden 17N-Genossen mit dem unhandlichen G3-Sturmgewehr, wie sie sich zwischen im Stau steckenden Autos hindurch schlängelten. An diesem Morgen war Kifisia voller Autos, die zu allen möglichen Mächtigen und Wichtigen gehörten: Minister, hohe Beamte, Unternehmer, Reeder und Agenten. Die meisten waren selbst bewaffnet und hatten bewaffnete Leibwächter. Ein paar Dutzend Meter vor Saunders fuhr das Auto eines US-Agenten. Weiter hinten kam der Wagen des Reeders Vardinogiannis mit einem Begleitfahrzeug. Zwischen den im Stau stehenden Autos mussten wir aufpassen, nicht mit dem Lauf oder dem Abzug des G3 an die Seitenspiegel zu stoßen. Diese Araber oder Sowjets oder Mafiosi oder wer auch immer mussten sehr gut bezahlt worden sein, wenn sie sich ein kleines Moped hatten leisten können…

Wenn ich darüber nachdenke, wie wir es geschafft haben, aus solch komplizierten Situationen herauszukommen, dann komme ich auf unsere langen und vorsichtigen Beobachtungen der Aktionsorte, auf unsere schnellen Beurteilungsfähigkeiten und auf unsere Vermeidung von Konfrontationen bei möglicherweise gefährlichen Treffen. Alles könnte man mit einem Wort beschreiben: Erfahrung. Oder «militärisch» gesprochen: Die einfache Regel «Kenne deinen Feind noch besser als dich selbst.» Hinter dem Wort «Erfahrung» stehen unzählige Stunden der Beobachtung und Beobachtungen dieses «Feindes»: Polizei, Staatspolizei, Geheimdienste, private Sicherheitsdienste, Leibwächter. Wir haben immer wieder neu registriert, was ihre Charakteristika sind, wie sie sich bewegen, wie sie denken und reagieren.

## Kapitel 21
## Die Lakaien des Protektorats

Unsere jetzigen Feinde, die Briten, hatten aufgrund ihrer Kolonialgeschichte viel Erfahrung mit der gewaltsamen Bekämpfung von Guerillabewegungen und sie diktierten der Simitis-Regierung die Regeln. Ohne Probleme. Ich hole mir das Bild jenes Menschleins ins Gedächtnis zurück, das den Präsidenten spielte und der wie ein Sklave, mit der Miene eines armen Bittstellers, den britischen Premier bat, etwas zu den von der Akropolis geraubten Kunstschätzen zu sagen, die im British Museum in London liegen.

Die auf Counterinsurgency spezialisierten britischen Geheimdienste übernahmen mit ihren US-Pendants die Leitung der Fahndung und unserer Verfolgung im weitesten Sinne. Die Massenmedien wurden von ihnen geradezu «militärisch» rekrutiert: Sie sollten in ganz Griechenland einen komplett koordinierten Feldzug um die öffentliche Meinung führen.

Damals liefen hochrangige «Diplomaten» der USA und Großbritanniens im ganzen Land zu noch so unbedeutenden Zeitungsredaktionen und lokalen Radiosendern, und sagten ihnen, was sie zu schreiben und zu senden hätten – besonders, was sie nicht sagen sollten. *Jane's Intelligence Review*, einem auf Militär- und Sicherheitspolitik spezialisierten und gut informierten britischem Magazin zufolge, hatte die griechische Regierung die Massenmedien in den Dienst von Scotland Yard gestellt. Sie sollten nun laut *Jane's* die Hauptwaffe im «Kampf gegen den Terror» sein. Zum Beispiel sollten sie das Thema ständig köcheln lassen und ab und zu «Meldungen» hochspielen, selbst wenn es eigentlich nichts zu melden gab, oder Reportagen über unwichtige oder sinnlose Details verbreiten.

Die Hauptstoßrichtung der Massenmedien war die Verbreitung reiner Unwahrheiten: Der Veteran aller westlichen Militärinterventionen, die USA, seien «human», «menschenfreundlich» und «friedliebend». Während des ersten Prozesses gegen den 17N im Juni 2003 lief die britische Propagandakampagne immer noch. Ihr letzter Akt war die Platzierung einer Büste des «friedliebenden» Saunders im Museum eines sehr bekannten griechischen Kaufmanns. Dieser Mann, der sein Geld dem Waffenhandel verdankte, mit dem sich auch Saunders beschäftigt hatte, ließ auf der Büste den bekannten Satz Thukydides' einmeißeln: «Die Grabstätte berühmter Männer ist die ganze Erde.»

Kurz darauf sollte der amerikanische Botschafter für dieselbe propagandistische Geschichtsverdrehung einen Feigenbaum pflanzen und an der Villa, in der Welch in Psychiko gelebt hatte, eine Erinnerungstafel anbringen. Zuvor hatte es Artikel und Interviews gegeben, in denen der CIA-Agent als «Freund der Griechen» und «gutmütiges Familienoberhaupt» dargestellt wurde. Und vor allem: als «friedlicher Mensch»... Ständig wurden Interviews mit seinen Verwandten veröffentlicht und alle ein, zwei Monate gab es Gedenkgottesdienste, die sorgfältig auf die Trauertage des griechischen orthodoxen Kalenders gelegt wurden. *Jane's* nannte sie «rollende Gedenkfeiern».

Gleichzeitig musste der 17N als das absolute Böse ausgemalt werden. Ihm wurde nicht politisch entgegengetreten, er wurde als überzeugungslos abgetan, als eine «kriminelle Bande», und die Praxis seiner Mitglieder durch psychiatrische Diagnosen denunziert.

Die Haltung der Massenmedien im Sommer des Sumpfes 2002 hatte einen zwei Jahre alten Vorlauf. Im September 2000 wurden die Massenverhaftungen geplant, mit denen sie an den 17N herankommen wollten. Es war eine Neuauflage des alten Plans der US-Geheimdienste, den sie seit 1983 immer wieder auflegten: Viele Festnahmen, Verhöre ohne Respekt vor Gesetzen und Regeln, Urteile mit abschreckenden Strafen. Jetzt war der Plan aber methodischer vorbereitet worden und enthielt zwei wichtige neue Elemente: «freundschaftliche Verhöre» und die Rekrutierung der Massenmedien.

Die Vorbereitung begann mit der Auslöschung des bisherigen gesetzlichen Rahmens: Ein neues Antiterrorgesetz degradierte den Artikel 97 der Verfassung – für politische Vergehen ist ein Geschworenengericht zuständig – zu einem Fetzen Papier. Eingeführt wurden stattdessen spezielle Gerichtsverfahren, die wie moderne Militärprozesse Urteile auf Bestellung sprechen konnten.

Entsprechend musste sich das zuständige politische und für die Fahndung zuständige Personal verändern: ein skrupelloser Polizeiminister mit maßlosen abgründigen persönlichen Zielen, die viel größer waren als er selbst und ein genauso skrupelloser ehrgeiziger Staatsanwalt. Heute stehen beide an der Grenze zur vollkommenen Erniedrigung. Aber sie tragen eine Medaille des FBI, ein ewiges Stigma und eine Schande, passend für einen Leutnant in afrikanischen Bantustans. Die Orden wurden ihnen von FBI-Direktor Robert Mueller persönlich an die Brust gesteckt. Und um die Erniedrigung vollkommen zu machen, tat er dies kurz vor dem Jahrestag des Polytechnikums im November 2003, als der erste Prozess bereits lief.

Ein neues Element ihres Plans waren die «freundlichen Verhöre». Britische Geheimdienstler näherten sich systematisch einer ganzen politisch-sozialen Szene: Oft handelte es sich um Linke und Intellektuelle, die früher – meist während der Diktatur – in militanten Gruppen organisiert gewesen waren, ihnen nahegestanden oder deren Kämpfer gekannt hatten. Sie näherten sich ihnen unter verschiedenen Vorwänden, um jede mögliche Information zu bekommen, die ihnen helfen könnte, diese Szene zu durchschauen. Mal im Guten, mal mit verdeckten Drohungen und sogar Erpressungen, mal boten sie irgendwelche Deals an. Sie suchten Informationen und sie suchten Verräter.

In der Szene der Intellektuellen führte das zu persönlichen oder generellen ideologischen Krisen. Der Verrat eines großen Teils der Intellektuellen bekam nun eine besondere materielle Dimension. Eine Szene, von der Reize für Hirne und Herzen ausgehen sollten, strahlte nun schreckliche Impulse der Unterwerfung aus. Eine Szene, die von ihrem Wesen und ihrer Lage her gegen Staat und Macht ist – oder sein sollte –, ließ sich verwirren und kooperierte mit einer der dunkelsten Seiten des Staates: den Geheimdiensten. Sie reagierte nicht empört, denunzierte nichts öffentlich. Sie kollaborierte. Die von ihnen kritisierte Entpolitisierung des Volkes lernten sie nun als ihre eigene Mutation kennen. Sie werden zu ihren obersten Lehrern.

Es ging nicht nur um Informationen. Es ging um die moralische Zersetzung der Szene, es ging um die Vorbereitung von Festnahmen und die totale Kollaboration mit dem Staat. Es ist kein Zufall, dass im Sommer 2002 aus dieser Szene die giftigsten Pfeile kamen, nicht nur gegen die Festgenommenen, sondern auch gegen die Idee von Widerstand selbst, wie sie eine Stadtguerilla praktiziert.

Das andere neue Element des Plans war seine kommunikative Unterstützung. Das passende soziale und politische Klima wurde durch einen gigantischen Feldzug der Meinungsbildung erzeugt, der von einem Gremium aus «vier bis fünf Journalisten von bekanntem Wert und Prestige» dirigiert wurde. Das berichtete jedenfalls am 13. Juni 2002 das *Eleftherotipia*-Magazin «Ios»: Es schrieb, dass die Medien «die Rolle der Ordnungsmächte spielen» würden.

Die Salven des Sommers 2002 begannen Monate vorher mit spärlichen kommunikativen Schüssen, die aber stetig zunahmen Das internationale und griechische Umfeld hätte günstiger nicht sein können. Am 11. September 2001 kam der Anschlag auf die Zwillingstürme in New York und es begann die weltweite Terrorhysterie. In Griechenland wurden die Olympischen Spiele von 2004 zur «Großen Idee» ernannt, auf deren Altar alles geopfert werden könnte. Die Lumpenbourgeoisie des Landes warf sich bereits mit voller Energie auf das große Festessen. Zur Goldmedaille ihres großen Betruges kamen die vielen Trostpreise, die zuerst an die für den militarisierten Journalismus Verantwortlichen verteilt wurden. Im Land öffneten sich ein schwarzes Loch der Verwerflichkeit und ein noch größeres schwarzes Loch drückender öffentlicher Schulden.

Dass Massenverhaftungen kommen würden, wurde seit Anfang 2002 immer klarer. Wir bekamen mit, dass sie vorbereitet wurden und glaubten, dass sie verheerende Auswirkungen haben würden. Wir wussten in etwa, auf wen sie zielten: auf die bewaffnete Szene. Aber nicht auf uns.

Nach allem, was ich damals wusste, glaubte ich nicht, dass sie uns auch nur berühren könnten. Wir machten wieder und wieder Sicherheitsanalysen. Wir kannten die Schwachpunkte der Organisation und widmeten ihnen besondere Aufmerksamkeit. Einer von uns berichtete über Bewegungen, die er in seinem direkten Umfeld bemerkt hatte. Wir redeten darüber und kamen zu dem Ergebnis, dass wir uns keine Sorgen machen müssten.

Dennoch ergriffen wir noch mehr Sicherheitsmaßnahmen, reduzierten die Infrastruktur der Organisation und entwarfen einen Plan für die Zerstörung von Material, der aber nur langsam umgesetzt wurde.

## Kapitel 22
## Das Ende einer Guerillaepoche

Es gab einen Vorschlag für drei kleine solidarische Sprengstoffanschläge mit je zwei kleinen Bomben und mit anderen Zeitzündern als den für die Organisation typischen. In gewisser Weise also irreführende Aktionen, um den «Blick zu verschleiern». Wir wollten nicht die Verantwortung übernehmen, auch nicht unter einem anderen Namen.

Die Organisation hatte schon früher solche «anonymen» Aktionen gemacht. Mal nur, um zu trainieren, etwa Bombenanschläge auf Luxusautos oder Banken usw., aber auch aus politischen Gründen. Vor dem Zusammenbruch des Ostblocks hatten wir in den 1980er Jahren aufgrund unserer Kritik an den Regimen des «Realsozialismus» in einer Nacht einige Diplomatenfahrzeuge aus solchen Ländern attackiert. Die Verantwortung übernahm nicht der 17N, sondern ein «Sozialer Widerstand». Wir wollten diese Aktion nicht zu hoch hängen, aber doch die Trivialisierung des Sozialismus kritisieren – ohne jedoch den «Sozialimperialismus» mit dem kriminellen westlichen Imperialismus gleichzusetzen. Unter dem Label «Volkszorn» machten wir zudem zeitweise Aktionen in Thessaloniki.

Die drei solidarischen Anschläge hatten weniger politische als vielmehr taktische Gründe. Im Juni 2002 legten wir die ersten beiden Bomben mit verschiedenen Uhren, nicht den voluminösen erprobten chinesischen. Jetzt benutzten wir deutsche Wecker. Ein paar Tage später noch zwei. Am Samstag, den 29. Juni 2002, sollte diese kleine Serie mit zwei Solidaritätsbomben für die streikenden Reedereiarbeiter enden.

Dieser Samstag hatte wie ein Festtag begonnen. Am Morgen war das Erntefest der Bienenstöcke in Varnavas, im Osten Attikas. Ektoras spielte auf dem Feld und führte danach zusammen mit Aggeliki die Ziegen auf die Weide. Ich steckte die Honigwaben in die Schleuder, der Duft nach Thymian war betörend, die Nachbarn kamen mit ihren Behältern und beglückwünschten uns. Am Abend molken wir die Ziegen und fuhren nach Athen-Kamatero, ein Freund von Ektoras feierte. Wir hielten kurz am Rummel von Varnavas und kauften dort zwei Spielsachen für die Kleinen.

Von Kamatero aus fuhr ich sogleich nach Pagrati. Der Geruch des Dynamits umfing mich. Dasselbe Dynamit verletzte Savvas schwer. Danach bekamen sie ihn in ihre Hände und zerstückelten ihn …

Ich fuhr nach Pagrati zurück und wechselte wie ein Schlafwandler meine blutige Kleidung und die Schuhe. Dann nach Kamatero, ich holte das Kind unter einem Vorwand ab: «Jemand ist krank geworden…» Wie sollte ich den großen Augen von Ektoras standhalten? Man nannte ihn meinen Schatten. Er folgte mir überallhin, ganz egal, wo im Haus ich mich hinsetzte, bald bildete sich neben mir ein kleiner Haufen Spielsachen. Wir kommunizierten mit den Augen. Nun fühlte er, dass etwas sehr Ernstes geschehen war. Er fragte mich schweigend und beharrlich. Ich konnte seine Besorgnis fühlen.

Wir fuhren schnell von Kamatero in die Alexandras-Straße. Wie den Geliebten sagen, dass man sich vielleicht nicht wiedersehen würde? Ein Teil von mir war eben auf dem Gehweg in Piräus geblieben. Was, wie viel, ging mit dem Taxi verloren, das nach Varnavas abfuhr?

Ich ließ den Toyota dort. Ich ließ das beharrliche «Warum?» unbeantwortet. Hätten wir nicht zu dritt weggehen können? Im Land der Illegalität verschwinden? Das war jahrelang die stille Frage meines Sohnes. Einmal sprach er die Frage laut aus. So viele Jahre nur die wenigen Minuten der Besuche, wie kann man da etwas erklären? Erklärungen brauchen Zeit, Berührungen, Worte, Schweigen… Man muss vom Krieg erzählen und von dem, gegen das wir kämpften, von unserem Traum, vor allem von unserer Verantwortung, von der Liebe… Nun erwachsen, und nachdem er unzählige Male die Stufen zum unterirdischen Besuchsraum heruntergestiegen ist, das tragische Schicksal aller Kinder politischer Gefangener auf der ganzen Welt teilend, kann er verstehen. Er wird in diesem Buch einen Teil der Erklärungen finden, vielleicht auch eine Antwort auf dieses «Warum?» So wie die anderen Kinder auch…

Aggeliki hatte von dem Moment an, als sie in das Taxi nach Varnavas stieg, eine schwere Bürde zu tragen. Sie sollte sich bald im Zentrum eines Sturms befinden – im Zentrum eines tollwütigen bezahlten Zorns. Niemals neugierig und immer zurückhaltend, hatte sie das Wissen und die Kraft für das, was folgen würde. Sie würde sich den Nachrichten und Demütigungen aller Art widersetzen. Und sie würde ihre Krallen zeigen, um ihr Kind zu schützen. Man würde diese einzigartige Frau lange ins Gefängnis schleppen. Sie würde in dem entschiedenen langen Hungerstreik an die Grenze einer unwiderruflichen Schädigung stoßen, um ihr Kind wieder umarmen zu können – zuvor durfte sie es hinter einer dicken Glasscheibe sehen. Und sie setzte diese Umarmungen und mehr für alle Gefangenen des 17N durch. Danach die Gerichtsverhandlung, die lange Unsicherheit, nochmals Verhandlung, danach auf der anderen Seite der Gefängnismauer, und die wenigen erlaubten Besuchsminuten. Als Frau eines politischen Gefangenen war sie selbst eine politische Gefangene und eine Geisel. Sie hielt es aus, und hält es immer noch aus. Mit dem Versprechen jener Augustnacht zwischen silbernen Sandhügeln und Zedern: «Für immer zusammen!»

Ich kam zurück nach Pagrati. Nur ein paar Stunden zuvor war ich mit Savvas hier losgegangen. Aus dieser Tür war ich als Erster gekommen, um die Straße zu kontrollieren, so dass er folgen konnte, einer der jahrealten mechanischen Abläufe. Nun schlafwandelte ich. Ich war in diesen Momenten gefasst, aber der Kopf arbeitete fieberhaft. Es gab Pausen, Beschleunigungen, ich verlor mich in «Wenns» und «Warums». Ich schaute aus dem Fenster, die Wohnung lag im ersten Stock. Ich sah auf der anderen Straßenseite einen von uns, nennen wir ihn

Luis. Er stand ein Stück weit weg und beobachtete die erleuchteten Fenster. Ich wusste, dass er nicht hochkommen würde und ging nach unten.

Er fragte mich, was los war. Er war gefasst. Er schätzte die Situation schnell richtig ein. Wir beschlossen, die Wohnungen zu leeren. Ich hatte oben schon damit begonnen, hatte die Sachen aufgeteilt, je nachdem, was man zuerst zerstören musste. Wir verabredeten uns für den nächsten Tag, am Sonntagmorgen, in einem Restaurant in Pagrati.

Über schlafwandelndes Wachsein und kurze Anfälle von Lethargie wurde es Morgen. Luis hatte auch nicht gut geschlafen, zum ersten Mal sah ich Ringe unter seinen Augen. Bei ihm, der immer beharrlich und optimistisch war. Er teilte mir seine nächtlichen Gedanken mit: das Material nicht aufgeben, noch mehr retten. Er hatte erfahren, dass es für Savvas nicht gutstand, aber er bestand darauf, dass die Wohnungen nicht «fallen» würden.

Ich glaubte, dass die Wohnung in Pagrati nicht fallen würde, aber dafür sofort die Wohnung in Patisia, denn die Hausmeisterin, ihre ganze Familie und der Besitzer kannten Savvas gut. Was Savvas selbst anging, ich hatte ihn gesehen. Er war verletzt, hatte jedoch keine tiefen Wunden. Er litt, hatte jedoch die Kontrolle über seine Stimme. Ich wusste allerdings nicht, ob er innere Verletzungen hatte. Falls nicht, würden sie ihn wieder hinbekommen. Ich kann mich noch genau an meine Worte erinnern: «Sie werden ihn zerstückeln, ich hoffe, dass er wenig redet.» Luis war bemerkenswert optimistischer, er war sich sicher Recht zu behalten, wie schon so oft. Ich erstellte einen Plan mit Sicherheitstreffen, den Orten und Zeiten, wo ich unsere Leute finden würde. Luis überlegte, wo wir das Material hinbringen könnten. «Nichts verlieren», wiederholte er. Ich fragte ihn, ob er mit mir in die beiden Wohnungen in Pagrati und Patisia gehen würde, um das Material zu sichten. Er weigerte sich.

Den ganzen Sonntag rannte ich herum. Sicherheitstreffen, Plätze, Wege, Häuser. Alle waren verschwunden. Niemand – niemand – kam zu einem der Sicherheitstreffen, alle üblichen Treffen fielen aus, alle waren aus ihren Stammlokalen verschwunden, selbst aus ihren Wohnungen – den wenigen, die ich kannte. Ich konnte nicht einmal ihre Autos oder Motorräder dort finden, wo sie sonst parkten. Ich verschwendete meinen ganzen Tag mit Herumlaufen und war erschöpft, weniger physisch als durch die Bilder: der blutende Genosse, die Augen von Ektoras, der Schmerz von Aggeliki. Es war die Enttäuschung über die Genossen, die nicht zu ihren Treffen kamen. Meine Widerstandskraft wurde von den Bildern und Gefühlen durchbrochen, die Füße wurden schwer, das Herz zog sich zusammen. Nur für kurze Augenblicke, sonst wäre ich gar nicht weitergelaufen, aber es kam wieder und wieder.

Zwischen der Sucherei zerstörte ich Material. Es war nicht einfach. Ich hatte niemals zuvor so eine polizeiliche Fahndung erlebt. Ja, wir hatten lange darauf gewartet, wir wussten genau, was sie vorbereiteten, trainierten, welche speziellen Aktionspläne mit ausgesuchten Observationszielen und koordinierten

Bewegungen sie hatten. Wir hatten es erwartet, ich hatte es erwartet, doch war das Ausmaß der Fahndung überraschend. Alles war blockiert. Rund um das Haus an der Ecke Patmou- und Skiathou-Straße gab es Fallen – zu Fuß oder motorisiert. Ein Hinterhalt auf der Skiathou-Straße. Ein anderer auf der Patmou-Straße. Am Koliatsou-Platz saßen Geheimpolizisten mit Ferngläsern in Fahrzeugen, und nicht nur dort.

Ich ging zwischen ihnen umher, holte Stück für Stück Sachen heraus, und warf sie weit entfernt weg. Luis versuchte bis zuletzt ein verlassenes Haus zu finden, um Material dort verstecken zu können, um «es nicht zu verlieren». Am Sonntagabend hatte er eine Idee: Ein Sympathisant könnte uns helfen. Ich kannte ihn und stimmte zu. Ich musste in sein Mehrfamilienhaus gehen. Doch gab es auf den Seitenstraßen seines Wohnblocks Hinterhalte, auch in der Parallelstraße. Ich fand im Müll eine leere Pizzaschachtel, setzte eine gelangweilte und müde Miene auf – für letztere musste ich mir keine große Mühe geben – und wurde zu einem Familienoberhaupt, das heimkam. Ich ging zwischen ihnen hindurch in das Mehrfamilienhaus und klopfte an der Wohnungstür. Niemand da. Oder man öffnete mir nicht… So verschwendete ich weitere Stunden. Wertvolle Stunden. Weitere vergeudete ich, als ich der Reihe nach alle Sicherheitstreffpunkte abklapperte. Wieder niemand. Alle verschwunden.

Es wurde noch schlimmer, als die Nacht anbrach. Man konnte nicht mit Sachen in den Händen umherlaufen, man wurde sofort zum Ziel. Als der Morgen graute, machte ich weiter mit den Zerstörungen. Priorität: die Brücken abbrechen, so dass sie nicht an andere kommen könnten. Warum zum Teufel hatten wir so viele Manuskripte? Dann musste ich plötzlich aufhören, denn ein Foto von Savvas war veröffentlicht geworden. Und ich hatte noch zwei Taschen voll zum Wegwerfen. Die Wohnung fiel beinahe sofort.

Das Haus in Pagrati konnte ich komplett sauber machen. Ich warf die letzten Sachen zusammen mit allen unterschiedlichen Reinigungsmitteln und Chlor in die Badewanne, damit Fingerabdrücke und DNA gelöscht wurden. Schweren Herzens zerstörte ich die beiden Festplatten des Computers. So viel Mühe, so viele Informationen…

In den nächsten Tagen setzte ich die Suche nach Genossen fort. Ich ließ keine Möglichkeit aus. Nichts. In den Nächten schlief ich mit zwei Pistolen als Kopfkissen auf Baustellen. Am Morgen ging ich an einen bewirtschafteten Strand, duschte mir Staub und Zement ab und begann wieder mit der Suche. Ohne Erfolg.

Ich spürte wortwörtlich an meiner eigenen Haut die Konsequenzen des einseitigen Wachstums, der vollkommenen Abschottung der vielen letzten Jahre. Nun hätten wir Kontakte zur Massenszene und ihren Unterstützungsnetzen gebraucht, die erprobten legalen Genossen. Ein doppelter persönlicher Sicherheitsmechanismus, den ich vor Jahren für solche Fälle aufgebaut hatte, war mit der Zeit zerbrochen, die Verbindungen waren verloren gegangen. Der eine war tot, der andere irgendwo auf dem Land.

Ich beschloss einen Genossen ausfindig zu machen, der sich vor Jahren von der Organisation getrennt hatte. Vor seinem Haus gab es einen Hinterhalt: drei Geheimpolizisten an ihrem Auto. Waren sie wegen ihm dort? Ich ging nicht weg. Ich brauchte unbedingt Hilfe. Ich fand weiter weg eine Stelle hinter einem Transporter, ich konnte sie durch die Windschutzscheibe sehen. Ich wartete auf die heilige Stunde der Polizei: den Moment des Kaffees in Plastikbechern. Sie zogen sich in den Schatten zurück, um sich vor der Julihitze zu schützen, redeten über Fußball. Ich ging hinüber, klingelte an der Tür, drückte mich in den Eingang. Wir umarmten uns. Ich gab ihm schnell alles für ein Treffen: Zeit, Ort, Route, Alternative. Ich hatte eine gute Mietwohnung gefunden, gab ihm die Adresse, Geld, einen guten Ausweis, sagte ihm, was er sagen sollte und was er nicht sagen durfte. Er vermasselte es, verquatschte sich, wir verloren die Wohnung, das Geld, den Ausweis. Ich hatte noch eine andere freie Wohnung gefunden. Neues Geld, neuer Ausweis, selbst eine Steuernummer hatte ich für ihn, neue Anweisungen. Wieder dasselbe. Ich verabschiedete mich nicht von ihm. Ich hatte nicht einmal Lust darüber nachzudenken, ob es Unfähigkeit war oder etwas anderes.

Am gleichen Tag fiel das Haus in Pagrati. Schon am Vorabend hatte ich merkwürdige Bewegungen in der Gegend gesehen: einen mysteriösen Wohnwagen im Profitis Ilias-Viertel und einen Kleinlaster, der nach versteckten elektronischen Überwachungsmitteln aussah. Briten, die diskret die Gegend durchkämmten. Junge Leute, die aussahen wie Studenten oder Intellektuelle – eine neue Generation der Antiterroreinheit. Und die typischen Gesichter der Geheimpolizisten, die sich zwischen Pagrati, Profitis Ilias und dem Varnava-Platz bewegten.

Zum letzten Mal traf ich Luis. Auf die Schnelle wurden Wahrheiten in Worte gefasst, die schon vor Jahren hätten ausgesprochen werden müssen. Dinge, die inzwischen nur noch einen historischen Wert hatten. «Was wirst du tun?», fragte er. «Was machst du?», fragte ich zurück. Sprachen wir als Personen? Als Organisation? Wir machten ein Treffen einige Tage später aus. Wir waren uns einig, dass er bis dahin nicht zu sich nach Hause gehen würde. Schon als wir uns verabschiedeten, wusste ich, dass er nicht zu dem Treffen kommen würde. Er kam nicht.

Ich suchte weiter, wo immer es möglich war und wo ich es konnte. Alles war blockiert. Kontrollen an strategischen Punkten. Alles deutete auf langjährige Vorbereitung hin. Ja, ich hatte das erwartet, aber nicht so. Das System arbeitete weit jenseits seiner bekannten Geschwindigkeit.

Ich hatte ein entscheidendes Treffen mit einer Freundin und Genossin. In wenigen Worten informierte sie mich über das, was ich schon wusste und sah. Alle Möglichkeiten, die es einmal gegeben hatte, waren erloschen. Ich wollte sagen, dass sie sich so gut wie möglich um meinen Sohn kümmern solle. Ein Knoten im Hals hinderte mich daran. Nicht ihr zorniger Blick. Dass sie meinen Arm drückte, wärmt mich noch immer.

Ich machte immer noch weiter auf der Suche nach dem Unmöglichen. Auch einen letzten Freund und Genossen der Organisation, von dem ich glaubte, dass er nicht unter den bereits Festgenommenen sei. Nichts, auch er war verschwunden.

Es wurde eng. Bei meinen Besuchen «verbrannter» Orte war man mir schon zweimal gefolgt. Einmal zu Fuß und einmal auf einem Motorrad. Ich entkam, bevor sie ein Netz um mich legen konnten. Ich merkte, dass es so nicht weiter ging, irgendwann würde ich in ein größeres Überwachungsnetz oder an ein paar Schlauere geraten und meine Geschichte würde dann dort enden.

Ich beschloss, mich zu verstecken. Agistri, die grüne und ruhige Insel im Golf von Saronikos sollte für fast zwei Monate zu meiner Basis werden. Ich baute mein Zelt zwischen den Pinien über dem Strand von Chalikiada auf. An den Wochenenden zelteten Jugendliche dort, meist Studenten, die zum ersten Mal im Freien zelteten. An einem Abend rief einer von ihnen vor meinem Zelt: «Komm doch raus, Koufontinas!» Wie hatte er mich erkannt? Dann verstand ich: Ich war zu einem stehenden Slogan geworden…

Auf der Insel und außerhalb von Agistri konnte ich nun meine ganzen Erfahrungen als Illegaler gebrauchen. Mit minimaler Verkleidung musste ich mich unter den Leuten bewegen, unbeobachtet bleiben, unsichtbar sein. Eines Tages war der Präfekt im Hafen von Agistri. Ich war dort, um Zeitungen zu kaufen. Mit gelangweilter Miene ging ich zwischen seinen Geheimpolizisten umher. Einmal war ich in Piräus und beim Markt fuhr mich eine schwerbeladene Vespa fast an. Der Fahrer, ein Malocher, ein Tagelöhner rief: «Pass doch auf, mein Freund!» Und nachdem er besser hingeschaut hatte, setze er noch einen drauf: «Und dann noch aussehen wie Koufontinas!»

## Kapitel 23
## Die Wunde

Auf dieser kleinen Insel im Golf von Saronikos erlebte ich die schändlichen Geständnisse und die zerstörenden Festnahmen. In diesen unendlichen Julitagen und -nächten wurde noch der kleinste Hoffnungsfunke – dass zumindest ein kleiner Wall stehen bleiben würde – von einem Absturz in höllische Enttäuschungen zugrunde gemacht. Jedes Wort, jedes Geständnis, das triumphierend von den gekauften Nachrichtensprechern wiedergegeben wurde, öffnete die Wunden und vergrößerten das soziale Trauma.

Ich hörte, las und verlor mich, das Gehirn fror ein, der Ort war zu klein für mich. Und heute, da ich beginne, von dieser Wunde der Erinnerung zu schreiben, stockt die Hand und das Herz wird schwer. Ich gehe in den Hof aus Beton.

Die dicken hohen Blechplatten glühen in der Sonne noch eines verlorenen Sommers – diese erste Niederschrift fand im Sommer 2013 statt, ich ließ sie so… –, aber die Hitze kann die Kälte aus meinem Inneren nicht vertreiben. Es sind nicht die Wände, der Stahl, der Beton und die unterirdische Zelle, die mich erschlagen. Das ist für mich nicht das wirkliche Gefängnis. Das Gefängnis ist das Scheitern, die Spaltung, die Verleugnung, der Verrat.

Dennoch bringe ich die Hand zum Schreiben, den Kopf zum Funktionieren, das Herz zur Ruhe. Denn nun stehen wir alle und jeder Einzelne von uns vor dem hohen Gericht der Geschichte. Wir müssen den kommenden Generationen der Kämpfer Rechenschaft ablegen, wir müssen uns an den verflossenen Kämpfern messen, die das Rad der Geschichte bewegten, und sich, als sie an der Reihe waren, ebenfalls an der Geschichte maßen. Wir müssen mit unseren Träumen sprechen, mit den bärtigen Partisanen. Was können wir sagen, außer der Wahrheit?

Ich denke an den, der als Erster ein Geständnis ablegte. Den Anderen, der Namen und Leben wie Perlen auf einer Kette aufreihte. Den Dritten, der ein Geständnis ablegte, «Reue» zeigte, der Fotos von Menschen mit ruhiger Hand untertitelte und dazu noch die «Pseudonyme»: Haris, Stelios, Lambros… Wie schlafen sie in den Nächten? Wie schlafen die, die den Verrat der Selbstverleugnung begingen, den ihrer Geschichte, ihrer Organisation? Alles, was sie zu verteidigen versprochen hatten?

Wir stehen vor dem Gericht der Geschichte. Hier gelten nur Wahrheiten. Wahrheiten. Es mag sein, dass nicht alles gesagt werden kann, doch was gesagt wird, muss der Wahrheit entsprechen. Und die einzigen mildernden Umstände können da nicht nur die Widerrufe der Geständnisse sein. Wir können uns an den Beschluss der KKE auf ihrer 3. Vollversammlung 1947 erinnern, der diejenigen betraf, die eine Aussage gemacht hatten, und die «von der Partei abgefallen waren, Verrat begannen und das moralische Wesen der Partei in den Augen des Volkes geschmälert hatten». Falls sie es mit Taten und Opfern bewiesen, bekamen sie ihr «Recht und die Ehre» zurück. Das entehrende Stigma der Geständnisse bleibt dennoch unauslöschlich.

Vor dem Gericht der Zeit, der Geschichte, dem Volk haben Entschuldigungen keinen Platz. Die Taten bekommen einen Namen: der Seelenlose wird seelenlos genannt, der Nichtige nichtig.

Der Einzige, der tatsächlich von Medikamenten und körperlicher Gewalt sprechen kann, ist Savvas. Mehrfach verwundet, mit dauerhaft verbundenen Augen, voller Schmerzen und quälender Schlaflosigkeit. Diese physische Brutalität wurde von Spezialisten der psychologischen Kriegsführung ausgenutzt und mit speziellen Medikamenten verstärkt. Im Kleingedruckten stand, dass ein Flugzeug aus den USA gestartet war, in Deutschland zwischenlandete, und binnen weniger Stunden Verhörspezialisten nach Athen brachte. Was hatten sie in ihren Koffern? Und dennoch hielt Savvas stand, obwohl man seinen Körper, seine Seele und sein Gehirn auseinandernahm. Er hielt tagelang durch. Das Haus in Pagrati gab er am fünften Tag der Verhöre preis, im Tausch gegen ein wenig Schlaf. Er wusste, dass ich es da bereits geleert haben würde. Wir hatten schon so oft darüber gesprochen: Mindestens 48 Stunden lang durchhalten, falls man uns foltern würde. Er ließ über 100 Stunden verstreichen. Und alles, was er sagte, inmitten der Gewalt, der weißen Folter, der sensorischen Deprivation und unter Medikamenten, war minimal. Halb richtig, sinnlos und irreführend. Er brach zusammen, als man ihm die vollen und ungekürzten Geständnisse brachte. Und dennoch… Das Kreuz, das man ihm aufgeladen hat, verdient er nicht. Er verdient es nicht, dass man ihm die Geständnisse der Anderen, das Verbrechen des Verrats von Genossen und Ideen aufbürdet.

Die Frage mag sinnvoll erscheinen: «Wenn sie nicht verraten hätten, hätte die Polizei dann nicht die äußerste physische und psychische Gewalt benutzt, hätten sie dann nicht Medikamente benutzt?» Nein, das bewiesen unsere Ungebrochenen und auch andere in Griechenland oder der europäischen Stadtguerillas in der BRD, Frankreich, Italien usw. Es ist falsch Mythen über angeblich so effektive Methoden der Polizei oder wunderwirkende Psychopharmaka zu verbreiten. Ohnehin wäre es gefährlich naiv, wenn jemand nicht auf die gewaltsame Behandlung von Guerillas in Haft vorbereitet wäre.

Wenn es den Willen zum Widerstand gibt, wird man bei schwerer Gewaltausübung von den zehn Sachen, die man weiß, vielleicht zwei oder drei preisgeben. Und das Volk wird diejenigen immer mit anderen Augen betrachten, die erst unter bestialischer Folter gebrochen wurden.

Vor ein paar Monaten hat mir Kostas Gournas, ein Genosse vom Revolutionären Kampf*, der in den letzten Monaten in der unterirdischen Zelle nebenan saß, erzählt, dass ihn die Antiterroreinheit auf dem Präsidium ungezügelt geschlagen hat – wir alle können uns an die Fotos seines blutig geschlagenen Gesichts erinnern. Danach zeigte man ihm zwei Bilderrahmen mit den Festgenommenen des 17N: einen großen mit denen, die geredet hatten, und einen kleinen mit denen, die es nicht getan hatten. Er sollte wählen, wo er sich selbst platzieren würde. Sie versprachen Gegenleistungen. Danach wieder Schläge. Sie drohten ihm, was sie mit seinen kleinen Zwillingen machen würden. Er sagte kein Wort. Er versteckte sich nicht hinter seinen Kindern. Meinen Sohn Ektoras verhörten sie 13 Stunden lang. Im Raum daneben verhörten sie Aggeliki. Ihr wurde gedroht, was mit unserem Sohn passieren würde. Sie sagte nichts, sie unterschrieb nichts.

Die offizielle und eine leichte Erklärung der Geständnisse sind die psychologischen Handgriffe an jedem der Verhafteten. Bei diesem Film führten britische Psychologen Regie und ihr Drehbuch war: «Alles ist zu Ende. Die anderen haben bereits geredet. Schau', wie du dich rettest. Das Antiterrorgesetz ermöglicht dir einen Deal.» Dieser Refrain findet sich explizit oder indirekt in allen Geständnissen: Deals als Wohltaten des Gesetzes.

Diese Deals waren ein Resultat der Zerstörung, sie waren nicht der Grund der allgemeinen Vernichtung. Menschliche Schwächen, Charakterschwächen, können nicht alles erklären. Eine lückenhafte revolutionäre theoretische Bildung und fehlendes Bewusstsein sind andere Ursachen. Dazu kam die fehlende Vorbereitung, weil wir uns jahrelang in Sicherheit gewiegt hatten, uns unantastbar wähnten und dachten, dass man uns nie verhaften würde. Die Furcht vor Guantanamo kam hinzu: Vielen wurde mit Abschiebung in die USA gedroht, nach Guantanamo. Einem Verhafteten wurde am 18. Juli 2002 «netterweise» von dem Polizisten Papageorgiou erzählt, dass die USA offiziell seine Auslieferung gefordert hätten und Simitis nachgeben würde.

Weitere Faktoren spielten eine Rolle: Die Organisation war dabei ihren historischen Lauf zu beenden. Manche waren schon lange ausgetreten, da sie ihren Glauben verloren hatten. Das soziale und politische Umfeld verfiel seit einiger Zeit – während einen in Zeiten des sozialen kämpferischen Aufschwungs vieles halten kann…

Ein paar «falsche Rekrutierungen» spielten auch eine Rolle. Sie spiegelten in Wirklichkeit nur den Grundfehler, sich für eine zu einseitige Entwicklung der Organisation entschieden zu haben. Wenn das Schwergewicht auf die Entwicklung des bewaffneten Apparats gelegt wird, ist klar, dass bei potenziellen Mitgliedern besonderes auf deren technische Möglichkeiten geachtet wird.

Die Verhafteten verhielten sich wie Schiffbrüchige: «Rette sich, wer kann!» Tatsächlich war der überwältigende kommunikative Angriff enorm belastend, weil er wirklich das Gefühl eines definitiven und unabwendbaren Schiffsbruches erzeugte. Der Präsident, die Minister, die Polizei, die Botschaften, Parteien und Organisationen, die Intellektuellen und Künstler, die in Talkshows herumschreienden Journalisten schufen ein einzigartiges «Schock und Furcht»-Klima. Die Gesellschaft wirkte erstarrt, am meisten natürlich diejenigen, die spürten, dass sie das Ziel dieser mittelalterlichen Hexenjagd waren.

Die Verhafteten verzweifelten wie Schiffbrüchige. Ihre Angst war die eines hilflosen Verlassenen, der alleine gegen die Wellen ankämpfen muss. Sie verloren den Boden unter ihren Füßen, verloren jede Courage, jeden Glauben. Furcht lähmte ihren Verstand. Wenn es keine stabile ideologische Basis gibt, keinen starken Charakter, kann man mit dem inneren Widerspruch «Würde und Ertrinken» oder «Verrat und Rettungsboot» nicht klarkommen. Es war die jahrhundertalte Konfrontation der Werte, «das große Ja oder das große Nein». Und wenn dann noch kein Hoffnungsfunken von denen kommt, die moralische Stabilität hätten zeigen müssen… Dann führt die Panik zur Desorganisierung. Vor der allgemeinen Niederlage kommt die persönliche Niederlage wie etwas Selbstverständliches. Es folgen der Verrat von Prinzipien und Ideen und der Verrat an Freunden, Geschwistern und Genossen.

Mit dem Verlust des Bodens unter den Füßen schwindet jegliche ideologische Basis und jede Moral. Zur Schande der Geständnisse kam nun die Schande des

Schweigens. Die Organisation, die wir so schwer und so lange aufgebaut hatten, zerbrach vor unseren Augen. War sie dem furchterregenden Angriff von allen Seiten so ausgeliefert, dass sich niemand fand, der sie in Schutz nehmen würde? Der seine politische Geschichte, sein politisches Selbst in Schutz nehmen würde? Wer schützte die Organisation, die wir aufgebaut, geliebt und über uns selbst gestellt hatten, da wir sie für die beste Art, um für die große Sache, die größte überhaupt, zu kämpfen gehalten hatten: die Befreiung unseres Volkes, die Freiheit der ganzen Welt?

In der weltweiten Bewegung bis hin zu den europäischen Stadtguerillas war es etwas seit Jahren einmaliges: Eine revolutionäre Organisation fiel, löste sich auf und es gab nicht Einen, der die politische Verantwortung übernahm und sich der Gegenpropaganda stellte, der sich ideologisch-politisch mit den Mächtigen maß. Selbst wenn man die einfachen Mitglieder von dieser Verantwortung ausschließt, gab es trotzdem diejenigen, die die moralische und politische Pflicht gehabt hätten. Warum sagten sie nichts? Was war es? Angst, Opportunismus, Feigheit vor dem Feind? Wo war ihr Glaube, ihre Würde, ihre revolutionäre Moral?

In Griechenland gab es seit vielen Jahren die revolutionäre Tradition, dass die Kämpfer vor allem ihre Sache verteidigten, dass sie Verantwortung übernahmen. Dass sie ihr persönliches Schicksal hinten anstellten – sogar in Zeiten, als das sehr viel kostete. Die lange Märtyrerliste der Volkskämpfe war voller einfacher, glänzender Revolutionäre. Sogar Kinder, die die Sonne nie wieder aufgehen sahen, unterschrieben die verlangten Distanzierungen nicht, um ihre Ideen und ihre Geschichte nicht zu denunzieren. Wir gedenken der Anführer, die die Verantwortung für «die Taten jedes Mitglieds der Partei» übernahmen. So wurde kollektive Erinnerung gesponnen, so wurde ein unauflösbares Vertrauen mit dem Volk hergestellt. So wurden die moralischen und politischen Resultate erzeugt, auf der bis heute die Resonanz der Linken basiert. Es waren die Exilanten, Gefangenen, Gefolterten und Hingerichteten, die sich selbst nicht verleugneten, die ihre Verantwortung gegenüber der Geschichte und ihren Vorgängern und Nachfolgenden auf sich nahmen, die das Brot der Erinnerung kneteten, das bis heute die neuen Generationen nährt.

Irgendwann vor unserer ersten Verhandlung sprach mich im Vorhof ein Mitangeklagter an, einer derjenigen, die die moralische Kompetenz und Pflicht gehabt hätten, unsere Sache zu schützen. «Was wirst du im Prozess tun?», fragte er mich. Schon wieder der Singular «du» anstelle von «wir». Ich fragte ihn, was er meine. «Wirst du jede einzelne Aktion rechtfertigen?» «Na klar». Ich sehe immer noch, wie er überrascht die Augen aufriss: «Und was wirst du den Angehörigen sagen?» Seine Frage und sein Gesichtsausdruck hatten mich völlig überrascht. Meine Antwort, «Es wäre einfacher, wenn ich nicht alleine wäre», kühlte unsere Beziehung noch mehr ab. Er drehte weiter seine einsamen schnellen Runden entlang der Wände.

Die wasserfallartigen Geständnisse und das ehrlose Schweigen der Verhafteten waren ein perfektes Pendant für die Abrechnung des Regimes mit dem 17N und seinen kommunikativen Feldzug, dessen Tonart von den «vier, fünf Journalisten mit Prestige» vorgegeben wurde. Großreporter, die ihre Worte und Texte für astronomische Summen an die Massenmedien verkaufen. Völlig korrupt waren sie schon damals und sind es heute als die Prediger der Unterwerfung unter die Memoranden immer noch. Es war das erste Mal, dass Reporter derart instrumentalisiert eingesetzt wurden, vorher waren es eher Einzelfälle. Der gut informierte Michalis Ignatiou schrieb in der Zeitung *Ethnos*, dass die USA des Öfteren einige griechische Medien benutzten. Wie dem auch sei, wer die «Beeinflussung» der Massenmedien durch Geheimdienste studieren möchte, muss sich nur die Texte des Anti-17N-Feldzugs anschauen, denn damals rutschten für kurze Zeit vielen «seriösen» Analytikern die Masken herunter. In den Talkshows folgte ihnen dann ein bunter Zug aus «Experten», Politikern aller Schattierungen, Wissenschaftlern, Intellektuellen, sogar «Philosophen» und Künstlern.

An diesem Tanz der Kannibalen haben sich leider auch Aktivisten der radikalen Linken beteiligt. Eines Nachts zur Geisterstunde lag ich mit Kopfhörern in meinem Zelt in Agistri und scannte alle Nachrichtensender. Auf einmal hörte ich eine bekannte linksradikale Stimme sagen: «Am wichtigsten ist, dass der 17N eine politische Niederlage erlebt.» Ach, Genosse, dachte ich, du hast nicht verstanden, was hier auf dem Spiel steht. Es steht viel mehr auf dem Spiel als die Niederlage des 17N.

## Kapitel 24
## Wölfe und Hunde Seite an Seite

Alles stand damals auf dem Spiel. Alles. Ihre Absichten ließen sich kurz und knapp dem Buch *The Showdown: The Life and Death of November 17* entnehmen, das Yannis Pretenderis mit seinem bekannten Zynismus, den er für «Seriosität» hält, mitten im Zirkus des Jahres 2002 veröffentlichte. Ihre Kriegsziele waren die Verleumdung der Verhafteten, die Legitimierung des Verrats, die Delegitimierung des bewaffneten Kampfes und der Gewalt. Und genau das schrieb er auch.

Sie fingen mit dem «Einfachen» an: Heruntermachen bis hin zum Lustigmachen über die Verhafteten. Die Tiefschläge gegen die Menschen des 17N sollten den Ruf der Organisation zerstören. Politische Praxis versuchten sie mit Begriffen der Psychologie und sogar Psychiatrie zu «erklären».

Die Tonart gab dieses Gremium der «vier bis fünf Journalisten» vor, sie war ganz im Einklang mit ihrem Reichtum, den ihnen ihr «Journalismus» eingebracht hatte. Es war dieselbe Tonart, mit der ihre «Public Relations»-Unternehmen das große Festessen auf dem Jahrmarkt der Milliarden begleiten sollten: die Plünderung der öffentlichen Gelder für die Olympischen Spiele.

Sie fingen mit Beschimpfungen an: «Dreckskerle», «Mörder». Die Begriffe «Söldner» und «Mordaufträge» ließen sie bald wieder fallen, weil das so hätte verstanden werden können, dass Staat und Reiche mitgemischt hätten. Sie machten weiter mit «herzlose Verbrecher», «Abschaum» und «Primitive aus schlechtem Hause» oder «ein Blick, so kalt wie Stahl». Beim Kriegstanz der «Psychologisierung» fehlten auch die Vertreter der friedliebenden Linken nicht: Intellektuelle, Geistesarbeiter usw. Ich muss hier unterstreichen, dass mir die Haltung aller in jener Zeit der Terrorhysterie sehr wichtig ist und ich sie sehr kritisch sehe. Es war das größte politisch-kommunikative Unternehmen, das jemals in Griechenland mit Bezug auf ein bestimmtes historisches Ereignis stattgefunden hat.

Ich werde hier nur kurz ein paar Bezeichnungen aufzählen, die die Bandbreite der «seriösen» Analytiker für uns fand: «Paranoide», «skrupellose Aggressivität», «Obsessive, Paranoide», «herzlose Kriminelle», «Verbrechen mit ideologischem Alibi», «eine Bande von skrupellosen Mördern», «Gestörte», «Paranoia», «Abscheuliche gewöhnliche Verbrecher». Vassis, mein alter Lehrer, nannte uns «kranke Mörder», ein anderer Linker «Verbrecher. Sie sollen die Linke in Ruhe lassen». Ein charakteristischer Fall war die Tochter eines Mitglieds der alten KKE, die den 17N mit denselben Worten beschimpfte – «Paranoide, Kriminelle, Banditen» – die die Antikommunisten auf ihren Vater gemünzt hatten. Diese Dame gehörte damals zum «Hofstaat» der Familie Mitsotakis und hatte nicht nur die Beschimpfungen ihres Vaters, sondern auch die Bemerkung des alten Kostas Loules* vergessen: «Jedes Schaf hängt an seinem Haken.»

Die «psychiatrische Erklärung» sollte die Verhafteten moralisch entwerten und den 17N entpolitisieren. Endlich konnte die Gruppe der «vier, fünf Journalisten» gefahrlos den Angriff der griechischen und ausländischen Mächtigen gegen die «schlimmste Organisation» koordinieren, die sie 27 Jahre lang bis in ihre Träume verfolgt hatte. Der bodenlose Klassenhass der Mächtigen zeigte sich wieder einmal, und wie sie alte Rechnungen mit Unbeugsamen begleichen: rachsüchtig, gewaltsam und verleumderisch.

Ihr eigentliches Ziel war noch ambitionierter: Die Kriminalisierung des 17N sollte jeden militanten sozialen Widerstand kriminalisieren. Durch die Entwertung des 17N, eines Trägers des Volkswiderstands, sollte der Volkswiderstand selbst entwertet werden. Angefangen bei einfachsten heutigen Widerstandshandlungen bis hin zur Tradition des militanten antidiktatorischen Kampfes, des bewaffneten Kampfes der DSE und sogar des ELAS.

Der größte Teil der reformistischen Linken kooperierte bei diesem Feldzug mit den Beauftragten des Regimes. Ihre übereinstimmende «psychiatrische» Interpretation der Praxis haben wir bereits gesehen, weiter ging es mit prinzipiellen Fragen. Defensiv und geradezu entschuldigend distanzierten sie sich von der Gewalt, womit sie das Gewaltmonopol des Staates anerkannten. Sie machten einen modernen Kotau und erklärten ihr Vertrauen in Polizei und Justiz. Sehr charakteristisch ist die Aussage «lassen wir die Justiz ihre Arbeit machen» des damaligen Synaspismos-Vorsitzenden genau in dem Moment, in dem das Verbrechen an Savvas im Evaggelismos-Krankenhaus stattfand, also in dem Moment, in dem die verfassungsmäßig garantierten Rechte der Verhafteten brutal missachtet wurden.

Der ganze propagandistische Feldzug gegen die Verhafteten und die Entmystifizierung des 17N sollten die moralischen Werte des Volkes umdrehen: Der Verfolgte, der von der Macht Gejagte, sollte zum Feind der Gesellschaft gemacht werden. Das Volk soll ihn dem Staat übergeben, der angeblich befreundeten Polizei, der angeblich gerechten Justiz. Diese Linken wollten den Verrat und die Kooperation mit dem Staat legitimieren und jeden militanten Akt des Widerstands als asozialen definieren.

Niemals zuvor hatten sie ein günstigeres Umfeld dafür gesehen. Niemals zuvor konnten aktueller und historischer Widerstand so gründlich entwertet und als moralisch illegitim hingestellt werden. In den vergangenen 20 Jahren waren die Mittelschichten – die wichtigsten konservativen Kräfte – beängstigend gewachsen. Die «Entwicklung durch Kredite» und die seit 2002 laufende Party der Milliarden spülten ganz einfach Geld in die Korruption, genau in die soziale Szene, in der sich zufällig auch die Mehrheit der Intelligenzija und der höheren Kader der Parteilinken bewegten. Die Ideologie des Konsumierens um jeden Preis, des Egoismus und des Lifestyles war in ihrer Blütezeit. Hinzu kam die Strategie der Entpolitisierung, der Geschichtslosigkeit, der Brüche in der kollektiven Erinnerung und den revolutionären Traditionen.

Alle «Promis» des Landes engagierten sich, selbst das letzte interviewte Starlet fand es unentbehrlich eine Erklärung «gegen den Terrorismus» einzustreuen. Auf Agistri suchte ich nachts im Radio und tagsüber auf dem mit Pinien bepflanzten Hügel in den Zeitungen die wenigen Ausnahmen. Ich erinnerte mich an den Mönch Dionysios aus *Die Frau aus Zakynthos* von Dionysios Solomos, des Autors, der meine ersten politischen Schritte begleitete, und hob wie er die Finger, um zu zählen. Ein höflicher Juraprofessor, Kostas Mpeis. Eine Erklärung des Schriftstellers George Dialegmenos, ein Hinweis in einem Artikel von Kostas Tsarouxas, die wundervolle Karikatur von Giannis Kalaitzis gleich zu Beginn, sehr viel später zwei Worte des Liedermachers Lakis Lazopoulos… Sonst niemand?

Bei der Parteilinken suchte ich erst gar nicht. Ach ja, die KKE-Generalsekretärin Aleka Papariga nannte mich ein «Subjekt» und einen «Mörder». In der radikalen Linken begannen sich ein paar Wenige wie betäubt zu bewegen, auch in der sensiblen antiautoritär-anarchistischen Szene. Langsam bauten sie kleine, aber entscheidende Barrieren auf.

Dass die Festgenommenen des 17N «politische Gefangene» genannt wurden und der 17N eine «Organisation der revolutionären Linken» sei, hörte ich zum ersten Mal vom «Netzwerk für die politischen und sozialen Rechte». Sie waren fair: Solidarität mit Genossen trotz unterschiedlicher Ansichten. «Politische Gefangene»: Diese beiden Worte waren der entscheidende Kanonenschuss im Propagandasturm. Eine Definition mit spezifischer Sprengkraft, schwerwiegend, Erinnerungen und Kampfreflexe weckend… Ja, diese Definition war tatsächlich eine harte Nuss für die Gebisse der «vier, fünf Journalisten».

Fürs erste triumphierte jedoch das Regime. Es hatte einen großartigen Sieg erlangt. Die Tage und Wochen vergingen, ein Monat war bereits seit jener Nacht des 29. Juni 2002 vergangen. Der zweite Monat brach an und der Medienfeldzug ging immer weiter. Unsere große Schwachstelle waren die Geständnisse und der damit auftrumpfende Gegner. Und die Stille: Niemand, der die Organisation und den Kampf verteidigte.

An einem jener schwarzen Abende im Juli 2002 hörte ich im Radio die Worte eines Reporters: «Wieso ziehen sie so über sie her, wieso ziehen sie sie so durch den Dreck? Es erinnert mich an früher, als man die abgeschlagenen Köpfe der Partisanen durch die Dörfer trug…» Ich war erschüttert. Ich zitterte am ganzen Körper. Meine Gedanken irrten umher und verfingen sich in der historischen Erinnerung: Die Köpfe der Partisanen, wie sie nach oben, in die Zukunft schauten. Was würden sie heute sehen? Ich sah ihre kopflosen Körper, die jeden Felsen und jeden Strauch unseres Landes mit ihrem Blut besprengten. Wie viel Blut wurde vergossen, um den Baum der Erinnerung zu gießen, den Baum der Freiheit wachsen zu lassen? Wie sehr ehrten wir dieses vergossene Blut? «Pick du auch, mein guter Vogel, aus dem Rücken des Tapferen…», wie es in dem Lied über die Emigranten heißt.

Ich ging hinaus in die einsame Nacht. Ich meldete meinen Zählappell an die Toten. Juli 2002: Wie viele waren moralisch gestorben? Wie viele waren noch da? Wo war die laute Stimme der Organisation, die den roten Faden der Erinnerung und der revolutionären Tradition immer wieder aufgenommen hatte? Warum nur lag in diesem grundsätzlichen Kampf der Ideologien und der Werte in der Waagschale der Verlierer jetzt nur so wenig?

Die Verletzung der Erinnerung und der Geschichte schmerzte immer mehr im Laufe dieses schwarzen Sommers. Nach dem Triumph der Verhaftungen bauten sie nun eine Arena nach römischem Vorbild für ein Prozessmassaker ohne Widerworte. Vor allem sollte es ein politisches Massaker an der Organisation, dem Widerstand und der Geschichte werden. Sie würden die Geschichte der letzten Jahrzehnte so umschreiben, wie es ihnen passte. Komplett ungehindert. Ein Strafverfahren mit Geständnissen, Kooperationen, Reue. Ohne eine Stimme, die die Organisation, den revolutionären Kampf, die kämpferische Geschichte verteidigen würde. Der goldene Traum würde durch den Dreck gezogen werden. Sie würden «Perlen vor die Säue» werfen. Ich durchlebte eine unwürdige Niederlage.

Ich überlegte, welche Optionen ich hätte – es gab nicht nur eine – und dachte darüber nach, welche die beste sei. Wie könnte auch ich eine kleine Barriere bauen? Ich ging immer noch, aber seltener, von der Insel aufs Festland. Ich suchte einen Ansatzpunkt, einen Kontakt.

Eines Tages machte ich mich erneut auf die Überfahrt. Auf der Suche nach Land. Mich suchte man auch, es gab angeblich eine besondere Fahndungsgruppe. Im Fernsehen lief in Zeitlupe ein Video von einem Schulfest in Varnavas mit ein paar Aufnahmen von mir. Sie gaben Tipps: «Falls jemand irgendwo viele Pizzas bestellt…» Was dachten sie denn, wie viel ich essen würde? Und doch, es war nicht lächerlich. Sie wollten die Leute zu Verrätern machen und die Idee vermitteln, dass Verrat anständig und legitim sei.

In Zeitungen und Fernsehen wurden Aufforderungen an Verräter publiziert, sie sollten Informationen geben über:

Einzelne Mieter, vor allem im Juli 2002; ständigen Aufenthalt einer Person in einem Haus, das bis dahin unbewohnt war; ungewöhnliche Besuche von Personen, die kleine Essenspakete bringen; Zusammenwohnen mit einer unbekannten Person; ungerechtfertigter Aufenthalt in jeglicher Art von Unterkunft; Fahrten einer sich merkwürdig verhaltenden Person mit öffentlichen Verkehrsmitteln, hauptsächlich Taxis.

Leider gab es manch einen, der in der Terrorhysterie jener Tage an der Hexenjagd teilnehmen wollte. Meist waren die Resultate tragikomisch. Einmal stürmten zehn Männer der Spezialeinheit eine Bar in Alistrati in Zentralmazedonien und nahmen einen «Koufontinas» fest, der dort nur in Ruhe seinen Drink genießen wollte. Vorher hatten sie bereits einige andere «Koufontinas» verhaftet.

Andererseits hatte ein umgekehrter Prozess begonnen. Anfangs fühlte ich es eher, aber langsam bemerkte ich es auch, dass diese ganze unbarmherzige Jagd und die entwürdigende Dämonisierung in den Tiefen der Volksseele uralte Dynamiken erweckte. Als ob alte Instinkte der Solidarität mit den von den Mächtigen Gejagten aktiviert würden.

Um den Aufstand der Schwachen zu verteufeln, zeichnen die Herrschenden immer angsteinflößende Bilder einer Legende: «Mit Namen beschimpfen sie sie schlau: Kleftes, Apelates, Terroristen», um Kostis Palamas frei zu zitieren.

Das Volk hat jahrhundertelang gelernt diese Worte genau gegensätzlich wahrzunehmen, und machte die Rebellennamen zu einem Ehrentitel. Damals hörte ich eine Mandinada, eines jener kretischen Volkslieder, das so endete: «Sie jagen mich als wär ich ein Biest, als wär ich Koufontinas.» Ich sagte mir damals, wenn die Macht zum Gespött und der Gejagte zum Lied wird, dann verändert sich etwas. Ich überlegte weiter, dass, wenn ich nicht allein wäre und es mehr mit dem gleichen Schicksal gäbe, so ein Kollektiv die Situation qualitativ verändern könnte. Wir könnten erstens eine Barriere aufbauen und zweitens im ideologischen Kampf den Wind drehen und aus der Niederlage noch einen ideologischen Sieg machen.

Vor allem dachte ich, dass wir eine kräftige politische Stimme wären, wenn wir im Gefängnis oder während des Prozesses eine einheitliche Gruppe bilden könnten – drei, vier wären schon genug. Dies wäre ein Bezugspunkt, von dem aus sich ein politischer Kampf führen ließe. Tatsächlich fand ich im Gefängnis nur paralysierte «Ichs», Personen auf individuellen Wegen mit individuellen Strategien. Ich sah, wie sich der natürliche Instinkt der Selbsterhaltung allmächtig über Werte und Prinzipien erhob. Auch sah ich nun Verhaltensweisen und Charaktere, die sich während der «glorreichen Jahre» in einem Ausnahmezustand befunden hatten, aber unter der vorherrschen Angst übertrumpfte der Verlust des persönlichen Glücks die alte Kollektivität und alles, was uns inspiriert hatte, sogar die politische Identität. Unsere Wege trennten sich…

Als ich mich während des Prozesses einmal vergaß und «wir» sagte, erhob sich sofort Widerspruch: «Er spricht nicht für uns…!» Das war für mich die Niederlage, da wurde das Gefängnis schwer für mich.

Die Abenddämmerung kam an einem ruhigen Strand zu mir. Ich saß mit den Kopfhörern meines kleinen Radios auf einem Felsen in Richtung Süden und hörte auf dem Sender 902 Rizitika-Lieder*. Die kräftige Stimme von Nikos Xylouris trug mich in die Berge von Kreta und über das Meer noch weiter in den Süden. Die letzten Farben verloren sich im Westen, ich verlor mich in meinen Gedanken und die Müdigkeit machte der Trauer ein wenig Platz. Die wehmütige Erinnerung an das Verlorengehende und das bereits Verlorengegangene tränkte das Bild meiner Umgebung. Ich legte meine kleine Verkleidung, die Brille und die Mütze, ab und schloss die Augen.

Plötzlich Alarm! Der rettende siebte Sinn des Illegalen, dass er beobachtet wird. Ich öffnete ganz langsam die Augen. Vom Fuß des Felsens, neben dem Busch, in dem ich meinen Schlafsack versteckt hatte, schaute eine Frau zu mir hoch. Zuerst bekam ich eine Gänsehaut. Wie ein Déjà-vu tauchte ein Bild aus dem Sommer 1985, meines ersten Jahres in der Illegalität auf. Auch damals auf Kreta dämmerte es nach einer Wanderung über den Felsen von Sougia nach Paleochora und wieder zurück bereits, als ich eine schwarz gekleidete Frau sah, die wie in Bergmanns «Das siebente Siegel» auf einem Plateau saß. Aber als ich näherkam: nichts. Keine Frau, kein Plateau, nur eine Illusion in Folge der körperlichen Erschöpfung.

Doch diese Frau war real. Völlig materiell schaute sie mich an. Ich werde diesen Blick nie vergessen. Ohne die Verkleidung hatte sie mich erkannt. Nun schaute sie mir gerade in die Augen. Was konnte ich in ihren Augen sehen? Traurigkeit, Wehmut. Und einen Funken Sympathie. Danach ein scheuer Wink: «Hab Kraft, hab Mut» oder etwas Ähnliches. Dann ging sie und ich kletterte hinunter und stand, wo sie eben gestanden hatte. Sie war so nahe gewesen, dass sie sicher den Schlafsack im Busch gesehen hatte. Ich ging, aber fühlte, dass ich sie verriet, dass ich einen stillschweigenden Vertrauenspakt verriet. Falls sie diese Zeilen heute liest, hoffe ich, dass sie meine Entschuldigung annimmt. Ich ging nicht, weil ich ihr nicht vertraute, ich ging, um die Regeln der Illegalität einzuhalten, die ich gerade neu ausbalancieren musste. In solchen Augenblicken kann ein Blick entscheidend sein. Ich danke ihr!

In allen Jahren der Illegalität war ich solchen Blicken voller Sympathie und Solidarität schon öfters begegnet. Er blitzte auf, wenn mal die Mauern der Abschirmung fielen und wir unsere tatsächliche Identität enthüllten: die des Partisanen, nicht unbedingt die des Mitglieds der Organisation. Dann sahen wir in den Augen Akzeptanz und Sympathie, es waren Momente der Erleichterung und Hoffnung. Aber auch des Gefühls riesiger Verantwortung, diesem Vertrauen gerecht zu werden. Ich habe diesen Blick erstmals während meiner ersten illegalen Schritte gesehen. Eine illegale Wohnung mit wenigen, aber charakteristischen Sachen, die keinen Zweifel daran ließen, dass es sich um einen Unterschlupf handelte. Auf den Sachen eine Notiz: «Bitte kontaktiert uns...» Die Besitzer waren ein junges Paar. Sie waren verängstigt, doch schauten sie uns mit diesem warmen Blick an. Zum Schluss gaben sie uns noch eine Lektion in Sicherheitsmaßnahmen. Wir hatten sie verdient. Danke schön!

Diese Blicke munterten uns so oft auf, gaben uns Gewissheit, dass wir auf dem richtigen Weg waren. Und wenn ein Blick nur zeigte, dass das Gegenüber kein Verräter werden würde, war er auch willkommen. Sie drückten Solidarität aus.

Ich war nach diesem Treffen am Felsen erfüllt von der Kraft und dem Mut, die mir dieser kleine Augenblick gegeben hatte. Es wurde Nacht und hinter mir schwand das letzte Licht, die Dunkelheit kam in Wellen, zwischen den Büschen und hinter den Felsen hervor, doch sie konnte mich nicht berühren. In mir reifte immer mehr eine Entscheidung. Die ganze Müdigkeit und alle Zweifel lösten sich. Ein verbindender Augenblick hatte ausgereicht dem Propagandasturm zu widerstehen und meine Gedanken zu klären. Dieser Moment, wie ihn auch der mystische «Antaios» empfunden haben musste durch die Kraft der Erde, war für mich der Moment des Kontaktes mit der Seele des Volkes.

Das Volk erlebte die Niederlage der Organisation als seine eigene Niederlage – die es ja tatsächlich war. Später sagte mir eine alte Partisanin voller Bitterkeit: «Sie haben uns die Waffen nochmals abgenommen!» So tragisch und dramatisch empfand sie die Geständnisse, denn viel mehr als ein paar Menschen und der Ruf einer Organisation brachen zusammen. Die verheerende Botschaft lautete letztlich so: Wenn selbst die, die so sehr gekämpft hatten, um den Funken am Leben zu erhalten, nun bei der ersten Schwierigkeit einknickten und um sich selbst zu retten sogar Verrat begingen – wer würde sich dann überhaupt noch trauen zu kämpfen?

Das Volk, so dachte ich, sollte zumindest eine kleine andere Botschaft erhalten: eine Botschaft des Widerstands. Es gibt Momente in der Geschichte, in denen eine kleine Entscheidung, eine kleine Bürde, mit anderen Maßen gemessen werden muss.

## Kapitel 25
## Die Entscheidung. Das Ende meines bewaffneten Weges

Ich hatte meine Wahl getroffen. Wie 1992 für eine seltenere Praxis, um den Funken der Hoffnung nicht erlöschen zu lassen. Nun ging es darum, diesen Blick des Volkes mit seiner uralten rebellischen Tradition nicht zu trüben.

Ich reflektierte die stabile politische Verbindung der Organisation mit einem wichtigen Teil der Gesellschaft, ihre lange Akzeptanz und die politische Rückkopplung und wirkungsmächtige Repräsentation, ihre stabile Legitimität im Bewusstsein des Volks, als etwas, das die Organisation selbst übertraf. Es ging eigentlich um die Verbindung des Volkes mit seiner Geschichte, um Werte, um historisches Bewusstsein, um Widerstand und kämpferische Traditionen.

Diese Verbindung zusammenzuschweißen dauert viele Jahre, in denen die Partisanen und Guerillas die Sache des Volkes über sich selbst stellten, und auf ihren Ideen und Werten bis hin zur letzten Konsequenz bestanden.

Damals stand mehr auf dem Spiel als das Schicksal eines Einzelnen oder einer Organisation – die ohnehin schon lange den größten Teil ihrer Geschichte hinter sich hatte.

Ich wollte mich mit aller meiner Kraft in den Dienst der Sache stellen: Die Organisation verteidigen, um unsere Geschichte zu verteidigen. Mit meiner kleinen Wahrheit gegen ihre gigantischen Lügen kämpfen, Politik in erster Person machen. Ein Akt der «Selbstaufopferung» gegen den politischen Selbstmord der Verhafteten und gegen die Leere des Schweigens. Gegen den Angriff des Regimes, gegen die Ermordung der Erinnerung.

Selbstaufopferung als letzter Widerstandsakt ist für die revolutionäre Bewegung nichts Unbekanntes. Ein Moment, in dem sich der Revolutionär gegen sein Selbst wendet, ist zum Beispiel ein konsequenter Hungerstreik bis zum Tod. In ihm gehen Worte und Taten zu Ende und die Gewalt wendet sich gegen einen selbst, aber er ist die letzte Möglichkeit, die Würde des menschlichen Seins zu erhalten. Es ist ein Balanceakt auf ultimativen Grenzen, wenn der Körper sein eigenes Fleisch verzehrt. Mitte September 2004 wählte auch ich als letztes Kampfmittel den Hungerstreik bis zum Ende. Man hielt uns in einem kleinen Betonhof mit Metallwänden, also auf dem Boden einer geschlossenen Kiste, dem Boden eines Fasses. Ein dichtes Netz verdeckte den Himmel, die Augen fanden nichts zum Abschweifen. Aufgrund des Hungerstreiks entfernten sie das Netz und wir konnten unter einem minimalen Stück Himmel etwas atmen.

34 Tage lang beobachtete man immer wieder, wie man schwächer wurde. Was einem letztlich nur noch Kraft gibt, ist die eigene Unbezwingbarkeit, das Gefühl von Geschichte, das Gefühl von Verantwortung: trotz des nur noch verschwommen wahrgenommenen Krankenhauses mit einem Arzt, der mit einem spitzen Gegenstand die absterbenden Nerven untersucht, trotz der Gesichter

der Angehörigen, die kurz vor dem Koma bereits verblassen. Die Schatten der Genossen, die im gleichen Kampf gefallen sind, treten hingegen immer deutlicher hervor – Menschen, die bis zum Ende ihr Leben für die revolutionäre Sache gegeben hatten. Ihnen gibt man die gleiche Antwort in der ewigen Auseinandersetzung: «Hier mit den Brüdern, dort mit dem Tod», schrieb Solomos.

Sich dem Feind zu stellen ist etwas extrem Schmerzhaftes, aber für unsere Bewegung nichts Ungewöhnliches. Es musste in bestimmten Situationen geschehen, um den Kampf als Person weiterzuführen, als eine letzte Barrikade, als ein letzter tatkräftiger Beweis der revolutionären Werte.

Ich hatte mich entschieden. Auf Agistri nahm ich den bekannten Pfad auf dem pinienbewachsenen Hang. Die Wildkatze war nähergekommen, ich hatte sie immer eher gefühlt als gesehen. Ein kleiner wilder Kater, ein huschender, unfassbarer Schatten zunächst, der mit den Tagen materieller wurde und sich Zentimeter für Zentimeter näherte, doch immer in großem Abstand blieb. Später ließ ich in großer Entfernung ein bisschen Essen für ihn liegen. Einmal sahen wir uns von weitem wie zwei wilde gejagte Tiere. Danach, vor allem, wenn ich auf die Insel zurückkehrte, kam er näher. Nun sah ich ihn, leichtfüßig, alarmiert, bereit für den großen Sprung. Ich lächelte. War ich auch so?

Ich hatte meine Entscheidung getroffen. War sie tatsächlich eine ganz andere als die Lebensentscheidungen, die ich seit meiner politischen Geburt getroffen hatte? Wie ein Mensch, der im kritischsten Moment seines Lebens die Quelle seines Lebens sucht, wandte ich mich in dem kritischsten Augenblick meines politischen Lebens an meine politische Geburt. Ich erinnerte mich an Dionysios Solomos. An ihn und seine unsterblichen Tragödien.

Beteiligte nicht auch ich mich seit Jahren in dem Maße wie es mir zustand am tragischen Tanz der Widersprüche, in dem sich so viele Kämpfer in Solomos' Gedicht *Freie Belagerte* ewig drehten? Seit dem Moment, in dem sie gewählt hatten, ob Kleftis-Kämpfer oder Hausherr? Seit dem Moment, in dem sie sich mit ganzer Seele auf den Weg machten, auf dem die tragischen Momente ihrer menschlichen Abenteuer lagen?

Ich dachte an die Einwohner von Mesolongi: Auf dem Höhepunkt des Lebens, wo «der Eros tanzt mit dem blonden April», werden die Kämpfer der heiligen Stadt genötigt, ihr Leben für das Leben zu geben. «Und aus Leichtsinn und aus Zorn, wird Manolios zu einem Biest, zu einem freiwilligen Verurteilten, der keine Rettung kennt», dichtete ich für mich…

In den letzten Tagen auf Agistri kreisten meine Gedanken wieder und wieder um meine Entscheidung. Ich wog sie von allen Seiten ab. Es war nicht einfach. Ich dachte nochmals an alle Alternativen, die ich hatte. Hatte ich die richtige gewählt? In der Abenddämmerung des letzten Tages verbrannte ich meine gefälschten Papiere, verbrannte meine illegale Identität. Vor Tagen hatte ich mich schon von der Waffe, meinem letzten Genossen verabschiedet. Nun wandelte sich die Kritik der Waffen für mich zur Waffe der Kritik.

An diesem Abend blieb ich nicht im Zelt. Ich nahm den Schlafsack, ging über den Hang des Strandes von Chalikiada und fand weit weg von den Menschen eine ebene Stelle zwischen den Bäumen und den Büschen. Es war eine lange Nacht voller Gedanken und Sterne. Würde ich die Nacht und die Sterne jemals wiedersehen? Nach wie vielen Jahren? Würde ich das Rauschen des Meeres jemals wieder hören?

Mit der Denkweise eines Illegalen beendete ich diese Gedanken. Ich ließ nur Platz für die Erinnerungen. Kindheitserinnerungen, von der Nacht auf dem Feld. Pinienbewachsene Nächte auf Skopelos. Nächte unter den Tannen, in Kaliakouda. Nächte auf den silbernen Sandhügeln von Gavdos... Nächte, die ich erlebt hatte, Nächte, die ich nicht mit meinem Sohn erlebt hatte. Zwei Stunden vor dem Morgengrauen zwang ich mich zu schlafen. Mein Morgen begann mit einem letzten Bad im Meer. Danach eine Dusche a la Gavdos aus Plastikflaschen, deren Wasser die Sonne erwärmt hatte. Ich erinnerte mich an die alten Genossen und ihre Gewohnheit sich vor dem Kampf zu waschen.

Ein letzter Halt in Piräus. Eine letzte Angelegenheit, die noch erledigt werden musste. Danach ein Anruf bei Ioanna Kourtovik. Sie war die Anwältin von Aggeliki, hatte sie von Anfang an unterstützt. Sie war in der Bewegung bekannt. Sie kämpfte für «aussichtslose» Fälle. Genau das Richtige. Ich sagte ihr, sie solle zum Athener Polizeipräsidium GADA in Koukaki kommen, ich wäre in ungefähr einer Dreiviertelstunde dort.

Ich nahm ein Taxi. Auf dem Weg hielt ich es auf der Kallirrois-Straße an und kaufte an einem Kiosk eine Flasche Wasser. Es quoll nicht aus der uralten Quelle, welche die Stadt bewässert hatte, doch war sie Symbol. Ich nahm kein Wechselgeld von dem Mann im Kiosk, ich wollte, dass er sich an mich erinnerte. Sie hatten zu dieser Zeit so viele bezahlte Pressemärchen über mich gehört. Aus dem gleichen Grund nahm ich auch kein Restgeld von dem Taxifahrer. Vor dem Gebäude der Staatspolizei ein surreales Bild: Die Geheimpolizisten machten gerade Feierabend. Dutzende von ihnen. Ich ging zwischen ihnen hindurch, der Taxifahrer lief mir mit dem Restgeld hinterher, rief nach mir, alle drehten sich um, doch niemand erkannte mich. Großartige Polizei!

Das erste Verhör beim Chef der Antiterroreinheit. «Also, was hast du zu berichten?», fragte einer von ihnen. «Ich bin es. Mehr nicht!», antwortete ich. «Also ist der bewaffnete Kampf zu Ende», zogen sie als Fazit. «Nichts ist zu Ende», sagte ich. Wortwörtlich: «In diesem Land mit solchen Klassengegensätzen werdet ihr ihn in fünf Jahren wieder erleben.»

Sie gaben dieses erste Gespräch Wort für Wort an die Journalisten weiter. Nur, dass ihnen die fünf Jahre meiner Vorhersage zu kurz vorkamen, also machten sie «15» daraus.

Später erlaubten sie, dass Aggeliki und Ektoras mich sahen. Dann meine Mutter, meine beiden Schwestern. Abgesehen von den paar Minuten 1990, als ich Ektoras als Baby zu ihnen gebracht hatte, war es das erste Wiedersehen seit 1985.

Polizisten in Zivil saßen auf Armlänge neben uns, dass ihnen ja kein Flüstern entging. Anfangs wunderte ich mich über ihre Taktik, aber dann verstand ich: Sie dachten, dass sie mich mittels meiner Angehörigen brechen könnten.

Ioanna Kourtovik kam. Sie fragte mich, was ich vorhatte. Ich sagte ihr einfach, dass ich die Verantwortung übernehmen würde. Ich kann mich an ihre Augen erinnern, ihren festen Händedruck. Danach ging sie nach unten und las den Journalisten meine kurze Erklärung vor: «Ich übernehme die politische Verantwortung für die Aktionen, zu denen sich der 17N erklärt hat. Ich erkläre, dass die Überzeugungen, die meinen persönlichen Weg bestimmt haben, mein Glaube an den Aufbau einer revolutionären Bewegung und der Traum von einer sozialistischen Gesellschaft waren. Ich versichere meine Solidarität all denen, die wegen diesem Fall verhaftet worden sind und erinnere daran, dass in solchen Momenten die Würde der wichtigste Wert für jeden Kämpfer ist.»

Sie verhörten mich die ganze Nacht lang. Der damalige Chef der Antiterroreinheit Stelios Syros, der Staatsanwalt Karoutsos, und ein jüngerer offensichtlich in den USA ausgebildeter Offizier in Zivil. Mir wurde ein bestimmter Stuhl zugewiesen, es war klar, dass es ihm gegenüber Kameras gab.

Ich wollte ihre Technik sehen, die Methoden, mit denen sie so effektiv Geständnisse hervorgelockt hatten. Ihr schwerstes Geschoss war das «Antiterrorgesetz», das Gegenleistungen bereithielt, mildernde Umstände für jeden, der ein Geständnis ablegte. Und eine angedeutete Erpressung: Wenn du nicht redest, hat das Konsequenzen für andere…

Ich widersprach sofort und völlig entschlossen: «Ich bin nicht gekommen, um über irgendetwas zu verhandeln. Ihr klopft an der falschen Tür.» Sie kapierten es. Ich kapierte es auch: Zwei Tage später nahmen sie Aggeliki fest. Die einzige Frau, die wegen dem 17N ins Gefängnis und vor Gericht kam.

Als ich ihnen meine Position klargemacht hatte, kehrten sie die Methoden der vergangenen Jahrzehnte hervor. Altmodische Polizei. Ihre Argumente? «Sprich, dann fühlst du die Erleichterung.» Sie hatten Pech. Ich fühlte keine Bürde. «Hast du keine Angst vor Gott?» Nein, ich hatte keine Angst vor ihm. Und wieder von Anfang an: «Komm, sprich mit mir!»

Was sie wollten, waren die Tatwaffen der Organisation, vor allem die alten .45er des 17N. Ich sagte ihnen, dass solche Waffen nicht übergeben würden. Unsere Feinde würden sie nicht in die Finger bekommen. Der arrogante Hauptverhörer gab später einer auserwählten Journalistin ein ausführliches Interview, in dem er zugab: «Koufontinas spricht nicht. Stur und unbeugsam antwortet er, «Wir Kämpfer übergeben unsere Waffen nicht».

Das Gleiche vor Gericht. Wieder suchten sie die legendäre Waffe. Ich antwortete ihnen mit einem Lied der Kleftis: «Die Waffen von Ramandanis dürfen nicht verkauft werden. Nur in unseren Gerichtssälen sollen sie hängen. Die Richter sollen an sie denken und die Rache der Ramandanis fürchten…»

Die ganze Nacht kamen sie darauf zurück. Der Staatsanwalt spielte den guten Cop, einmal reichte er mir sein Handy, falls ich telefonieren wollte: «Das wird nicht überwacht!» Ich traute meinen Ohren nicht. Syros spielte abwechselnd die Rollen des Guten und des Bösen, des Freundlichen und des Unkontrollierten. Lächerlich. Der junge Offizier war ein Technokrat: Er versuchte meine Worte seinen Verhörhandbüchern zuzuordnen und machte sich Notizen.

Nach ein paar Stunden war ich ihre Monotonie leid, sie waren wie Karikaturen leitender Polizisten aus alten griechischen Schwarzweißfilmen. Ich hörte völlig auf zu reden. Ich kannte die Konsequenzen meines Schweigens, aber ich würde ihnen nichts, absolut nichts geben!

## Kapitel 26
## Epilog und Prolog zugleich

Dies ist der Epilog eines Buches über das, was geschehen ist. Doch möchte ich, dass er auch ein Prolog ist für das, was kommen wird.

Anfang 2014: Das Land wird zertrümmert und das Volk, die Arbeitenden, die Arbeitslosen und die Jugendlichen haben ihren Weg zum umfassenden Widerstand noch nicht gefunden.

Heute, da Griechenland «wie Jesus am Kreuz hängt», sollen meine Zeilen so gut wie möglich dazu auffordern, den «Rhythmus in eurem Schritt zu finden, und die Wut in eurem Gesang», wie der Dichter und Widerstandskämpfer Fotis Aggoules schrieb. Eine zornige Wut, eine beseelte Wut.

Zurückblickend kann ich sagen, dass wir gekämpft haben, um die heutigen Trümmer nicht Wirklichkeit werden zu lassen. Und wenn ich mich umsehe, muss ich auch sagen, dass die gesellschaftliche Situation im Nachhinein die objektiven Grenzen unserer Praxis als Revolutionäre Organisation 17N zeigt.

Mir geht es nicht um die Selbstgerechtigkeit, dass wir unserer Zeit weit voraus diese Zertrümmerung vorhergesehen haben. Ich suche nicht nach einer Entschuldigung dafür, dass wir in unserer Zeit das gemacht haben, was machbar war.

Wir haben uns zu unserer Zeit mit der Geschichte angelegt. Wir haben sie nicht herausgefordert, aber wollten auch keinen Waffenstillstand mit ihr eingehen. Wir sind ihr nicht als Schuldige begegnet, wir haben auf ihre Herausforderungen geantwortet.

Dieses Buch soll keine Rechtfertigung sein, weder der Personen, noch der Organisation oder der Stadtguerillabewegung. Die Stadtguerilla tauchte weltweit im Vakuum der revolutionären Politik auf, das ab 1956 mit der realsozialistischen Strategie der «friedlichen Koexistenz» und der Kollaboration, die den Klassenkampf zum Schweigen brachte, entstanden war.

Uns inspirierte das revolutionäre Signal Fidels und Che's aus der Sierra Maestra, diesem kubanischen Geburtsort der revolutionären Häresie, hinzu kamen die Häretiker Raul Sendic und die Tupamaros.
Für mich persönlich war auch das große Jahrzehnt der 1940er Jahre ein Antrieb, die leuchtenden Meteore ELAS und Demokratische Armee Griechenlands – die Partisanen eines Volkes, das sich gegen vier Großmächte behauptete: Italien, Deutschland, Großbritannien und die USA.

Unsere Entscheidung wurde zu ihrer Zeit auf den Prüfstand gestellt, sie ist heute ein Bestandteil der Geschichte der Volkskämpfe, ein Glied in der Kette der revolutionären Tradition. Sie hatte politische Resultate, die eine relative Autonomie zu den Gründen ihrer Entstehung haben. Sie werden auch in Zukunft wirken. Wir können nicht einfach von Siegen oder Niederlagen sprechen. Ich sehe unseren Versuch als einen untrennbaren Teil des Abenteuers des Menschen, der kämpft und widersteht, kämpft und fällt, fällt und gewinnt.

Wenn wir fallen, schauen wir zurück, um zu sehen, weshalb wir gescheitert sind, wie wir begonnen und weitergemacht haben. «Besiegte Armeen lernen gut», sagt Lenin und genauso marschierte die russische Armee bis zum Sieg der Oktoberrevolution, die den weltweiten Traum von der Befreiung des Menschen schürte.

Alles Geschehene, alles Vergangene, muss überdacht werden. Denken, denken und nochmal denken. Denken und Praxis. Nachdenken über eine neue Praxis. Auch eine Praxis für das Alte, das Immerwährende, den ewigen Traum.

Wenn ich erfolgreiche Revolutionen betrachte, komme ich um die strategische Wahrheit nicht herum, dass Revolution über den bewaffneten Kampf läuft. Die Mächtigen dieser Welt werden gnadenlos und ohne Skrupel alle Mittel und jede ihnen zur Verfügung stehende Gewalt einsetzen, um ihren angeeigneten Reichtum und ihre Macht zu behalten. Die Armen sind gezwungen, den «einzigen gerechten Krieg» der Geschichte zu wählen.

Leider hat die Geschichte noch keine anderen Wege zum sozialen Umsturz entdeckt. Ich lese am Ende des *Kommunistischen Manifests* von Marx und Engels: «Die Kommunisten verschmähen es, ihre Ansichten und Absichten zu verheimlichen. Sie erklären es offen, dass ihre Zwecke nur erreicht werden können durch den gewaltsamen Umsturz aller bisherigen Gesellschaftsordnung.»

Die Stadtguerilla ist eine Form des bewaffneten Kampfes und der bewaffnete Kampf ist der entscheidende Aspekt der Revolution. Doch alle Revolutionen sind das Werk einer mobilisierten Gesellschaft, sie sind gleichzeitig gewalttätig und nicht gewalttätig, friedlich und militant, legal und illegal. Und wenn strategisch gesehen die Revolution die vielgestaltige Bewegung des Volkes ist, muss auch die Taktik des revolutionären Prozesses vielgestaltig sein.

Alle Formen des Kampfes sind gleichwertig wichtig: legale und illegale, gewaltsame und friedliche, massenhafte und bewaffnete. Sie ergänzen sich, sie widersprechen sich nicht. Eine legale Kampfform wie ein Streik ist auch illegal und gewaltsam, da er den Kern des kapitalistischen Verhältnisses angreift und sich gewaltsam gegen Streikbrecher, Repressionskräfte und das Eigentum des Unternehmers richten kann. Alle Kampfformen sind legitim.

Welche Kampfform in einer konkreten Situation gewählt wird, entscheidet die Bewegung, sie ist von der Stufe des Klassenkampfes abhängig, vom Stand des gesellschaftlichen Bewusstseins, von der ideologischen Reife. Keine Form sollte von vornherein exklusiv auf Kosten einer anderen gewählt werden, keine sollte ausgeschlossen werden und nicht nur einer sollte man sich widmen.

Eine revolutionäre Organisation sollte in der Bewegung leben und atmen, um die Ebene und die Form ihrer Intervention wählen, die Temperatur des Klassenkampfes einschätzen und aus deren politischer Resonanz Kapital schlagen zu können.

Ihre Intervention muss auf einen aufständischen Horizont zeigen. Zeigen, dass die Mächtigen nicht unverwundbar sind. Sie sollte die Möglichkeit und Notwendigkeit des revolutionären Umsturzes aufzeigen. Ihre Praxis sollte die Grenzen der bürgerlichen Legalität überwinden und betonen, dass alle Kampfformen zueinanderpassen, ohne dass eine von einem Mittel zu einem Zweck wird und andere ausgeschlossen werden.

Die militante Praxis muss in den realen sozialen Kämpfen verankert werden. Sie muss mit der wirklichen Bewegung des Klassenkampfes verbunden sein. Wenn die militante Praxis tatsächlich das Waffenarsenal der mobilisierten abhängigen Klassen bereichern möchte, muss sie deren Kämpfen dienen und ihre logische Fortsetzung bilden. Sie darf deren Kämpfe nicht ersetzen, aber muss sie weiterführen, wenn die legalen praktischen Möglichkeiten an ihre Grenzen stoßen. In so einer Praxiskombination treffen sich die Initiative der Revolutionäre, die propagandistische Bereicherung der Kampfmittel und die Überschreitung des rein Symbolischen – was das minimalste Kriterium der bewaffneten Propaganda ist. Hier ist die «Größe» der Intervention längst nicht so wichtig wie deren politisches Ziel. Die Art der Intervention muss dem revolutionären Zweck entsprechen und ihre «Größe» dem Puls der Straße, sie wird sich der Bewegungstemperatur anpassen.

Unsere Generation gab die Antwort, die sie unter den gegebenen Umständen für richtig hielt. Sie erhielt, so gut es ging, die Kontinuität der revolutionären Tradition, sie erhielt die Kontinuität der kollektiven Erinnerung und spann sie fort. Und heute, denke ich, geben wir sie weiter an die neuen Kräfte, die neue Wege der sozialen Befreiung erkunden. Bei ihrer Suche wird ihnen alles von Nutzen sein, was wir richtig, aber auch falsch gemacht haben, sie werden alle Ergebnisse der Kämpfe vergangener Generationen benötigen. Denn, ich sage es nochmal, wir standen auf der richtigen Seite der Geschichte, auf der des Rechts gegen das Unrecht der Mächtigen.

Ich sehe heute einen Stadtguerillazyklus, dessen zeitlich fast letzter Ausdruck der 17N war. Ich sehe ihn wie einen romantischen Versuch, der Utopien und

Träume nähren und wachsen lassen kann. Dieser Versuch wollte mit seiner Praxis den Lauf des Schicksals beeinflussen, die Funken des Feuers erhalten, Sicherheiten zu Staub zerfallen lassen und die albtraumartige Trägheit vertreiben. Er wollte zeigen, dass eine Antwort auf die Gewalt der Mächtigen notwendig und unausweichlich ist. Er wollte das Ideal einer gerechten Welt propagieren, einer Welt, die glücklicher und fröhlicher ist, ohne Kriege, Gewalt, Ausbeutung, Entfremdung, Unterdrückung, Angst und Demütigungen.

Er war ein Versuch, die Lethargie zu beseitigen, er wollte dem Tod der Erinnerung, diesem Triumph der Zerstörung, widerstehen und daran erinnern, dass die stolzen und opferreichen Kämpfe vieler Generationen keine vergessenen Gespenster sind – und er wollte an die moralische Legitimation der Kämpfe unseres Volkes erinnern.

Es kann keinen Sieg auf Kosten der Moral geben. Alle, die an diesem Kampf teilgenommen haben, hörten in ihrem Rücken das Toben der geschichtlichen Kämpfe auf der ganzen Welt. Unserem Ort.

Doch gleichzeitig schaue ich auf und denke an die neue Welt, an neue Antworten auf den uralten Zwang der Geschichte.

Heute bedecken wieder dichte schwarze Wolken unser Land, das Land der Armen. Das Land der Reichen versteht davon nichts. Sie sind ewige Verräter, sie und ihre Sprachrohre, die von ihren Medienfestungen herab Unterwerfung predigen, diese Schwarzhändler und Tagmatasfalites, die den öffentlichen Reichtum plündern und tief im Dreck des Verrats und Überflusses stecken. Sie haben nichts von dem Stolz und der Würde der globalen Armen an sich.

Eine neue Besatzung – bisher – ohne Panzer, aber mit modernen und mörderischen finanziellen Waffen, zertrümmert alles, was mit dem Schweiß und dem Blut des Volkes und der Arbeiter mühevoll aufgebaut wurde. Sie ermordet die Träume der neuen Generationen und macht aus dem Land eine Baustelle der Mächtigen, auf der die Arbeiter verelenden wie eine Sklavenarmee neuer ausländischer und einheimischer Herren.

Ich denke, dass wir neuen Sklaven uns unter der neuen Besatzung bewusst werden müssen, dass wir von keinem einheimischen oder ausländischen Retter etwas zu erwarten haben. Die alte Forderung, dass das Volk endlich Herr im eigenen Haus wird, ist aktueller denn je, wo man uns zu Mietern unseres Landes macht. Diese Forderung kann nur von einer breiten Volksfront durchgesetzt werden, jenseits aller Unterschiede. Die neue Besatzung kann wie die alte nur vom vereinten organisierten Volk bezwungen werden. Organisiert in einer Front mit einer vielgestaltigen Praxis, die sozial, bewegungsorientiert und nicht parteigebunden die soziale Befreiung des Landes zum Ziel hat, die die Teilbereichskämpfe, die selbstorganisierten Orte des Widerstands und lokale Aufstände vereinigt und erweitert. Der versammelte und organisierte Zorn des Volkes braucht ein überzeugendes Übergangsprogramm, das von der Vision einer Gesellschaft der freien Genossenschaft der Produzenten inspiriert sein muss.

Um einer drohenden Hungersnot zu begegnen, müsste sofort die Agrarproduktion wieder in Gang gebracht werden, danach käme eine generell finanziell unabhängige Produktionsstruktur an die Reihe.

Das Übergangsprogramm müsste unbedingt die Bezahlung der «Schulden» beenden, da es zuerst um das Überleben und würdevolle Leben der Menschen geht. Es müsste auf jeden Fall eine öffentliche Kontrolle der Preise, der Kapitalflüsse, des Bankensystems und der strategischen wirtschaftlichen Sektoren einführen. Diese Kontrolle der Produktionsmittel, also welches Sozialprodukt wie und von wem hergestellt wird, könnte nur nach einem Bruch mit dem bisherigen System realisiert werden.

Es kann nicht in der Europäischen Union gehen, es kann nicht ohne irgendeine nationale Währung funktionieren. Eine radikale geopolitische Neuplanung wäre unausweichlich. Die Überwindung der heutigen tiefgreifenden Krise erfordert tiefgreifende Veränderungen.

In einer Front, deren vielfältige Praxis die ganzen Erfahrungen des EAM, der EPON und des ELAS wieder zum Leben erwecken würde, fänden alle lebendigen Kräfte der Gesellschaft und alle Traditionen der revolutionären Bewegung ihren Platz.

Jeder mit seiner eigenen Geschichte, seiner speziellen politischen Identität, der verstehen kann, dass man dieses Werk nicht allein und isoliert vollenden kann – alle in einer dialektischen Synthese vereint.

Heute ist die Gesellschaft noch benommen vom Angriff des neoliberalen Totalitarismus, doch darunter kocht es. Man hasst die Mächtigen, und immer mehr Menschen suchen Auswege und Antworten.

Die Kämpfe nehmen zu und die Basis des Widerstands wird immer größer. Erwähnt seien nur der Kampf der Einwohner von Chalkidiki* gegen die ökologische und soziale Ausbeutung durch die Goldminenbesitzer, all die Selbstverwaltungsprojekte und die kämpferischen antifaschistischen Aktionen. Es gibt hunderte Beispiele für selbstlose Teilnahme und direkte Demokratie: Solidaritätstreffen und -strukturen in ganz Griechenland, eine ganze Galaxie sozialer und kultureller Neuschöpfungen.

Parallel dazu sehen wir die Präsenz einer neuen Guerilla, die «sozialer» und metropolitaner ist, als unsere es war. Sie hat andere ideologische Bezugspunkte und Charakteristika, die aber zusammen mit der diffusen, aber sehr materiellen, Konfrontationsbereitschaft eines Teils der Jugend ruft, dass nichts zu Ende ist. Klassenkampf und sozialer Antagonismus enden nicht, ihr Ausgang ist allerdings nicht vorherbestimmt.

Ob eine Revolution und eine klassenlose Gesellschaft möglich werden, hängt ab von der Hoffnung auf ein Leben, das es wert ist, und von der bewussten Organisation und Vorbereitung hin zu diesem Leben schon in der Gegenwart. Es hängt ab von dem befreienden Treffen zwischen der Waffe der Kritik und der Kritik der Waffen. Für das Reich der Freiheit…

## Schlusswort von Dimitris Koufontinas vor dem Athener Sondergericht am 24.7.2003*

Über Diomidis Komninos*

Sicher
Diomidis hatte eine belastende Vergangenheit
Als Fünfjähriger, auf den Schultern
seines Vaters
rief er Freiheit für Zypern
als Zehnjähriger, barfuß
mit einer Scheibe Brot in seiner Tasche
lief er beim Friedensmarsch mit
mit zwölf forderte er Demokratie
Als 17-Jähriger
trug er ein Plakat in den Händen
Brot – Bildung – Freiheit

Dimitris Ravanis-Rentis

Herr Vorsitzender,

ich werde nicht das tun, was Sie von mir fordern. Ich werde mich nicht verteidigen, denn ich lehne die Anschuldigungen und die Anklageschrift ab. Ich werde nicht daran mitwirken, dass eine revolutionäre Organisation als verbrecherisch

* Im Prozess verhandelt wurden alle Aktionen des 17N aus 30 Jahren: Mitgliedschaft in einer «kriminellen Vereinigung», Waffenbesitz, Bankraub und tödliche Attentate. Insgesamt trug die Staatsanwaltschaft 2.500 Anklagepunkte vor. Für die 19 Angeklagten war im Athener Frauengefängnis ein spezieller Trakt mit unterirdischen Zellen eingerichtet worden. Am 8. Dezember 2003 verkündete das Gericht Freisprüche und Haftstrafen bis zu 25 Jahren; Vasilis Tzopzatos, Iraklis Kostaris und Savvas und Christodoulos Xiros wurden zu ein- bis mehrmals Lebenslänglich verurteilt. Dimitris Koufontinas bekam mit dreizehn mal Lebenslänglich die höchste Strafe. Den Prozess besuchten kommunistische Abgeordnete, junge AnarchistInnen und alte PartisanInnen. Das Schlusswort erschien in der Tageszeitung Elephterotipia. Vorsorglich hatte das Massenblatt seine Auflage verdoppelt, sie war aber bereits am frühen Nachmittag vergriffen. Die hier abgedruckte Fassung des Schlussworts beruht auf einer Übersetzung von libertad! und wurde seinerzeit um Passagen gekürzt, die sich nur mit tagespolitischen Ereignissen und Personen in Griechenland beschäftigen.

abgeurteilt und ein politisches Phänomen von seinen gesellschaftlichen Wurzeln abgeschnitten wird. Denn hier soll dem 17. November außerhalb des gesellschaftlichen, politischen und historischen Rahmens, in dem er in den letzten 30 Jahren handelte, begegnet werden. Ich lehne es ab, dass die revolutionäre Linke hier bewertet wird. Ich lehne dieses Gericht ab, weil es gesellschaftliche Phänomene nicht beurteilen kann.

Ihr Gericht kann die Wirklichkeit des 17N nicht begreifen. Sie können uns nur mit dem Recht der Ungleichheit und einem Strafgesetzbuch verurteilen, das wir nicht akzeptieren können. Wir werden Ihr Recht hinnehmen müssen, aber wir sind nicht gezwungen, es anzuerkennen. Es ist ein scheinheiliges Rechtssystem. Es ist ein System, das die Mächtigen und Reichen ungestraft lässt: den Industriellen, der bei Arbeitsunfällen mordet, den Reeder, der in seinen alten Schiffen die Menschen ertränkt und den Räuber öffentlichen Reichtums – für sie alle gilt dieses Recht nicht.

Ihr Gericht wurde auf der Basis eines autoritären Ausnahmegesetzes gebildet. Es ist ein Spezialgericht, das mit entsprechenden Verordnungen ausgestattet ist und dessen Mitglieder eine skandalöse Vorverurteilung legitimiert haben. Die Gesetzesparagraphen hätten es Ihnen erlaubt, die Praxis des 17N als ein «politisches Verbrechen» zu fassen. Aber die herrschende Ordnung verlangt etwas anderes. Sie will uns als «gemeine Verbrecher» verurteilt wissen und nicht als das, was wir sind: Geiseln eines Krieges ohne Kriegserklärung, eines unversöhnlichen gesellschaftlichen Krieges, der seit Anbeginn aller Klassen zwischen Reichen und Armen, Starken und Schwachen, Ausbeutern und Ausgebeuteten ausgefochten wird.

Ich habe erklärt, dass ich Mitglied des 17N war und dass ich die politische Verantwortung für seine Praxis übernehme. Ich bin mit all seinen Thesen und Entscheidungen einverstanden. Ich solidarisiere mich mit allen Aktivitäten, die die Genossen des 17N unternommen haben. Gleiches gilt für einen jeden Kampf, den Menschen für eine Welt des Friedens und der Freiheit führen, für eine Welt ohne Ausbeutung, Ungerechtigkeit und falsche Gerichtsbarkeit.

Ich werde nicht tun, was Sie wollen. Ich werde Ihrer Logik nicht folgen. Unsere Ethik verträgt keine Kooperation und keinen Verrat. Deswegen werde ich über meine praktische Beziehung zur Organisation nicht sprechen. Ich werde nicht versuchen, Sie davon zu überzeugen, dass ich an irgendwelchen Aktivitäten nicht teilgenommen habe. Ich werde nicht über meine Mitangeklagten sprechen. Das ist meine Haltung und ich werde sie beibehalten, ganz egal, welcher persönliche Preis mir abverlangt wird.

Von Anfang an erklärte der 17N, dass er eine Organisation einfacher Kämpfer des Volkes sei. Seine Mitglieder kamen aus dessen Herz, hörten seine Stimme und versuchten, seinen Interessen zu dienen. Rechenschaft, so empfanden sie, mussten sie nur dem Volk gegenüber ablegen. Ich werde über die Organisation und ihre Praxis sprechen und ich wende mich an all diejenigen, die an uns glaubten, die uns moralisch unterstützten und für die wir ein Funken der Hoffnung waren. Einer der Zeugen drückte es so aus: Wir waren ein Seufzer der Erleichterung, ein Augenblick, in dem Gerechtigkeit geschaffen wurde – etwas, das Sie, Herr Vorsitzender, niemals sein können.

Ich spreche auch zu denen, die wir enttäuscht haben, die sich von unseren Entscheidungen distanzierten, aber dennoch auf derselben Seite der Barrikaden standen wie wir und die die Erstürmung des Himmels begeisterte. Ich wende mich auch an die, die durch unsere Praxis Schmerzen erleiden mussten, unabhängig davon, ob die von uns oder der gegnerischen Seite zu verantworten sind. Ich richte mich an die Familien derjenigen, die zum Ziel geworden sind. Die Geschichte wird urteilen, ob dies zu Unrecht oder zu Recht geschah; die Geschichte folgt glücklicherweise anderen Kriterien als diese Gerichtsbarkeit.

## Der Weg der Revolution

Im Dezember 1975 exekutierte eine Gruppe von Kämpfern den Statthalter der CIA in Griechenland. Der CIA-Vertreter war damals wie heute der lange Arm der US-Herrschaft in unserem Land. Die Militärregierung hatte 300 bis 400 Agenten an neuralgischen Punkten in der Regierung, im Staatsapparat, im Militär, in den Parteien und der Presse postiert, so dass sie die Politik, das Gesellschafts- und Wirtschaftsleben im Sinne der US-Interessen kontrollieren konnten. Die Regierung wollte die Hintergründe der Tat im Unklaren belassen. Die Parteien und die Massenmedien betrieben einen Feldzug der Vertuschung und Desinformation: von «dunklen Mächten» wurde gesprochen, von Angehörigen der Junta, Provokateuren, Agenten und der Mafia. Aber das griechische Volk verstand sofort, warum der Statthalter der CIA exekutiert wurde und wer es getan hatte. Die Organisation übernahm die Verantwortung und verteilte die Erklärung tausendfach in den proletarischen Vierteln Athens.

Der 17N war eine Organisation der revolutionären Linken; jenes Teils der Linken, der glaubt, dass das heutige Gesellschaftssystem die sozialen Ungleichheiten nicht mildern kann, weil es sie selbst erzeugt und auf ihnen basiert. Das System kann das Problem der Arbeitslosigkeit nicht lösen, weil es sie selbst hervorbringt und benötigt; es kann die Kriege nicht abschaffen, weil es sie selbst führt und sich von ihnen ernährt; es kann die gleichberechtigte Entwicklung aller Länder nicht fördern, weil es sich selbst auf die Ausplünderung der armen Länder stützt. Das System interessiert sich nicht für die ökologische Katastrophe des Planeten, weil es selbst die Ursache dieser Krise ist; es respektiert nicht die unterschiedlichen Kulturen der Menschen, weil es nur an den allmächtigen Gott des Geldes glaubt.

Dieses System kann nicht reformiert oder demokratisiert werden, es kann nur durch die soziale Revolution umgestürzt werden. Das ist die Frage, die

die Linke seit zwei Jahrhunderten in zwei Hauptströmungen, eine reformistische und eine revolutionäre, teilt. Dieser Unterschied ist weder abstrakt noch zukünftig und keineswegs rein theoretischer Natur; er ist praktisch, konkret und gegenwärtig, weil das Morgen die unmittelbaren Mittel von heute bestimmt.

Wer die revolutionäre Lösung ablehnt, versucht den Volkszorn zu bremsen. Wer den Weg der Revolution wählt, sucht die unmittelbare Aktion, die Methoden und die Ethik, die den Interessen seiner Klasse entsprechen: der Mehrheit der Arbeitswelt, den Schwachen und Armen, den Opfern der Ausbeutung. Zu dieser Linken gehört der 17N. Es ist die Linke von Lenin, von Che und Aris, die Linke der Oktoberrevolution, der spanischen, chinesischen und kubanischen Revolution; die Linke des ELAS, die Linke der antikolonialen Revolutionen von Algerien bis Vietnam, der Aufstände des Mai 1968 und des November 1973, die Linke der Stadtguerilla. Der 17N hat sich weder als Mittelpunkt der revolutionären Linken betrachtet, noch war er der Auffassung, seine Aktionsformen seien einzigartig. Er betonte immer, dass der Kampf langfristig sei, ein Zusammenwirken aller Kampfformen erfordere und vor allem, dass es nötig sei, sofort zu beginnen.

Was waren die Angriffsziele der Organisation? Zuallererst das «neue Rom», das neue Imperium. Wie jedes Imperium in der Geschichte, will auch dieses die globale Hegemonie, den Raub der Reichtümer der Welt. Es kennt keine ethischen Grundsätze, sondern nur das Recht des Stärkeren und das Gesetz des Dschungels. Das Imperium stützt sich auf unpolitische, von den allmächtigen Massenmedien kontrollierte Bürger, auf die Profiteure gespaltener Gesellschaften und auf die Ideologie der auserwählten US-Nation, die in faschistischen Gesetzen und modernen Konzentrationslagern ihren Ausdruck findet. Aber je weiter sich diese Kriegsmaschinerie auf der Welt ausbreitet, desto stärker wächst der Widerstand in ihrem Rücken. Der Partisanenkrieg, der Krieg der Schwächeren, die «Schaffung von vielen Vietnams» ist die einzige Hoffnung, die den Völkern bleibt, um das hochgerüstete Imperium zu treffen. 27 Jahre lang hat der 17N die Geheimdienste zum Narren gehalten und das Hollywood-Bild der Superagenten zerstört. Nur so ist ihre Tobsucht und Rachgier gegen uns zu verstehen.

Im Dezember 1944 warfen die Amerikaner täglich 2.500 Bomben auf die armen Stadtteile von Athen. Während des Bürgerkrieges setzten sie Napalm ein. Wir erfuhren davon durch die Erzählungen unserer Eltern. Wir fühlten die Bitterkeit der Niederlage, der Entbehrungen, des Terrors und der Verbannungen, der absoluten Macht der Polizisten und Militärrichter. Die Verräter wurden in unserem Land zu staatlichen Würdenträgern, die Schwarzmarkthändler Reeder und Industrielle. Wir sahen, wie sich die Linke an das System verkaufte und die Errungenschaften jahrzehntelanger Kämpfe preisgab. Wir sagten: Es reicht! Denn es gibt auch eine Linke, die nicht die andere Wange hinhält, sondern ihnen einen Fußtritt gibt; nicht die wohlhabende und ordentliche, sondern eine ungehorsame Linke, die überzeugt ist, dass die Lösung nur revolutionär sein kann.

## Die Propaganda der Volksgewalt

Im *Kommunistischen Manifest* schrieben Marx und Engels, dass es für Kommunisten unwürdig sei, ihre Ansichten und Vorhaben zu verstecken. Sie erklären offen, dass sie ihre Ziele nur durch den Sturz des gesamten heutigen Gesellschaftssystems verwirklichen können. Marx schrieb, dass die Gewalt der Geburtshelfer jeder alten Gesellschaft ist, die mit einer neuen schwanger geht. Die unmittelbare bewaffnete Aktion geht von der Tatsache aus, dass mit dem bewaffneten Kampf nicht gewartet werden darf, bis die Voraussetzungen reif sind. Das lässt sich aus einer These der Tupamaros ableiten: Die revolutionäre Aktion und die Tatsache, dass wir uns bewaffnen, dass wir uns vorbereiten, die Logistik aufbauen und die bürgerliche Ordnung verletzen, schafft das Bewusstsein, die Organisation und revolutionären Bedingungen.

Der 17N holte Waffen aus den Polizeistationen, Bazookas aus dem Kriegsmuseum und Munition aus den Kasernen. Das waren Aktionen der bewaffneten Propaganda, die ohne jedes Blutvergießen durchgeführt wurden. Der 17N bewies, dass er sich auf die eigene Kraft stützte und nicht ferngesteuert war. Als Aris mit seiner Partisanengruppe in ein Dorf ging und zu den Bewohnern sprach, machte er bewaffnete Propaganda. Er zeigte, dass es möglich war, Aktionen unter der Nase der Deutschen durchzuführen. Die Folge war ein Schock, der die Bedingungen für weitere Aktionen schuf. Sicher, der 17N war nicht mit den Partisanen von Aris vergleichbar – in Griechenland herrscht eine bürgerliche, die Oligarchie legitimierende Demokratie –, trotzdem hatte der Kampf des 17N Ähnlichkeiten mit dem Partisanenkampf.

Die Praxis des 17N wird als «Terrorismus» charakterisiert. Wir sagen: Nein! Der 17N richtete sich gegen Elemente und Symbole des Imperialismus und Kapitalismus. Die US-Botschaft in unserem kleinen Land hatte die höchsten Sicherheitsausgaben auf der Welt. Die Geheimdienste aller westlichen Länder schickten ihre Spezialisten nach Griechenland. Die Großindustriellen und Reeder bauten Festungen, unterhielten Heere von Leibwächtern, gaben ihr Geld für gepanzerte Fahrzeuge und elektronische Sicherheitsanlagen aus. All diese Leute, einige tausend – jawohl, sie wurden terrorisiert, und der 17N ist stolz darauf. Aber das griechische Volk wurde weder von der Angst vor dem 17N geweckt, noch ging es mit dieser Angst zu Bett. In einer Meinungsumfrage kurz vor der Explosion in Piräus gaben nur zwei Prozent der Befragten an, dass sie im Terrorismus ein gesellschaftliches Problem sähen. Angst hat das Volk vielmehr vor der Gewalt des Staates, der Gewalt der Armut, der Arbeitslosigkeit, der Entfremdung.

Der 17N führte keinen Krieg auf allen Ebenen. Trotz seiner Möglichkeiten verzichtete er darauf, das Aktionsniveau zu erhöhen. Er verwechselte seine Wünsche nie mit der Wirklichkeit und wandte Gewalt nie übereilt an. Er versuchte nicht, das Herz des Staates zu treffen. Der Schwerpunkt der 17N-Aktivitäten waren nicht Texte und Erklärungen, obwohl er diese für unverzichtbar hielt, sondern Aktionen. Daher wurde beim Angriff auf die US- Botschaft keine Erklärung herausgegeben. Die Propaganda der Volksgewalt muss durch die Aktion selbst erfolgen. Die Aktion muss vom Volk verstanden werden – «sie soll für sich selbst sprechen», wie wir sagten. Die Praxis sollte das Regime entlarven und keine negativen Konsequenzen für andere Bewegungen oder arbeitende Menschen haben.

Die Ziele des 17N waren Symbole der Macht: Vertreter und Institutionen des bürgerlichen Regimes, der imperialistischen Hegemonie, der kapitalistischen Ausbeutung und der staatlichen Unterdrückung. Durch seine Aktionen setzte der 17N Zeichen. Er zeigte, dass es Menschen gab, die gegen die Übermacht des Staates Widerstand leisteten und immer leisten werden. So stärkte er die Würde und den Stolz des Volkes. Die Aktivitäten des 17N wurden vom griechischen Volk, das Erniedrigung und Ausbeutung erfahren hat, als gerechter Volkswiderstand betrachtet. Ich möchte hier nur die Aussage eines besonders leidenschaftlichen 17N-Gegners erwähnen: Ein Europaabgeordneter der Nea Dimokratia sagte, dass 23,7 Prozent, das sind 2.370.000 Griechen, mit den Kämpfern des 17N sympathisierten. Es ist eine objektive Tatsache, dass der 17N gesellschaftliche Wurzeln hatte und seine Praxis in den gesellschaftlichen Widersprüchen begründet war.

## Die Masken sollen fallen

Denken wir an Afghanistan, an Jugoslawien und an den Irak. Denken wir an die zerstörten Stadtteile und Tausende zivile Opfer, an die 500.000 Menschen, die im Irak laut britischen Quellen an Krebs sterben werden. Können diese Hunderttausenden von Toten mit den wenigen hundert US- Soldaten verglichen werden, die durch die Gegengewalt des Volkes ums Leben kamen? Und, abgesehen von der Zahl der Toten, handelt es sich auch qualitativ um das Gleiche? Wir können es nicht vergleichen, nicht aufwiegen. Hier zitiere ich Professor Roussis: «Die Gewalt des 17N ist geringfügig im Vergleich zu den ökonomischen und gesellschaftlichen Widersprüchen, aufgrund derer sie entstand.» Die Masken sollen fallen. Die Staatsbeamten, welche Migranten, kleine Diebe und Demonstranten erschießen, werden freigesprochen oder nur zu symbolischen Strafen verurteilt. Für den 17N dagegen wurden Sondergesetze, Sondergerichte und Sondergefängnisse geschaffen. Die Gleichheit vor dem Gesetz, ein Grundprinzip der Demokratie, gibt es nicht. Für die Mächtigen gelten die Gesetze nicht.

Der neoliberale Wirbelwind fegt die Errungenschaften jahrzehntelanger Kämpfe hinweg. Eine Gesellschaft, die sich nicht für die Schwachen und Kranken interessiert, die keine Solidarität kennt, ist nicht demokratisch. 20 Prozent aller Griechen leben unter der Armutsgrenze, 15 Prozent sind ohne Arbeit, bei den Jugendlichen sind es sogar 33 Prozent. Der öffentliche Besitz, Reichtum und Grund und Boden werden an die Reichen verschenkt. Soll ich über die Provisionen bei den milliardenschweren Rüstungsgeschäften sprechen? Über die ständige Kriminalität bei den öffentlichen Bauten? Über die Barone der Massenmedien? Über diese großartige Idee der Olympiade? Wie viele Jahre werden wir nach 2004 noch bezahlen? Soll ich über ein Parlament sprechen, das Gesetze auf Bestellung verabschiedet? Über die schwache, den Mächtigen hörige Regierung? Was für eine Demokratie ist das?

Bewaffnete Revolutionäre sind keine Fanatiker der Gewalt. Für solche Menschen gibt es andere, legale Möglichkeiten, ihre Triebe auszuleben. Revolutionäre, die sich aufgrund ihrer politischen Analyse für Gewalt als unmittelbare Maßnahme entschieden haben, sind zu äußersten Konsequenzen verpflichtet, um sich und ihrer Überzeugung treu zu bleiben. Ihre Entscheidung richtet sich zuallererst gegen ihre eigenen Interessen, denn sie müssen ihren eigenen Selbsterhaltungstrieb mit einer Überzeugung überwinden, die paradox ist, weil sie sowohl die Freiheit als auch das Leben verlieren können. Vor allem stoßen sie auf einen nur schwer zu ertragenden Widerspruch zwischen der Liebe zum Leben und der Notwendigkeit, gegen das Leben zu handeln. Revolutionäre erleben diesen Widerspruch als tragisch und schmerzhaft. Es zerreißt sie. Aber sie wissen, dass sie an einem Kampf gegen eine Gewalt teilnehmen, die den Menschen entmenschlicht und in die Barbarei stürzt.

Die Begriffe, die sie gegen uns verwenden – «Verbrecher», «Meuchelmörder» – können unser Handeln nicht beurteilen. Bewaffnete Revolutionäre respektieren das Leben. Sie greifen zur Waffe, um das Leben gegen diejenigen zu verteidigen, die es misshandeln und entwürdigen. Sie können den Verlust eines Lebens akzeptieren, wenn dadurch die revolutionäre Sache voranschreitet. Sie gewinnen zum eigenen Leben ein neues Verhältnis. Sie zögern nicht, sich zu opfern, wenn die Notwendigkeit des Kampfes es erfordert. Bewaffnete Revolutionäre intervenieren in eine Gesellschaft ungeheurer Ungleichheiten, eine Gesellschaft, in der ein unerklärter Krieg wütet, der Opfer auf beiden Seiten fordert – allerdings mehr von der einen und weniger von der anderen Seite. Es ist ein Krieg, den konkrete Menschen führen. Es sind Menschen, die eine Familie haben, die sie lieben, großgezogen haben und für die sie unersetzlich sind. Diesen Familien schulden wir Respekt und Mitleid.

Wer kennt die Namen derjenigen, die von der Polizei erschossen wurden? Warum, Herr Vorsitzender, geht es immer um unsere .45er-Colts und nicht um die 38er-Revolver der Polizei? Wer kennt die Namen derer, die bei Arbeitsunfällen in den Bergwerken und bei Schiffsunglücken ihr Leben verloren? Welcher Verantwortliche wurde angeklagt? Wer wurde verurteilt? Welcher Politiker vergoss nur Krokodilstränen? Welche Opfer hatten Nebenklagevertreter? Gab es überhaupt Nebenkläger? Alle diese Familien haben Kinder verloren. Gab es für sie ein Rednerpult? Hat sich je ein Fernsehteam für sie interessiert?

Der Krieg, der diesem gesellschaftlichen Widerspruch entspringt, wird schon lange geführt. Manchmal ist er sichtbar, manchmal unsichtbar, zuweilen trägt er die Maske des Rechtsstaates, dann wieder zeigt er sein wahres Gesicht. Diesen Krieg wird es geben, solange die Klassen existieren. Wenn die Menschheit endlich aus ihrer barbarischen Vorgeschichte heraustritt – Krieg, Verelendung, Analphabetismus, Ausplünderung –, wenn die Menschheit übergeht in das Reich der Freiheit, Gleichheit und ungehinderten Entwicklung des Menschen, wenn der Mensch seine Menschlichkeit wiedererlangt, erst dann wird das Leben seinen wirklichen Wert bekommen.

## Nachwort zur deutschsprachigen Ausgabe

Diese politische Autobiografie wurde in Griechenland in allen Spektren der Linken gelesen und auch KritikerInnen der Stadtguerillagruppe 17. November bestätigten uns: Es ist ein sehr wichtiges und aufschlussreiches Buch. Wir waren schnell überzeugt, dass dieses Zeitdokument über Griechenland – dort wurden mehr als einhunderttausend Exemplare verkauft – hinaus verbreitet werden sollte.

Dimitris Koufontinas beschreibt seine persönlichen Erfahrungen und die politischen Diskussionen seit dem Ende der 1960er bis zum Beginn der 2000er Jahre. Die militanten Gruppen Griechenlands durchliefen Phasen, Organisationen und Widersprüche, deren Fragen außerhalb Griechenlands ganz ähnlich auftauchten: Was ist der richtige Weg zur Revolution? Auf wen können wir bauen? Wie organisieren wir uns? Massenorientierung oder bewaffnete Avantgarde? Abgeschottete schlagkräftige Guerillakerne oder in die Linke und Gesellschaft eingebundene Zellen? Das Buch erlaubt ein besseres Verständnis jener Zeit und ihrer AktivistInnen und macht die griechische Variante dieser Fragen und ihre praktischen Resultate verfügbar für alle, die nach Wegen für eine fundamentale Veränderung der herrschenden Verhältnisse suchen.

Koufontinas' Buch will kein Heldenepos sein: «Ich denke, dass es sich tatsächlich nur lohnt, diese Buchseiten zu füllen, wenn wir nicht nur von unseren Siegen erzählen. Von unseren kleinen und größeren Siegen gegen einen übermächtigen Gegner. Worüber es sich in Wirklichkeit lohnt zu schreiben, sind unsere Niederlagen, für die allein wir die Verantwortung tragen. Jene, die wir nicht aufgrund der Allmacht des Gegners erleiden mussten, sondern aufgrund unserer Widersprüche, unsere eigenen Schwächen. Ich schreibe für eine kritische Sicht auf unsere Geschichte. Für unsere Selbstkritik.»

Die Übersetzung eines Buches und seine Veröffentlichung in einer anderen Sprache, Zeit und Situation beinhaltet immer ein gewisses Risiko des Unverständnisses. Koufontinas verfasste sein Buch für griechische LeserInnen und er bezieht sich auf die griechische Linke und die griechische Gesellschaft. Deutschsprachige LeserInnen erfahren durch das Buch viel über deren Geschichte und AkteurInnen, sie werden aber auch über politische Beurteilungen oder Auslassungen stolpern, die hierzulande anders diskutiert werden oder abweichend konnotiert sind. Zum Teil liegt das einfach an der anderen Realität der griechischen Linken im Guten wie im Schlechten und den entsprechenden Positionen des Autors. Da er, wie der 17N, zum Beispiel von einem «abhängigen Kapitalismus» Griechenlands ausgeht, wirken manche Positionen für Metropolenlinke eventuell «nationalistisch», ein Vorwurf, den Dimitris im Buch zurückweist – allerdings nur sehr knapp. Auch der Begriff «Volk» ist aufgrund der Konnotation mit «völkisch» ein spezifisches Problem der Übersetzung. Für Koufontinas bezeichnet das «Volk» aber – wie *el pueblo* im Spanischen – die «einfachen Menschen» der unteren, ausgebeuteten und unterdrückten Klassen, und so muss «Volk» in diesem Buch auch verstanden werden.

Stolpern lässt, dass militante Frauen praktisch nicht vorkommen, Genossinnen haben im 17N und den anderen bewaffneten Gruppen offensichtlich keine wesentliche Rolle gespielt oder – weniger wahrscheinlich – Koufontinas kann sie nicht erwähnen, weil sie nie aufgeflogen sind. Auch tauchen keine feministischen oder anti-patriarchalen Positionen auf. Das ist zwar keine einzigartig griechische, sondern eine weltweite zeittypische Leerstelle vieler linker Bewegungen, aber dennoch vermissen wir in seiner Rückschau eine Auseinandersetzung mit den damaligen patriarchal geführten Debatten. Diese politische Haltung würden wir besonders hinsichtlich des ihm so wichtigen Blicks auf die Partisanentradition als Männergeschichtsschreibung problematisieren und gerne bei Gelegenheit mit ihm diskutieren. Die Partisaninnen, die bewaffnet gekämpft haben, die Kämpferinnen gegen die Militärjunta, die Aktivistinnen gegen Kapitalismus und Patriarchat hat es gegeben und es gibt sie bis heute. Ihre Geschichten und Erfahrungen bleiben in diesem Buch unsichtbar.

Die Übersetzerin, der Verlag und wir HerausgeberInnen haben trotz dieser möglichen Kritikpunkte viel Arbeit in die deutschsprachige Ausgabe investiert, weil wir es wichtig finden, die Geschichte des 17N in authentischen Worten vorzustellen, statt sie dem Geschichtsrevisionismus zu überlassen. Und wir teilen den Respekt griechischer AnarchistInnen und KommunistInnen vor einem Stadtguerillamilitanten, der – als Einzelner – für die Aktionen und auch Fehler des 17N die politische Verantwortung übernahm, vor der sich so viele seiner Generation bis hin zum Verrat gedrückt haben. Verantwortung zu übernehmen hatte für Koufontinas die ihm bewusste Konsequenz, viele Jahre hinter Gittern zu verbringen. Wir betrachten seine Entscheidung nicht als individuelles Heldentum, sondern als persönliche Konsequenz kollektiver politischer Entscheidungen und Ausdruck einer wirklichen Überzeugung – das ist für uns das Besondere an diesem Buch.

Wir hoffen, dass es in Griechenland einen Keil gegen den konterrevolutionären Geschichtsrevisionismus setzen konnte – mit vorliegender Übersetzung wollen wir hier das Gleiche bewirken. Tatsächlich ist es Koufontinas' und unser Herzenswunsch, revolutionäre Geschichte(n) und Erfahrungen für aktuelle Debatten zur Verfügung zu stellen.

In diesem Sinne: ΣΤΗΝ ΥΓΕΙΑ ΜΑΣ ΚΑΙ ΟΙ ΜΠΑΤΣΟΙ ΜΑΚΡΙΑ ΜΑΣ

## Chronologie der Aktionen des 17N

23. Dezember 1975: Der CIA-Stationschef Richard Welch wird erschossen.
13. Dezember 1976: Der Folterer und Junta-Polizist Evangelos Mallios wird erschossen.
16. Jänner 1980: Der Polizei-Vize und ehemalige Junta-Geheimdienstler Pandelis Petrou und sein Fahrer Sotiris Stamoulis werden erschossen.
15. November 1983: Der JUSMAGG-Offizier George Tsantes und sein Fahrer Nikos Veloutsos werden erschossen.
3. April 1984: Der JUSMAGG-Offizier Robert Chant überlebt ein Attentat.
21. Februar 1985: Nikos Momferatos, der Herausgeber der Zeitung *Apogevmatini*, und sein Fahrer Panagiotis Roussetis werden erschossen.
26. November 1985: Autobombe gegen einen Polizeitransporter, ein Polizist wird getötet, 14 werden verletzt.
8. April 1986: Der Industrielle Dimitrios Aggelopoulos wird erschossen.
5. Oktober 1986: Sprengstoffanschläge auf vier Athener Finanzämter.
4. Februar 1987: Dem Privatklinikchef Zacharias Kapsalakis wird in die Füße geschossen.
24. April 1987: Elf US-Soldaten werden durch eine Autobombe verletzt.
10. August 1987: Neun US-Soldaten werden durch eine Autobombe verletzt.
21. Jänner 1988: Versuchter Sprengstoffanschlag auf den US-Agenten George Karos.
1. März 1988: Der Industrielle Athanasiadis-Mpodosakis wird erschossen.
23. März 1988: Vier türkische Diplomatenfahrzeuge werden durch Bomben zerstört.
28. Juni 1988: Der US-Militärattaché William Nordeen wird durch eine Autobombe getötet.
14. August 1988: Überfall auf ein Athener Kommissariat, um Waffen zu beschaffen.
10. Jänner 1989: Der Staatsanwalt Konstantinos Androulidakis wird durch Schüsse in die Füße verletzt; er stirbt einen Monat später.
18. Jänner 1989: Der Staatsanwalt Panagiotis Tarasouleas wird durch Schüsse in die Beine verletzt.
22. Februar 1989: Bombenanschläge auf Luxuswohnungen in Athener Reichenvierteln.
8. Mai 1989: Der PASOK-Politiker Giorgos Petsos wird bei einem Bombenanschlag verletzt.
26. September 1989: Der Nea Dimokratia Parlamentsabgeordnete Pavlos Bakogiannis wird erschossen.
25. Dezember 1989: Aus einem Armeedepot werden Granaten und Munition gestohlen.

3. Februar 1990: Aus dem Athener Kriegsmuseum werden zwei Panzerfäuste gestohlen.
15. Mai 1990: 23 kleinere Bombenexplosionen in den Reichenvierteln von Athen.
10. Juni 1990: Raketenanschlag auf den Sitz des US-Konzerns Procter & Gamble.
20. November 1990: Der Reeder Vardis Vardinogiannis überlebt einen Raketenanschlag.
16. Dezember 1990: Raketenanschlag auf die Vertretung der Europäischen Gemeinschaft.
24. Jänner 1991: Sprengstoffanschlag auf das Haus des französischen Militärattachés.
28. Jänner 1991: Raketenanschlag auf die American Express-Bank.
29. Jänner 1991: Raketenanschlag auf den Sitz von British Petroleum (BP).
10. März 1991: Fünf Streikbrecher-Busse werden durch Bomben beschädigt.
13. März 1991: US-Offizier Ronald Stewart wird durch eine Bombe getötet.
31. März 1991: Raketenangriff auf das Pendelikon-Hotel.
27. April 1991: Ein Hafenschlepper wird durch eine Sprengladung versenkt.
2. Mai 1991: Raketenangriff auf die Public Power Corporation.
8. Mai 1991: Raketenangriff auf die Siemens-Niederlassung.
16. Mai 1991: Raketenangriff auf die Firma Halyps-Zement.
31. Mai 1991: Raketenangriff auf das Löwenbräu-Werk.
2. Juni 1991: Raketenangriff auf zwei Ölraffinerien in Korinth.
16. Juli 1991: Eine Autobombe verletzt den türkischen Geschäftsträger Deniz Bulukbasi.
7. Oktober 1991: Der Presseattaché der türkischen Botschaft, Çetin Görgü, wird erschossen.
3. November 1991: Raketen- und Handgranatenangriff auf einen Polizeibus, ein Polizist wird getötet, sechs weitere werden verletzt.
17. November 1991: Doppelter Anschlag auf die Nationale Elektrizitätsgesellschaft DEI und das Nationale Versicherungsamt IKA.
8. Dezember 1991: Raketenangriff auf die Firma Biohalko.
14. Juli 1992: Gescheiterter Raketenangriff auf den Finanzminister Ioannis Palaiokrassas, der Passant Athanasios Axarlian wird versehentlich getötet.
20. November 1992: Raketenangriff auf ein Athener Finanzamt.
4. Dezember 1992: Sprengstoffanschlag auf ein Athener Finanzamt.
21. Dezember 1992: Der ND-Abgeordnete Eleftherios Papadimitriou wird durch Schüsse in die Beine verletzt.
11. Februar 1993: Sprengstoffanschlag auf ein Athener Finanzamt.
23. Februar 1993: Sprengstoffanschlag auf ein Athener Finanzamt.
3. März 1993: Sprengstoffanschlag auf ein Athener Finanzamt.
9. März 1993: Raketenangriff auf ein Athener Finanzamt.

11. März 1993: Sprengstoffanschlag auf ein Athener Finanzamt.
24. Jänner 1994: Michalis Vranopoulos, der frühere Chef der National-Bank, wird erschossen.
11. April 1994: Raketenangriffe auf zwei niederländische Firmen.
Ein Raketenanschlag auf den britischen Flugzeugträger Ark Royal scheitert.
21. April 1994: Sprengstoffanschlag auf die Firma Miele.
18. Mai 1994: Raketenangriff auf das IBM-Büro.
4. Juli 1994: Der türkische Diplomat und Agent Ömer Haluk Sipahioğlu wird erschossen.
15. März 1995: Raketenangriff auf den Fernsehsender Mega-TV.
15. Februar 1996: Raketenangriff auf die US-Botschaft.
8. April 1998: Raketenangriff auf die Citibank.
28. Mai 1997: Der Reeder Constantinos Peratikos wird erschossen.
3. Februar 1998: Sprengstoffanschläge auf zwei McDonalds-Filialen.
19. Februar 1998: Sprengstoffanschlag auf General Motors-Ausstellungsräume.
12. Mai 1998: Sprengstoffanschlag auf Chrysler- und Opel-Ausstellungsräume.
31. März 1999: Raketenangriff auf die PASOK-Zentrale.
3. April 1999: Sprengstoffanschlag auf ein PASOK-Büro.
5. Mai 1999: Raketenangriffe auf drei Banken.
8. Mai 1999: Sprengstoffanschlag auf die niederländische Botschaft.
16. Mai 1999: Raketenangriff auf das Wohnhaus des deutschen Botschafters.
8. Juni 2000: Der britische Militärattaché Stephen Saunders wird erschossen.
29. Juni 2002: Im Hafen von Piräus explodiert eine Bombe in den Händen von Savvas Xiros.

## Glossar

**20. April 1962** 200.000 Menschen demonstrierten trotz Verbots und hoher Militärpräsenz in Athen gegen die NATO. Bei einer Straßenschlacht gab es mehr als 100 Verletzte.
**Areopag** Hügel in Athen, auf dem der Areios Pagos steht.
**Areios Pagos** Höchstes Gericht Griechenlands.
**Apelates** Siehe: Kleftis.
**Bausinger, Susanne** Am 8. Juli 1972 wurde die damals 19-Jährige in Athen mit drei anderen deutschen Studenten verhaftet. Die Militärjunta behauptete, eine als «Anarchistin und Bombenlegerin» gesuchte Deutsche hätte mit Bausingers Pass aus dem Land geschmuggelt werden sollen.
**Belogiannis, Nikos** Ehemaliger Funktionär der DSE, der eng mit Aris Velouxiotis zusammenarbeitete. Er verließ Griechenland nach deren Niederlage im Griechischen Bürgerkrieg. 1950 kehrte er illegal zurück, um die Athener Ortsgruppe der KKE wiederaufzubauen. Er wurde festgenommen und zusammen mit 93 anderen wegen Spionage für die Sowjetunion vor ein Kriegsgericht gestellt. Zu den Richtern gehörte der spätere Obrist Georgios Papadopoulos. Belogiannis wurde als «der Mann mit der Nelke» weltweit bekannt, so hatte ihn Pablo Picasso skizziert. Der Prozess gegen ihn führte zu weltweiten Solidaritätsaktionen, die griechische Regierung wurde mit 250.000 Telegrammen bombardiert. Belogiannis und drei seiner Mitangeklagten wurden dennoch zum Tode verurteilt und am 30. März 1952 hingerichtet.
**Bilderberg-Konferenz** Unregelmäßiges nicht-öffentliches Treffen von Eliten aus Wirtschaft, Politik, Militär, Medien und Hochschulen. Die meisten Teilnehmer kommen aus NATO-Staaten.
**Brücke von Gorgopotamos** Die Eisenbahnbrücke auf der Bahnstrecke Piräus–Thessaloniki lag an der Hauptnachschublinie der Deutschen Wehrmacht für den Afrikafeldzug. Am 25. November 1942 überwältigten 150 ELAS-Partisanen unter der Führung von Aris Velouchiotis und 60 Partisanen der republikanischen EDES die Wachmannschaft der Brücke und ermöglichten so einem britischen Sabotage-Kommando zwei der sechs Pfeiler zu sprengen. Die Eisenbahnstrecke war für 45 Tage unterbrochen. Die Sprengung war auch ein Fanal für den griechischen Widerstand gegen die deutsche Besatzung.
**Chainis** Siehe: Kleftis. Chainis waren die Kleftis auf Kreta, sie wurden von den Türken so genannt. Das Wort bedeutet auf Türkisch so viel wie «Verräter, Faulenzer, Taugenichts».
**Chalkidiki** Halbinsel im Norden Griechenlands, traditionelles Goldabbaugebiet. Gegen den Widerstand von großen Teilen der Bevölkerung und UmweltschützerInnen will die griechische Regierung seit 2013 die dortige Goldförderung ausbauen.

**de Carvalho, Otelo Saraiva** Revolutionär der portugiesischen «Nelkenrevolution». Gilt als Organisator der «Bewegung der Streitkräfte» MFA, die am 25. April 1974 das faschistische Salazar-Regime absetzte.

**Dekade des Feuers** 1941–1949. Bezeichnung für den Kampf gegen die deutschen Besatzer zwischen 1940 und 1944 und den Kampf der kommunistischen und linken Kräfte gegen die Rechten und Briten während der Bürgerkriege 1946 bis 1949.

**Dien Bien Phu** Dschungelfestung im Norden Vietnams, wo die französischen Kolonialtruppen 1954 ihre entscheidende Niederlage gegen die Vietminh erlitten.

**Distanzierungserklärung [Dilosi Apokiriksis]** Erklärung, die unter der Metaxas-Diktatur als Kommunisten Beschuldigte unterschreiben mussten, um freigelassen zu werden. Solche Erklärungen wurden in der Presse veröffentlicht. Oft wurden Gefangene gefoltert, bis sie diese Distanzierungen unterschrieben.

**DSE [Dimokratikos Stratos Elladas – Demokratische Armee Griechenlands]** Die DSE war die bewaffnete Organisation der Kommunistischen Partei Griechenlands KKE während des Griechischen Bürgerkrieges.

**EAM [Ethniko Apelevtherotiko Metopo – Nationale Befreiungsfront]** Von der KKE am 27. September 1941 gegründete Massenorganisation.

**EAR [Elliniki Aristera – Griechische Linke]** 1987 als eurokommunistisch ausgerichtete Abspaltung der KKE-Inland (die sich wiederum 1968 von der KKE abgespalten hatte) entstanden, 1992 aufgelöst.

**EAT-ESA [Eidiko anakritiko tmima ellinikis stratiotikis astinomias – Sondereinheit der griechischen Militärpolizei]** Wichtigste Sicherheitstruppe während der Diktatur. Verantwortlich für die Folterung und Inhaftierung Tausender politischer GegnerInnen. Folterer der EAT-ESA kamen zwar nach 1974 vor Gericht, waren aber nach wenigen Jahren wieder auf freiem Fuß.

**EDA [Eniaia Dimokratiki Aristera – Einheitliche Demokratische Linke]** Die größte legale Partei der Linken am Ende der 1950er Jahre, galt als Vorfeldpartei der damals illegalen KKE.

**Ein-Akzent-System** 1982 eingeführte Schreibweise des Neugriechischen, die die Orthographie mit drei unterschiedlichen Akzenten ablöste.

**Einigung von Madrid** Die 1996 erfolgte Absprache zwischen Griechenland und der Türkei über die Souveränitätsrechte der beiden Länder in der Ägäis, die aber den Streit um kleinere Inseln wie Imia nicht löste.

**EK [Enosi Kentrou – Zentrumsunion]** Konservative Partei, die 1961 von Georgios Papandreou gegründet wurde. Sie nahm dreimal an den Wahlen Teil, wobei die Wahlen von 1961 als die Wahlen der Gewalt und der Fälschung in die Geschichte eingingen, da das Ergebnis – die rechte ERE wurde stärkste Partei – stark vom Terror parastaatlicher Gruppen beeinflusst wurde.

**Ela [Epanastatikos Laikos Agonas – Revolutionärer Volkskampf]** Griechische Stadtguerillaorganisation ab 1975.

**Elas [Ethnikos Laikos Apelevtherotikos Stratos – Nationale Volksbefreiungsarmee]** Bewaffneter Arm der EAM.

**Elis, Panagiotis; Kalavrou, Maria; Peslis, Vasilis; Tsarouxas, Giorgos** Elis Panagiotis wurde am 25. April 1967 vor den Augen seiner Genossen auf der Pferderennbahn von Faliro, wo die Junta hunderte politische Gefangene nach dem Putsch gefangen hielt, erschossen. Maria Kalavrou wurde am Tag des Militärputsches auf der Patision-Straße von heranrollenden Panzern erschossen. Der 15-Jährige Peslis Vasilis wurde am 21. April 1967 auf dem Attiki-Platz erschossen. Ein Soldat schoss in die Menge und traf Vasilis Peslis in den Kopf. Der Täter wurde von der Junta gedeckt und nie zur Rechenschaft gezogen. Giorgos Tsarouxas, EDA-Abgeordneter, starb am 10. Mai 1968 an der Folter im KYP-Büro von Thessaloniki. Die Junta hatte behauptet, er sei an einem Herzversagen gestorben. Seine Folterer kamen mit minimalen Strafen davon.

**Eok: Nationales Tabakamt** Die Tabakarbeiter waren zu Beginn des 19. Jahrhunderts eine der wichtigsten Arbeiterschichten von Griechenland. In ganz Nordgriechenland war der Tabak die wichtigste Ware, und die Tabakarbeiter direkt von dem Preis des Tabaks abhängig. Schon 1926–27 gab es große Aufstände mit Toten und 1936 einen sehr großen und militanten Streik in Thessaloniki. Die meist kommunistischen Tabakarbeitervereinigungen hatten bis zu 22.000 Mitglieder. Nach den großen Streiks versuchte das EOK die Bewegung einzudämmen und entließ sehr viele Arbeiter. Das EOK unterstützte die Großhändler und war arbeiterfeindlich eingestellt.

**Eoka [Ethniki Organosi Kiprion Agoniston – Nationale Organisation der Zypernkämpfer]** Nationalistische griechisch-zypriotische Organisation, die in den 1950er Jahren – auch militärisch – für die Unabhängigkeit der Kronkolonie Zypern von Großbritannien kämpfte. Die rechtsradikale Abspaltung EOKA-B kooperierte später mit der griechischen Militärjunta.

**Episate Thimata – Erwähne die Opfer** Russisches revolutionäres Volkslied, das in seiner griechischen Übersetzung mit der Novemberrevolte von 1973 und deren Toten verbunden ist.

**Epon [Eniaia Panelladiki Organosi Neon – Vereinigte Panhellenische Jugendorganisation]** Jugendorganisation der EAM.

**Ere [Ethniki Rizospastiki Enosis – Nationalradikale Union]** 1955 gegründete wichtigste Partei der griechischen Rechten unter dem Vorsitz von Konstantinos Karamanlis.

**Esak [Eniea Syndikalistiki Antidiktatori Kinissi – Vereinigte gewerkschaftliche antidiktatorische Bewegung]** Gewerkschaftsorganisation der KKE ab 1968.

**Eta – Epimelitia tou Antarti** Organisation des EAM, die sich bei Kämpfen um die Versorgung der ELAS-Partisanen kümmerte.
**Florakis, Charilaos** Mitglied der EAM, später Kommandeur der 1. Division, von 1972 bis 1989 Generalsekretär der KKE.
**Fokustheorie** Aufgrund der Erfahrungen der kubanischen Revolution von Che Guevara und Regis Debray entwickelte Strategie, wonach eine politisch-militärische Guerillaorganisation aus entschlossenen KämpferInnen – der Fokus – als «kleiner Motor» des Widerstands den «großen Motor», die Revolution starten kann.
**Georgiades, Theofilos** Studierte 1977–1981 Politikwissenschaften in Athen und später türkische Geschichte in der BRD und Frankreich. Solidarisierte sich mit Opfern der türkischen Politik und gründete das «Kurdische Solidaritätskomitee mit Zypern».
**Grammi-Verlag** Der Konzern wurde 1982 von George Koskotas, Pavlos Mpakogiannis, dessen Schwester Anastasia Katsviki-Mpakogianni und Dimitris Kounelakis gegründet und gab verschiedene Zeitungen und Magazine heraus. Zum Konzern gehörten ein Radiosender, die Fußballmannschaft Olympiakos Athen, Fabriken und Hotels. Das millionenschwere Startkapital wurde von Koskotas eingebracht, dessen Herkunft blieb im Dunkeln.
**Griechisch-Türkischer Krieg** Auseinandersetzung zwischen dem Königreich Griechenland und dem anatolischen Teil des im Ersten Weltkrieg zerschlagenen Osmanischen Reiches zwischen 1919 und 1922.
**Gruppe Aris-Team** Giorgos Tsikouris und Maria Elena Angeloni gehörten zum Aris-Team, benannt nach dem legendären Partisan Aris Velouchiotis. Die Gruppe ging aus der PAM (Patriotikó Antidiktatorikó Métopo) hervor, der 1967 u. a. von Mikis Theodorakis gegründeten KKE-nahen Anti-Diktatur-Front. Am 2. September 1970 legten die beiden eine Bombe an der US-Botschaft in Athen, die aber vorzeitig explodierte und Giorgos Tsikouris und Maria Elena Angeloni tötete. Maria Elena Angeloni war die Tante des 2001 in Genua erschossenen Carlo Giuliani.
**Gruppe Aris von Rigas Feraios** 1972 tritt ein weiteres Aris-Team aus enttäuschten Mitgliedern der kommunistischen Jugendbewegung Rigas Ferraios mit spontanen bewaffneten Aktionen in Athen in Erscheinung. Sie warfen am 5. Jänner eine Handgranate gegen das Folterzentrum der Sicherheitspolizei Asfalia; der Angriff wurde aufgrund der Pressezensur nicht bekannt.
**Gruppe 20. Oktober [auch: Bewegung 20. Oktober]** Die Gruppe nannte sich so nach ihrer ersten Aktion, einer Bombenexplosion 1969. Sie wurde von Dimitris Psyhogios gegründet, der mit weiteren Genossen Zellen in Athen, Paris und Stuttgart aufbaute. Giorgos Votsis, ein Journalist der *Eleftherotypia*, wechselte von der PAM zur Gruppe 20. Oktober, die vor allem StudentInnen, aber auch den Arbeiter Giannis Serifis aus Stuttgart mobilisierte. Im März 1970

zündeten sie eine Bombe vor der Evelpidon-Militärakademie und am 1. Mai 1970 vor der Zentrale des staatsnahen GSEE-Gewerkschaftbundes. Am 20. Oktober 1971 wurden vier Mitglieder der Gruppe verhaftet, als sie versuchten, einen Transformator zu sprengen, um die Rede des US-Vize Präsidenten Spiro Agnew im Hilton Hotel zu unterbrechen. Alle wurden gefoltert. Die letzte Aktion der Gruppe richtete sich im Februar 1972 gegen einen Radiosender im Zentrum Athens. Auch Christos Kassimis, das spätere Gründungsmitglied des ELA, gehörte zur Gruppe 20. Oktober.

**GSEE [Geniki Synomospondia Ergaton Ellados – Allgemeine Konföderation der griechischen Arbeiter]** 1918 gegründeter griechischer Gewerkschaftsdachverband, in dessen Exekutivrat mehrheitlich PASOK- und ND-Funktionäre sitzen. Der GSEE organisiert Arbeitnehmer im privatwirtschaftlichen Sektor und in staatlich kontrollierten Sektoren wie Banken, Verkehr und Strom- und Wasserversorgung.

**Idionimon** Ein von der Venizelos-Regierung 1929 erlassenes Gesetz, das der Modernisierung der griechischen Wirtschaft diente und die Verfolgung aller staatskritischen linken Bewegungen vereinfachte.

**Ioannidis, Dimitrios** Chef der Militärpolizei EAT-ESA, hoher Foltergeneral und Putschist, der den Putschisten Papadopoulos wegen angeblich mangelnder Härte und zu weit gehenden demokratischen Versprechungen im November 1973 absetzte.

**Juli-Krise *1965* [Auch Juliana oder Apostasia genannt]** Politische Krise, die mit dem Rücktritt von Georgios Papandreou unter dem Druck des griechischen Königshauses begann. Die folgenden Premierminister der EK wurden von König Konstantin II. eingesetzt, sie werden Apostates – Verräter – genannt.

**JUSMAGG [Joint United States Military Aid Group to Greece]** 1947 gegründete US-Militärabteilung in Griechenland, die im Kalten Krieg fast 600 Mann stark war. Regelte auch den Fluss der Marshallplan-Gelder nach Griechenland, um das Land «vor dem Kommunismus zu retten» und die griechische Armee gegen die angrenzenden realsozialistischen Länder zu stärken. Am 1. März 1988 wurde das JUSMAGG in Office of Defense Cooperation (ODC) umbenannt.

**Kaltezas, Michalis** griechischer Jugendlicher, der am 19. November 1985 im Alter von 15 Jahren von einem Polizisten im Athener Viertel Exarchia durch einen Kopfschuss getötet wurde.

**Kambanellis, Iakovos** Der griechische Autor Iakovos Kampanellis (1922–2011) war Gefangener Nr. 10.205 im Konzentrationslager Mauthausen. 1965 schrieb er ein Buch und Gedichte über seine Zeit im Lager, die *Mauthausen-Trilogie* oder *-Kantate*. Sie wurde von Mikis Theodorakis vertont.

**Kanaris-Gruppe** Die Gruppe bekannte sich zu einem Brandanschlag auf das Auto des Junta-Ministers Dimitrios Stamateloupolos. Sie benannte sich vermutlich nach dem griechischen Seefahrer Konstantin Kanaris, der 1822 zwei große osmanische Kriegsschiffe versenkte.

**Karamanlis, Konstantinos** 1955 Gründer und Vorsitzender der ERE, Premierminister 1955–1963 und 1974–1980, Staatspräsident 1980–1985 und 1990–1995.

**Kassimis, Christos** Gründungsmitglied des ELA, früheres Mitglied der Gruppe 20. Oktober.

**Kke [Kommunistiko Komma tis Ellados]** Kommunistische Partei Griechenlands.

**Kleftis und Apelates** «Diebe» oder Briganten, die in die Berge gingen, um Widerstand gegen die osmanische Besatzung zu leisten.

**Koalitionsregierung** Bündnis der konservativen ND unter Konstantinos Mitsotakis mit dem linken Bündnis Synaspismos, dem auch die KKE unter Charilaos Florakis angehörte, das im Juni 1989 die von Skandalen erschütterte PASOK-Regierung unter Andreas Papandreou ablöste.

**Komninos, Diomidis** 1956 auf Zypern geboren war er im November 1973 das erste Todesopfer beim Aufstand am Polytechnikum, wo er studierte und an der Besetzung beteiligt war. Er wurde von einem Scharfschützen am späten Abend des 16. November getötet, als er vor dem Gebäude auf eine Polizeikette zuging.

**Koskotas, George** Der Banker erlangte 1988 die Aktienmehrheit der Bank von Kreta und deponierte auf Anweisung der Regierung Papandreou Einlagen staatlicher Betriebe und Organisationen. In der Folge gingen durch Manipulationen umgerechnet ca. 230 Millionen US-Dollar verloren, von denen etliche Regierungsmitglieder profitiert haben sollen. Der sogenannte Koskotas-Prozess, ein Korruptionsverfahren gegen Andreas Papandreou und andere, endete 1992 mit Freisprüchen.

**Kristallis, Ntanos** Wurde 1973 während des Polytechnikum-Aufstands festgenommen und war nach eigenen Angaben schon da Agent, weil er vom KYP gefoltert und danach benutzt worden sei. Er legte im staatlichen Auftrag Bomben und versuchte so an bewaffnete Organisationen zu gelangen. 1985 flog er auf und hat seitdem mehrere Interviews gegeben, in denen er suggeriert, dass er viel mehr wisse als er sage.

**Kyp/Eyp [Ethniki Ypiresia Pliroforion – Nationale Nachrichtenagentur]** Staatlicher Inlands-Geheimdienst. Der EYP wurde 1953 als Kentrikí Ypiresía Pliroforión (KYP) – Zentraler Nachrichtendienst – nach US-Vorbild gegründet und stark von der CIA beeinflusst. 1986 wurde der Dienst in EYP umbenannt.

**La Torre, Pio** Sizilianischer Politiker der PCI, Anti-NATO- und Anti-Camorra-Aktivist. Wandte sich gegen die Stationierung von US-Cruise Missiles, Am 30. April 1982 wurde Pio La Torre gemeinsam mit seinem Fahrer Rosario di Salvo von mehreren Auftragsmördern der Mafia erschossen.

**Lambrakis, Grigoris** Griechischer Politiker, Linkssozialist und Aktivist der Friedensbewegung. Er wurde 1963 nach einer Friedenskundgebung von

Rechten und staatlichen Kräften ermordet. Diese sogenannte Lambrakis-Affäre wurde von Constantin Costa-Gavras als *Z* verfilmt.

**Lea [Laikos Epanastatikos Agonas – Volksrevolutionärer Kampf]** Die erste Aktion war eine Bombe im Eingang der Wirtschaftsverwaltung des Präsidialamts der Regierung am 6. Juli 1971, zwei Tage später wurde in einem Industriegebiet der Tank eines ESSO-Lagers gesprengt und am 14. Juli zündete eine Bombe in einer griechisch-us-amerikanischen Stiftung. Die Gruppe orientierte sich an den Tupamaros und existierte bis-1982. In den offiziellen Medien wurde behauptet, dass manche Mitglieder der LEA nach dem Ende der Diktatur im ELA aktiv und auch Gründungsmitglieder des 17N gewesen seien.

**Lefterias, Tasos** Deckname von Vangelis Papadakis, einem Nachwuchskader der ELAS.

**Lep [Laiki Epanastatiki Protovoulia – Volksrevolutionäre Initiative]** a) 1968 in Thessaloniki von Trotzkisten und dem Maoisten Tasos Darveris gegründete Gruppe. Planungen, den Innenminister der Junta zu töten, wurden verworfen, weil sein Leibwächter nicht überlebt hätte. Stattdessen sollten die staatliche Fluglinie Olympic Airlines, Militär- und US-Einrichtungen in Thessaloniki angegriffen werden. 1969, kurz vor den geplanten Anschlägen, wurde Darveris verhaftet und verriet unter Folter andere Mitglieder der Gruppe. b) Eine Gruppe gleichen Namens taucht zum ersten Mal am 29.4.1981 auf, als sie die Verantwortung für zwei Brandstiftungen an Autos von Ärzten in Athen übernimmt und von der Ausbeutung der Gesundheit des Volkes durch die bourgeoisen Ärzte spricht. Andere Aktionen der Organisation folgen bis zu den Brandstiftungen in Supermärkten am 16.5.1981.

**Lipasmata** Das sogenannte Chemischer-Dünger-Papier wurde zwischen Juli 1974 und Februar 1975 geschrieben und im Dezember 1975 in einer korrigierten Version veröffentlicht. Unter dem Tarnumschlag mit dem Titel *Outstanding Chemical Fertilizers* verbarg sich das Gründungspapier von «Revolutionärer Volkskampf für die Entwicklung der griechischen revolutionären Bewegung».

**Loules, Kostas** Kommunist, der sein halbes Leben im Gefängnis, dem Exil und der Illegalität verbracht hatte, bevor er als KKE-Abgeordneter gewählt wurde. Seine Tochter Nitsa war zur Zeit der Festnahmen von 17N-Mitgliedern gut befreundet mit Dora Mpakogianni, der Tochter Mitsotakis' und Ehefrau von Pavlos Mpakogiannis, der vom 17N getötet wurde. Heute steht sie persönlich hinter den Versuchen, Koufontinas die ihm zustehenden Hafturlaube zu verweigern.

**Makroniso** Kleine Insel vor Athen, die ab 1947 als «politisches Umerziehungslager» für Tausende Kommunisten benutzt wurde.

**Mallios, Evangelos** Chefermittler der Sicherheitspolizei (Asfalia) während der Diktatur, wurde im September 1975 in einem ersten Prozess in Athen von Foltervorwürfen freigesprochen, später zu einer Geldstrafe verurteilt. Ein neuer Prozess brachte ihm eine kurze Haftstrafe ein, die er nicht antreten musste, weil sich das Berufungsverfahren verzögerte.

**Madem Lakko-Mine** Seit 1901 betriebenes Schwefelkies-Bergwerk auf dem Peloponnes, berüchtigt wegen häufiger Arbeitsunfälle.

**Mandel, Ernest** Belgischer Trotzkist. Als er 1972 zum Professor für Politische Ökonomie an die Freie Universität Berlin berufen werden sollte, verhängte BRD-Innenminister Hans-Dietrich Genscher ein Einreiseverbot, da Mandel ein «Hintermann der Unruhen vom Mai 1968 in Frankreich» gewesen sei.

**Mandilaras, Nikiforos** Athener Rechtsanwalt, 1967 Opfer der ersten Verhaftungswelle. Er war bekannt für die Aufdeckung militärischer Verschwörungen, seine Leiche wurde am Strand von Rhodos gefunden. Mikis Theodorakis widmete ihm ein Lied.

**Mantemochoria** Zwölf Bergbaudörfer in Chalkidiki, Nordgriechenland, deren Bewohner seit Jahrhunderten in nahegelegenen Minen Erz abbauen und in kleinen Hochöfen Eisen produziert haben. Bekannt für ihre frühere Selbstverwaltung und ihren Widerstand gegen das osmanische Regime.

**Mat [Monades Apokatastasis Taksis – Einheiten für die Wiederherstellung der Ordnung]** Anti-Riot-Einheit der griechischen Polizei mit einem hohem Anteil an Faschisten.

**Mesolongi** Die kleine westgriechische Stadt wurde wegen ihrer Rolle im Kampf gegen die osmanische Besatzung in den 1820er Jahren zu einem Symbol des Widerstands.

**Metapolitefsi** Transformationsperiode nach dem Sturz der griechischen Obristendiktatur.

**Metaxas-Diktatur** Am 4. August 1936 löste General Ionnidis Metaxas, zuvor Ministerpräsident, das griechische Parlament auf. Er verbot nach diesem Staatsstreich alle kommunistischen und demokratischen Organisationen. Metaxas starb im Jänner 1941.

**Michaloliakos, Nikos** Anführer der Partei Xrisi Avgi – Goldene Morgenröte, der schon als 16-Jähriger während der Diktatur in der Organisation «4. August» von Kostandinos Plevris organisiert war. Diese Organisation versuchte im November 1973 in das Polytechnikum einzudringen. Als sie es nicht schafften, versuchten sie die Essens- und Arzneimittelversorgung der Eingeschlossenen zu verhindern.

**Mitsotakis, Konstantinos** Gehörte in den 1960er Jahren der Zentrumsunion von Georgios Papandreou an, bis er 1965 als Anführer von «Abtrünnigen» den Sturz der Regierung Papandreou einleitete, der er als Wirtschaftsminister angehört hatte. 1967–1974 im Exil. Ab 1978 Mitglied der ND, 1978–1980 Wirtschaftsminister, 1980 Außenminister, 1990–1993 Ministerpräsident.

**Moustaklis, Spyros** Offizier in der griechischen Armee, der während der Obristendiktatur aktiv Widerstand leistete und durch Folterungen bleibende Schäden erlitt, was ihn zu einem Symbol des Kampfes gegen die Junta machte.

**Mpartziotas, Vassilis** Deckname Fanis, KKE-Kader im Griechischen Bürgerkrieg 1946–1949.
**Nd [Nea Dimokratia – Neue Demokratie]** 1974 gegründete rechtskonservative Partei, Nachfolgerin der ERE.
**Neill, Alexander Sutherland** Britischer Pädagoge und Mitbegründer der freien Schulen, Verfasser von *Theorie und Praxis der antiautoritären Erziehung. Das Beispiel Summerhill.*
**Opla [Organosi Prostasias Laikon Agoniston – Organisation zum Schutz der Volkskämpfer]** Während der Besatzung Griechenlands gegründete paramilitärische «stalinistische» Geheimpolizei, formal Teil der EAM, tatsächlich direkt der KKE-Führung unterstellt. Das OPLA-Mitglied Efstratios Moutsoyiannis liquidierte am 1. Mai 1948 den Justizminister Christos Ladas, der für die Verfolgung und Hinrichtungen von KommunistInnen mitverantwortlich war.
**Pasok [Panellinio Sosialistiko Kinima – Griechische Sozialistische Bewegung/Partei]** 1974 von Andreas Papandreou gegründete sozialistisch-sozialdemokratische Partei. 1981 erhielt sie die absolute Mehrheit bei den Parlamentswahlen und wurde Regierungspartei, später Koalitionen mit der ND. 2009 noch Sieger der Parlamentswahlen verlor PASOK 2012 wegen ihrer Austeritätspolitik 70 Prozent der Stimmen und erhielt 2015 nur noch 5 Prozent.
**Pamk [Panellinia Agonistiki Mathitiki Kinisi – Panhellenische kämpferische Schülerbewegung]** Schüler-Organisation der PASOK, der Koufontinas 1976–77 angehört hat.
**Panathinaikos** Bester Athener Fußballverein.
**Panagoulis, Alekos** Aktivist gegen die Militärdiktatur. Versuchte ein Attentat auf Papadopoulos am 13. August 1968 und blieb unter der Folter unbeugsam. Panagoulis wurde von einem Militärgericht am 17. November 1968 zum Tode verurteilt. Auf Druck aus dem Ausland wurde seine Strafe in lebenslänglich umgewandelt. Nach 1974 war er EK-Parlamentsabgeordneter.
**Paotzis** Angehöriger der PAO [Panellinia Apelevtherotiki Organosi – panhellenische Befreiungsorganisation]. Diese faschistische Gruppe tauchte Anfang 1944 im griechischen Nordmazedonien auf, half oft der Gestapo, kollaborierte mit den deutschen Besatzungstruppen und kämpfte mit ihnen gegen die EAM/ELAS.
**Papandreou, Georgios** Vorsitzender und Mitgründer der EK.
**Papadopoulos, Georgios** 1967–1973 Chef der Obristenjunta. Er kollaborierte im Griechischen Bürgerkrieg mit den deutschen Besatzungstruppen und unterhielt vermutlich ab 1944 Kontakte zu britischen und US-Geheimdiensten.
**Parlamentswahlen 1961** Bei den Wahlen errang die ERE die absolute Mehrheit. Sie bekamen den Beinamen «Wahlen der Gewalt und des Betrugs», weil sie, wie im Notstandsplan «Perikles» vorgesehen, von Angriffen parastaatlicher Gruppen und massiven Wahlfälschungen begleitet wurden.

**Pavlos Melas** Konzentrationslager in Thessaloniki. Dort wurden ab 1941 von der deutschen Besatzungsmacht mehrere hundert WiderstandskämpferInnen interniert. Das Lager diente auch als Geiselhaftlager im Kampf gegen den «jüdischen Bolschewismus», dort fanden zahlreiche Hinrichtungen statt. Nach der Befreiung Griechenlands diente es als Sammellager für Kollaborateure. Ab Februar 1945 wurde das Lager zur Internierung von Angehörigen sowie SympathisantInnen der ELAS genutzt.

**Petroulas, Sotiris** Nach der Ermordung Grigoris Lambrakis wurde er Aktivist der nach diesem benannten Lambrakis-Jugend, die von Mikis Theodorakis angeführt wurde. Am 21. Juli 1965 trug er Theodorakis bei einer Demonstration im Zentrum Athens auf seinen Schultern durch die Menge; am späten Abend desselben Tages wurde er durch eine Tränengasgranate der Polizei getötet.

**Ploumpidis, Nikos** Ab 1926 Mitglied der KKE. 1937 Mitglied des Politbüros der KKE. Ab 1942 führendes Mitglied der EAM, kurz darauf von der deutschen Besatzungsmacht im KZ Dachau interniert. 1945 Rückkehr nach Griechenland, dort wurde er 1952 von der griechischen Geheimpolizei verhaftet und 1953 zum Tode verurteilt. Gleichzeitig schloss die KKE Ploumbidis als angeblichen Spitzel der Geheimpolizei und Agenten der Briten aus der Partei aus. Am 14. August 1954 wurde das Urteil vollstreckt. 1958 rehabilitierte ihn die KKE. Heute gilt Nikos Ploumbidis ähnlich wie Nikos Belogiannis den meisten griechischen Linken als Märtyrer und Held des antifaschistischen Widerstands.

**Polytechnikum**: Nationale Technische Universität Athen, bekannt unter der Kurzbezeichnung Polytechnio. Am 14. November 1973 traten StudentInnen in den Streik gegen die seit 1967 herrschende Militärjunta. In den frühen Morgenstunden des 17. November 1973 ließ die Junta, nachdem die städtische Beleuchtung ausgeschaltet worden war und das Gelände weitgehend im Dunkeln lag, einen Panzer das Eingangstor niederwalzen, an das sich zahlreiche Menschen klammerten, und die Hochschule durch Soldaten stürmen. Wie viele Menschen am 17. November 1973 getötet wurden, ist nie völlig geklärt worden, nach einer späteren Untersuchung kamen 24 Zivilisten zu Tode.

**Prekas, Michalis** Am 1. Oktober 1987 erschossen, als er mit Genossen das Funkgerät aus einem Streifenwagen stehlen wollte. Michalis Prekas war wegen Kleinkriminalität schon oft verhaftet und verprügelt worden und bekam danach Kontakt zur anarchistischen Szene. Prekas lebte noch, als er in einen Polizeiwagen verfrachtet wurde. Nach seinem Tod wurde Prekas als Mitglied der Gruppe «Andikratiki Pali – Antistaatlicher Kampf» bezeichnet, einer Abspaltung von ELA, zu der auch Christoforos Marinos gehörte, der ebenfalls von Polizisten erschossen wurde.

**Revolution von *1821–1829* [Griechischer Aufstand oder Griechischer Unabhängigkeitskrieg]** Griechischer Unabhängigkeitskampf gegen die osmanische Herrschaft für eine unabhängige Republik.

**Revolutionärer Kampf [Epanastatikos Agonas]** Linksradikale revolutionäre Organisation, die zum ersten Mal am 5. September 2003, also ein Jahr nach den Verhaftungen wegen des 17N, mit einem Bombenanschlag auf ein Athener Gericht auftrat. Die politische Linie in den Erklärungen des RK lässt sich als anarchistisch, gegen Globalisierung und Imperialismus gerichtet zusammenfassen. Der RK führte insgesamt 17 Anschläge durch, darunter auf das US-Konsulat in Athen und die Polizeistation von Nea Ionia. Am 10. März 2010 wird Lambros Foundas in Athen während der Enteignung eines Autos von Polizisten erschossen. Im April 2010 werden sechs Personen verhaftet und der Mitgliedschaft im RK beschuldigt. Drei der Angeklagten, die AnarchistInnen Pola Roupa, Nikos Maziotis und Kostas Gournas, übernehmen die Verantwortung für die Organisation. Im Juni 2012 – der Prozess läuft noch, aber die drei mussten wegen Überschreitung der maximalen Untersuchunshaftdauer entlassen werden – gehen Pola Roupa und Nikos Maziotis in den Untergrund. Am 10. April 2014 wird ein Bombenanschlag mit 75 Kilo Sprengstoff auf die griechische Nationalbank durchgeführt, für den der RK die Verantwortung übernimmt. Am 16. Juli 2014 wird Nikos Maziotis nach einer Schießerei in Athen festgenommen. Seine Genossin Pola Roupa wurde am 5. Jänner 2017 zusammen mit dem Kind der beiden verhaftet. Das Kind wurde drei Tage lang von seiner Mutter ferngehalten und von Spezialpsychologen verhört, ehe es unter großem öffentlichen Druck an Verwandte übergeben wurde.

**Revolutionäre Organisation 1. Mai** Stadtguerillagruppe, die sich 1990 der ELA anschloss.

**Rizitika-Lieder** Lieder aus Westkreta, oft rebellisch gegen Feind und Besatzer.

**Santucho, Mario Roberto** Gründer der Revolutionären Arbeiterpartei (PRT) von Argentinien und Führungsperson der Ejercito Revolucionario del Pueblo (ERP), des bewaffneten Flügels der Partei. Santucho wurde von den argentinischen Streitkräften am 19. Juli 1976 ermordet.

**Sev [Sindesmos Ellinon Viomixanon – Vereinigung der griechischen Industriellen]** Griechischer Unternehmerverband.

**Solomos, Dionisios** Griechischer Dichter des 19. Jahrhunderts, dessen Werk vom nationalen Freiheitskampf der Griechen geprägt war. Die Sprache war ihm auch als identitätsstiftender Faktor wichtig.

**Syn [Synaspismos – Koalition]** 1991 gegründete «Koalition der Linken, Bewegungen und Umweltschützer». 2004 stellte sie die meisten Gründungsmitglieder von SYRIZA. Als eigenständige Organisation löste sie sich 2013 auf.

**Syrmata** «Stacheldraht» wurden die Lager in Ägypten genannt, in denen die Briten ehemalige Wehrmachtssoldaten internierten. Nach der EAM-Demonstration in Athen am 3. Dezember 1944, die durch griechische Polizei und britische Truppen niedergemetzelt wurde, und den Massenverhaftungen griechischer KommunistInnen wurden viele von ihnen in diesen Lagern inhaftiert.

**Tagmatasfalites – Sicherheitsbatallione** 1943 von der Kollaborationsregierung gegründete Einheiten zur Bekämpfung der ELAS unter dem Oberbefehl der SS, die hauptsächlich aus Nazi-Sympathisanten bestanden. Viele ehemalige Mitglieder der Tagmatasfalites wurden von den Briten nach dem Ende der Besatzung in die griechische Militärpolizei integriert.

**Temponeras, Nikos** Mathematiklehrer, der am 9. Jänner 1991 in Patras bei Auseinandersetzungen zwischen Lehrern und Regierung in einer besetzten Schule von dem örtlichen Vorsitzenden der ND-Jugend erschlagen wurde.

**Theofilogiannakos, Theodoros** Führender Beamter der EAT-ESA.

**Trikontinentale Konferenz** Im Frühling 1966 wurde in Havanna bei einer internationalen Versammlung beschlossen, dass die nationalen Befreiungsbewegungen des Trikonts und die metropolitanen Bewegungen «im Herzen der Bestie» weltweit gemeinsam kämpfen sollen, um «zwei, drei, viele Vietnam» zu schaffen. Die Konferenz gilt als Geburtsstunde eines neuen revolutionären Internationalismus, nachdem die III. Kommunistische Internationale von Stalin aufgelöst worden war.

**Truman, Harry S.** US-Präsident von 1945–1953. Die nach ihm benannte antikommunistische Truman-Doktrin besagte, dass die USA «freien Völkern beistehen, die sich der Unterwerfung durch bewaffnete Minderheiten widersetzen». Truman erklärte zeitgleich, dass die USA bereit seien, die griechische Regierung wirtschaftlich und militärisch im Bürgerkrieg zu unterstützen. In Athen steht in der Nähe des Regierungssitzes eine drei Meter hohe Bronzestatue von Truman. Sie wurde 1986 durch eine Bombe schwer beschädigt. Zuletzt versuchten 2018 DemonstrantInnen, sie umzuwerfen.

**Tsipouro** Ist ein Ausdruck griechischer Lebenskunst und häufig selbstgebrannt.

**Tsironis, Vasilis** Die Junta verhaftete ihn 1967, aber im August 1969 konnte er mit seiner Familie ein Olympic Airways-Flugzeug nach Albanien entführen. 1974 gründete er in Griechenland die OEM, die Neutral-Gender-Front Griechenlands. Das Manifest der OEM war eine Kombination aus selbstironischer revolutionärer Analyse und Agitation. Bei den ersten freien Wahlen von 1977 kämpfte die OEM für eine Ablehnung aller Parteien und fand allein in Athen 250.000 WählerInnen. Spezialeinheiten umzingelten seine Wohnung am 30. November 1977, nachdem er bei einem Verhaftungsversuch das Feuer auf ein Polizeiauto eröffnet hatte. Tsironis erklärte seine Wohnung zum «unabhängigen Staat». Am 4. Juli 1978 stürmten Spezialeinheiten die Wohnung, danach war Tsironis tot. Seine Frau behauptete, dass «die Faschisten Tsironis getötet haben». Am nächsten Tag wurde u. a. das OEM-Mitglied Jannis Skandalis – ein späterer 17N-Militanter – verhaftet. Skandalis war als Kämpfer gegen die Junta von der EAT/ESA brutal gefoltert worden. Zu der Beerdigung Tsironis kamen über tausend AnarchistInnen und radikale Linke.

**Tsoutsouvis, Christos** Ende der 1970er Jahre eine zentrale Figur des ELA. Nach einem Studienaufenthalt in Österreich kam er 1975 nach Griechenland zurück und tauchte dort unter. Im Oktober 1977 gehörte er zu der Gruppe, die in Athen als Reaktion auf die Toten von Stammheim einen Bombenangriff auf die AEG durchführen wollte. Bei diesem Versuch wurde der ELA-Mitbegründer Christos Kassimis von der Polizei erschossen.

**Varkiza** Das Abkommen von Varkiza wurde am 12. Februar 1945 zwischen der rechten griechischen Regierung unter Ministerpräsident Nikolaos Plastiras und der EAM im Athener Küstenvorort Varkiza unterzeichnet. Die beiden Parteien einigten sich nach den bewaffneten Auseinandersetzungen in Athen im Dezember 1944 auf einen Waffenstillstand. Vereinbart wurde auch die Entwaffnung der ELAS.

**Velouchiotis, Aris** Eigentlich Athanasios Klaras, bereits als Jugendlicher KKE-Mitglied. 1939 wurde er verhaftet und auf Korfu inhaftiert, bis er eine Distanzierungserklärung von der KKE unterschrieb. Vermutlich tat er das in Abstimmung mit der KKE-Führrung. 1941 prüfte er die Voraussetzungen für einen Guerillakrieg gegen die deutschen Besatzer und wurde von der KKE im Jänner 1942 in die Berge kommandiert. Dort war er weitgehend unabhängig von den Beschlüssen der Parteiführung. Die Entwaffnung der ELAS aufgrund des Varkiza-Abkommens kritisierte er als Verrat, weshalb ihn die KKE als «Trotzkisten und Verräter» aus der Partei ausschloss. Velouchiotis kehrte in die zentralgriechischen Berge zurück, um den Widerstand gegen die bürgerliche Regierung und die britischen Quasi-Besatzungstruppen zu organisieren. Er fiel im Juni 1945 in einem Gefecht mit regierungstreuen Paramilitärs. Sein Kopf wurde auf dem Markplatz von Trikala zur Schau gestellt. Als Begründer der ELAS war er die wohl wichtigste Figur des gesamten griechischen Widerstands, auch weil er vom streng moskautreuen Kurs der KKE-Führung abwich und in den Bergen ein basisdemokratisches sozialistisches Gemeinwesen aufbaute.

**Welch, Richard** Im November 1975 wurden sieben CIA-Agenten in Griechenland durch eine Zeitung geoutet, darunter der damalige CIA-Chef Richard Welch. Er war seit 1951 bei der CIA, von 1952 bis 1960 in Athen, danach auf Zypern und ab 1965 in Guatemala. 1972 war er Chef der CIA-Station in Lima, wo er im Februar 1975 verschwinden musste, nachdem sein Name im Zusammenhang mit einer Verschwörung genannt worden war.

**Xites** Mitglieder der Organisation X, einer während der deutschen Besatzung Griechenlands von Oberst Georgios Grivas gegründete rechtsgerichtete Organisation. Grivas bezeichnete die Organisation X als Widerstandsorganisation. Allerdings spielte sie im Kampf gegen die deutschen Besatzer keine große Rolle. Sie soll Informationen über deutsche Stellungen und Truppenbewegungen an das britische Oberkommando in Kairo weitergegeben haben. Als die deutsche Wehrmacht abzog, wurde die Gruppe von den Briten bewaffnet und übernahm auch Wehrmachtswaffen, mit denen sie die EAM und ELAS bekämpfte.

**Zabalza, Jorge** 1967 reiste er nach Kuba, um sich Che Guevaras Guerilla in Bolivien anzuschließen. Aber nach dem Vorbereitungstraining kehrte er nach Uruguay zurück und wurde 1968 Mitglied der Tupamaros, MLN-T. Im darauffolgenden Jahr wurde er verhaftet. Nach einer Reihe von Fluchten und neuen Verhaftungen war er ab 1972 Gefangener der uruguayischen Streitkräfte und eine der neun Regimegeiseln, die besonderen Haftbedingungen ausgesetzt waren. Mit dem Ende der Diktatur kam er 1985 frei und war bis 1995 Mitglied im Zentral- und Exekutivkomitee der MLN. Der Versuch von Teilen der MLN, kämpferische Streiks zu disziplinieren und eine sich entwickelnde militante Bewegung zu unterdrücken, führten 1995 zu seiner Trennung von der MLN. Von 1995 bis 2000 war er Abgeordneter des Movimiento de Partizipation Popular in Montevideo. Viele Jahre verdiente er seinen Lebensunterhalt als Fleischhauer im Stadtteil Santa Catalina. Er sorgt mit seiner Kritik an der Regierungsbeteiligung der MLN und der Öffnung Uruguays für internationale Gentechnik-Saatgutkonzerne ständig für heftige Diskussionen.

**Zentauren/Ranger** Schlägergruppen der ONED (Parteijugend der Nea Dimokratia), die sich selbst offiziell Zentauren oder Ranger nannten.

**Zypernkonflikt** Im Sommer 1974 wurde der Norden der Insel (und damit ein Drittel des Staatsgebietes der Republik Zypern) von türkischen Streitkräften besetzt, nachdem griechische Putschisten den Anschluss Zyperns an Griechenland durchsetzen wollten. Im türkisch besetzten Norden wurde im November 1983 die – international nicht anerkannte – Türkische Republik Nordzypern proklamiert, die heute ein stabilisiertes De-facto-Regime bildet.

**Dimitris Koufontinas**, geboren 1958 in Griechenland, viele Jahre Mitglied der Revolutionären Organisation 17. November (Επαναστατική Οργάνωση 17 Νοέμβρη) und an zahlreichen Attentaten, Überfällen und Anschlägen beteiligt.